U0596834

比较哲学翻译与研究丛书

编委会

丛书主编　吴根友　万百安

编　　委　安乐哲　万百安　黄　勇

　　　　　姚新中　刘纪璐　温海明

　　　　　许苏民　陈少明　储昭华

　　　　　吴根友　张世英　李　勇

　　　　　李雪涛　倪培民　信广来

比较哲学翻译与研究丛书

丛书主编 吴根友 万百安

自然道德

对多元相对论的辩护

[美] 黄百锐 著

David B. Wong

吴万伟 译

Natural Moralities

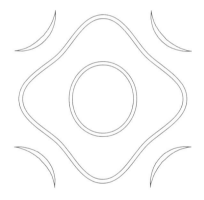

A Defense of Pluralistic Relativism

中国出版集团

东方出版中心

图书在版编目（CIP）数据

自然道德：对多元相对论的辩护 /（美）黄百锐
（David B. Wong）著；吴万伟译. 一上海：东方出版
中心，2023.8
（比较哲学翻译与研究）
ISBN 978‑7‑5473‑2241‑3

Ⅰ.①自…　Ⅱ.①黄…　②吴…　Ⅲ.①道德－研究
Ⅳ.①B82

中国国家版本馆 CIP 数据核字（2023）第 141270 号

Natural Moralities: A Defense of Pluralistic Relativism, First Edition was originally published in English in 2006. This translation is published by arrangement with Oxford University Press.　Orient Publishing Center Company Ltd is solely responsible for this translation from the original work and Oxford University shall have no liability for any errors, omissions or inaccuracies or ambiguities in such translation or for any losses caused by reliance thereon.
Copyright © 2006 by Oxford University Press, Inc.
《自然道德：对多元相对主义的辩护》第一版最初于 2006 年以英文出版，本译本由牛津大学出版社安排出版。　东方出版中心有限公司对本作品的翻译全权负责，牛津大学对该翻译中的任何错误、遗漏、不准确或歧义或因依赖该翻译而造成的任何损失不承担任何责任。
上海市版权局著作权合同登记：图字 09‑2023‑0702 号

自然道德：对多元相对论的辩护

著　　者　[美]黄百锐
译　　者　吴万伟
丛书策划　刘佩英
特约编辑　刘　旭
责任编辑　周心怡　冯　媛
封面设计　周伟伟

出 版 人　陈义望
出版发行　东方出版中心有限公司
地　　址　上海市仙霞路 345 号
邮政编码　200336
电　　话　021‑62417400
印 刷 者　上海盛通时代印刷有限公司

开　　本　890mm×1240mm　1/32
印　　张　16.5
字　　数　316 千字
版　　次　2023 年 8 月第 1 版
印　　次　2023 年 8 月第 1 次印刷
定　　价　128.00 元

版权所有　侵权必究
如图书有印装质量问题，请寄回本社出版部调换或拨打021‑62597596联系。

《比较哲学翻译与研究丛书》

总　序

　　近四百年来，人类社会出现的巨大变化之一就是资本主义生产-生活方式的兴起与发展。一方面，资本主义生产-生活方式的出现，给人类带来了巨大的物质财富、新的科学技术及对自然与人类自身富有广度和深度的认识视野；另一方面也给人类带来了灾难、痛苦与环境破坏，而且使人类陷入长期的焦虑与困惑之中。巨大的物质财富，就其绝对数量而言，可以让全世界 70 余亿人口过上小康式的生活，但当今全世界的贫困人口仍然有 13 亿之多，其中赤贫人口有 8 亿之多。民族、国家之间的冲突、战争不断，文化与文明之间的矛盾冲突也是此起彼伏。造成这诸多极不如人意的社会生活现状的原因，无疑是多元的，但根本性的原因仍然是资本主义主导的生产-生活方式。想要解决这些世界范围内的极不如人意的生活乱象，方法与途径也将是多元的，而从学术、文化层面加强沟通与理解，增进不同文化、文明共同体之间的合作与信任，是其中重要的方法与途径。本套《比较哲学翻译与研究丛书》，本着深远的学术济世宏愿，着眼于极其具体、细小的学术工作,希望能对全球化时代人们的和平、幸福生活,作出一点微薄的贡献。

简要回顾中西哲学与文化比较研究的历史,大约需要从 16 世纪耶稣会传教士来华的时代算起。一方面,来华传教士将中国的社会、历史文化情况发回欧洲,引起了 17 世纪以后欧洲对于中国文化的持续兴趣;另一方面,来华传教士带来的欧洲学术、科学、思想文化成果,也引起了中国社会少数有识之士的关注。清代康熙年间的"历法之争",是中西文化交流过程中的一股逆流,但此股逆流所反映出的外来文化与本土文化之间的关系问题,却是真实而持久的。此一问题,在佛教传入中国的过程中也曾经长期存在过,但当时印度与中华文明都处在农业文明阶段,不涉及文明之间的生死存亡之争的问题。因而在漫长的佛教中国化过程中,逐渐解决了此问题。耶稣会传教士带来的欧洲文化,无论是其中的一神教的思想,还是一些科学的思维方式,对于古老而悠久的中国文化来说,都是一种强有力的挑战。从 17 世纪初到 19 世纪中叶,可以被视为中国哲学、文化与欧洲哲学、文化之间比较研究的第一个历史时期。这一时期,由于政治、经济上的自主性,中国哲学与文化也保持着自己的精神主体地位。而在中国大地上进行传教的耶稣会士们,则是主动地让基督教文化向中国哲学、文化靠拢,在中国哲学、文化传统里寻找到有利于他们传教的文化因子,如坚持适应路线的传教领袖利玛窦就努力在中国传统哲学、文化里寻找与上帝相一致的"帝"观念,以证明基督教的上帝与中国儒家传统有内在的一致性。与此同时,欧洲的一些启蒙思想家,如莱布尼茨、沃尔夫、伏尔泰、魁奈等人,则努力从中国哲学与文化里寻找"自然理性"之光,以对抗基督教的"天启之光",将遥远的中国哲学与文化视为欧洲启蒙文化的同盟军。

1840 年鸦片战争以后,特别是第二次鸦片战争、甲午海战等接二连三失败以后,近代中国人在政治上的自主性迅速丧失。伴随而来的是文化上的自信心的丧失。可以说,直到 1949 年新中国成立以前,中国百年近代史就是一部丧权辱国史,也是一部中华民族不断丧失自己文化自信心,在精神上不断被动和主动地阉割自己的历史。对于哲学、文化的研究,就其主流形态而言,是一段甘当西方甚至日本哲学、文化的小学生的历史。其中也有一些比较研究的成分,但其比较的结果,就其主要的面向说,都是对自己哲学、文化中专制的、落后的内容进行反思与检讨。只有少数被称为"文化保守主义者"的学者,在努力地发掘中国哲学、文化的自身价值。早年的严复在思想上基本属于革新派,他在 1895 年发表的《论世变之亟》一文,深刻地反省了中国文化在近代以来失败的原因,认为其主要原因就是:在政教方面,中国历代圣贤皆未能以自由立教①。

新文化运动之初,还未接受马克思主义的陈独秀,曾发表过一篇有关中西哲学与文化比较的文章,文中虽然泛用"东洋"与"西洋"两词,实际上就是讨论中国哲学、文化与西方哲学、文化。

---

① 严复此文中的一段话很长,其要义是:"夫自由一言,真中国历古圣贤之所深畏,而从未尝立以为教者也。"(《严复全集》卷七,福州:福建教育出版社,2014 年,第 12 页。)

陈独秀在该篇文章里一共从三个方面对中国与西方的哲学、文化作了比较,而在整体上都是从否定的角度来评价中国哲学与文化精神的。如第一个方面,"西洋民族以战争为本位,东洋民族以安息为本位"①,其最后的结论是:"西洋民族性,恶侮辱、宁斗死。东洋民族性,恶斗死、宁忍辱。民族而具如斯卑劣无耻之根性,尚有何等颜面,而高谈礼教文明而不羞愧!"第二个方面,"西洋民族以个人为本位,东洋民族以家族为本位",其结论是:"西洋民族,自古迄今,彻头彻尾,个人主义之民族也。""举一切伦理,道德,政治,法律,社会之所向往,国家之所祈求,拥护个人之自由权利与幸福而已。思想言论之自由,谋个性之发展也。"②"东洋民族,自游牧社会,进而为宗法社会,至今无以异焉;自酋长政治,进而为封建政治,至今亦无以异焉。宗法社会,以家族为本位,而个人无权利,一家之人,听命家长。"③而被中国传统儒家视为文明象征的忠孝伦理与道德,在陈独秀看来,是一种半开化民族的"一贯之精神",此精神有四大害处:一是"损坏个人独立自尊之人格";二是"窒碍个人意思之自由";三是"剥夺个人法律上平等之权利";四是"养成依赖性,戕贼个人之生产力"。而整个"东洋民族社会中种种卑劣不法残酷衰微之象,皆以此四者为之因"④。第三个方面,"西洋民族以法治为本位,以实利为本位;东洋民族以感情

---

① 陈独秀:《东西民族根本思想之差异》,《独秀文存》,合肥:安徽人民出版社,1987年,第 27 页。
② 同上书,第 28 页。
③ 同上。
④ 同上书,第 29 页。

　　　　　　　　　　自然道德:对多元相对论的辩护

为本位,以虚文为本位。"①而东洋民族以感情、虚文为本位的结果是:"多外饰厚情,内恒愤忌。以君子始,以小人终,受之者习为贪惰,自促其生以弱其群耳。"②

上述陈独秀在比较哲学与比较文化的视野里,对中国文化全面的批评与否定,可以视为激愤之词,在学术性上也有很多有待商榷之处,在当时中国处于列强环伺、瓜分豆剖之际,可以激发国人深沉自省、洗心革面、奋发向上。今天,伴随着我们对西方文化的深入了解,我们可以更加客观、理性地看待中西文明的各自优劣之处。同时,对近代以来资本主义以殖民的方式对世界各国文化所造成的巨大破坏,以武力侵略的方式对整个人类所造成的各种骇人听闻的惨剧,也不应该加以掩盖。

近百年的中国历史,在政治上是受屈辱的历史,在经济上是被侵略的历史,在文化上则是新旧斗争、中西斗争最激烈的历史。一些被称为"文化保守主义者"的学者,在面对西方文化的强势冲击时,努力地维护中国传统哲学、文化的自尊。他们所要维护的有些具体内容未必是正确的,但这种"民族精神自卫"的思维方式与情感倾向,从整体上看是可取的。几乎与五四新文化运动同步,20 世纪 20 年代,一批信奉儒家思想的现代新儒家们也成长起来,其中,以梁漱溟的《东西方文化及其哲学》(1921 年)一书为标志,在中、西、印哲学与文化的比较方面,开始

---

① 陈独秀:《东西民族根本思想之差异》,《独秀文存》,合肥:安徽人民出版社,1987年,第 28 页。
② 同上书,第 30 页。

了系统的、哲学性的思考。梁氏从精神生活、社会生活、物质生活三个方面出发①，对中、西、印三大文化系统的异同、优劣、未来可能的走向进行分析，并对世界文化的发展方向作出预测。他认为，"西方化是以意欲向前要求为其根本精神的"，或者说"西方化是由意欲向前要求的精神产生'塞恩斯'与'德谟克拉西'两大异采的文化"②。"中国文化是以意欲自为调和、持中为其根本精神的。""印度文化是以意欲反身向后要求为其根本精神的。"③而经过西方近代文化发展阶段之后的未来世界文化发展方向，则是"中国文化的复兴，有似希腊文化在近世的复兴那样"④。梁氏的具体论断与其结论，当然都有许多值得商榷的地方，但他真正从比较哲学的形而上学角度思考了人类几大哲学、文化系统的异同，并对三大文明系统的走向作出了自己的论断。由梁氏所代表的现代新儒家的比较哲学与比较文化的思想表明，20世纪的文化保守主义恰恰为保留自己民族文化的自信提供了一些有益的思想启迪。而从维护全球文化的多元化，反对现代文化的同质化方面，亦为世界文化的丰富性作出了自己的独特贡献。

　　在回顾20世纪中西比较哲学与文化研究的过程中，我们不应该忘记中国共产党人在学术与思想上所作出的贡献。作为中国共产党人集体思想结晶的宏文《新民主主义论》，虽然不是专门的比较哲学与比较文化的论著，但其中涉及的中国新文化发展的

---

① 梁漱溟：《东西文化及其哲学》，北京：商务印书馆，1999年，第19页。
② 同上书，第33页。
③ 同上书，第63页。
④ 同上书，第202页。

大问题,特别是面对外来文化时,恰恰为当代中国的比较哲学与文化研究,提供一个基本的思想原则。在该文里,毛泽东说道:"这种新民主主义的文化是民族的。它是反对帝国主义压迫,主张中华民族的尊严和独立的。"①面对外来文化,毛泽东说道:

> 中国应该大量吸收外国的进步文化,作为自己文化食粮的原料,这种工作过去还做得不够。这不但是当前的社会主义文化和新民主主义文化,还有外国的古代文化,例如各资本主义国家启蒙时代的文化,凡属我们今天用得着的东西,都应该吸收②。

毛泽东所代表的中国共产党人,在 20 世纪 40 年代就已经站在本民族文化的再造与创新的高度,触及了中西比较哲学、文化研究的根本方向和历史任务的大问题。当今中国学术界、思想界所从事的比较哲学与比较文化研究,也不是为了比较而比较,恰恰是为了中国当代哲学与文化创新而从事中西比较、中外比较,尽可能广泛地吸收世界上各民族创造的一切有价值的文化成果,从而为当代中国的哲学与文化建设事业服务。

实际上,在 20 世纪比较哲学与文化的领域里,可谓名家辈出,荦荦大者有王国维、胡适、金岳霖、钱锺书、张岱年、侯外庐,以

---

① 毛泽东:《新民主主义论》,《毛泽东选集》第二卷,北京:人民出版社,1951 年,第 706 页。
② 同上书,第 706—707 页。

及整个现代新儒家群体，他们的比较哲学与比较文化的研究成果，扩大了中国人的思想视野与知识视野，丰富了中国人的精神内涵，增强了中国哲学与文化的自身活力与创新能力。自 20 世纪 80 年代以来，伴随着中国社会的改革开放，比较哲学与比较文化研究工作，一方面处在恢复发展阶段，另一方面也表现出一些新的特点。除一些学者个人凭借自己的学术兴趣、语言优势，继续从事比较哲学与文化的研究工作外，如海德格尔与中国哲学，解释学与中国的解释学等研究成果，一些大型的丛书与杂志也在持续出版，在更大的范围内影响着当代中国的学术、思想与文化。最典型的系列丛书有：乐黛云所开创并主持的比较文学研究丛书，刘东主持的《海外汉学研究丛书》，任继愈主编的《国际汉学》系列论文集等。而对于中西哲学比较研究史第一次较为系统的梳理与研究，当以许苏民的皇皇巨著《中西哲学比较研究史》为典型代表。当代中国这些新的比较哲学与比较文化研究形态与具体成果表明，伴随着中国与世界的关系越来越密切，比较哲学与文化的研究也越来越深入、越广泛。但就笔者目前所知的情况来看，比较系统、专门地介绍现代西方比较哲学与文化研究，同时又以此主题展开研究的丛书，目前似乎还未出现。因此，我们希望通过此套丛书一辑、二辑及至多辑的出版，将当代中国的比较哲学与比较文化研究由比较分散的状态，带向一个相对较为集中、专业的方向，进而为推动当代中国哲学与文化的创新，作一点微薄的贡献。

相对于当代中国哲学与文化的创新与发展的主题而言，比较

　　　　　　　自然道德：对多元相对论的辩护

哲学与比较文化的研究只是一种学术助缘与手段。但在全球化的漫长过程中,比较哲学与比较文化研究将是一个需要有众多学人长期进行耕耘的广阔的学术领域。近四百年来西方文化在此领域所取得的成就,从整体上看要超过中国。不可否认,西方现代文化在其发轫期充满着一种对东方及其他非西方文化、文明的傲慢,而在比较哲学与比较文化研究的领域里,有些结论也带有明显的文化偏见与傲慢,像黑格尔、马克斯·韦伯等人对东方哲学、中国哲学的一些贬低性的认识与评论,在西方与国际学术界均产生了相当不好但非常有力的影响,即使是当代中国的有些学人,还深受这些观念的影响。但我们需要全面、系统地了解现代西方学术中比较哲学与比较文明研究的成果,像李约瑟、斯宾格勒、汤因比、雅斯贝尔斯、布罗代尔等人的研究成果,就需要我们系统地研究与翻译,而马克思、恩格斯以及法兰克福学派的一些有关全球化的反思与论述,也是我们从事比较哲学研究者需要加以认真研读的系列作品。

正在全面走向世界,并将为世界文化作出新的、更大贡献的中国,需要有更加开放的胸怀,学习、吸纳西方哲学与文化,同时还应该放宽眼界,学习、吸纳全世界所有民族的优秀思想与文化。我们还应该对中东、非洲、南美洲的思想与文化传统有所研究与了解,未来的比较哲学与文化翻译和研究丛书中,也应该有这些地区、国家的思想、文化研究成果。中国的现代化,中华民族文化的现代化,应当是吸收欧美现代化、现代文化的一切优良成果,摒弃其中的殖民主义、霸权主义、资本主义唯利是图、垄断等一切不好的内容，从人类一体化、人类命运休戚相关的高度，来发展自己民族的现代化，来创新自己民族的现代文化，为造福世界作出中华民族的贡献。

我们希望有更多胸怀天下的学术青年，加入比较哲学与文化的翻译和研究的领域之中，在现在及未来的相当长的一个时间段里，这将是一个有着勃勃生机、充满希望的学术领域；但也是一个充满艰辛劳作的学术领域，因为在这一领域里工作，要比在其他领域付出更多的学术努力，要有良好的外语水平，要阅读大量的文献，甚至还要深入异域文化地区进行实地了解，而不只是做书斋里的学问。通过比较哲学与文化的长期研究，我们也会不断地扩展我们的知识视野与思想视野，丰富我们每个人的内在精神，在精神上真正成为文化上有根的世界公民。这或许是比较哲学与文化研究事业所具有的独特魅力！

是为序！

丛书主编

2019 年 1 月 30 日

献给劳拉

中文版序言

 有两个人使得这本书的中译版成为可能：译者吴万伟教授和杜克大学的博士生任颂瑶。吴万伟在翻译有关中国哲学的英文作品方面颇有经验，他对本书的翻译也充满忠实性和技巧性。有他这样的译者，我深感幸运。任颂瑶熟知我的作品，在翻译方面提出许多有用的建议，以便细腻地传达出我的内容主旨。有机会成为她的导师，我深感幸运。

 《自然道德》能够被译为中文，对我有特殊的意义。我的父母从中国移民到美国，我一直以来深深地察觉到我所继承的两种文化，并且我的生活工作以及哲学家的身份在很大程度上在于推进我所继承的传统的两种文化的对话。本书始于这样一个问题：是否存在唯一正确的道德？通过引用西方和中国的哲学作品，我论证了多种正确道德的存在。我也论证了这样一个观点，即那些涵盖与西方相关的价值和与中国相关的价值的道德，都被包含在真实合理的多种道德之中。

 本书随后讨论了限制真实道德范围的约束条件，其中包括促进人们道德自主性的必要条件。我的很多观点来自儒家思想——

它为道德能动性的发展提供了深刻和丰富的见解,尤其是在如下方面,即情感和反思在人际关系矩阵中相互交织,共同培养出一个能够有效判断和依据道德承诺行动的人。本书接下来讨论了有关没有绝对高低、却彼此不同的道德传统之间如何相互学习这一问题,这里我引用了道家思想——它对新价值来源具有开放性,并愿意在此基础上重塑自己的道德承诺。与此同时,我的论证所处的广泛哲学框架形成于我所受的西方哲学训练,和美国哲学与科学研究紧密联系的影响。

在吴万伟和任颂瑶的宝贵帮助下,我将本书呈现给大家,以期进一步促进西方哲学和中国哲学之间的对话。

黄百锐

致　谢

能拥有劳伦斯·布鲁姆（Lawrence Blum）和欧文·弗拉纳根（Owen Flanagan）这样的好朋友和哲学对话者，我感到很幸运。他们向我展示了哲学家是如何抓住最重要的东西——用自己喜欢的哲学方法所最容易把握和处理的东西。他们向我表明，努力去理解最重要的东西带领我们跨越那些将哲学家区分开的方法论和学科边界鸿沟（有没有人觉得美国哲学协会的会议室简直就像一个个孤岛？），也跨越将哲学家与其他人文和社会科学学者分开的边界。多年来，我一直受到哲学讨论小组的激励和支持，包括布鲁姆和弗拉纳根、朱迪丝·迪丘（Judith DeCew）、珍妮特·法雷尔·史密斯（Janet Farrell Smith）、萨利·哈斯兰格（Sally Haslanger）、小托马斯·希尔（Thomas Hill，Jr.）、玛莎·米诺（Martha Minow）、史蒂芬·纳甘森（Steven Nathanson）、珍妮弗·拉登（Jennifer Radden）、玛格丽特·罗兹（Margaret Rhodes）、艾米莉·罗蒂（Amélie Rorty）、杰弗里·赛尔·麦考德（Geoffrey Sayre McCord）、戴维·威尔金斯（David Wilkins）、肯尼斯·温克勒（Kenneth Winkler）、肯尼斯·温斯顿（Kenneth

Winston)以及迈克尔·齐默曼(Michael Zimmerman)。能够将中国哲学和比较伦理学的主题融入本书,在这部分工作中,我得到了信广来(Kwong-loi Shun)、陈祖为(Joseph Chan)、柯雄文(Antonio Cua)、陈汉生(Chad Hansen)、艾文贺(P. J. Ivanhoe)、姜新艳(Xinyan Jiang)、罗思文(Henry Rosemont,Jr.)、万百安(Bryan Van Norden)以及余纪元(Jiyuan Yu)的很多鼓励、启发和挑战。我在杜克大学的同事——尤其是弗拉纳根、马丁·戈尔丁(Martin Golding)和亚历山大·罗森伯格(Alexander Rosenberg)长期以来慷慨地投入时间和才智为我提供反馈和建议。鲍里斯·库索(Boris Kukso)和马里昂·胡德昆(Marion Hourdequin)对本书的草稿提供了非常有益的评论意见。本书的研究得到了美国学术团体社团(ACLS)和国家人文基金会(NEH)的资助。我还要感谢彼得·欧林(Peter Ohlin)对本书的指导。

自然道德:对多元相对论的辩护

目　录

总　序 ……………………………………………………………… 1

中文版序言 ……………………………………………………… 1

致　谢 ……………………………………………………………… 1

绪　论 ……………………………………………………………… 1

第一编　多元主义和自然主义如何造就自然道德 ………… 13

　　第一章　多元主义和矛盾心理 …………………………… 15

　　第二章　多元相对论 ……………………………………… 54

　　第三章　反对意见与答复 ………………………………… 126

第二编　对自然道德的约束 ………………………………… 181

　　第四章　身份、幸福和人际关系 ………………………… 183

　　第五章　社群和自由理论 ………………………………… 230

　　第六章　心理现实主义会约束道德的内容吗? ………… 249

第三编　对我们的道德承诺充满信心 ················· 277

　　第七章　道德理由——内在论和外在论 ········· 279

　　第八章　道德与需求 ························ 314

　　第九章　应对道德差异 ······················ 357

参考文献 ··································· 429

翻译对照表 ······························· 451

译后记 ··································· 476

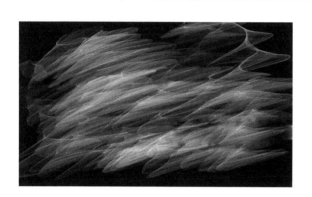

绪论

道德相对论是谴责他人的一个压倒性术语,经常带有轻蔑或嘲笑的含义,一旦使用往往让对手立刻处于被动防守的境地:"你听起来像个相对论者——请作出解释!"或者"你是个相对论者——真丢脸!"指控者通常会表现出人呵斥狗的口吻,以理性的声音击退那些怯懦的、时髦的相对论者的狂吠。这些指控让我想起小孩子的捉人游戏"碰,到你了"。被碰者要负责捉人,注定要追着别人跑,直到碰到下一个倒霉的被捉者。社会保守派指责自由派在捍卫生育权和同性恋权利方面采取道德相对论立场。一些自由派则反过来指责多元文化主义者实施道德相对论,因为他们没有捍卫这些权利的一般性。这些言论将此类行径描述为不得了的罪行,简直可以与勾结纳粹的行为相提并论。不玩这种游戏的人只有那些接受道德相对论标签的人,但奇怪的是,很少有人愿意这么做。如果说它们是一群汪汪叫的狗,但若呼唤它们的名字,它们并不会出现！

英美哲学（我猜想这至少在其他哲学群体中也是真实的）也在玩同样的游戏，只不过使用的方式更加文雅而已。相对论的大多数哲学讨论的目标是确立其明显的虚假性。相对论的标准特征使其成为很容易遭到攻击的目标，并且很少能揭示受其吸引者的真正动机是什么。伦理学入门教材经常将这种观点描述为一种极端的主观主义（或传统主义）——一个人（或一个群体）接受某件事是正确的，该事实让它对那个人（或群体）来说也是正确的。这种讨论通常出现在标准教科书的开篇部分，以便腾出地方让"严肃的"哲学出场。论证策略几乎总是消极的，是攻击这个观点的论证或旨在显示论证的某些不连贯性。很少有人试图去阐明论述精细和动机清晰的某种相对论。这帮汪汪叫的"相对论者"往往出现在哲学导论课上，成为困惑不解的学生和最近后现代文学理论家的新宠。

换句话说，人们通常用"相对论"这个词来代替遭遇到的棘手问题。其工作原理是这样的，这个词的修辞性使用给观众强加了一种二分法：要么接受以最极端的方式定义的相对论，要么接受绝对主义或普遍论。我用"绝对主义"和"普遍论"来表示道德真理的两种不同观点。道德普遍论认为，所有社会和时代都只有一种真正的道德。道德绝对主义是普遍论加上前一种观点，即单一正确道德的核心是一套普遍原则或法则，所有这些原则或法则均需得到遵守，没有例外。道德绝对主义通常还会提出进一步的主张，无论结果如何，这些规则都成立。例如，有些人断言，个人拥有的权利永远不能因为要避免不良后果而被搁置一边——就算天塌下来也不行。对道德相对论更加流行的谴责往往不区分这些不同的可能性,有时候以批评"情境"伦理而告终。"情境"伦理依靠上下文或环境条件来判断什么是正确的。这是通过批判绝对主义来批判相对论,但请注意,一个人可以同时是普遍论者和"情境"伦理论者。也就是说,人们可以认为,权利会因环境变化而有所改变,任何正确推理和拥有相关事实的人都会以同样方式作出判断,无论他所处的社会或文化如何。

我是少数愿意与相对论搭上关系的哲学家之一。我所捍卫的版本不同于通常意义下的普遍论和相对论。我的观点与通常定义的相对论的含义之一相吻合:没有单一正确的道德。然而,它承认在决定究竟什么才可以认定为真正的道德时存在显著的限制(条件)。真正的道德多种多样,但这种多样性并不包括所有道德。这一理论介于普遍论(认为只有一种真正的道德)和容易受到攻击的典型相对论(认为任何道德都和其他道德一样好)之间。

这本书进一步发展了从拙著《道德相对论》开启的思想路线①。我在书中主张一种能解释我们赋予道德客观性许多方面的道德相对论。我认为,道德包括一套以命令形式呈现的理想化规范("A 在 C 条件下应该做 X"),这套规范是从社会实践和机构中抽象出来的,用以协调无论是人与人之间还是单个人的心理经济学内的利益冲突。一种特定的道德之所以与其他道德不同,不仅

---

① David B. Wong, *Moral Relativity* (Berkeley:University of California Press, 1984).

在于它的规范以及万一发生冲突时哪个规范具有优先权,而且在于确定什么可作为恰当道德的评价标准。其中有些标准可能在所有类型的社会中普遍适用,因为道德的目的就是规范利益冲突。例如,任何恰当的道德都不允许随意虐待他人。

然而,我认为,这种普遍有效的标准并没有强劲有力和清晰明确到足以指导行动的内容去确定一种道德。因此,判断道德是否充分的某些标准将是特定社会的地方性特征。它们既不是遵循普遍有效标准的必要后果,也不被排除掉,它们是道德相对性的源头。我在拙著《道德相对论》中发现的相对论的主要来源之一是以权利为中心的道德与以美德为中心的道德之间的区别。后者涉及社群所有成员的共同善,这种善部分是由共同生活和一套规范所构成,其中规定了每个成员对维持这种生活应该作出的贡献。共同善和共同生活的概念并不是前者的核心,相反,前者的重点在于社群的每个成员有权向其他成员索取一些什么。虽然反映这些类型权利的道德未必都是合理的道德,但是,每种类型中都有一些合理的道德。也就是说,每种类型都有一些规则能够满足合理的道德体系所需要的普遍有效标准,而且满足为社会的道德理想提供丰富内涵的地方标准。

我认为,关于行为主体应该做什么的道德陈述具有真值条件,这些条件源自这些普遍标准和地方标准,由于地方标准不同,真值条件也会不同。道德陈述是一种二级规范语言,它指出合理的道德体系的规范所要求采取的行动,其恰当性是由普遍标准和地方标准来规定的。在真值条件的层面上,两位演讲者所说的

　　　　　　　　　自然道德:对多元相对论的辩护

"合理的道德体系"可能意味着不同的东西,因此,两者说的话可能都是真实的,虽然其中一位预先提出应该做某事,而另一位则认定不能做这件事。他们的判断在实践层面上是矛盾的,因为一个人不能同时符合两个判断。我的道德概念中不仅包括命令形式的规范以及构成规范道德体系的命令之间的优先顺序,而且包括具有明确规范性术语的陈述,如"A 应该做 X"和"A 做 X 是正确的"之类的陈述。这种陈述具体规定了合理的道德体系规范要求采取的具体行动和态度。从我的观点来看,真正的道德不止一种。我要强调一下,我所指的道德真理与不同的关于真理是什么的普遍理论相容,包括极简主义理论和对应理论。我并不认为真理是相对的,我认为道德语言的意义和真值条件是可以变化的,道德陈述在规定性和实用性层面上或许相互冲突,但在真理层面上,它们仍然能够保持一致。

虽然在一些问题上改变了主意,但我仍然坚持第一本书中所捍卫的有限制的相对论框架。例如,我现在对"A 应该做 X"的道德陈述的分析是 A 做 X 是平衡各种理由后的结果。在评估这类陈述是否为真时,道德语言使用者是要其发挥道德规范的作用,道德规范规定了各种突出的道德理由,例如,把众生的苦难当作不伤害他们的理由。他们运用自己认为正确的道德规范,但不同的人在设想正确的道德规范时可能意味着不同东西。我的思想的另一个显著改变是理由能否适用于行动者的问题,即使他们按假定的理由做事时并没有预先存在的决定性动机。在《道德相对论》中,我采取了一种毫不含糊的内在论者立场,意思是,如果没有预先存在的动机,理由就不能适用。而在本书中,我采取的立场更复杂一些,即从一个方面说,我是外在论者(个人不能有道德理由去做不符合他们已有动机之事);但另一方面,我又是内在论者(存在的各种道德理由必须有一个基础,那就是人类通常可以被激励去做什么,尽管有个别人可能缺乏这些动机)。在这本新书中,我主要寻求在《道德相对论》中捍卫的相对论主题的进一步发展。在第一本书中,我的焦点主要集中在驳斥普遍论,同时为相当程度的道德客观性辩护。我对道德恰当性的普遍有效标准的概念论述相当粗略。在本书中,我对这些标准提出了更强有力的概念阐述,从而排除了一系列不恰当的道德。在第一本书中,焦点集中在有限制的相对论的相对性,本书的焦点则更多关注限制问题。

本书的第二个新发展是基于我对不同类型的道德观共享的重要价值的更敏锐理解,这些道德观通常由它们对这些共享价值观的不同优先顺序和着重点来区分。这种认识在我的论证中发挥了更大作用,这也成为我对普遍存在的"道德矛盾心理"现象的解释。这种矛盾心理包括认识到重要价值观之间的严重冲突,以及理性人在面对这些冲突时可能采取不同道路的可能性。我认为,道德矛盾心理与自然主义道德观念相结合,支持了没有单一正确道德的结论。当然,我也认为,对不同道德之间价值观重叠的最合理解释意味着正确道德的范围还是有边界的。

对于本书的第三个新发展,这里有一个新的强调重点,即理解道德时采取自然主义的途径,这个途径的特征不是对纯粹物理主义本体论的承诺(就像自然主义途径有时候设想的那样),而是承诺把对道德的理解与有关人类和社会的最相关经验理论如进化论和发展心理学结合起来。道德的自然主义途径，如果用来解释道德矛盾性将既支持对单一正确的道德的否定，又支持正确道德的多样性存在显著边界。因此，本书被定名为《自然道德：对多元相对论的辩护》。

本书的第四个新发展是我的关注焦点更多集中在道德相对性给信守特定价值带来的问题上。在此，我在第一本书中对这些问题的处理是粗线条的。当时我缺乏理论依据，但现在有了当时没有的合乎道德理由的理论。这一理论为人们提供了可消除担忧的答案，即如果承认我们当前道德承诺的相对性，就会削弱我们对它们的信心。这可能不是许多人所渴望或期待的那种令人满意的答案。这一理论破坏了用来描述信心问题通常框架结构的术语。然而，本书的主题之一是承认道德相对性肯定会影响我们对待那些与我们有严重道德分歧的人的行动方式。它肯定也会影响我们在道德承诺方面寻求信心的方式。

最后，我承认不同的道德规范可能相互重叠，但对构成处理人类问题的不同途径的了解得益于我在比较伦理学，尤其是中西伦理学方面的研究。虽然中国传统在一些重要案例中只是提出了与西方传统不同的问题，但在有些案例中，这两种传统在共同问题上——培养有效的道德能动性需要什么，道德承诺是否与个人成长相容，接受相对论是否会削弱人们对道德承诺的信心，等等，可以相互借鉴。

第一编的目的是勾勒出我称之为"多元相对论"的相对论版

本的轮廓。这个理论之所以是相对论是因为它认为没有单一正确的道德。它之所以是多元的是因为它认识到可以被称为正确道德的边界。吉尔伯特·哈曼（Gilbert Harman）曾经提出，自然主义的道德观念倾向于（尽管不是所有情况下）导致相对论立场，而非自然主义的观念倾向于（尽管不是所有情况下）导致普遍论立场[1]。从自然主义的角度出发，一个人是否达到相对论或普遍论的立场，既取决于那个途径的具体版本，也取决于人们对道德的其他观点。在第一章中，我提出了我对称为"道德矛盾心理"的道德冲突的特定理解，这种矛盾心理源于价值和责任的多样性来源。在第二章中，我认为道德矛盾心理最好用道德的自然主义途径来解释。其结果是多元相对论，它可以容纳我们对道德判断的潜在客观性的许多直觉认识。在第三章中，我讨论了多元相对论遭遇的主要反对意见，并讨论该理论对我们产生显著影响的方式，尤其是在与有严重分歧的他人打交道时的判断和行为方式方面。

　　第二编详细介绍了第二章介绍的一个主题：道德的自然主义功能、人性、人类状况，以及在特定时间里特定群体的特殊环境，所有这些都会共同对构成该群体的合理道德的普遍性施加不同程度的限制。在第四章中，我讨论了道德如果要促成人类的有效道德主体，就必须采取的普遍形态。这种限制帮助解释了对待他人的某些特别义务的普遍性，例如对家庭成员的义务。我还利用我对

---

[1] Gilbert Harman, "Is There a Single True Morality?" in *Morality*, *Reason and Truth*, ed. David Copp and David Zimmerman (Totowa, N.J.: Rowman and Littlefield, 1985), 27 - 48. Reprinted in Harman, *Explaining Value and Other Essays in Moral Philosophy* (Oxford: Clarendon Press, 2000), 77 - 102.

有效道德主体所需素质的结论来论证,由特殊道德义务支配的关系型人生是获得幸福的必要组成部分。因此,第四章部分证实了最近的社群主义和新亚里士多德主义运动提出的某些主题。社群主义通常被(它的支持者和批评者)拿来与自由主义对比。我在第五章中对这种对立提出质疑,认为社群主义的某些核心主题必须而且能够被纳入自由主义中。我认为令人满意的家庭生活的道德理想可以包含相互支持的社群主义和自由主义主题。

在第六章中,我讨论了当代的一些尝试,即基于对人类的现实主义期待,我们推导出对道德的若干约束。这些考虑如何产生合理性约束,我觉得应该有更细腻的看法。我特别建议,我们需要区分来自人性的约束和来自更多地方因素的约束,如特定的文化环境及其塑造我们的方式。第六章对现实主义可能性的讨论也说明了我们经常对人的现实主义期待是什么作出的毫无根据的假设,以便(也许是无意识地)为我们未能践行自己的价值观辩护。因此,它提供了一种人们借助多元相对论从根本上批评自己道德的方式。

第三编更密切地关注了第一章中提出的问题:认识到正确道德的多样性而产生的道德承诺的困难。第七章提出了道德原因理论,它使我们能够部分解决这些困难。我捍卫的理论打破了我们所说的"为什么是道德的"的通常含义。我认为,这个问题没有真正的答案,因为它的前提是,对道德价值观的承诺可以通过先于道德的理性证实,而这样的预设是错误的。

从道德哲学家通常理解的意义上来说,"为什么要有道德"这个问题没有答案。但是，我认为我们本不应该期待有答案。然而，我们必须应对道德承诺的合理性遭遇的严峻挑战。我们不能证明无道德或不道德是非理性的，但我们可以询问讲道德是否满足了人类需要。第八章讨论了这个问题，以及福柯对权力关系普遍存在的深刻洞察力对这种答案带来的挑战。我认为有可能在某种程度上反驳这一挑战，但现代自由主义道德的捍卫者并没有充分回答其中的要点。

即使上述挑战能够得到满足，我们可能仍然感到纳闷，承认其他合理道德存在的多元主义是否破坏了我们承诺于特定道德的信心。我在第九章论述了这个问题。我介绍了庄子哲学，他教导我们，承认其他生活方式的价值不是需要竭力避免的威胁，而是需要可以抓住的丰富人生的机会①。

最后，即使对自己的道德承诺充满信心，我们也必须处理与他人的道德冲突。第九章详细说明了调适在我们处理严重道德分歧的努力中的价值。我举了若干例子说明这一价值如何适用于解决道德冲突，例如有关堕胎和分配正义的冲突。最后，根据对中国传统的反思，我提出礼仪在强化公民行为倾向/方面的作用——有助于人们践行调适的价值观。

---

① 在这本书中，我一般使用现代汉语拼音系统标注汉字。然而，中国哲学中的学者大多采用从前的威妥玛式拼音法。举个例子，庄子的名字用威妥玛式拼音法是"Chuang Tzu"。无论在哪里提到中国哲学家，如果他的名字经常同时出现汉语拼音和威妥玛式拼音，我都会在第一次提及这个哲学家时使用拼音，并把威妥玛式拼音放在括号中。

第
一
编

**多元主义和自然主义
如何造就自然道德**①

<hr />

① 本书前三章中的很多想法曾经以论文的形式公开发表过，比如"Pluralistic
Relativism," *Midwest Studies in Philosophy* 20 (1996): 378 – 400; "Three Kinds
of Incommensurability," in *Relativism: Interpretation and Confrontation*, ed.
Michael Krausz (Notre Dame, Ind.: University of Notre Dame Press, 1989),
140 – 158; "Comparative Philosophy: Chinese and Western," in *Stanford Encyclopedia
of Philosophy*. Rev. August 22, 2005, available at http://plato. stanford.edu/
entries/comparphil-chiwes。

第一章　多元主义和矛盾心理

有关道德价值观的差异和分歧一直被认为是道德普遍论面临的问题。然而,普遍论者正确地指出,仅仅是对重要或基本问题上产生分歧,甚至是表面上看似乎无法解决的分歧的这一事实,并不能将道德与涉及历史和科学等其他信念区分开来,因为这些其他信念中的真伪是绝对性的。我们可能会发现,一些有关遥远过去的历史事件是否发生过的意见分歧是很难,甚至根本无法解决的,但这个事实并不能阻碍我们认为的确出现过这件事,或阻碍我们认为它独立存在,不受任何群体对该事件看法的影响。然而,有一种道德分歧给普遍论带来了特殊困难。这种分歧引发了一种复杂的反应,我称之为"道德矛盾心理"。我们看到,通情达理且有知识的人可能会对这些分歧作出不同于我们的判断,而我们对自己判断的优越性的任何先入之见都可能产生动摇。道德矛盾心理就是这样一种现象,我们逐渐理解和欣赏对方的观点,以至于到了我们对自己判断的独特正确性产生动摇的地步。换句话说,最令人不安的道德分歧是这样一种分歧,不仅双方都没有足以说服对方的理由,而且若接受对方的立场连带还要认可支持该立场的理由。第一编的三章论证了自然主义和多元主义的道德概念最能解释道德矛盾心理的本质。

在本章中,我通过道德价值多元化的方式介绍了道德矛盾心理:基本道德价值观之间的分歧使得道德判断变得特别困难。然后,我解释道德矛盾心理如何与一些解释他人信念的合理方法相一致,特别是与对慈善原则最合理的解释相一致。依据慈善原则,我们使用类推的方法,通过自己的信仰、欲望和价值观来理解别人的观念变化。依据对慈善的最为合理的解释,我们允许自己的一整套信念、欲望和价值观体系有内在多样性,包含彼此之间各种张力的元素。这些张力可以通过不同的方式加以解决。逐渐了解他人就是逐渐认识到自己与他人拥有共同的基本信念、欲望和价值观,但这些因素之间的张力可以通过不同于我们自己的方式来解决。我们可以理解其他人在面对共同道德价值观的分歧时如何作出不同选择。对普遍论提出最大挑战的那种道德分歧是这样一种分歧,其他人的价值与我们相同,但在面对这些价值冲突时,他们却作出了不同选择。道德矛盾就来自理解和欣赏他人的视角。然而,一旦我们承认道德矛盾心理的现实,普遍论道德理论所能提供的解释就显得不够用了,我们需要更深层次的解释。

一、道德价值多元主义：相互间存在张力的基本道德价值观

价值观冲突的主要根源是道德价值观的多元主义和基础性。"道德价值多元主义"是指这样一种主张，即存在多种基本道德价值，这些道德价值不能从其他道德价值中衍生出来，也不能被还原为其他道德价值。在此，我用"价值"一词的广泛意义，包括各种义务、职责和值得向往的道德目标。对某些人而言，道德价值多元主义显而易见，但是，西方现代道德哲学的历史却受到一些理论承诺的支配，它们竭力维持这种或那种价值观的至高无上的地位。要彻底驳斥道德价值一元论是不可能的，但我们有充分理由认为，形形色色的一元论都缺乏说服力。

首先，道德要求和义务的性质和来源似乎是多种多样的，而且难以化约。我们不妨考虑托马斯·内格尔（Thomas Nagel）对价值观的五种不同来源的分类①：第一，对他人或机构的特定义务取决于他与相关个人或机构的某种特殊关系；第二，源自人人都享有的普遍权利的行动限制，例如拥有某些种类的自由权利或免受攻击或胁迫的自由②；第三，功利性，个人行为对所有人福利的影响；第四，追求完美目的或价值，如科学或艺术成就和创作的内在价值；第五，对自己项目和事业的承诺。

为什么每一种价值似乎都是不可缺少的基础，原因之一是很

---

① Thomas Nagel，"The Fragmentation of Value," in *Mortal Questions*（Cambridge：Cambridge University Press，1979），128－131.
② 作为价值的非基本来源的权利可以从工具性角度来辩护，如推动功利性或人际关系改善或为了社群利益等，对此，第三章将有详细的讨论。

容易看到实现所有这些价值的项目之间存在着深刻的张力。就拿以赛亚·伯林(Isaiah Berlin)著名的多元主义主题为例,我们无法想象有哪个乌托邦能使这些不同价值彼此协调起来并得到最大程度的实现①。因此,如果一种道德规定了一套要在人类生活中得以实现或能够被观察到的价值观,它就必须规定管理这些价值观冲突的优先次序,例如,在尊重个人权利与促进社会利益相冲突时,或在基于友谊、亲属关系或其他特殊关系的义务与尊重基于人性的权利或促进社会利益相冲突时。例如,中国儒家道德的部分特点是,相对来说它更重视对亲人的义务,如果这些义务与对非亲属的义务或对公平正义的考虑发生冲突的话②。

认识到这一事实后,人类学家鲁思·本尼迪克特(Ruth Benedict)发现人类以截然不同的生活方式欣赏美德,并总结道:"即使最好的社会也不太可能在同一社会秩序中强调我们在人类生活中所珍视的所有美德。"③请注意本尼迪克特所说的"我们所珍视的美德"中的"我们"。这表明了一个共同的价值观宇宙,不同文化必须从中选择一些价值观予以特别强调。如果本尼迪克特是对的,那么没有任何一种文化能够在强调一些事情时避免牺

---

① Isaiah Berlin, "Two Concepts of Liberty," in *Liberty: Incorporating Four Essays on Liberty*, ed. Henry Hardy (Oxford: Oxford University Press, 2002), 212 - 217.

② 《论语·子路》第十三章第十八节讲的是亲亲相隐的故事,孔子对乡党中正直的人告发父亲偷羊的看法。孔子提到他那里正直的父亲和儿子互相隐瞒攘羊的行为。我并不认为这段话是为隐瞒父亲或儿子犯下罪行的行为辩护,但它肯定代表了儒家道德和中国传统文化整体上对孝道的高度重视。(请参阅:叶公语孔子曰:"吾党有直躬者,其父攘羊,而子证之。"孔子曰:"吾党之直者异于是。父为子隐,子为父隐,直在其中矣。"——译注)

③ Ruth Benedict, *Patterns of Culture* (New York: Penguin, 1934), 229.

牲人类珍视的某些东西。因此,多种多样的文化可以为人类提供合理满足和营养,从这个意义上说,它们值得尊重。

我们还应该考虑其他一些基本冲突,而这些内格尔却没有提及。内格尔的价值观清单中漏掉了那些与人类对自然世界可能采取的不同立场有关的价值观,例如,努力与自然和谐相处的立场与征服自然的立场。想想人类学中关于如何解释像阿赞德人(the Azande)这样的部落举行的魔法礼仪的争议。这些神圣的占卜仪式之一是给一只鸡下毒,看看在被问到某个问题后,它是死还是活。这些仪式被用来指导人们在一些重大问题上作决策,比如是要盖房子还是清理出一块地来种庄稼,女巫什么时候可能会搞一些恶作剧等。

最早的解释将这些仪式解释为科学的死敌,是预测和控制自然的错误尝试[①]。后来的解释认为它们有完全不同的目的——是对某种社会价值观的表达或象征[②]。按照后来的解释,我们应该乐于把阿赞德人的仪式归因于从理性上觉得可接受此信念的概念。他们的信念是在表达对自然的态度,与旨在预测和控制的信念不同,从象征或表达的目的来看,这个概念就很容易理解了。彼得·温奇(Peter Winch)认为,阿赞德人的仪式是一种"表达形式",让个人有机会反思"他的生活、他与同伴的关系、他体面行事

---

① 比如,请参阅:Sir James Frazer, *The Golden Bough*, 3rd ed. (London: MacMillan, 1936)。
② 例如,J. M. 贝蒂(J. M. Beattie)断言特罗布里恩群岛(Trobriand)的独木舟魔法表达了特罗布里恩群岛人建造独木舟的重要性,歃血为盟的仪式强调了双方相互支持的必要性。参见他的 *Other Cultures* (New York: Free Press of Glencoe, 1964)。

或作恶的机会,所有这些都来自他与庄稼的关系"。更具体地说,阿赞德人的礼仪表达了他们对"人的一生都受制于偶然性"的认识,并构成一出戏剧,其中有些象征性方法可以处理"不幸及其对人与其同伴关系的破坏性影响"①。

查尔斯·泰勒(Charles Taylor)对早期解释和晚期解释之间的冲突提出了合理评估。他宣称,认为这种解释或那种解释是正确的想法是错误的。他进一步指出,认定阿赞德人的礼仪既有实用目的又有表达目的,似乎它们是可分开的两个目的更是错误的。这两个目的的区别可能是我们的理性概念而非他们的理性概念所造成。他们的理性概念并没有区分理解宇宙和与宇宙和谐相处。从这个概念视角,泰勒写道:

> 如果不了解我们在其中的位置,我们就无法理解事物的秩序,因为我们是该秩序的组成部分。如果我们不热爱它,看不到它的善,即我想说的与之和谐相处,我们就无法理解秩序和我们在该秩序中的位置。不能与之和谐相处是不理解它的充分条件,因为任何真正理解它的人必须热爱它;不理解它和与之和谐相处是格格不入的,因为这是以理解为前提的②。

泰勒认为柏拉图提出了追求和谐,而且欧洲的文化传统直到

---

① Peter Winch, "Understanding a Primitive Society," in *Rationality*, ed. Bryan Wilson (New York: Harper, 1970), 100, 104 - 105.

② Charles Taylor, "Rationality," in *Rationality and Relativism*, ed. Martin Hollis and Steven Lukes (Cambridge: MIT Press, 1982), 95 - 96.

现代科学出现之前都体现了这一点。中非姆布蒂人（the Mbuti）的信念为这种追求提供了十分生动的当代例子。这些狩猎者和采集者认为森林是神圣的，是他们存在和所有善的源泉。他们对森林说话、叫喊、窃窃私语、唱歌，称森林为母亲或父亲或者父母，称赞森林的善及其治愈或"创造美好"的能力①。

现代科学已经促使许多人拒绝接受这种将世界视为协调的可能对象的世界观。只有到那时，才能把实用目的和表达目的明确区分开来。泰勒本人相信，理解与和谐相处的分离产生了至少是对物理本质的优越理解。但是，正如他谨慎指出的那样，我们很难证明现代科学概念的绝对优越性。随着我们对自然的技术控制，我们与自然的疏远和异化也在加剧。

泰勒对阿赞德人和前现代欧洲传统的理解与和谐相处之间的密切联系的看法似乎是正确的。他进一步指出，如果我们以牺牲和谐相处为代价而获得更好的理解，就有可能陷入"残酷的两难困境"，这看来也是正确的。如果我们能够理解居住在一个我们热爱和从中发现善的世界的理想，那么阿赞德人维持其信念就不再显得不理性了，虽然在我们自己的认识论中，在经验不确定性面前，需要广泛和特别的辩护证明信念的可靠性。

虽然相信自己的方法是接触世界的更可靠方式，但我们承认自己更喜欢的那种接触只是我们珍视的众多事物之一。事实上，在现代科学占主导地位的社会中，调适是许多人仍然看重的其他

① 参见 Colin Turnbull，*The Human Cycle*（New York：Simon and Schuster，1983），30。

事物之一。我们中的一些人，包括相当数量的科学家在内，仍然相信世界之善，以至于它的基础被置于经验的不确定之外，或者至少我们中的有些人希望如此。这要求对旧信仰的一种非字面意义解释，如那些传统上伴随着西方文化和谐价值观的上帝造人信仰。一方面，另一些人保留字面意义解释，并对这种信念曾受到经验不确定性威胁的观点提出异议。另一方面，阿赞德人或姆布蒂人的确在他们的世界里游走，去实现他们的目标。他们对日常生活层面的因果关系有着非常明确的把握。

因此，阿赞德人珍视可靠的接触世界的方式，这是我们能够完全理解的，我们也可以理解他们的魔法仪式，这与当代西方文化根源的前现代思维模式有些类似。我们和阿赞德人之间的道德差异可以理解为价值观的相对支配地位差异——调适与体现在预测和控制中的娴熟掌握。然而，我们必须明白，在我们表达两种价值观的相对支配地位差异时，我们把它们看成不同的、可分开的东西，而理解他们和我们之间差别的方式本身就是另一种差别。

还有另外一种价值观差异是内格尔的分类法允许但没有突出强调的。在我们调查 21 世纪人类文化时，发现这是一个非常显著的分歧。我早期对相对论的研究证明了两种道德之间的对比，其中之一是以源自社群价值观的义务为核心（我指的是与特定他人的关系以及与规模不同的群体的关系），另一种是以纯粹作为个人所拥有的权利为核心[①]。例如，在前一种类型中，根据

[①] 参见 *Moral Relativity*（Berkeley：University of California Press，1984），chap. 9。

　　　　　　　　自然道德：对多元相对论的辩护

儒家道德、家庭关系构成个人利益的核心部分,他们的许多最紧迫的义务是指向如何维持这种关系的。而在后一种类型中,个人被视为有需要防范被他人侵犯利益(如隐私方面的利益),即使是非常重要的关系人也是如此(如担心成年子女幸福的父母可能会侵犯子女的隐私)。人们可能对这些道德规范作如下对比,说在第一种道德中,家庭关系是占支配地位的焦点,而在另一种道德中,自主性是占支配地位的焦点。

然而,这种对比符合这样一个事实,即关系和社群的价值是西方道德传统的组成部分。事实上,除非这些主题是西方传统的一部分,否则社群主义者对自由主义政治哲学的许多批评就不会有这么大的威力。这些传统的不同之处在于它们赋予自主性和个人权利概念什么样的核心地位,而非这类价值观的根本缺失。在西方,当关系价值观与自主性价值观发生冲突时,相对来说,优先考虑自主性的趋势更大。

二、道德价值多元主义如何为主张相对论的"根本差异"论证提供替代选择

实际道德之间的典型差异在于它们对多种基本价值的这种共同冲突的反应方式。请注意,对道德之间差异的这种特征性概括允许他们分享即便不是全部,也至少是部分道德价值观。道德之间的差异通常不在于根本性差异:一套价值观面对另一套完全不同的价值观。与这里所捍卫的观点相反,人们常常认为,相对论依赖于确认道德之间存在根本性差异。相对论的推理应该

是,基于自己的道德标准来评判他人的道德,这是不得体的。将两种完全不同的道德拿来进行对比是没有意义的。

这样的描述引发了令人尴尬的问题。如果道德之间的差异如此明显和全面,那我们为什么不干脆称其他准则为道德准则。人们把一套规范体系看作道德,即使它与自己的道德完全不同,他也必须采用一种纯粹形式的道德概念。因此,道德只是其成员所赞同的规范体系(例如,这个体系被公认为是评价其行为和态度是否得体的适当基础,或者这是人们竭力要满足和实现的体系)。至于规范内容,并不存在限制。然而,这样通过形式描述道德存在问题——能够满足这种描述的有不止一种规范体系。法律体系、礼仪规则、精明理性(prudential rationality)规范,以及更容易贴上"道德"标签的体系都符合这一描述。根据这个问题可采取的另一项行动是进一步明确规定,人们赞同的规范的道德体系是在遇到冲突时把它凌驾于所有其他体系之上的体系。然而,这一行动面临一种反对意见,即在信仰某种道德的群体中,并非所有人都承认道德体系是压倒一切的规范体系。

然而,对根本差异相对论所要求的形式描述的更根本的反对意见是,这种描述只是推迟执行必要的解释性任务。即使我们假设一个群体的所有或大多数成员在必要意义上都赞同一种规范体系,而且所有或大多数成员都承认它是压倒一切的制度,我们仍然需要明白为什么他们必须遵守这些规范,无论这些规范有什么具体的实质内容。如果我们发现另一个群体公认的和压倒一切的规范体系在实质内容上与我们自己公认的和压倒一切的规范体系几

　　　　　　　　自然道德:对多元相对论的辩护

乎没有相似之处,那么我们就有疑问了。如果我们看到其他准则的追随者在追求的东西与我们认为自己所追求的东西如此不同,我们很可能会怀疑我们还没有理解这些人。在试图理解他人时,我们必须援引自己认为能说得通的东西,这包括认清他们在这个世界所追求和珍视的东西。其实,这个要点说明了解释和理解他人的本质的某些最基本内容。在这项任务中,即便我们通过扩展想象力,拿我们自己的经验去类比他人,用以了解那些生活在不同环境、被不同环境塑造的人,我们仍不可避免地要以自己为原本①。有时候,我们确实不能理解别人。问题是,这种不理解能否成为相对论的有力论据。问题是,我们对他人了解得越少,他们的生活方式就越不可能成为我们的生活方式的竞争者。如果不明白他们的生活方式如何吸引人,我们就很难想象其生活方式能与我们竞争。

塞缪尔·弗莱施哈克尔(Samuel Fleischacker)的论证说明了以不理解作为相对论的基础所面临的困难。他认为,我们可以很好地理解他人,足以知道我们并不了解他们②。他的"温和"版"文化相对论"植根于维特根斯坦(Wittgenstein)的观点,即知识建立在共同假设和证据标准的背景之上。"世界图景"嵌入文化之中。我们的世界图景不仅包括有关世界的一套独特信念,还包括一系列决定我们如何努力拥有可靠信念的利益顺序。这种顺

---

① 参见 *Moral Relativity*,chap. 8,以及 "Three Kinds of Incommensurability," in *Relativism: Interpretation and Confrontation*, ed. Michael Krausz(Notre Dame, Ind.: University of Notre Dame Press, 1989),140‒158。

② Samuel Fleischacker,*Integrity and Moral Relativism*(Leiden:Brill, 1992).有兴趣的读者可参阅:塞缪尔·弗莱施哈克尔:《分配正义简史》,吴万伟译,南京:译林出版社,2010年。——译注

序不同于其他文化中占支配地位的顺序。西方人优先考虑的是"平等主义知识"的善(希望并相信人们获得真理的途径大致平等),以及预测和控制此岸/这一世界的事物,而另一些人则优先考虑永生的善,同时希望并相信某些人拥有获得知识的特殊机会。这种差别可能使我们无法向他人证明他们是错误的,实际上,我们也无法充分理解他们为什么珍视他们现在所珍视的善。不过,我们理解他们非常重视这些善,并且认为他们这样做是错误的。尽管只是部分理解,但我们还是作出这样的判断,因为"我们倾向于把一套特定的善视为最低限度的体面和/或明智的人类生活的适当指南"①。虽然我认为我们完全有可能理解他人,以至于意识到我们并不能完全理解他们,但仍然令人不解的是,我们为什么应该愉快地作出这样的判断,即他们恰恰在我们并不完全了解的问题上犯了错误。就拿弗莱施哈克尔举的例子来说,一位受过西方教育的女性皈依伊斯兰原教旨主义,有人指责她为了改变信仰而放弃了自己的思考,弗莱施哈克尔让她提出这样一个问题:我们从思考以及支撑反思的机构中得到了什么:

> 对人生目标感到绝望、一门不受道德考量约束的科学,以及由此而来的崇尚暴力的青年文化、婚姻破裂和核武器。有了这样的记录,你凭什么抱怨我的传统中的暴力呢?看看你们电视上播放的东西,在装配线上和电脑终端机前的那些

---

① Fleischacker, *Integrity*, 71.

自然道德:对多元相对论的辩护

令人头脑发昏的工作，至少就你们社会的大多数人而言，你们声称自己在智力上比我们优越的说辞实在令人生疑①。

如果我们接受弗莱施哈克尔的假设，即我们没有完全理解为什么这位妇女会看重不像西方人那样反思的好处，那么我们判定她错误似乎有些自以为是了。也许她了解一些我们并不了解的东西。事实上，考虑到弗莱施哈克尔认定她的反驳，我们还不清楚这位妇女为什么一定比我们更不善于思考②。

弗莱施哈克尔的例子未能说明他心中设想的部分理解。在我们看来，伊斯兰女性对西方批评的反驳（呈现出一种真正对立的生活方式）具有强大的影响力，而这种影响力在一定程度上恰恰体现在我们理解这种批评，并认同这种批评背后的价值观③。

---

① Fleischacker，*Integrity*，18－19.

② 在这点上，感谢欧文·弗拉纳根的帮助。

③ 请考虑 20 世纪最具影响力的伊斯兰极端主义者赛义德·库特布［Seyyid（or Sayyid）Qutb］，一代又一代圣战者的伊斯兰教育的主要来源。在他参观访问美国的两年半时间里，在面向西方的自由派的埃及精英群体中，无论是温和者还是极端分子，无论是主张和平的还是主张暴力的都愿意采取他的立场。他对阿拉伯人的种族主义主张，热衷享乐和物质利益，以及在文化上鼓励女性抛弃相夫教子的贤妻良母角色，反而追求"性感、魅力和调情"，使用"她们的能力获取物质生产而不是人的培养，因为物质生产被认为比人的性格发展成长更重要、更有价值和更有荣誉"。请参阅：Seyyid Qutb，*Milestones*（Damascus，Syria：Kazi，1993），97－98. 西方左翼的很多平等主义者会赞同库特布对消费主义者的物质主义以及西方社会令人惊讶的贫富悬殊的很多批评，而基督教极端主义者或许会赞同他对性解放和性别平等理想的看法。请考虑基督教福音派牧师杰瑞·法威尔（Jerry Falwell）在 2001 年 9 月 11 日纽约和华盛顿特区遭受袭击时的声明，这是上帝对美国作出的判断："我真的相信异教徒和主张堕胎者、女权主义者、男女同性恋者，他们积极让另外一种生活方式成为美国人的生活方式，美国公民自由联盟（the ACLU）和支持美国生活方式基金会（People for the American Way）都试图让美国世俗化……我当着他们的面指出这一点，就是你们这些家伙促成了灾难的发生。"他在 2001 年 9 月 13 日在"700 俱乐部"实况转播的演讲稿，请参阅 www.truthorfiction.com/rumors/f.

即使我们更喜欢自己的生活方式,明明知道它有种种失败而且需要为它付出很多代价,但我们仍然会认为这位妇女有充分的理由选择另外一种生活方式。正如上文讨论过的那样,强调和谐相处价值的文化也是如此。

三、明智地运用慈善

对这两个例子的这种理解支持了唐纳德·戴维森(Donald Davidson)的慈善原则。他对这一原则的解释颇具影响,即我们在解读其他人的时候,必须假设他们是理性的,并且像我们一样,谈论和探索着"同一个世界"。否则,我们根本无法将他们解释为持有信念或说出明智言论的人。慈善原则引导我们在可能的情况下善意理解他们和我们之间的协议。就我们所知,要点是让他们"在我们可知的范围内尽可能、最大频度地正确"[①]。

戴维森解释说,慈善并不阻止我们把差异归咎于可以理解的错误。在形成对他人的解释时,我们可能会发现,鉴于我们逐渐形成了对他们如何与信仰对象互动的概念认识,把问题归咎于他们犯下的错误更能说得通。然而,这种归因是有限度的。把大量错误归咎于他们就破坏了阐释的一个至关重要的假设:他们像我们一样正在形成有关同一世界的信念。如果我们把认为地球是平的这一信念归咎于古人的知识欠缺,而我们对地球的其他信念都与古人没有任何关系,我们就会破坏他们拥有的关于地球的

[①] Donald Davidson, "Radical Interpretation," in *Inquiries into Truth and Interpretation*, 2nd ed.(Oxford: Clarendon Press, 2001), 136.

自然道德:对多元相对论的辩护

任何信念的假设①。

　　戴维森注意到,在他早期有关解释的著作中,他倾向于用信念一致性的"最大化"来解释慈善,而对他一直以来的想法,更清晰的表述是信念一致性应该"最优化"②。我们需要的不是一致性"最多",而是能够使我们相互理解的"正确"的一致性。我们应该试图尽可能多地达成共识,同时还要考虑尽量简单明了,预感到对社会条件产生的影响,当然还要考虑我们的常识、可解释的错误或科学知识③。正如戴维森认识到的那样,要解释可解释的错误,最好的办法可能不是把别人的大多数信念都看作正确的。社会条件也可能产生放大而不是缩小分歧的作用,使得别人的信念与我们的差别变得愈发明显。

　　如果我们认识到,不仅信念一致性必须最优化,而且在我们认定的他人欲望、价值和意图上的一致性也要最优化,事情就变得更加复杂了,因为我们要了解他们的行为就不仅要考虑他们对世界的信念,而且还要考虑他们对世界的期望、价值以及在世界上打算做什么④。为了理解他人的行为,我们将这些行为理解为源于意图,而意图又源于某些信念、欲望和价值观模式。有些模式使他人变得可以被我们所理解,而有些模式则不行。然而,这种理解他人的方式并不妨碍我们将问题归咎于他们那些与我们

①　Donald Davidson,"Thought and Talk," in *Inquiries*, 168.
②　同上书,xix,136。
③　同上书,196。
④　就本章的目的而言,在如何理解人的价值观与其信念和欲望的关系问题上,即它们是信念、欲望还是某种结合体,我保持中立。

不同的欲望、价值观和意图。例如，我接受别人渴望并珍视拥有支配他人的权力，虽然这个想法对我没有多大吸引力。基于这些原因，戴维森刻意让一致性的"最优化"和"最大化"保持距离作为理解他人的必要条件，这是正确的。

慈善的早期的、没那么合理的"最大化"观点出现在大卫·库珀（David Cooper）反对道德相对论的论证中。大卫·库珀认为："只有当他人的信念与我们的信念有很大程度的一致性时，我们才能将他人的信念视为对 X 的道德信念。"他的结论是，慈善原则驳斥了任何形式的道德相对论。人们很难不同意库珀的观点，即道德信念必须使其主题与"福利、幸福、痛苦、安全和美好生活"联系起来①。

如果我们把另一种信念解释为与福利、幸福、痛苦、安全以及美好生活没有任何关系的东西，那么我们就有充分的理由怀疑自己该不该把另一种信念理解为道德信念。这并不等于驳斥人们对这些东西到底是什么的看法存在显著分歧的可能性。这在很大程度上取决于人们如何应用库珀的要求，即我们的道德信念与他人的道德信念之间存在"很大程度的一致性"。如果说在对他人信念的众多竞争性解释中，最好的解释是产生最多重叠信念的那个解释，那么这种说法似乎过于随意。即使有人对自己计算信念数量的能力有信心，但我没有。我相信，这就是戴维森正确地

① David E. Cooper，"Moral Relativism，" *Midwest Studies in Philosophy* 3（1978）：101，104.我曾在拙著《道德相对论》中讨论过这种论证，请参阅：*Moral Relativity*，114－116。

自然道德：对多元相对论的辩护

纠正了他之前关于慈善原则的表述,即从最大化改为最优化的原因之一。

米歇尔·穆迪-亚当斯(Michele Moody-Adams)对库珀的论证提出了一个新表述,其出发点是这样一个前提,即理解他人需要"在许多与道德反思相关的基本概念上达成实质性的一致性共识"①。然后她得出结论,不可能存在"终极的"或"根本的"道德分歧②。为了验证这一结论,她必须坚持,在对与道德反思相关的概念分歧仅限于"非终极的"或"非基本的"概念。这立场似乎是连贯的,但不能像穆迪-亚当斯试图做的那样,从慈善地解释他人的原则出发以先验方式推导出来。为什么只有当群体拥有与我们完全相同的"基本"道德概念时,他们才有道德信念?无论临界值如何定义,在某些临界值上达成一致似乎就已经足够,不是吗?说到任何一个与道德反思相关的基本概念,比如,什么可以被看作与正义③是相同的概念?两个群体或许对正义的概念有足够多的差别,更确切地说,他们的正义概念是两个有重叠但不相同的概念。此外,当正义和同情心这两种价值发生冲突时,理解他人并不要求我们把他们解释为与我们拥有一模一样的价值观优先顺序。这种分歧可以被称为根本分歧,即使它是以分享共同价值观为前提的。戴维森的慈善原则本身,如果被适当地理解

---

① Michele M. Moody-Adams, *Fieldwork in Familiar Places: Morality*, *Culture*, *and Philosophy*(Cambridge, Mass.: Harvard University Press, 1997), 55.

② 同上书,56。

③ 正义和同情是穆迪-亚当斯在"道德进步观"中提出的一些基本概念的例子,请参阅 Moody-Adams, "The Idea of Moral Progress," *Metaphilosophy* 30 (1999): 168 - 185。

为呼吁最优化而不是最大化，并不能解决这些问题，因为最优化的要求本身就需要解释。

亨利·理查森（Henry Richardson）在阐述这一点时指出，解读哲学文本需要考虑作者在写作时的认知目标。理查森质疑，一位马基雅维利《君主论》的译者竭力解决模棱两可的问题，并寻求马基雅维利与相关读者之间一致性的最大化，这样做仁慈还是把他说成是故意挑衅性的、故意含糊其词的更仁慈呢①？

这些问题的答案只能由更大的调查背景来提供：试图对那个人及其行为作出解释。在此大背景下，这取决于它在多大程度上吻合对那个人的合理解释，对不同于我们信念的信念的归因解释可能或多或少更有道理。究竟什么可以作为对特定个人的合理解释将被置于人们有关个人和社会的更大理论背景下。在对一个人进行解释时，可以把错误和错误信念归咎于无数重要的事物，这些事物甚至可以被称为"根本性的"，只要我们在解释错误时，将错误归因于他的认知情境似乎情有可原。

同样，允许不同文化的道德观念在很大程度上有重叠之处也是合理的，而这无需坚持不同文化道德观念的同一性。两个道德概念在意义上可以有重叠之处，但又不完全相同。另一个可以被合理地称为"根本性"道德分歧的常见原因是，当重要价值观发生冲突时，它们之间会设定不同的优先顺序。我们可以理解其他人的道德准则与我们自己认为重要的价值观之间存在着类似张力，

---

① Henry S. Richardson, *Practical Reasoning about Final Ends* (Cambridge：Cambridge University Press，1997)，268 - 269.

自然道德：对多元相对论的辩护

但我们不需认为他人在面临这些张力时与我们设定同样的优先次序。这符合将他人和我们之间的一致性的最优化，这里的证据表明他人和我们并不完全一样。

四、相似却又不同的儒家案例

我们通过将他人拿来与我们类比来理解他人更像我们用类比法了解他人。我之所以强调类比是因为它们凸显了我们和他人之间的相似性，同时也允许显著差异性的存在。要了解通过类比认识事物的例证，我们可以考虑儒家伦理学中三个显著而独特的特点，这些特征主要表现在中国古典哲学著作《论语》中[①]。通过注意到这些特征与自己文化中所熟悉和存在的主题的相似性，我们理解这些特征，但是，正如所有类比一样，相似之处与显著差异共存。我要指出的是，在所有这三种情况下，我们都很乐意接受这些差异。

第一个特征是作为核心的孝，也就是孝顺父母。当然，孝敬父母是许多文化的共同特征，在美国社会中不难找到类似儒家孝道的例子。然而，与此同时，儒家传统对孩子孝顺父母的义务与我们不同，要求非常严苛。《论语·为政》第七节中，孔子认为孝的要求不仅仅是在父母年老时给他们物质支持而已。孝更根本的要求不仅仅是给他们食物（为他们养老），而是"敬"——这最初

---

① 对这个三个案例的讨论，请参阅拙文《慈善的起源》(Where Charity Begins), in *Davidson's Philosophy and Chinese Philosophy: Constructive Engagement*, ed. Bo Mou (Leiden: Brill Academic, forthcoming).

被认为是祭祀祖先应有的态度,一种对祖先魂灵承担重大责任的态度。(请参阅:"子游问孝"。子曰:"今之孝者,是谓能养。至于犬马,皆能有养;不敬,何以别乎?"——译注)《论语·为政》第八节进一步说明了敬的本质,即有事情,晚辈效劳,有酒菜食物,年长的人先吃喝,但仅仅这样还不能被称为孝顺,在父母面前经常和颜悦色是难能可贵的。("子夏问孝"。子曰:"色难。有事,弟子服其劳;有酒食,先生馔。曾是以为孝乎?"——译注)对父母的义务范围包括照顾好父母给予我们的身体。《论语·泰伯》第三节中描绘孔子的学生之一曾子病重,濒临死亡。曾子召集弟子们来看他的手和脚,并引用《诗经》中的诗句来传达这样一种思想:身体发肤,受之父母,不敢有伤。他说,直到现在他濒临死亡之前,他都不敢确信自己对父母的义务已经消失。人必须保持自己的身体完整这一观念,这是感谢父母,也是对父母的义务,这一直是中国文化的中心思想。(曾子有疾,召门弟子曰:"启予足!启予手!《诗》云:'战战兢兢,如临深渊,如履薄冰。'而今而后,吾知免夫!小子!"——译注)

为什么孝在儒家伦理中如此重要?究其原因,似乎在于其对道德品格发展的中心作用。在《论语·学而》第二节中,孔子最杰出的学生之一有子说:"孝弟也者,其为仁之本与。"意思是敬爱父母兄长也许是做人的根本,这是对家庭之外的权威表达尊重的基础。人要学会尊重别人,首先要学会尊重家人。孝处于核心地位的另一个原因是,我们需要向给予自己生命和具有养育之恩的人表达感激。在《论语·阳货》第二十一节中,宰我反对传统上为父母服丧三年的做法。

宰我说，守丧一年足以扰乱人的正常生活，传统的守丧三年太长了。孔子评论宰我在这方面缺乏感情（不仁）。孔子认为，儿女生下来，三年以后才能离开父母的怀抱。难道宰我没有从他的父母那里得到三年的抚爱吗？

这种美德及其合理性论证在美国文化中也有类似之处。我们当然能够认识到感恩这一主题，以某种方式回报他人厚爱的必要性，以及家庭关系在性格发展中起着关键作用这一观念。然而，这种相似性似乎强调了孝道在儒家和更广泛的传统文化中的中心地位及其义务的严格性。虽然我们承认这种孝道的合理性，但我们通常不会把它放在道德美德目录中的核心位置，也不认为有这种义务。人的身体受之父母，不好好关照这件"赠品"是忘恩负义的行为，从美国人的角度来说，这可以理解，但不会被普遍接受。

这些差异是否意味着我们没有正确理解儒家思想或中国传统文化？我认为，接受这些差异属于人类可能性的正常范围，也许是因为我们可以想象自己去走一条我们没有走过的路。感恩、互惠和家庭对道德发展的重要性等都是美国人熟悉的观念，同时也有潜在可能证明尊重父母价值观的合理性，但这种尊重的程度要比许多美国人愿意接受的更严格一些。的确，从儒家角度看美国人，可能会产生一种奇怪的感觉，认为我们这种视角更有道理。

考虑儒家伦理的另一个重要特征：它在美好而有价值的人生观中包含了美学维度。儒家认为，正确的行为是恰当的行为。它表达了对他人的适当关心和尊重，一个人关心和尊重他人的方式与此人与他人的社会关系的性质相适应，也与他人的处境以及此人的处境相适应。通常来说，（儒家中）通过传统来表达这些伦理态度，这是成为礼的一种仪式。把自己塑造成更优秀的人，就是要在礼的表现中实践，使其成为第二天性，但礼仪必须始终表现出恰当的态度。在形式与情感之间达到适当平衡，就使人的本性变得高尚、美丽。柯雄文（Antonio Cua）对《荀子》一个段落的翻译很好地说明了这一点："人性提供了原材料，建设性的人类努力是优雅形式和有序表达的美化和蓬勃发展的原因。如果没有建设性的人类努力，人性就不能得到改善和美化。"[1]（性者、本始材朴也；伪者、文理隆盛也。无性则伪之无所加，无伪则性不能自美。《荀子·礼论》。——译注）

　　柯雄文将修身养性比作艺术作品中对品质的感知，将完成的礼仪活动中所能看到的优雅或快乐比作画作中曲线的优雅或音乐旋律中的优美，这是很有启发性的[2]。郝大卫（David Hall）和安乐哲（Roger Ames）注意到，儒家的"正当"行为观与画家在绘画中选择"适当"笔画或"适当"颜色有很多共同之处[3]。对儒家来说，做正当之事，不仅意味着承担自己的责任，也不仅是为了正当的理由，不只是为了适当的感受，而且还意味着有一种具有审

① Antonio S. Cua, "The Ethical and Religious Dimensions of Li," *Review of Metaphysics* 55 (2002)：481，译自李涤生《荀子集释》，Dishen Li, *Xunzi jishi* (Taipei：Zueshong, 1979)，439.

② Cua, "Ethical and Religious Dimensions," 483.

③ David L. Hall and Roger T. Ames, "Chinese Philosophy," in *Routledge Encyclopedia of Philosophy*, ed. E. Craig. Rev. 1998. Available at www.rep.routledge.com/article/G001SECT4.

　　　　　　　　　　　　　自然道德：对多元相对论的辩护

美目的的优美和雅致,体现出此人获得美德而实现的安详和满足感。使用这些类比有助于理解儒家伦理道德的审美维度,但它们也说明了类比的作用。它们把我们在某个环境中所熟悉之事(这里指的是绘画或音乐)与在另一语境中发生之事联系起来。如果我们能想到在那个不同环境中发生的熟悉之事,这个类比就达到了展示的效果。

儒家道德伦理的第三个特点是强调和谐关系是伦理生活的核心部分,这体现在《论语》中关于成人与其父母关系的论述。在《论语·学而》第二节中,"孝弟也者,其为仁之本与",这是对家庭之外的权威表现出尊重的基础。中国人对和谐的强烈偏好出现在《论语·为政》第六节,孔子说:"除了疾病,不应该让父母有任何焦虑。"(父母唯其疾之忧。)《论语·里仁》第十八节探讨自己关于对错的想法与父母的希冀产生分歧的情况。侍奉父母,应该轻微婉转地劝阻他们的错误,看到自己的意见没有被听从,仍然恭敬地不违拗他们,虽然担忧,但不怨恨。(事父母几谏,见志不从,又敬不违,劳而不怨。——译注)正如《论语·里仁》第十八节所示,对和谐的重视并不要求在与上级有真正分歧时保持沉默。事实上,儒家传统颂扬的是敢于直谏的士大夫,他们常常当着君王的面发表自己不同于君王的方法和看法。然而,这种道德勇气也服务于和谐这一目的。如果不能为了社区、国家和民族的利益,那么治国的统治者必须被问责,这恰恰是要保护所有人的利益。冲突出现时,必须有人有解决它的权威,哪怕只是判断这次哪一方的观点占上风。人类还没有创造出这样一个社会,既无需指定这种权威,也无需向其成员灌输对这种权威的尊重。选择和谐的理由是可以被理解的,但在此,这些理由还不足以证明文化表现出的对和谐的特别偏爱。例如,涉及竞争双方互动与调适的非正式谈判仍然是中国解决商业纠纷的传统途径;非正式的调解委员会致力于解决农村和城市社区的基层纠纷;即使在诉讼程序开始后,中国法院仍然鼓励当事人协商调解。

中国文化表现出对和谐的偏爱,但这并不妨碍它被外部世界理解。为什么?在形成对比的美国一方也存在着偏爱和谐之处,对此可以进行类比,即便类比后仍然存在重大差异。毕竟,美国方面可以接受显著多样性的亚文化,这表现出他们对和谐的高度偏爱。这些亚文化当然包括华裔美国人和其他亚裔美国人的亚文化,还有拉丁裔和墨西哥裔美国人的亚文化。此外,欧洲裔美国人的各种亚文化在过去表现出比现在更强烈的偏爱家庭和谐与社区各层次合作的倾向。在某种程度上,正是这种内在的多样性帮助我们将儒家价值观理解为一条我们自己可以走的路,在有些情况下,我们已经走在这条路上。

到目前为止,我一直假设理解儒学的相关参考点是当代美国视角,直到上一段,我的假设认为这种视角或多或少是统一的。当然,这是错误的。在现实中,出于某些比较或对比的目的,我们把这些视角当作统一的。在其他情况下,出于其他目的,我们会拿差异性大做文章。这种统一充其量是为了理解一种可能更难以理解的遥远文化罢了。用来与他们做比较的"我们"是多样化的,这种多样性为我们提供了用来理解"他们"的类比。这就提出了一个问题：这个多样化的群体最初是如何成为"我们"的。

如果我们局限于从个人自我作为理解他人的出发点，那么即使在相对较小的圈子里，我们也不太可能获得那些我们认为的理所当然的信念、欲望和价值。我承认，有些人喜欢掌握权力并运用权力支配他人，尽管在这方面我自己的心理与他们的心理没有太多相似之处。我承认，我的一些学生相信安·兰德（Ayn Rand）的极端自由主义，尽管在他们向我解释的时候，我难免会搞不明白他们的思维过程。我承认，有些人相信他们被外星人绑架了，尽管我的经历并不能让我明白是什么样的经历和思维过程导致他们有这种想法。但我认为，我们的自我理解能领悟显著的多样性，因为我们用来解释自己和他人的概念本身就体现了多样性，这体现在我们重视什么样的价值观以及相对于其他价值，我们重视这种价值的程度。

五、道德矛盾

因此，理解他人与理解他们和我们在很大程度上是完全不同的人并无不可调和的矛盾。理解其他道德准则以及它们所蕴含的生活方式，并不是要把它们视为外来的和不可理解的东西，它们在某些方面是熟悉的，在其他方面构成对我们的准则和生活方式的挑战。由于我们自己是复杂而矛盾的道德存在，我们能够看到，至少部分其他准则和生活方式会合理地被像我们一样正派而有见识的人采用。与弗莱施哈克尔的观点相反，我们承认不同文化之间的价值观存在明显的重叠，但与穆迪-亚当斯的观点相反，我们并没有将它们全部融合成单一观点。无论是相似性还是差异性都不应该遮蔽其他观点。

　　在多元价值观冲突的情况下,确定优先顺序的复杂性和矛盾性反映在我们自己的道德传统中。例如,在美国,关于堕胎是否具备道德许可性这一问题,分歧的根源与其说是对立双方所持的终极道德原则之间的差异,倒不如说是部分对对立双方都持有的保护人类生命的普遍原则的适用性差异,部分是在某些情况下给予另一个被广泛接受的原则,即保护个人自主权究竟多大权重的差异。菲利帕·福特(Philippa Foot)还指出,当个人利益和社群利益发生冲突时,究竟该怎么做并没有一个得到广泛接受的道德原则。例如,在治疗癌症患者时,究竟是作出让患者获得最佳生存机会的决策,还是采取行动,并利用所获得的知识让医生最终能够拯救最大多数的患者。福特认为,"我们自己"会强烈反对为了他人的利益而利用病人,但我们不清楚如何完全排除允许这种事发生的严格功利主义观点①。这似乎是个人权利与功利主义价值观之间的冲突,虽然我不敢肯定"我们"是否如福特所设想的那样全体一致赞同。正如最近有关医疗保健辩论所强调的那样,由于医疗技术成本不断上升,医生们面临着不得不"定额"治疗(ration care)的情况。我们中的许多人都不大情愿去支持这种举措,而且我也不清楚我们如何为这种举措找到合理的解释,除非基于功利主义的理由,即更多人或还能活更长时间的更多人

---

① Philippa Foot, "Morality and Art," *Proceedings of the British Academy* 56(1970): 133.

能得到帮助。因此,严重的价值观冲突发生在同一道德传统中,这不仅意味着传统中不同部分之间的冲突,而且意味着能够并且确实认同这两个部分的个人在自己内心仍然感受到这种冲突。

另一个例子涉及内格尔所称的非个人价值观与个人价值观之间的张力,前者如权利和功利主义,后者如与特定个人和社区的特殊关系以及个人承诺和项目所产生的义务。我们的确面临着严重冲突,一方面需要解决本国或世界范围内的严重剥削和权利侵犯问题,另一方面又要履行我们对特定其他人和对我们自己的项目和对他人的承诺等特殊义务。

因为我们能够理解矛盾的双方,这类冲突也造成特殊困难。即使我们坚定地站在一边,我们也能理解,在我们这样站队时丧失了某个有道德价值的东西,这种丧失的本质使我们不能简单地把它当作不得不作出的牺牲从而抛弃它,我们也不能认为这是正确决定引发的虽令人遗憾但合乎情理的结果。这不仅是在处理价值观冲突的不同可能方式时感到左右为难的心理现象,而且这是道德认识论问题。我们看到,有远见卓识和通情达理的人本来可以作出不同的决定,而我们对自己决定的优越性的任何先入之见会因此产生动摇。自己道德传统内的这种价值观冲突有助于我们理解其他传统如何在类似冲突中体现出不同的优先次序。

为了避免我们认为这种社会内部的矛盾心理仅仅是现代西方民主国家的异质性和多元主义的结果,我们不妨再来考虑人类学家布拉德·肖尔(Brad Shore)给出的萨摩亚的例子。在父亲惨遭暴力杀害之后,一名青年得到萨摩亚乡村牧师的公开劝告,说他必须克制自己为父亲报仇的诱惑，要牢记和平、和谐和宽恕的价值观念。但是后来，这位牧师用萨摩亚语随口警告这个年轻人，如果他不能为报杀父之仇杀掉仇敌，就不配成为他父亲的儿子。肖尔没有得出结论说，牧师是个伪君子或者糊涂虫。相反，他的结论是，牧师的两条相互矛盾的建议说明任何社会要想在相互竞争的价值之间作出严格的选择都很困难。牧师既表达了社会和谐在受到内战威胁的社会中的价值，又表达了孝道和血债血还的价值观。文化的特殊性在于，每个社会都试图通过强调一种价值或另一种价值来尽可能地解决价值观冲突。不被强调的价值可能退居幕后，但仍可能出现在伦理话语中①。

　　另一个例子涉及以权利为基本价值来源的道德观与以人际关系和社群为基本价值来源的道德观的对比。在西方，权利作为基本价值观来源被认为是起源于个人，与他们对社群的任何潜在贡献无关。这就是为什么一种核心的权利能够保护人们不受他人干涉。权利的典型合理性论证是指，在与社群利益冲突的情况下，个人的道德合法性利益应当得到保护。请让我把"自主性"价值观与以下观点联系起来：权利还有独立于个人对社群贡献的合法性；在与社群利益冲突的情况下，个人的道德合法性利益应当得到保护。与自主性相反，社群的价值观涉及关系人共同生活的利益以及要维持这种共同生活个人需要做的事。以社群价值为中心的道德不需要被理解为否认个人拥有合乎道德的利益，而

---

① Brad Shore, "Human Ambivalence and the Structuring of Moral Values," *Ethos* 18(1990): 165-179.

应该被理解为个人的福利存在于和社群建立起的适当关系之中，存在于个人与社群的某种和谐共存之中。

自主性和社群常常作为彼此的对立面，其中一种价值观被认为与另一种价值观截然对立，因为它被看作在处理强烈确认其他价值观时带来的麻烦。一方面，确认自主性是与集体对个人需求的回应截然对立的，当这种回应变成压抑得令人窒息的负担，或将那些信誉不好的人排斥在外时，强调自主性对社群有好处。另一方面，确认社群是与自主性提供的干涉壁垒截然对立的，这种好处阻碍社群对自主性需求的响应。我相信，美国的道德传统在自主性和社群之间表现出一种动态关系，与许多亚洲传统相比，它把更大的优先权给予了权利，认定那是个人自主性的表现，但社群价值仍然真实存在，虽然相对处于不显眼的位置。事实上，社群主义者对美国传统的批评的很大吸引力就在于它指出了社群逐渐消退的本质，以及这样导致对个人需求的回应性逐渐减弱的结果。

有时候，人们认为"文化"是相当简单的事物，是生活在同一种文化环境中的人拥有相同价值观和实践以及创造世界意义的方式。我认为，一种文化在某种程度上可以由公认的价值观组成，但这些价值观提供了彼此的对立面。一种文化的身份是由最突出的那些价值观来定义的，这些价值观是其他价值观的对立面。共享的文化就是价值观的这种动态配置，但是，配置通常会在如何解决价值观冲突方面留下相当程度的开放性和模糊性。这是为什么道德矛盾不仅存在于不同的道德传统中，而且存在于单一的道德传统中的重要原因。价值观与迫切的人类需求相对应，并从满足这些需求中获得大部分力量。但是，由于人类有多方面的需求，而且这些需求未必是和谐的整体，因此，如何在这些需求和相应的价值观方面保持平衡总是存在不确定性和波动性。

文化之间的部分差异在于，它们至少提供了价值观的部分优先顺序。我已经指出，美国文化既包含自主性又包含社群主题。例如，在公民自由被视作人们作为个体所拥有的东西时，公民自由获得了一种面向自主性的解释，并被认为是防范社会侵犯个人权利的一种保护，以防止为促进公共利益而侵犯个人权利。公民自由还可以获得一种面向社群的解释，当它被视为一种保护措施，使个人有权能作为目的本身而不是实现其他目的的手段为其社会管理作贡献。根据这一解释，自由是能让人们成为良好公民并履行公民职责的好处之一。然而，与许多亚洲社会相比，面向自主性的主题在美国更占主导地位。日本是一个既有民主传统又有自主性传统和社群传统的社会，但是若与美国相比，后者占主导地位。

例如，肯尼斯·温斯顿（Kenneth Winston）观察到，日本的警察和检察官在提出指控之前，有权长期审讯嫌疑人，有时甚至长达23天。在这种情况下取得的供词被法官排除的情况非常罕见，罪犯因此而获得自由的情况更是闻所未闻。这种做法与第二次世界大战后日本通过的主要由美国占领军编写的新宪法所体现的沉默权相矛盾。赋予警察和检察官的实际权力则反映了社会规范，这些规范让坦白认罪成为道德上预期的行为方式，成为一种对其他公民应尽的道德义务，并且是公众以及警察、检察官和法官都共同拥有的期望①。正如约翰·哈利（John Haley）所观察到的那样，日本绝大多数受到指控的罪犯都对所犯罪行供认不讳，并且表达忏悔之意，并为得到受害者的谅解进行协商，祈求当局的宽恕和优待②。

　　另一个相对优先顺序差异的例子出现在电影《长城》中，一位华裔美国人带着家人去北京探望他的妹妹及其家人。在这次家庭聚会中，有两位年轻人——他的儿子和妹妹的女儿最容易跨越文化鸿沟，这位年轻姑娘接受了美国隐私观教育，她应用这种观念表达了对母亲私拆和阅读自己书信的愤怒。这位母亲对女儿态度的反应是根本不理解：了解女儿的情况为什么还要先获得女儿的许可呢？这一事件以一种微小而亲密的方式说明了个人自主性概念与作为社会关系和共同命运的生命概念之间的冲突。父母深受母国文化的影响而子女在新文化环境中成长起来的移民家庭往往遭遇一种道德矛盾，他们对新生活方式取代旧生活方式时获得了什么和失去了什么往往感到无所适从。

六、道德矛盾如何给普遍论制造麻烦

　　表现出道德矛盾的冲突显然对主张单一正确的道德的普遍

---

① Kenneth Winston, "On the Ethics of Exporting Ethics: The Right to Silence in Japan and the U.S.," *Criminal Justice Ethics* 22（2003）：6 - 7.

② John Owen Haley, "Confession, Repentance and Absolution," in *Mediation and Criminal Justice: Victims, Offenders and Community*, ed. Martin Wright and Burt Galaway（London: Sage, 1989）, 195. Quoted in Winston, "On the Ethics of Exporting Ethics," 5.

论道德理论构成挑战。普遍论理论中的主导反应在于否定道德价值多元主义背后的现象。例如,康德主义者和功利主义者的大部分著作旨在表明,看起来无法还原的和潜在冲突的种种价值观可简化为单一来源,无论是促进最大幸福的目标还是对理性本质的尊重。请考虑这样的冲突。采用非个人视角的哲学家认为,一个人的行为必须植根于认识到谁也不比其他人在道德上更重要,他们试图使特殊义务服从于这种视角。他们认为,承认和履行这些(特殊)任务,可以最充分地实现非个人的价值观。

彼得·莱顿(Peter Railton)认为,只有人们具有某些持久的动机模式、特征或承诺(例如涉及为亲人利益行事的那些承诺)而愿意不惜牺牲本来能够实现最佳利益的行为时,才能比较可靠地获得某些利益。他以此试图把对家庭的特殊义务纳入一种复杂的行为结果论中。彼得·莱顿举了一对分居两地的夫妇的例子:丈夫必须决定是否要做一次计划外的旅行去看望情绪低落的妻子。如果他不去,他可以向乐施会(Oxfam)捐出额外的钱,从而在整体上得到更好的结果。而行为结果主义者认为,丈夫或许应该具备一种使他开始这场旅行的品格。如果他关爱妻子的程度降低,那么他对人类福利的总体贡献最终也会减少,"也许是因为他会变得更加愤世嫉俗和以自我为中心"①。此外,这些非个人利益还包括许多相互不可化约的利益,如知识、友谊、团结和自主性。

这种把价值观的不同来源试图减少到只有一个最高来源的

---

① Peter Railton, "Alienation, Consequentialism and Morality," *Philosophy and Public Affairs* 13 (1984): 134-171.

做法，必须要经得起我们强烈渴望为不同价值观主张辩护的考验。对于一个要求我们彻底修改最重要道德概念的理论来说，它需要给出非常具有说服力的论证。本着这种精神，提出这样的疑问是有相关意义的，即我们中有多少人会说，把更多注意力和资源投入到我们所爱的人身上是否具有正当性，取决于这种投入在总体上对人类福祉所产生的长期后果。我们当中有多少人真的认为，特别关照我们的孩子的正当性取决于我们这样做真的对每个人都有好处呢？我们当中有多少人认为照顾自己的孩子之所以正确是因为这是促进人类幸福的总体安排的组成部分呢？虽然莱顿的理论承认这些东西是不可化约的利益，但是，其隐含的意思是我们自己宣称这些主张的正当性取决于这样做是否最终促进所有人的利益。不过，我们对家庭成员，尤其是朋友等特定他人的道德纽带而产生的诉求似乎比这说辞更为根本。一方面，它们对我们的吸引力似乎与指向促进非个人利益的目标的正当性无关。另一方面，当我们站在非个人的角度，不特别关注那个视角如何为我们珍视的道德价值观辩护时，我们会认为，我们指向特定他人的热心和奉献的许多寻常行为是缺乏足够正当性的。当我们将关系到我们身边人的利益与世界其他地方数百万人的利益进行比较时，这种不合理性就出现了：生命本身，以及在面对野蛮和堕落时人类的些许尊严①。对道德价值多元主义的否

---

① 彼得·辛格(Peter Singer)对这一观点提出了清晰的辩护，请参阅：Peter Singer, "Famine, Affluence, and Morality," *Philosophy and Public Affairs* 1 (1972)：229 - 243。

定与人们普遍认为的不同价值观主张往往需要不同种类的合理性论证是格格不入的。

更普遍地说，莱顿的理论将道德正义与理性认可的利益联系起来，这种利益指的是在充分（和或许清晰）知情的情况下平等考虑所有潜在受影响个体的利益（自然论者设想出的）①。人们质疑他处理特别义务的途径是功利性的，只是众多竞争性价值观之一，我们不太清楚它与其他价值的优先顺序是怎样的。此外，要产生一种有内容的道德观需要假设有关人类福祉或福利的争议性观念，而这个观念将对应于相互冲突的道德价值观的特定优先顺序。我认为，一元论对解决真正有争议的规范性问题贡献甚微，这并非偶然。他们给出的建议要么模糊不清，并不清晰地偏向某一方，要么遭到那些尚未接受所谓最高价值的争议性解释者的断然拒绝。

处理这一冲突的其他尝试没有假定道德价值一元论，而是试图表明在多元化的价值观之间可以建立起明确的优先顺序。塞缪尔·舍弗勒（Samuel Scheffler）区分了与这种冲突相对应的两种道德理想。一方面，"人性理想"为我们创造出生活空间，只向我们提出满足他人需要的适度需求。另一方面，"纯洁性理想"要求我们从客观的角度行动，从这个角度看，我们的生命并不比他人的生命更重要。舍弗勒认为，这两种理想都植根于我们的道德，但人性拥有"更广泛和更深刻"的根源。他认为，人性理想更

---

① 这一观点的例子之一来自彼得·莱顿，请参阅：Peter Railton, "Moral Realism," *Philosophical Review* 95 (1986): 163 - 207。

符合我们的一种信念，即拥有个人生活的空间是合理的。他声称，很少有人质疑我们拥有这个空间的权利，除非我们购买了奢侈品，从而挤占了本来该满足某些人迫切需要的生活必需品。此外，他认为，我们的生活会产生个人之间的关系，进而产生一些特殊义务，因此并不仅仅是人性为个人创造了道德许可的空间。这种许可性空间不可避免地产生自己的义务。

最后，舍弗勒认为，人性理想在某种程度上可以成为纯洁性理想的铺垫，但反过来不行。从前者定义的视角来看，人们可能觉得后者是一种超义务的理想[①]。

然而，舍弗勒不能既声称我们对人性理想拥有特殊义务，又说我们可以把纯洁性理想看作超义务的理想。一方面，如果我们的特别义务可以凌驾于其他所有义务之上（我们照顾自己孩子的义务真的凌驾于我们可能拥有的义务之上，即动用我们的大部分资源关照世界上很多急需帮助的孩子），那么纯洁性就不是超义务的理想[②]。另一方面，如果我们对他人的非个人义务凌驾于我们对特定人的特别义务，那么人性至高无上的地位就显得不可信了。而且，人们的确有质疑我们过自己生活的权利，而这不仅仅是出现在我们购买奢侈品的时候。我们热衷获得的本以为是体面生活最低要求的东西，这很难说是人类生活的必需

---

① Samuel Scheffler, *Human Morality* (New York: Oxford University Press, 1992).
② 事实上，舍弗勒在《边界和忠诚：自由思想中的正义和责任问题》的《家庭、国家和陌生人》和《关系和责任》两章中对这些可能的冲突进行了细致的讨论，请参阅：*Boundaries and Allegiances: Problems of Justice and Responsibility in Liberal Thought* (Oxford: Oxford University Press, 2001)。

品,有些人会质疑,当其他人连基本生活都无法维持的时候,我们是否应该这样做①。事实上,我们可以预期这种质疑的出现,我们的道德传统深深植根于早期基督教,这种宗教对物质享受和不能一视同仁提出根本性挑战。

然而,舍弗勒拒绝给纯洁性理想优先地位是正确的。这样的选择将与他所指出的事实相冲突:我们的确相信存在一个让人过自己生活的空间;生活在这样一个空间里会产生特殊的义务。问题是,我们的传统包含了两种思想,而且似乎没有一个能让一种限制屈服于另一种限制的令人信服的、具有更深层次合理性的论证。我相信,在我们的传统中,这两种价值观并没有确定无疑的优先顺序。在某些情况下,我们认为有一个解决冲突的正确答案,我们对此答案很有信心。然而,我们经常遭遇令人不安的矛盾心理,这足以让那些提供笼统的解决办法的理论尝试丧失说服力。

请我们来考虑以下理查德·波依德(Richard Boyd)的观点,即多元价值之间的某种平衡是道德判断的真值条件的核心②。它的问题在于是否支持这样一种说法,即竞争性价值之间的平衡是所有社会和文化的道德都在追求的理想。如果某些价值观的最大化与其他价值观的最大化互不相容,那就需要选择一些价值

---

① 例如 Railton, "Alienation, Consequentialism and Morality"; Singer, "Famine, Affluence, and Morality"。

② 请参阅: Richard Boyd, "How to Be a Moral Realist," in *Essays on Moral Realism*, ed. Geoffrey Sayre-McCord (Ithaca: Cornell University Press, 1988), 181－228。波依德的观点与莱顿的观点类似,是一种结果论,但他认为,需要推动的是一种"自我平衡属性簇"的利益,如爱情和友谊、自主性、智力、艺术欣赏和表现。他之所以称之为自我平衡,就是意味着它们至少在适度地相互支持。请参阅"How to Be a Moral Realist," 203。

观进行特别强调,除非我们以某种方式努力适度满足所有价值观。即使这样做是可能的,但所有社会和文化都以此为目标似乎不太可能,而且很明显,它们也不应该都这么做。

到目前为止,我已经讨论了通过在价值观中确定笼统的优先顺序来否认道德矛盾的观点。这种途径的假设是,如果要找到特定情况下价值之间冲突的解决方案,这些解决方案可以从针对众多案例在价值观之间确立优先顺序的普遍性原则中衍生出来。这强调了从普遍原则中得出特定案例的结论的做法是现代道德哲学的主流趋势。尽管康德主义者和功利主义者存在种种分歧,但他们都认为伦理推导应该是由最普遍的和抽象的原则自上而下进行的。我曾在别处称之为"自上而下的推理",即伦理判断是从普遍原则中推导出来的,或者至少是通过它们与这些原则的一致性来验证的,而不是相反①。虽然康德的绝对命令并不包含实质性的和具体的行动准则,但只有当它们与绝对命令相一致时,根据这些行动准则行事才具有道德许可性,这一点在纯粹实践理性概念中作为先验性观念适用于所有理性人②。对于约翰·斯图尔特·密尔(John Stuart Mill)来说,具体的道德判断是从更普遍的目标中推导出来的,最终是推动社会功利性的最一般目标。

---

① 参见 David B. Wong, "Crossing Cultures in Moral Psychology," *Philosophy Today* 3(2002): 7 - 10,以及"Reasons and Analogical Reasoning in Mengzi," in *Essays on the Moral Philosophy of Mengzi*, ed. Xiusheng Liu and Philip J. Ivanhoe (Indianapolis: Hackett, 2002), 187 - 220。
② Immanuel Kant, "preface," *the Groundwork of the Metaphysics of Morals*, ed. Thomas E. Hill Jr. and trans. Arnulf Zweig (New York: Oxford University Press, 2003).

而伦理辩护的方向是从一般目标到具体判断①。

最近，作为对自上而下模式的缺陷的回应，人们对特殊主义产生了新的兴趣。各种理论派别的特殊主义者都认为，对特定案例的道德判断并不都是从普遍原则中推导出来的。许多特殊主义者追溯到亚里士多德有关实践智慧（phronesis）的概念，在很大程度上，这种智慧依赖于通过实践经验而获得的细节性知识。他们认为，良好的道德判断与其说是从正确原则推导出的结论，倒不如说更像是良好的认知（perception）。这一观点的一位有影响力的代表人物约翰·麦克道威尔（John McDowell）认为，当道德属性和要求隐含着不同的行为时，我们会注意到不可化约的道德属性和要求，以及它们之间的优先顺序②。说道德属性或要求是不可化约的，并不是否认人们认识到某个特定情况下的非道德方面具有道德显著性，但是，麦克道威尔遵循亚里士多德的观点认为，可表达的法则不能阐明拥有良好道德品质者的道德敏感。

如果用伯纳德·威廉姆斯（Bernard Williams）的术语，当感知（perception）毫无疑问涉及一个"厚重"的伦理概念的应用时，我们对道德属性或要求的感知是最令人信服的③。依据关于实

---

① John Stuart Mill，*Utilitarianism*，4th（University of Toronto）ed.（Longmans，Green，Reader，and Dyer，1871），205.

② 约翰·麦克道威尔在《美德与理性》等文章中阐述了这种现实主义的令人敬畏的当代版本，请参阅：John McDowell，"Virtue and Reason，" *Monist* 62（1979）：331–350；也参见 Mark Platts，*Ways of Meaning*（London：Routledge and Kegan Paul，1979）；David McNaughton，*Moral Vision: An Introduction to Ethics*（Oxford：Blackwell，1988），chap. 5。

③ *Ethics and the Limits of Philosophy*（Cambridge，Mass.：Harvard University Press，1985），129.

际情况考量的复杂体系，我们运用诸如善良和勇敢等概念来分析描述。它们不是我们可以贴在所喜欢的任何东西上的规定性标签。在应用这些概念时，我们似乎提到依据现实情况考量的属性特征。当我们反思一种情形并得出需要作出善举的结论时，认定这个要求是我们在此情况下的认识似乎很有道理。

然而，在特定情境中，重要的伦理考虑之间产生的严重冲突可能会导致上文描述过的那种道德矛盾。虽然正如本书后面将变得很明显的情况那样，我对特殊主义抱有相当多的同情，但我仍然不清楚它（指特殊主义）如何帮助我们处理道德矛盾。有人可能会说，在伦理考虑产生冲突的情况下，有个正确的优先顺序，该优先顺序可以被具有足够多的道德经验和视野不受激情或私利影响的人清晰感知到。但是，确定价值观冲突的优先顺序时，不同社会和文化之间存在系统性差异，这要求我们给出更深层次的解释。当然，人们可能会声称，整个社会和文化在确定优先顺序时都犯下了根本性错误，但是，道德矛盾会使那些企图说哪些优先顺序是错误的尝试面临重重难题。

第二章 多元相对论[①]

我已经论证了阐明道德价值多元主义和道德矛盾的必要性，也指出了道德生活的这些特征给普遍论造成的困扰。在本章中，我将在自然主义框架内对它们进行说明，从而得出多元相对论的结论。首要任务是解释我所谓的自然主义途径。

一、自然主义的不同派别

自然主义可以通过众多主题来识别，本书只认可其中的某些主题。自然主义的一种普遍根本含义常常是超自然信仰的对立面——这种存在超越自然之外，且不受自然规律的约束。一种相关的自然主义含义与各种形式的本体论二元论相对立，这种二元

---

① 在我对休谟（David Hume）的讨论中，我特别受益于和亚伦·加勒特（Aaron Garrett）和努德·哈孔森的讨论。很感谢小查尔斯·格里斯沃德（Charles Griswold Jr.），让我注意到普罗塔哥拉斯（Protagoras）的道德描述与这里辩护的道德之间的相似之处。

论的一边是无生命的和非人类的"低级"生命形式（岩石、树木、虫子、狗和猫），一边是人和"高级"非人类生命形式（精神、鬼魂、神灵、上帝）。在此含义上，思维与广延之间的笛卡儿心物二元论是一种非自然主义范式。自然主义与超自然存在和本体论非自然相对立，其根本含义是相信单一自然世界，在这个自然世界中居住着人类和其他据说完全不同的存在。这里接受了单一世界的根本含义（这与相信这个世界有多元视角存在并不矛盾）。

自然主义的更多具体形式就源自这个根本含义。该根本含义常常被解释为存在众多事物。单一自然世界的观点认为，只有一种基本事物。大多数情况下，实质性自然主义和本体论自然主义认为世界上只存在物质实体。但是，这种观点是否属实还远非清晰可辨。例如，它与数学中的属性或实体认知的潜在冲突得到很好的讨论，但并没有得到令人满意的解决，至少不是有利于物理自然主义的满意解决。数学对于被简化为逻辑真理或概念真理或有关自然事物的真理充满抗拒。此外，20 世纪和 21 世纪的物理学已经动摇了我们在直觉上熟悉的有关自然事物的概念，没有给我们留下任何东西可以取代日常生活中使用的"物体"的谈话，并且使得自然事物和非自然事物之间的对比变得模糊不清。如果只有一种基本事物，那么我们并不清楚它是什么类型。

这里所支持的更具体的自然主义主题不是实质性本体论观点，在性质上反而应该属于方法论[①]。这种方法论的主题之一认

---

① 彼得·莱顿阐述了实质性自然主义和方法论自然主义的区别，请参阅：Peter Railton, "Naturalism and Prescriptivity," *Social Philosophy and Policy* 7 (1989)：155 - 157。

为，哲学不应该使用一种独特的、先验性的方法来产生可以屏蔽实证性检验的实质性真理。这种方法论的另一个主题认为，认识论与心理学之间没有明显的界线。自然主义的这两种方法论组成部分是相关的。拒绝先验性命题源于这样一种见解，即具有强大解释力的经验理论经常推翻当时在逻辑或概念上貌似真实的主张。例如，我们可以考虑充分理由原则、欧几里得的空间结构或局限于局部接触的机械互动①。

科学理论对这种主张的削弱并不排除基于逻辑、数学或概念分析的主张的重要和独特作用，但它的确可以对这些主张所构成的不言而喻的永久知识基础的观点的优劣作出权衡。让·汉普顿(Jean Hampton)认为，实质性自然主义比方法论自然主义更为合理，因为前者而非后者"适应在科学实践中成功使用数学和逻辑的非经验性方法"②。然而，方法论自然主义不排除使用非经验性方法，而是坚持认为排除这些方法不能被视为不言而喻的或永恒不变的。请考虑菲利普·基切尔(Philip Kitcher)的观点，即在"可靠性明确受到经验质疑"时，逻辑学家和数学家理解公理和构建证据的过程可能无法实现知识生成功能③。

方法论自然主义与迈克尔·弗里德曼(Michael Friedman)所捍卫的数学的先验性地位是吻合的④。他认为，即使是严谨的

---

① Railton, "Naturalism and Prescriptivity," 156.
② Jean Hampton, *The Authority of Reason*, ed. Richard Healey (Cambridge: Cambridge University Press, 1998), 21.
③ Philip Kitcher, "The Naturalists Return," *Philosophical Review* 101 (1992): 72.
④ Michael Friedman, "Philosophical Naturalism," *Proceedings and Addresses of the American Philosophical Association* 71 (1997): 7-21.

自然道德：对多元相对论的辩护

数学理论也可以被修改,例如作为牛顿物理学前提的特定的数学框架已被取代,虽然它曾经被认为不可动摇。

然而,他指出,数学框架仍然可以发挥独特的结构性功能,使实证性科学理论的严谨构建和确认成为可能。例如,牛顿物理学所预设的数学框架被克莱恩变换群理论和流形黎曼理论所取代——它们都是爱因斯坦广义相对论预设的前提。作为这一理论的预设,这个新数学框架面临着奎因的"经验法庭"的审判,但与爱因斯坦控制质量、能量、密度和时空曲率关系的特定场方程不同。相反,黎曼和克莱恩框架使现代的时空概念成为可能,没有它,爱因斯坦的理论就无法表述出来,也无法经受严格的实证性检验。在我看来,合理的自然主义无需对这种独特角色提出异议,只要在经验面前承认更加间接的可修改性,哪怕是"构成性"的数学框架。

即使某些主张似乎构成了我们的理性概念,但理性概念也可能依据不同的探究群体而发生变化。自然主义者不是仅仅依靠逻辑真理或概念真理来构建知识,而是建议它依赖其原因,并因此依赖该研究对象的心理学事实①。例如,知觉知识取决于知识者和已知事实之间的那种正确关系。认识论的部分任务是具体指明这种关系是什么。心理学为这项任务作出了明显贡献。

---

① 参见 Kitcher, "Naturalists Return," 60。"因果性"知识理论在阿尔文·戈德尔曼(Alvin Goldman)的著作中有影响很大的表述,请参阅: Alvin Goldman, *Epistemology and Cognition* (Cambridge, Mass.: Harvard University Press, 1986),以及 Fred Dretske, *Knowledge and the Flow of Information* (Cambridge, Mass.: Bradford Books, 1981)。

方法论自然主义也源于相信单一世界的自然主义根本信念。根据胡克（C. A. Hooker）的观点，我们现在所拥有的最好科学告诉我们，我们居住在这个世界中——

> 作为进化的物种，我们没有创造这个物种众多的世界，我们对这个世界的理解还非常不彻底，通过使用很容易出错的感官和由我们构建的同样容易出错的理论精心策划的运动潜能摸索前进，并且随着我们的经验扩展不断被迫在更广泛的环境条件下重新构建理论。从这个角度来看，没有什么是确定无疑的，认知与世界一样问题重重①。

奎因的开创性作品既包含实质性自然主义，也包含方法论自然主义，但我认为最好将方法论自然主义视为思想更开放和更具广泛性的，同时使用它来评估实质性自然主义充满争议的假设。

从我们人类作为众多物种之一的观点来看，在我们继续探索世界的过程中更多了解世界，因此对究竟存在什么并无固定不变的边界，这更加符合易谬主义。在探索过程中，这个边界可能需要扩大，这取决于理解世界上所有事物样貌的需要。诸如"合理性"之类的认识论术语不一定因为选择物理学术语就变得可以消

---

① C. A. Hooker，*Reason，Regulation，and Realism: Toward a Regulatory Systems Theory of Reason and Evolutionary Epistemology*（Albany：State University of New York Press，1995），15.胡克并没有使用"方法论自然主义"这个术语，但他的自然主义版本似乎符合该定义，自然主义作为相信单一世界的根本意识和方法论，自然主义在其写作中是联系在一起的，这特别具有指导意义。

　　　　　　　　　　　自然道德：对多元相对论的辩护

除或简化为物理学术语,正如生物学的词汇未必会因为选择化学和物理而变得可以消除,或者简化为化学或物理学词汇一样①。

可能有人反对说,我理解的方法论自然主义的思想过于开放。巴里·斯特劳德(Barry Stroud)认为,自然主义最合理的核心教义就是一种开放性,但他质疑仅仅思想开放是否配得上被称为独特观点②。如果被简单地等同于思想开放,自然主义的确显得微不足道,但是,如果人们认识到许多哲学家为了提供某种知识和先验性真理而违背它,就不会这么想了。方法论自然主义在拒绝先验性推理方法方面绝非微不足道,排除这种方法被看作是不言而喻的和永恒性的。如果对其真理的假设使我们不太能够解释某些实证性经验,那么即使是那种最直观的不言自明的东西也可能会受到质疑。这适用于先验性的形式逻辑。例如,胡克指出经典逻辑、直觉主义、n 值、相关性、超值和各种量子逻辑等排中律方法的多样性,并认为找到推理的基本法则的希望并不比找到基本证据的希望更大③。

第一章中描述的道德矛盾现象让人有理由怀疑是否存在单一正确的道德,即使这种道德的存在对于探索者及其社群来说是不言自明的。方法论自然主义使我们进一步朝着质疑这种不言而喻的主张寻求道德矛盾解释的方向发展,而不是在与其单一正

---

① 这个类比请参阅:Robert G. Meyers,"Naturalizing Epistemic Terms,"in *Naturalism and Rationality*,ed. Newton Garver and Peter H. Hare(Buffalo:Prometheus Books,1986),142。

② Barry Stroud,"The Charm of Naturalism,"*Proceedings and Addresses of the American Philosophical Association* 70(1995-1996):53.

③ Hooker,*Reason*,*Regulation*,*and Realism*,23.

确的道德观相冲突时否认它。根据实证性证据驱动的理论经常颠覆先验性这一观点,对道德矛盾的尝试性解释将利用和纳入获得广泛支持的科学理论,这些理论涉及人类和我们与世界的关系。方法论自然主义至少会怀疑道德属性或事实是自成一体的观点——它们是世界结构不可简化的组成部分。这是因为这种观点很难解释道德矛盾。那些声称对道德属性或事实有可靠认识的人是否获得清晰而明确的解决价值观之间严重冲突的方案?如果他们做到这一点,那些不同意这些解决办法的人的感知是哪里出了毛病呢? 例如,一方面,那些应该对道德属性或事实有可靠认识的人对家人的特殊义务和对陷入危急中的陌生人的义务之间的严重冲突达成独特的正确解决方案,那么问题就是当其他人犯错误时,他们如何碰巧得到准确的认知。另一方面,如果没有单一正确的解决方案,我们就不明白为什么要接受这种特殊(sui-generis)属性或事实的想法。

约翰·麦克道威尔关注的是从自然主义观点来驳斥对这种说法的批评,所以在此讨论为什么我认为他无法完全摆脱这些批评是合适的,他没有足够认真地对待道德矛盾。麦克道威尔偏离了"幽灵般的柏拉图主义",他认为道德属性依赖于人类感知的存在,其方式类似于依赖于人类感知的色彩属性①。由于人的某些感知能力,这两种属性都引起人的典型性回应。然而,正如麦克道威尔自己指出的那样,道德属性和色彩属性之间存在

① John McDowell, "Values and Secondary Qualities," in *Essays on Moral Realism*, ed. Geoffrey Sayre-McCord (Ithaca: Cornell University Press, 1988), 166–180.

　　　　自然道德:对多元相对论的辩护

着重要差异。颜色属性仅仅引起反应,而道德属性则值得作出某些反应,如钦佩。道德属性具有的规范性特征破坏了它与颜色属性的类比。

在批评麦克道威尔的观点时,西蒙·布莱克伯恩(Simon Blackburn)提到了道德属性和色彩属性之间其他重要的不相类之处。在颜色属性的归因方面,如果没有意识到这些属性是在物品的主要品质随后产生的,那不是无能问题,虽然这样的回应随后出现是严谨的科学问题。相比之下,如果没有意识到道德属性是伴随其他属性(例如,虐猫的错误取决于猫是能经历痛苦和恐惧的有感知的存在)而出现的,那就是道德无能问题,即使没有科学告诉我们这种随附性的存在。在提到另一个重要的不相类特征,即颜色属性依赖思想和道德属性不依赖思想时,布莱克伯恩指出,如果人的色彩感知改变,以前看起来是蓝色的东西现在看起来都是红色的,那么结果就是所有蓝色事物消失;然而,如果我们的道德感知发生变化,以至于我们都认为虐待动物是被允许的行为,那不代表可以虐待动物,而是我们的感知退化了[1]。

在他的道德感知理论之后的著作中,麦克道威尔在讨论道德属性时,不再将其与颜色类比,而是谈论其不可简约的规范性,尤其是理由。他仍然关心和竭力要避免一种将人类部分置于自然之内、部分置于自然之外的完整无缺的柏拉图主义[2]。合理性和

---

[1] Simon Blackburn, "Errors and the Phenomenology of Value," in *Essays in Quasi-Realism* (New York: Oxford University Press, 1993), 159‑160.

[2] John McDowell, *Mind and World* (Cambridge, Mass.: Harvard University Press, 1996).

授权的空间，即"理性空间"不被自然法支配，但仍然是自然界的一部分①。麦克道威尔相信，亚里士多德持有这样一种自然概念，即伦理学的理性要求是人类在道德教育中获得的，是人的"第二自然"的组成部分②。

我对麦克道威尔在柏拉图主义和自然主义之间达成妥协的某些方面抱有同情：正如后面将要讨论的那样，我也接受理性不可化约的规范性，尽管不是道德理性的不可化约性。然而，我并没有看到为什么仅仅确认道德成长的观念就能使道德要求变成自然的组成部分。像亚里士多德一样，柏拉图也认为，道德教育对于合适地进入道德理性的空间至关重要。麦克道威尔在道德教育的性质上保持沉默，没有表达更多观点，这削弱了处理道德矛盾的任何尝试。如前所述，假定对特殊道德属性（或理由）的可靠感知可能导致人们断然否认道德矛盾和冲突的存在。

德国社会理论家阿克塞尔·霍耐特（Axel Honneth）提出了类似观点，认为有必要以超越"第二自然"的道德确定性的方式解决道德感知方面的重大差异，通过对人的道德教育进行更有原则的反思性考察，以促成与那些有着不同道德成长经历的人进行对话③。在对霍耐特的回应中，麦克道威尔写道，他并没有被这个

---

① McDowell, *Mind and World*, 4 - 5.
② 同上书,84。
③ Axel Honneth, "Between Hermeneutics and Hegelianism: McDowell and the Challenge of Moral Realism," in *Reading McDowell: On Mind and World*, ed. Nicholas H. Smith (London: Routledge, 2002), 262 - 263.

　　　　　　　　　　自然道德：对多元相对论的辩护

"更大包容性"的概念说服,理由是囊括更多主张会将"不值得尊重的"观点纳入进来①。但霍耐特并不是在暗示所有道德主张都值得被同样对待。

关键在于是否存在合理的,甚至令人信服的主张,而这些主张在自己的道德教育中没有得到充分考虑。关键在于人的道德教育是否包含不同重要价值之间依然存在的张力,从而至少向我们中的某些人指出解决张力的其他不相容方案的可能性。

然而,也许麦克道威尔的模型可能会有更具包容性的版本。假设那些对特殊道德属性或事实有可靠认识的人的确经历了道德矛盾,他们看到不同道德属性之间存在严重且根本无法解决的冲突。这保持了道德矛盾,是的,然而仅仅把道德矛盾归咎于感知并不能对原因作任何解释。麦克道威尔的自然主义的温和性阻止了任何真正的解释。此处辩护的这种自然主义途径迫切需要一种解释以便更清楚地了解我们充满矛盾的道德处境。我认为,获得更多清晰性之路将促使人们拒绝承认铁板一块的道德属性。

二、方法论自然主义应用于道德

根据这里采用的方法论自然主义,对道德的描述不需要将道德属性简化为自然属性,如欲望的满足。提供与世界互动的合理解释,即提供道德知识或道德本身的合理解释本身并不一

① John McDowell, "response to Axel Honneth," in *Reading McDowell*, 302.

定要求这种简化。吉尔伯特·哈曼指出,道德术语的规定主义者或情感主义者的描述与道德的自然主义的描述完全一致,即使他们没有提供道德术语的自然主义定义①。与自然主义描述一致的是对此处辩护的道德术语所作的分析——这些道德术语使用现有标准或规范概念强化社会合作。就非规范的属性而言,标准或规范概念不受自然主义定义的影响,但从方法论自然主义的角度看,这种可能性并不成问题。毕竟,科学活动涉及参照科学标准和规范对理论和数据进行评估。对评估词汇至关重要的另一概念是理性概念,如支持或反对接受某个假设的理由,或支持或反对某个欲望或行为的理由。正确地说,托马斯·斯坎伦(Thomas Scanlon)认为,理性概念无法拥有非循环性定义。人们只能将其与诸如"有利于某物的考虑因素"之类短语联系起来②。

评价语言抗拒自然主义的化约倾向,可能是因为它来自人类内心的主观性视角,而这种主观性视角可能无法完全转化为物理主义术语。至少对我们来说,它可能不是充分可译的,因为构成我们对世界的主观性视角的认知能力有限,包括我们用来指代物理性和主观性的语言的局限性。即使我们用来表达我们对世界的主观性视角的语言不能简化为物理主义语言(不管这种语言如何随着前沿物理学和神经科学的新发展而不断变化),它也未必

---

① Gilbert Harman, "Is There a Single True Morality?" in *Explaining Value and Other Essays in Moral Philosophy* (Oxford: Clarendon Press, 2000), 80.
② Thomas M. Scanlon, *What We Owe to Each Other* (Cambridge, Mass.: Harvard University Press, 1998), 17.

　　　　　　　　　　　　自然道德:对多元相对论的辩护

与下面的主张相矛盾，即在评估语言中被真实描述的无论什么东西也是在相关时间对世界进行的完整物理描述。只是我们可能无法说出一种报告如何映射到另一种报告。正如托马斯·内格尔观察到的那样，我们有理由相信，感觉是物理过程，即便我们无法对物理过程如何解释感觉的现象学感受过程提供解释[1]。也许我们可能永远都无法提供这种解释，即便如此，我们可能认为感觉是物理过程，因为根据我们身体内外的感觉和物理事件之间的密切关联，似乎没有其他假设是合理的。同样，我们可能会承认这样一种可能性，即评估语言无法被简化为非评价术语，但仍然认为，用该语言真正报道的任何内容都是在对世界的完整物理主义描述中给出的。因此，在此提倡的自然主义道德论述不一定是用纯粹非评估性术语给出的消除或化约式叙述。事实上，我怀疑其基本术语能否保留标准、规范和理由语言的最基本水准。

那么，我们怎样才能避免将道德属性视为铁板一块的特殊性的解释性死胡同呢？我的策略是通过其他评价性术语来解释道德评价，这些评价术语虽然仍具有评价性和规范性，但不具有不可简约的道德性。这个想法是用那些与人类的需求、欲望和目的有关的标准和理由等术语寻求道德解释。这将道德视作一种特定的评价。根据方法论自然主义，这种解释将对最好的人类理论作出回应。它不依赖被认为是不言而喻的和基础性的先验性道

---

[1] Thomas Nagel, "What Is It Like to Be a Bat?" in *Mortal Questions* (Cambridge: Cambridge University Press, 1979), 178.

德真理,或纯粹来自逻辑分析或概念分析的真理。

即便我有这样的出发点,我并不认为自然主义叙述从一开始就可以被看作道德的唯一合理描述。正如约翰·麦克道威尔所论证的那样,这种假设可能构成一种"科学主义"①。其他人否认道德知识完全是可以被社会安排及其与人类需求、欲望和目的的关系解释的东西,这种看法既不缺乏连贯性也不愚蠢。或者正如托马斯·内格尔所论证的那样,假设只有能被包含在世界上最好的因果理论中的东西才是真实的,就是对下面这个观点提出质疑,即存在一些对世界其他地方而言有着因果关系惰性的不可化约的道德真理②。本着展示自然主义途径到底可以走多远的精神,这里提供多元主义相对论这样一条解释线③。在道德的自然主义和非自然主义描述之间作出决定并不简单。它至少部分取决于对每一种理论解释力进行比较。例如,必须确定相互竞争的观点如何与道德话语和论证的重要特征保持一致,如果一种理论与这些特征有某种程度不符合,那么它必须提供合理的解释来说明为什么这些特征与这种说法的核心主张缺乏契合。

三、以先前的道德描述为基础的社会建构:普罗塔哥拉斯和荀子

在第一章中,我解释了为什么道德矛盾为普遍论制造了麻

① 参见 John McDowell, "Virtue and Reason," *Monist* 62 (1979): 331-350。

② Thomas Nagel, *The View from Nowhere* (New York: Oxford University Press, 1987), 144.

③ 彼得·莱顿在"自然主义与规定性"中以类似的方式展示了他的自然主义,请参阅: Peter Railton, "Naturalism and Prescriptivity," *Social Philosophy and Policy* 7 (1989): 151-174。

烦。道德自然主义途径可以用非常明确的方式建立以道德相对论为基础的理论,它可以比普遍论理论更好地解释道德矛盾。在这里捍卫的自然主义观念看来,道德部分是人类为了工作和共同生活而开发出来的规范和理性体系。其功能之一是规范合作关系、利益冲突和劳动分工,并规定条件让某些人在合作活动方面拥有支配他人的权力。

这种将道德部分作为社会发明的说法背后有悠久的传统。柏拉图赋予普罗塔哥拉斯(Protagoras)表达这种观点的角色。在捍卫他的论点即美德是可以教授的过程中,普罗塔哥拉斯讲述了创造人类的神话。人类需要聚集在城市中以便对抗野兽来维持自我生存。因为他们无法自然而然地管理彼此的关系,所以宙斯给予他们尊敬和正义等美德,以便为他们的城市带来秩序,并同时作为促进友谊与调适的纽带。人人都必须拥有这些美德,因为如果只有少数人拥有美德,城市就无法存活下去。美德可以被教授的论证是,如果人们不拥有接受道德的一定程度的能力,人类及其城市就根本无法存活下去。

在中国古代传统中,哲学家荀子阐述了道德是社会发明的观点。荀子的道德不仅包括如关心他人(仁)和可靠地采取正义行动(义)等美德概念,而且也致力于在各种场合遵循规范,行为得体(礼)包括祭、丧、冠、婚、朝、聘、宾主、乡饮酒、军旅等礼仪,祭祀祖先、埋葬和哀悼死者、父母子女之间表达尊重和关怀等适当关系,后来其意义得以扩展,延伸到承担各种社会角色的人之间建立起的表达尊重和关怀的适当关系中。

在荀子的道德谱系中,古代圣王发现有必要控制人天生的逐利倾向,其中包括满足耳朵和眼睛等各种感官欲望。这种欲望没有自然节制,再加上资源稀缺,就很容易造成混乱。圣王于是发明了礼仪和道德准则以确定名分,调养人的欲望,并提供满足人们的要求[1]。(礼起于何也?曰:人生而有欲,欲而不得,则不能无求。求而无度量分界,则不能不争;争则乱,乱则穷。先王恶其乱也,故制礼义以分之,以养人之欲,给人之求。《荀子·礼论》。——译注)

那些熟悉西方传统的人常常对荀子的先见之明感到惊讶,它准确预告了霍布斯有关人类为什么需要逃离自然状态的故事。然而,荀子对人类认识到需要抑制欲望满足之后所发生之事的叙述与霍布斯的故事不同。他们看到不仅需要抑制自己的行为,而且需要通过礼仪、音乐来修身养性,他们也看到依据可靠的义行事是种美德[2]。荀子有关开明的自我利益的概念意味着遵循道德要求行事不仅对每个人都最好,而且培养对道德的热爱本身就是好事。事实上,他热切赞扬人类遵循礼仪规范的欲望有助于陶冶情操。按照倪德卫(David Nivison)对荀子的解释,人们通过礼仪活动表达的感受是"适合和美好的",这对人性的充分发展必不可少:

---

① *Xunzi*, ed. and trans. John Knoblock (Changsha, Hunan: Hunan's People's, 1999), bk. 19.1, vol.2, 601.
② 万百安提出了这种比较的观点,请参阅: Bryan Van Norden, "Mengzi and Xunzi: Two Views of Human Agency," *International Philosophical Quarterly* 32 (1992): 161 – 184。

我们的设想是，人类世界以人类的机构、理想和规范为中心，它是整个自然界中最根本内容的鼎盛繁荣，配得上道家所欣赏、钦佩和崇敬的道、自然秩序及其表现。像道家一样，荀子将他的好奇集中在世界的整体及其细节上；但是，与道家不同，他并没有排除社会和宗教形式，这些至少不是实现理想的障碍；相反，它们就是理想的实质①。

在礼论篇中有一种思路可帮助我们解释为何实现人的全部人性——真正做到表里如一——需要道德参与。

荀子说丧葬礼仪能让人表达对已故父母的关怀、悲伤和怀念。他认为，对一切有意识的生物来说，爱自己的同类是天生的情感，在人类社会，这种情感表现得最为明显。为已故父母服丧守孝三年以及祭祀祖先的礼仪能强化、完善和引导悲伤和思念等天生情感。虽然最开始我们有无法满足的欲望，但我们仍然喜欢表达爱的礼仪，因为礼仪可以让自然和深刻的人类情感充分表达出来。事实上，荀子非常坚决地声称服丧三年恰好是人类表达悲伤需要的适当时间，既不能更长也不能更短。我认为，这是推理的线索，使荀子能"看到人类习俗、'礼仪'、规范作为人类的发明是'约定俗成'，但又具有'普遍性'"。倪德卫说，"它们必须发生，迟早以或多或少的形式出现；而且我们认为礼是人为创造出来的

---

① David Nivison，"Hsün Tzu and Chuang Tzu，" in *Chinese Texts and Philosophical Contexts: Essays Dedicated to Angus C. Graham*，ed. Henry Rosemont Jr. （Lasalle，Ill.；Open Court，1991），139，140.

事实并不能阻碍我们对它们的承诺。因此,礼是'人为创造出来的'事实决不会使其变得没有真正的强制性和规范性"①。

儒家伦理学之所以对人性至关重要不仅是因为它使自然情感得到表达,而且因为它赋予了人类心灵所需要的秩序。这种秩序取代了追逐利益和感官满足的自我毁灭的和原始冲动的自然欲望,同时训练和满足了那些更容易与他人建立起更融洽有效生活关系的自然欲望。

荀子的道德谱系故事包含两个主张,它们成为我自己的道德的功能概念的基石。第一个主张是道德促进有益的社会合作的功能,这不仅仅是要求行为具有合作特征以及体谅和照顾他人利益,而且通过完善和表达情感,让人们有希望成为社会合作的伙伴。荀子因其人性恶的主张而闻名天下,但这种主张不应该被理解为人类天生具有做坏事的欲望或故意去做坏事,而是说人的欲望驱使的行为,如果没有被智慧和依靠智慧创造出的文化所规范,即使短期能够使人得到满足,也会给他人造成伤害并最终殃及自身。

荀子在阐明他对人性的看法时,特别是当他想强调自己与以主张人性善闻名的孟子的分歧时,并不总是清晰明确的。在这种情况下,荀子倾向于只关注人性的自私和感官欲望。当他旨在解释礼仪和道德原则如何对人性发挥作用时,他提到人爱自己同类的情感似乎是天生的,因为礼仪有助于强化和表达这种情感。荀

① Nivison,"Hsün Tzu and Chuang Tzu,"141.

子渴望为道德在人类生活中发挥的作用提供解释,对此而言,这两种情况都必不可少,即宣称性恶时强调的情感和通过礼仪表达的情感。如果没有"恶"的那种情感,他就不能解释,道德如何通过限制可能破坏合作的情感来帮助促进社会合作。如果没有通过礼仪表达的"善"的情感,他将不能解释人类如何能通过倪德卫生动描述的方式感受到自己修身的圆满①。

我想在自己的理论中使用的荀子的第二个主张是,道德在个体内部而不仅仅是相互合作的个体之间,起着促进心理秩序形成的作用。荀子看到道德的两个功能相互依存。为了促进社会合作,必须让足够多的人成为极具潜力的合作伙伴,这就要求一团乱麻的人类的自然欲望得到改造和转型。荀子并没有说明他持以下哪种观点:自然欲望天生纯粹自私,关乎感官享受(正如他在他性恶篇中暗示的那样),人性是这种欲望与关心他人的情感(正如他在礼论篇中暗示的那样)的混合体,荀子并没有清楚表明他的观点,但我相信这个理论最强大的版本应该是第二种可能性。道德在创造一个更连贯的欲望和情感体系中发挥重要作用——它通过增加人们关心他人的情感,使这种情感在有利于社会合作的尊重他人的行为中得到表达。此外,道德通过支持奖励合作者和惩罚违反社会规范者的社会合作系统,增加了兼顾自我

---

① 我提出的这个论证,请参阅拙文:David Wong, "Xunzi on Moral Motivation," in *Chinese Language*, *Thought*, *and Culture*: *Nivison and His Critics*, ed. Philip J. Ivanhoe (Chicago: Open Court, 1996), 202 - 223; reprinted in *Virtue*, *Nature and Moral Agency in the Xunzi*, ed. Jack Kline and P. J. Ivanhoe (Indianapolis: Hackett, 2000), 135 - 154。

利益与他人利益的可能性。

然而,荀子的礼仪和道德原则使人性变得高尚的观点表明,道德所做的不仅仅是为了社会合作而重新塑造人类动机。一些道德规范采取了人格理想的形式和幸福生活的概念,具体规定了个人修身和追求的理想,这些具体规范超越了社会合作的要求。道德的这种个人内在功能理解的是通常被称为"伦理"的部分,与通常所谓的"狭义道德"相对立。

如果使用克利福德·盖尔茨(Clifford Geertz)的术语的话,荀子承认有必要将自然情感和欲望置于框架之内,这与人类是"自我完成"的动物的人类学概念产生共鸣[1]。在盖尔茨看来,我们天生驱动力的原始配备不足以给我们连贯的实践取向,通过文化的集体发明,我们给这种取向提供一套连贯的"模板"。霍布斯的观念,即粗糙的道德功能主义解释仅仅依靠道德为实现其功能而有助于改变行为,根本没有触及人类心理问题。

荀子承认,满足推动社会合作需要的稳定解决办法要求我们塑造人的心理,要求欲望和情感道德化,要求被嵌入到道德行为的规范和理由中。随后,这个要点在解释我所说的道德的"表达主义"维度时将变得更为重要。

在他的故事中,特别聪明的圣王扮演了普罗塔哥拉斯的故事中众神的角色。他们认识到人类因为满足迫切欲望的冲动倾向于走向自我毁灭的冲突。圣王设计出的礼仪实践和正义规范不

---

[1] Clifford Geertz,"Ideology as a Cultural System," in *The Interpretation of Cultures* (New York: Basic Books, 1973), 217 – 218.

仅可以抑制冲动性的行为,还可以约束人性本身从而使人产生考虑他人利益的内在动机并据此采取正确的行动。这里也出现了这样的假设,即尽管有天生的缺陷,但人性至少是可以接受道德美德灌输的。

我并不赞同荀子道德谱系中的一切。说圣王意识到需要道德之类东西并因此发明了它,这的确比说宙斯赋予人类以道德似乎更可信些,但毕竟仍然太过牵强。圣王本人似乎就是社会造就的那种人。那些能够思考和清晰阐述一套复杂的道德价值观和规范并为之辩护的人以及对这些价值观和规范有坚定承诺的人,肯定是长期发展过程的产物,而不是道德价值观和规范的发起者。

更合理的场景是,道德在人类的生理和文化演变进化中发挥了重要作用。除了自我保存的本能之外,人类还产生了同情心和其他有助于社会合作的情感和行动能力,因为这些特质使人类得以在自然选择中适者生存。与此同时,如果人类通过文化获得自我指导的潜能与这些天生的性格特征同时发展,那么人类就会开发出种种社会合作实践。这样的实践未必是产生于任何复杂的或自觉的反思。

四、道德的文化演变

后来在西方传统中,大卫·休谟(David Hume)对道德作为社会发明提供了另一种自然主义描述,不过没有求助于众神或者圣王作为道德的发明者。他保留了若干早期主题,即除非通过社交生活,否则人类在自然界中并没有安全的地位①。只需要"稍许经验"和"最少量的反思"就能引导人类相互之间制定契约以"赋予依靠幸运或勤奋而获得的财富安全"②。

这个最基本的教训是在家庭中学到的,"每个家长都必须为了确保孩子们和平相处而建立规则来确保财富的稳定性"③。此外,家庭自然会培养出对部落的忠诚和各自对部落成员的强烈偏向性,因而需要制定出正义法则来管理部落之间的摩擦和冲突④。

虽然在正义规范是如何制定出来这一问题上,休谟并不总是保持前后一致,但是他的主要观点属于进化论,而非理性主义者的或契约论者的,即规则在某种程度上是由所有社会成员都同意而制定出来的。休谟的立场是,规范从实践中发展而来,并逐渐在规模上增加了普遍性。虽然这些做法可能得到广泛的接受,但这并不代表同意他们的"条款"是规范具有任何强制力的先决条件。正如努德·哈孔森(Knud Haakonssen)所指出的那样,休谟有关正义的讨论的总体说服力当然与进化论的描述更为一致,这在某种程度上当然也是本书提倡的⑤。

---

① David Hume, *A Treatise of Human Nature*, ed. L. A. Selby-Bigge (Oxford: Oxford University Press, 1888), 2nd rev. ed., ed. P. H. Nidditch (New York: Oxford University Press, 1978), 485.
② 同上书,489, 492。
③ 同上书,492 - 493。
④ 同上书,488 - 489。
⑤ 为什么休谟偶尔会对自己描述的本质感到困惑,努德·哈孔森提出了一个合理而且有趣的解释,请参阅:Knud Haakonssen, *The Science of a Legislator: The Natural Jurisprudence of David Hume and Adam Smith* (Cambridge: Cambridge University Press, 1981), 20 - 25。

本着早期建构主义观点的精神,当代博弈论提供了一些概念术语,用以描述规范是如何从对参与者互利的实践中开发出来的。布莱恩·斯基尔姆斯(Bryan Skyrms)构建了一些博弈理论场景,其中玩家最终可以通过这样的方式关联起来,即某些人开始采取特定策略,其他人通过观察多个实例察觉他们的策略,其中如果其他人这样做,那么每个玩家最好都采用该策略[①]。这种情况就是"相关均衡"(correlated equilibrium)。例如,假设一个交叉路口没有交通信号灯,朝不同方向走的两个司机在交叉路口相遇。一个司机看到另一个人在他右边,而另一个人看此人在他左边。就司机而言,在右侧或在左侧是随机性的,就像前面例子中的掷硬币一样。遵循右边驾驶员先行的规则将产生一种相关均衡。在美国,在驾校和司机手册中都教授这个规则;但是假设标准的做法是不教授这样的规则,当有些玩家根据这个规则开始行动,并且其他人发现他们是在这样做的。如果其他玩家也遵循这个法则,那么他们遵循法则的情况会改善。在此意义上,这是一种相关均衡。遵循左边驾驶员先行的规则是另一个完全可接受的相关均衡。关键在于,通过"玩家"学习并获得有关其他人正在采取何种策略的信念,可以在一特定群体中建立这种或那种相关均衡。这个过程不需要涉及任何意义上的明确合约,人们只需要根据他人的行为调整自己的行动产生互利的结果即可。这种

---

① Bryan Skyrms, *Evolution of the Social Contract* (Cambridge: Cambridge University Press, 1996). 我感谢阿列克斯·罗森堡(Alex Rosenberg)向我指出了斯基尔姆斯的著作对我的课题以及我在本章后面讨论利他主义进化理论研究的相关意义。

均衡将成为每一代新人学习的习惯或规范。

然而,随着这种做法被一代代传承下去,它们可能得到阐明。有人可能可以明确表述谁的参与行为正确、适当,谁的行为不适当等。因为具体实践往往随着时间的推移和从事这些实践的特定人员身份的变化而变化,因此有时候就提出了这些实践的可接受形式是什么等问题,并得到回答。对可接受的做法和不可接受的做法之间差异的明确阐述则会导致更具普遍性的价值观和规范也得到阐述。

五、道德的内在功能及其与人际协调功能的关系

本书捍卫的自然主义解释认为,人类通过有助于实现有益社会合作的不断进化的道德规范和理性体系来完善自我。这并不意味着直接促进社会合作是道德的唯一功能。有些道德规范采取人格理想和幸福生活的概念等形式,具体规定了个人要成为什么样的人或追求什么理想是有价值的。道德的这种内在功能理解领会被称为"伦理"的部分,与所谓的"狭隘道德"相对立。这里使用的广义道德理解的是伦理部分。道德的这一部分帮助人类在更大意义上构建他们的共同生活,不仅为了彼此协调,而且为了内心自我的协调。因为人类的自然动力是分散的和笼统的,它们多种多样并有可能相互冲突,我们需要对这些驱动力进行塑造,这种塑造来自人们相互告诉对方应该如何塑造动机以及如何规范调适解决内部冲突。

道德的内在功能及其与人际协调功能必然是相互关联的。

在不考虑内在功能的情况下，思考哪种道德可能充分满足人际协调功能似乎是不可能的。一方面，即使人与人之间的适当关系的道德概念没有指出具体的人格理想或者具体的一整套人生目标，但它也会限制可能的理想和目标体系的范围。从另一方面看，个人卓越品格的道德概念将为正义和权利概念设定边界。但是，内在功能产生于一套独特的人类欲望，要辨认和追求一种值得他人去追求或至少令人感到钦佩的有价值的生活方式，因而可以推荐给他人，甚至要求他人去选择。

六、源自内在功能的建构主义道德的恰当性限制

鉴于道德的功能和人的本性，我的自然主义论述的显著特点是，论述对可能被视为恰当道德的东西产生了显著的限制。请考虑道德与人格塑造和有价值的生活方式的规范密切相关的内在功能。考虑到人性及其潜力，人类追求的事物是有限的。身体需求的满足、亲密感、社交能力、社会地位和社会认可，或许还有富有进取心的能量的机会，"拥有某种程度多样性和挑战性的活动"和对物理世界和人类世界的知识——这些都是不同文化在追求的东西①。道德不是由这些深刻的人类属性决定的，但如果它要成为行动的有效指南，就必须受到这些属性的限制。道德能辨认出人类追求的积极利益，却不能辨认出人类无意追求

---

① 小巴林顿·摩尔（Barrington Moore Jr.）认为，攻击性"即使不是本能，至少是被各种各样的挫折所激发的一种人类潜能，这种挫折感注定会以某种方式表现出来"。请参阅：Barrington Moore Jr., *Injustice: The Social Bases of Obedience and Revolt*（White Plains, N.Y.: Sharpe, 1978），7.

的利益①。

事实上,那些人们愿意效忠的人格理想和对有价值生活的概念的道德是对人类浓厚兴趣的回答。这样的兴趣往往会激发人们行动,即使遭遇强大的相反动机。它们在各种文化中进一步展现出强大的激励作用,遭遇的挫折影响个人生活的方方面面,并对他们实现其他崇高目标的能力产生负面影响。此外,我们可能对自己在任何普通意义上无欲望的东西感兴趣(例如,可能得不到所有人的认可),尽管它根植于人类本性,并因此具有激励力量。

加勒特·汤姆森(Garrett Thomson)把"兴趣"与欲望背后的基础——推动力量联系在一起。这种区别的直觉基础包括以下所有情况:① 欲望似乎可以从一个物体转移到另一个物体,但与

---

① 这种约束就像欧文·弗拉纳根的最小心理现实主义原则:当构建一个道德理论或投射一种道德理想时,对于我们这样的生物来说,性格特征、决策过程和规定的行为必须是可能的,或者被认定是可能的。这个"被认定是可能的"条款的意思是允许理想的实现可能不是严格地由现在这一代的道德主体来完成,而是由遥远的后代所实现的,他们的潜能是由现今一代发起的变革过程促成的。请参阅:Flanagan, *Varieties of Moral Personality: Ethics and Psychological Realism* (Cambridge, Mass.: Harvard University Press, 1991), 32。在我对这种约束的解释中,在此,我并不是打算排除这样一种视角,即个体道德主体在被说服某个好处的确是好处之后,可能会倾向于追求这种好处。这个问题涉及一个更大的问题,即行动是否必须总是由某种我们广义上可称为欲望的东西而不是信念来驱动。那些在这个问题上自认为是休谟论者的人认为,在行动似乎是由信念驱动的地方,一定总是有伴随着的相关欲望来解释为什么信念帮助提供了动机。例如,假设当一个朋友说服我,我错过了一些好东西后,我开始读诗。反对休谟论者的人会认为我无需先有这样一种欲望才能被阅读诗歌是有价值的信念激励下读诗。虽然我们将在第七章讨论这个问题,但是这里并没有对这个问题采取任何立场。在这一点上,我的意思是在休谟问题上保持中立的道德上施加简单的约束:道德不能要求人们去追求人类并没有表现出追求倾向的东西,在这点上,我对他们究竟是如何拥有这样的倾向持开放态度。

之相关的东西——汤姆森称之为推动力量——保持不变，事实上这解释了这种转移是如何相互联系在一起的；② 似乎激发欲望的东西不一定与欲望对象一致。想想一位费尽心机要给朋友留下好印象的人。我们可以说，他真正想要的与其说是太多的赞美，倒不如说是稳定的喜爱。他可能不渴望爱慕之情，因为他害怕遭到拒绝而回避亲密关系。他渴望那种因为辛苦工作和成功而赢得的赞美，他认为这需要与他人拉开距离。然而，我们可能说，其行为被解释为有兴趣或渴望得到爱。兴趣激发欲望。以人格理想和有价值的生活概念为人生目标深深植根于人性的兴趣，这些可以被等同于人类真正想要的东西，是压倒其他兴趣的强大推动力量，兴趣的满足或挫折对人的性格和生活产生深远影响。

七、道德的恰当性如何受到人际协调功能的制约

请考虑推动和管理合作活动的人际协调功能。我在本节和下两节的论证是，这一功能加上对那些目前得到最合理理论证实的人性特征的认知将对充分的道德能采取的形式产生显著的约束。

为了解释道德功能如何对什么能够成为真正的道德产生约束，让我先考虑那些反对声音——它们否认通过道德促进人际协调的功能来确定合适的道德的样子这种方式。我们或许可以假定，道德的确在履行这一功能，而且有些道德的表现可能比其他道德更好。然而，有人可能会反对说，一个人不能可靠地将道德实际做什么的社会学观察转变为评估特定道德恰当性的规范性

标准。道德作为社会学事实拥有规范和促进社会合作的功能,这个社会学观察是如何支持恰当的道德必须包含能促进这一功能的义务的这个规范标准呢? 反对意见认为,我难道不是在试图从"是"中推导出"应该"吗?

为了解释我为什么没有这么做,请让我介绍一下约翰·罗尔斯(John Rawls)的反思平衡法[①]。正如诺曼·丹尼尔斯(Norman Daniels)总结的那样:

> 反思平衡法在于,当我们对特定事例或案例的判断(有些人说我们的"直觉")和我们认为管理这些案例的原则或规则进行思考时,以及我们相信理论方面的考虑会对我们接受这些考虑过的判断、原则或规则产生影响之间来来回回折冲协调、必要时修改这些元素的过程中,最终实现可接受的连贯性。当我们就在这些信念之间达成可接受的连贯性时,这个方法就成功了,我们达成了反思平衡。可接受的连贯性要求我们的信念不仅要彼此一致(这是弱要求),而且其中一些信念还要为其他信念提供支持或最佳解释[②]。

我一直认为,道德作为实现一种功能的概念可以发挥作用,

---

① 参见 John Rawls, *A Theory of Justice*, 2nd ed. (Cambridge, Mass.: Harvard University Press, 1999)。

② Norman Daniels, "Reflective Equilibrium," in *The Stanford Encyclopedia of Philosophy*, last rev. April 28, 2003, available at http://plato.stanford.edu/archives/sum2003/entries/reflective-equilibrium/.

自然道德:对多元相对论的辩护

在不同文化中发现的众多道德信念体系中实现反思平衡。

考虑一些可能会出现在不同文化中的最核心的道德信念：关于允许杀害和侵略他人的具体条件的信念，为了维持生命而分配和分发基本资源的权利的信念，以及要求善有善报的信念等。这些信念如何被填充具体的内容以及在特定的限制和分配的性质上可能存在很多不同之处，但这些信念的共同点可以说是实际上在调节和促进社会合作。道德应该本着促进社会合作的原则将这些信念组织起来并使其系统化。此外，这一原则也恰好符合道德矛盾的现象，（道德矛盾的产生是因为）构建社会合作存在不同方式，而它们似乎同样很好地满足了规范标准，我们经历道德矛盾时所依据的价值判断被暂时搁置。

所以我并不是试图从"是"推导出"应该"，而是作纯粹的规范性论证。我认为，功能主义标准似乎为许多最坚定和广泛共享的道德信念提供了基本的合理性论证。此外，我将在后面的章节中讨论，该标准与许多最令人不安的案例连在一起，我们在这些案例中往往会产生矛盾的道德反应或者经历内心冲突，难以认定哪条道路是正确的。这一标准的合理性纯粹是在"道德规范理由的空间"内，借用约翰·麦克道威尔从威尔弗雷德·塞拉斯（Wilfred Sellars）那里借用的术语来说，它指的是道德合理性和正当性的空间①。

_____

① McDowell, *Mind and World*; Wilfred Sellars, "Empiricism and the Philosophy of Mind," in *The Foundations of Science and the Concepts of Psychoanalysis*, *Minnesota Studies in the Philosophy of Science*, vol. 1, ed. H. Feigl and M. Scriven (Minneapolis: University of Minnesota Press, 1956), 127–196.

虽然我不寻求从描述中得出规范性,但我的叙述也是"自然主义的":它试图表明道德规范和理性在人类生活中发挥了可辨认出来的重要作用;它们如何服务于对人的科学理解帮助促成的人生目标。正如荀子和霍布斯所指出的那样,人人不受约束地按照自己的本能冲动行事必然造成冲突和矛盾,而避免这样的冲突符合每个人狭隘的自身利益(感官满足的利益、物质财富的积累);建立一个社会合作的体系符合每个人狭隘的自身利益;荀子在不强调自己与孟子不同之处时意识到,人的本性具有关照他人的本能冲动,这种冲动促使人们坚持社会创造的"道德",即使这种坚持所付出的代价超过狭隘私利带来的好处。最近有关人性和社会合作的研究广泛地证实了这一观点,同时也增加了某种深度和复杂性。其中一些深度和复杂性将在本章后面的部分作些介绍。

八、互惠规范的必要性

本节讨论的是,人性中利己主义的力量使得人们有必要创建道德上的互惠规范,从而确保人际协调功能的有效运行。人类的本性具有显著的可塑性,但同时又具有足够的确定性,从而使管理合作活动的方式有好有坏。它包含着强烈的倾向,即在自我利益与他人利益发生冲突时,或至少与他人利益大致同等重要时,它更倾向于满足自我利益。这里的观点并不是说自我利益是人类唯一的动机,而是说它是一种非常强烈的动机,它限制了成功的合作活动所能采取的形式。我们知道,所有文化都有某种形式的互惠规范，人们普遍认为互惠是一种合适的以善报善的做法①。互惠的普遍性表明，人们对自身利益的偏爱在人类合作活动中起着重要作用。

人人都需要相互帮助，如果互惠是社会互动的普遍特征，就会强化帮助他人的行为。这是维持我们所需要的帮助的强大因素，这个事实表明，自我利益是人类的强大动机力量。正如劳伦斯·贝克尔（Lawrence Becker）所观察到的那样，如果帮助别人没有回报成为社会互动的普遍特征，很可能会扼杀人们帮助他人的热情②。

如果帮助他人的行为在与特定个人的互动中没有得到回报，很可能导致他不再帮助那个特定的人，这表明互惠性在促进人类社会合作中的重要性的另一个理由。这不仅是接受帮助者回报他人的帮助通常会强化帮助者对他的帮助行为这一问题，而且是一个人在帮助了他人却得不到对方的回报而以停止帮助别人作为回应，这通常是对互惠失败的负面强化。人们停止帮助他人就是对他人不回报的一种"惩罚"。

一些理论家认为，在一定条件下，简单的相互合作形式可能出现在纯粹追求自我利益的个体之间。这一主题源于对所谓因

---

① 当然，互惠的具体形式以及什么被视为合适和恰当的互惠仍然有很大不同。

② 参见 R. Mark Isaac, Kenneth McCue, and Charles Plott, "Public Goods Provision in an Experimental Environment," *Journal of Public Economics* 26 (1985)：51-74。这项研究表明，除非合作得到回报，否则随着时间的推移，这种合作会迅速减少。请参阅：Lawrence Becker, *Reciprocity* (London：Routledge and Kegan Paul, 1986), 90-91；本书提供了非常优秀的参考书目，涉及不同文化中的有关互惠性的人类学的、社会学的和心理学的研究著作。

徒困境博弈的研究,在囚徒困境博弈中存在与他人合作或不合作的机会。如果两个玩家合作,他们相互受益,但是,在他人合作的可能性上,每个人都必须考虑拒绝合作的诱惑,因此"搭他人合作的便车"——收获他人合作的好处,却拒绝付出合作的代价。在经典的囚徒困境中,两个窃贼鲍勃(Bob)和艾尔(Ale)在入室行窃现场附近被抓获,分别接受警察的审问。各自都必须选择是否坦白承认并牵连对方。如果两人都拒不认罪(拒绝认罪相当于与对方"合作"),那么两人都将因携带秘密武器的罪名被判入狱服刑 1 年。如果双方都承认并牵连对方,两人都将被判入狱 10 年。但是,如果一个窃贼坦白并牵连到另一个,而另一个窃贼不坦白,那么与警方合作的那个贼就可以搭顺风车,而另一个窃贼将以最严重的指控被判入狱 20 年。在这一次性博弈中,对每个玩家来说,最自私的理性策略就是坦白("叛变",或者拒绝与另一个玩家合作),尽管最终结果会比合作的结果更糟糕。

囚徒困境说明了特定的社会合作机会给个人理性带来的问题。情况是这样的,如果人人都合作,结果对每个人都比人人都不合作要好。然而,没有哪个玩家能假设人人的行为都一样。此外,每个玩家在反思后都能看到,如果自己合作而他人不合作,那么他最终会得到对自己来说最糟糕的结果。如果他不合作,其他人也不合作,最终结果仍然更好些。因此,对每个个体而言,不合作似乎是最佳策略。

阿克塞尔罗德(Axelrod)和汉密尔顿(Hamilton)推测,这个令人沮丧的结论取决于该游戏的一次性本质,并询问若囚徒困境重复出现，即每个玩家都要面对其他玩家若干次会发生什么[1]。重复游戏的特征更接近于相对稳定的小型社会群体内的互动，在这些群体中，个体成员之间经常要打交道。对于迭代游戏的玩家，有许多策略是可行的，比如一直合作、从不合作、"以牙还牙"——在第一个游戏中与任何玩家合作，然后下次游戏遇到相同玩家时，做其上次做的事。当十几种可能策略在电脑上使用几百次之后，结果是以牙还牙策略在比赛结束时为玩家提供的总收益最大。如果一个人在比赛中增加了在一定数量的回合后淘汰最不成功策略的功能，那么以牙还牙策略的胜利就更为明显了。那么，从追求自我利益的理性角度来看，体现互惠形式的策略在经过一系列个体间合作的重复机会后终将证明是最佳策略。

这样的结果促使社会生物学家罗伯特·特里弗斯（Robert Trivers）提出，人类在进化过程中具有会与他人互惠交换的遗传倾向。重复博弈的特征是，在几轮游戏后，最不成功的策略被淘汰，这对应在人的进化中是那些缺乏相应的遗传倾向，因而繁殖能力差者遭淘汰。据推测，"以牙还牙"策略的最终优势应该与那些具有互惠基因的个体在整个种群中的优势相对应[2]。

然而，进一步的研究削弱了这一种观点，即人类基因程序中内置了一种相对具体的互惠合作形式如以牙还牙。首先，当囚徒

---

[1] Robert Axelrod and William D. Hamilton，"The Evolution of Cooperation," *Science* 211（1981）：1390–1396.

[2] 参见 Robert Trivers，"The Evolution of Reciprocal Altruism," *Quarterly Review of Biology* 46（1971）：35–56。在本书作者看来，特里弗斯的"利他主义"标签极具误导性。

困境的条件不同时,其他策略比以牙还牙策略的效果更好。考虑当"噪声"被引入时,即当玩家错误地叛变或被其他玩家错误地视为叛变时,若以牙还牙就会终止合作,然而如果给玩家从错误中"恢复"的机会,有效的合作其实可以继续。

"慷慨"的以牙还牙策略让每个玩家在发现有人叛变时,仍然继续与他们合作一段时间[1]。"悔罪"的以牙还牙策略从最初叛变的玩家的视角来解决问题。如果受害的玩家以叛变作为回应,悔罪策略就是无论如何继续合作,为最初的叛逃提供"悔罪"机会[2]。还有另一种策略,"巴甫洛夫"(Pavlov)遵循这样的哲学:"如果你上次成功了,就重复你做过的任何事;如果不成功,那就改变你的行为"。继续合作,除非在之前的行动中,他是容易上当受骗的傻瓜(如一人合作,一人叛变)或者另一个玩家是傻瓜。这种策略在鼓励互惠利他主义方面类似于以牙还牙,但它与以牙还牙的不同之处在于,它更频繁地利用其他被称为"傻瓜"的个体,这些人可能被系统地利用和受到伤害[3]。因此,"巴甫洛夫"策略在拥有大量傻瓜的玩家群体中表现尤为出色。鉴于这些不同策略在不同条件下成功的差异性,任何单一策略似乎不太可能通过基因编辑进入人类。考虑到文化证据,这是说得通的。虽然在普遍意义上的互惠这种规范存在于所有人类文化,但它所采取的具体形式因文化而异。

---

[1] M. A. Nowak and K. Sigmund, "Tit-for-Tat in Heterogeneous Populations," *Nature* 355 (1992): 250-252.

[2] R. Sugden, *The Economics of Rights*, *Co-operation and Welfare* (Oxford: Blackwell, 1986).

[3] M. Nowak and K. Sigmund, "Strategy of Win-Stay, Loose-Shift That Outperforms Tit-for-Tat in the Prisoner's Dilemma Game," *Nature* 364 (1993): 56-58.

　　　　　自然道德:对多元相对论的辩护

进一步的研究已经认证人性可能已经进化到支持互惠性格的某些特征。当真实的人进行一次性的或重复性的囚徒困境博弈时，面对面交流的机会会显著提高合作的比率[1]。也许面对面交流的好处之一是增加了阅读面部表情和肢体语言的机会，使那些倾向于合作的人有更多机会去识别其他合作者，回避一再叛变的家伙。研究人员在解释面对面交流的有效性时提到的另一个因素是，它有助于培养"我们群体"的感觉（一种与其他成员团结一致的感觉，偏爱群体成员胜过群体外的人）[2]。

其他实验表明，"我们群体"的感觉是很容易产生的，而这种感觉是建立在把人随意划分成不同群体的基础上[3]。这些因素

[1] David Sally, "Conversation and Cooperation in Social Dilemmas: A Meta-Analysis of Experiments from 1958 to 1992," *Rationality and Society* 7 (1995): 58 - 92. 也参见 Elena Rocco and Massimo Warglien, "Computer Mediated Communication and the Emergence of 'Electronic Opportunism'," rev. October 24, 1997, available at www.economia.unitn.it/publications。他们报道说，那些用电脑交流问题的受试者实现合作的比例没有面对面交流的受试者那么高。

[2] John M. Orbell, Alphons van de Kragt, and Robyn M. Dawes, "Explaining Discussion-Induced Cooperation," *Journal of Personality and Social Psychology* 54 (1988): 811 - 819; Elinor Ostrom and James Walker, "Neither Markets nor States: Linking Transformation Processes in Collective Action Arenas," in *Perspectives on Public Choice: A Handbook*, ed. Dennis C. Mueller (Cambridge: Cambridge University Press, 1997), 35 - 72.

[3] 塔杰夫（H. Tajfel）把一群男生请进他的实验室，他们在学校都相互认识。男生们被要求估计屏幕上闪动的点的数量。据说是根据他们的回答（但实际上是随机的），实验者把这些男生分成两组：一半的男生私下被告知他们是"高估者"，另一半则被告知他们是"低估者"。然后，要求每个男生都详细说明金钱奖励应该如何分配给在实验室里的其他男生。虽然他们自己的奖励没有问题，虽然他们不知道哪个男生属于他们小组，但他们给自己小组的奖励比给另一小组的多。请参阅：H. Tajfel, "Experiments in Intergroup Discrimination," *Scientific American* 223 (1970): 96 - 102。后来的一个实验显示，没有必要为群体划分建立一个虚构的标准；可以明确地告诉参与者，小组分配是随机的，他们仍然会更喜欢自己的小组。请参阅：M. Billig and H. Tajfel, "Social Categorization and Similarity in Intergroup Behavior," *European Journal of Social Psychology* 3 (1973): 27 - 52。

相互作用,很有可能在互惠合作中相互加强,即使没有以特定方式互惠的特定基因倾向,仍然可能产生这种效果。事实上,这些其他因素的存在有助于解释为什么某种形式的互惠可能是最佳策略,即使没有促成互惠的任何具体的基因特性。

道德建构主义描述经常宣称,发明道德的主要目的是抵消利己主义(如霍布斯)的破坏性影响或抵消同情心的局限性[如沃诺克(Warnock)和麦基(Mackie)][①]。目前有关需要一种互惠规范的讨论意味着一种更为复杂的功能主义情景,而这证实了荀子关于道德影响人类心理经济结构变化的描述。道德规范需要考虑到自身利益的力量以便容纳这种动机,并鼓励其与更直接导致站在他人立场上采取行动的动机结合起来。因此,道德不应仅仅限制出于自我利益的行为或者鼓励相反动机的发展,尽管它们能做这些事。道德规范应该提供表达自我利益的出口,这种表达可以与表达面向他人的动机相一致。下一节试图阐明在部分人性理论背景下,对充分发挥人际协调功能的道德规范的更普遍约束。

九、与在关心自我和他人之间保持平衡的必要任务相关的约束

基于以自我利益动机力量的互惠重要性论证与确认真正的利他主义利益,即关心他人福利的直接利益不是源自对自我利益

---

① 参见 Thomas Hobbes, *Leviathan*, pt. 2, chaps. 13－17; G. J. Warnock, *The Object of Morality* (London: Methuen, 1971); J. L. Mackie, *Ethics: Inventing Right and Wrong* (London: Penguin, 1977), chap. 5.

　　　　　　　　　自然道德:对多元相对论的辩护

的工具性考虑，是吻合的。

在本节中，我回顾最近有关利他主义存在的科学和哲学论证，并指出需要区分显著不同的利他主义形式。我认为，道德的人际协调功能使得我们有必要平衡对自我和对他人的关注。

近年来，在解释这种利益的存在方面取得了进展，甚至在似乎把所有利他主义都描绘成一种虚幻的进化理论上也是如此。自然选择似乎有利于关注自身生存的生物进化，不利于那些为了他人福利采取不惜牺牲自身繁衍的行动的生物。虽然以牙还牙或类似策略或许可以解释为什么纯粹自私的人可能会在非常小而稳定的群体中选择彼此合作，但实际上即使在较大的群体中也是如此，哪怕是少数自私的个人都有能力让合作陷入停顿①。然而，个人的确以不同方式相互合作，虽然我们根本无法从纯粹自我利益的计算方面进行解释。此外，显而易见的是，家庭成员的确为了关照彼此不惜付出巨大代价，并且被广泛接受的包容性适应（inclusive fitness）和亲属选择等假设已经被用来解释这种现象。这些假设加起来构成一种观点，进化倾向于生殖适应的最大化，不过不是个体的而是基因的及其亲属群生殖适应的最大化。从最大化这种"包容性适应"的视角来看，牺牲自己以拯救足够数量亲属的个体将比拯救自己的个体做得更好②。

---

① 参见 Robert Boyd and Peter J. Richerson，"The Evolution of Reciprocity in Sizable Groups，"*Journal of Theoretical Biology* 132（1988）：337–356。

② 参见 W. D. Hamilton，"The Genetical Evolution of Social Behavior，"*Journal of Theoretical Biology* 7（1964）：1–52。

然而，亲属选择不是直接阐述个体心理动机的理论。艾利奥特·索伯（Elliott Sober）和大卫·斯隆·威尔森（David Sloan Wilson）提供了一种填补空白的方法①。他们认为对个体亲属的直接关怀在不断进化，因为对亲属福利的最终渴望是确保个人关心亲属的最有效和最可靠方式。更具争议的是，索伯和威尔森为群体选择的观点辩护，用以解释非亲属之间的合作和利他主义行为。群体选择的观点是，自然选择不仅可以出现在基因和个别生物层面，还可以在蜂群、畜群和其他生物聚集体（包括人类群体和部落）层次上操作。

　　达尔文认为（在达尔文的著作《人之由来》中。——译注），自然选择有时作用于群体而不仅仅是个体，因此就人类而言，一个部落如果其成员愿意为其他成员牺牲，将在竞争中战胜没有此类成员的其他部落，或者在不利的自然环境中表现更出色，从而最终在人类物种中占据支配地位。

　　达尔文观点的问题在于，即使是在利他主义者群体中，几乎可以肯定会存在少数拒绝作出任何牺牲的人。如果有一个纯粹只为自己着想的个人利用其他人的利他主义精神，此人似乎比其他人更容易生存下来且繁衍后代。这些孩子可能都将继承此人的自私特性。经过几代人的自然选择之后，这个"利他主义群体"将会被自私的个体打败，且难以与自私的群体区分开来。索伯和威尔森认为，为解决这个问题，只要个体的代价可以被群体利益

---

① Elliott Sober and David Sloan Wilson, *Unto Others: The Evolution and Psychology of Unselfish Behavior* (Cambridge, Mass.: Harvard University Press, 1998).

所抵消，利他主义精神就会传承下去。

他们给出的典型例子是一种沙漠切叶蚁，即变色切叶蚁。其在交配后形成的新蚁群，每个都包含雌性切叶蚁在其中。在切叶蚁开始交配前，首先需要在蚁窝内收集枯叶，用于产生真菌以喂养其后代。在每个蚁窝中，有一个雌蚁担任觅食者，需要四处走动寻找枯叶。这对新蚁群来说是好事，但觅食蚁在繁育后代之前很有可能会被吃掉。索伯和威尔森说，这就是群体选择比个体选择更重要的例子。亲缘选择无法解释这个现象，因为蚁后之间没有亲缘关系。当然，蚁群中的蚁后们可能通过其他方式互相竞争。索伯和威尔森并不是争论个体之间竞争的观点，而是认为这并不是自然选择的全部内容。在他们看来，自然选择的单位就像一个套一个的中国盒子。在单个动物身上，基因与其他基因互相竞争；在一个群体中，一个动物与其他动物互相竞争；这个群体又和其他群体互相竞争；多个群体组成的大群体和其他大群体互相竞争。关于群体选择最初那个问题，在进化战争中，那些关心他人的个体没有被纯粹追求自我利益者消灭的原因之一是这些关心他人的个体会找到同类从而组建成功的团体[①]。这并不意味着关心他人的个体组成的成功群体将仅仅包含此类个人。这的

[①] 最近的一项研究表明，人类可能有一个有利于利他主义行为的硬连接机制：研究人员在玩囚徒困境游戏的受试者身上进行磁共振成像研究，他们发现那些与他人合作的人在大脑的某些部位显示出活动，它与奖励寻求行为相关联。当受试者与计算机合作时，研究人员没有看到类似的大脑活动（从而消除了这种解释，即从合作中获得的金钱利益产生了奖励性的大脑活动）。大体上来说，当我们与其他人合作时，硬连接让我们可能感觉良好。请参阅：James K. Rilling, David A. Gutman, Thorsten R. Zeh, Guiseppe Pagnoni, Gregory S. Berns, and Clinton D. Kilts, "A Neural Basis for Social Cooperation," *Neuron* 35 (2002): 395－405。

确意味着其成功的部分原因在于将群体内的搭便车的破坏性影响最小化,从而使其在与其他群体的竞争中取得成功。这样的假设可能与人们在面对面交流中更能看穿懂彼此意图的假设或支持群体团结的先天倾向假设等互补性假设联系在一起。例如排斥或惩罚那些在群体中偏离共同行为的人以及排斥恐惧的相应倾向①。

在这里必须要指出的一点是,群体选择的观点仍然存在争议。除了亲属选择、互惠利他主义和群体选择之外,第四个替代性解释是性选择,真正关心他人,将其作为适应繁衍的标志。其隐含的意思就是人类祖先总是在寻找基因良好的伴侣。"适应性指标"指动物的总体健康水平和幸福感,这反过来又表明进化的适应性。孔雀那庞大、鲜艳、美丽的尾巴可以作为其适应性指标,正因为这样的尾巴的生长、梳理和展示都需要大量能量。不健康和不适应的孔雀长不出美丽的羽毛,美丽的成本很可靠地表明一只孔雀拥有强大的适应性。令人惊讶的是,同情心和善良同样可以作为人类适应性指标,这再次因为拥有这些品质的个体需要承担可能付出的代价。当然,与利他主义不相容的特质也可能作为适应性指标,因为它们让拥有这些品质的人增加了成本,但利他主义的优势在于,它以其他适应性指标可能不具备的方式让此类品质拥有者所属的群体受益。例如,与群体中其他人分享肉食的

---

① 在一个群体中,多数人往往把行为规范集体强加在偏离规范的少数群体身上,这种倾向在克里斯托弗·博姆(Christopher Boehm)的道德起源理论中起着至关重要的作用,这将在本节后面讨论。

猎人就表现出吸引伙伴的适应性品质,但他们也能给予其群体超越其他群体的优势,那些群体中的个人是通过击败对手来展示自己的适应性的[1]。令人印象深刻的是,戴维·巴斯(David Buss)在他所研究的 37 种文化中发现,"善良"是每一种文化中男性和女性渴望其性伴侣所拥有的最重要特征[2]。

最后,文化选择也有可能用来解释利他主义行为。也就是说,一个群体在与其他群体的竞争中之所以或多或少取得成功,就是因为他们有区别于其他群体的共同文化特征,而在这场竞争中,被挑选的不是基因而是文化特征,例如促进群体成员合作和利他主义的特征。在自然群体选择的故事中,性状被复制是因为它们能使拥有者群体更加成功,但再生产方式不是生物学特征而是文化传播的结果。当然,文化特征逐渐被群体成员共同分享的方式将取决于有遗传基础的个体特征。例如,波伊德(Boyd)和理查森(Richerson)认为,模仿最常见特征或最成功的人拥有的特征这一倾向是人类个体层次上基因选择的结果,而这种倾向也使得群体能够获得共同的文化特征[3]。

上文提到的所有力量——个体自然选择、群体自然选择、性

---

① 关于性选择理论及其在道德特征中的应用的精彩陈述,请参阅:Geoffrey Miller, *The Mating Mind*(New York:Anchor Books,2000)。

② David Buss,"Sex Differences in Human Mate Selection:Evolutionary Hypotheses Tested in Thirty-seven Cultures," *Behavioral and Brain Sciences* 12（1989）: 1 - 49.

③ Robert Boyd and Peter J. Richerson, *Culture and the Evolutionary Process* (Chicago:Uni-versity of Chicago Press,1985),and *Not by Genes Alone: How Culture Transformed Human Evolution*(Chicago:University of Chicago Press, 2005).

选择和文化群体选择——在塑造人性和行为方面都发挥了作用，并且相互促进和相互塑造，这似乎是合理的（现在已被广泛接受。例如，人类基因和文化共同进化，使得基于遗传的亲社会倾向和亲社会文化规范能够共同进化并相互影响其特定内容）。为自然群体选择或性别选择利他主义倾向分配某种角色的优点在于，它为常识性观察到的在个体身上真实存在的心理倾向提供了解释——人们的确会作出牺牲，来帮助邻居、同胞，有时甚至帮助完全陌生的人，正如他们有时会因无端的残忍而令我们感到震惊和恐惧一样。任何一种行为都不能完全依靠心理利己主义假设（即人性纯粹是自私的观点）来解释，这样的解释必然非常牵强和基于猜测性的假设①。虽然常识观察容易出错是出了名的，但在实验证据稀缺，不同竞争理论与牢固确立的理论和解释都或多或少相容因而无法抉择时，这些观察肯定有一定的分量。

此外，在这件事情上，一些实验研究已经证实了常识的正确，即便这些证明并非决定性的②。心理利己主义试图为明显的利

① 索伯和威尔森声称，反对心理利己主义的直接论证都不是决定性的，好得多的论证是从群体选择理论中推导出对心理利己主义的否定。他们甚至为心理利己主义的享乐主义形式辩护，认为人们追求的好处从终极来说是自己获得快乐和避免痛苦。在任何严格意义上，尽管很少有主要哲学观点被"决定性地"击败，但是有些理论仅仅是为了避免决定性的失败而防守辩护得十分辛苦，例如，那些预先假设一个必然浅薄和抽象的实体如"快乐"作为复杂得难以想象的人类追求的最终积极目标的理论。虽然索伯和威尔森强烈主张自然群体选择，但在我看来，他们的理论是因为解释了利他主义的存在而赢得了可信性。可信性关系不是靠相反方式获得的。

② 参见 C. Daniel Batson, *The Altruism Question: Toward a Social-Psychological Answer* (Hillsdale, N.J.: Erlbaum, 1991)。还可参阅索伯和威尔森与巴特森的通讯：*Evolutionary Origins of Morality*, ed. Leonard D. Katz (Bowling Green, Ohio: Imprint Academic, 2000), 207 - 210, 266 - 267。

他主义行为辩解,认为这是出于对陷入困境需要帮助的人的同情而采取的行动。丹尼尔·巴特森(C. Daniel Batson)基于对心理利己主义的这些解释的复杂概念分析获得了有趣的实验结果。例如,他们注意到一些共同的建议,即这种行为的动机都是出于自私的需要,或消除由同理心引起的不愉快或避免产生本该提供帮助却没有帮助他人而产生的令人不愉快的羞耻感和内疚感,或者为了避免遭到他人管理下的社会惩罚,或者为了获得自尊心增强的愉悦感或者获得别人的赞美和社会声望等社会奖励。巴特森设计了一些实验,在这些实验中,受试者有机会满足假定的自私需求,而无需帮助其认为处于困境的人。实验结果证明了利他主义动机的真实存在。

最近对与人类密切相关的灵长类动物的研究也为利他主义动机的存在提供了一些间接证据。弗兰斯·德·瓦尔(Frans de Waal)发现猴子和猿有减少群体内部冲突的动机,例如在不选边站的情况下终止一场冲突,并且他认为心理自我主义者提出的标准方法并不能令人满意地解释这种不偏不倚的干预行为。德·瓦尔看到了救助行为,其中包括为非亲属的受苦个体提供关怀和救济。他认为,这是一种涉及关怀和爱护他人的行为,有时甚至是对其需求和情感的理解。德·瓦尔并没有声称非人灵长类动物具有道德,但它们拥有我们在人类社会中所看到的道德的、欲求的和认知的元素。如果有对社群作为一个整体的社会生活的关注以及对他人的同情和关怀能力这样的构成元素,那么如果说人类缺乏这样的构成要素,将是令人惊讶的(同时也非常令人沮丧的）[①]。

还要必须指出的是，利他主义动机可以采取众多不同形式。赫伯特·金蒂斯（Herbert Gintis）认为，经济人得到经验证实的替代选择是互惠人，前者只有在符合其自身利益目的的情况下才进行合作，基本不关心他人的福祉；后者带有亲合作的倾向来到新社会环境中，对他人的亲社会行为（即积极促进社会合作，但又不会要求行为者付出代价或牺牲的那些行为），通过维持或提高其合作水平来回应；通过报复冒犯者来回应他人的自私和搭便车行为，即使付出代价也在所不惜，甚至明知无法合理地期望从这种报复中获得个人利益[②]。

金蒂斯指出了涉及"公共产品游戏"的实验结果，这些实验的设计是为了说明自愿纳税和限制濒危自然资源使用等问题。在游戏的早期阶段，人们作出的贡献通常介于完全合作和完全自私的中间地带。在游戏的后期阶段，贡献会衰减，直到最终接近经

---

① 参见 Frans B. M. de Waal，*Peacemaking among the Primates*（Cambridge，Mass.：Harvard University Press，1989）；Jessica C. Flack and Frans B. M. de Waal，"Any Animal Whatever，" *Evolutionary Origins of Morality*，1 – 30。另见其他人的评论以及弗拉克（Flack）和德·瓦尔的回应，31 – 78。也参见 Owen Flanagan，"Ethical Expressions：Why Moralists Scowl，Frown，and Smile，" in *The Cambridge Companion to Darwin*，ed. Jonathan Hodge and Gregory Radick（Cambridge：Cambridge University Press，2003），377 – 398。

② Herbert Gintis，*Game Theory Evolving*（Princeton：Princeton University Press，2000）. 罗伯特·特里弗斯在"互惠利他主义的演变"中辨认出"道德侵略"（对违反互惠行为的负面反应）在帮助减少搭便车行为发生率方面起着至关重要的作用，请参阅：Robert Trivers，"The Evolution of Reciprocal Altruism"。然而，正是金蒂斯正确指出的，在许多情况下，对于报复搭便车者的意愿存在利他主义因素。德·瓦尔认为某些灵长类动物的报复和报复能力是道德侵略的先兆。请参阅：Flack and De Waal，"Any Animal Whatever"。

济人的水平。进一步的分析表明,衰退的原因是合作者想要报复搭便车的人,唯一的办法就是完全停止合作。这种"强烈"的报复行为(与仅基于自我利益计算的形式相反)不需要有特定的遗传基础,但可以在文化上进行选择,或者是遗传和文化选择的共同结果(例如,文化上对搭便车者的惩罚可能会阻止其他潜在的搭便车者,以防他们在基因上战胜具有利他主义特征的群体成员)。文化选择的作用的一些证据来自游戏实验,其中,先前参与实验的玩家的建议会增加利他主义惩罚(和奖励)①。

因此,在评估真正的利他主义的合理性时,重要的是要认识到这种形式不一定是极端的和无条件的。同样,注意到一些最紧迫的人类利益既不是完全利己的也不是纯粹关心他人,也很重要。例如,人们对家庭成员的关怀和依恋肯定具有高度关心他人的一面,但这通常是和人们从和他人的共同生活中获得满足混合在一起的,有时甚至是不可分割的。例如,人们不仅仅是希望自己的儿女能够茁壮成长,而且希望通过帮助孩子茁壮成长,在此过程中得到认可,也能获得深深的满足感。这类利益也可以用来理解人们促进那些他们有深刻认同感的社群的福利的动机。人们从为社群做贡献中所获得的满足感通常不能归结为纯粹对他人利益的关心,人们自己的利益也部分得到了满足,因为他知道自己为比超越自我的事业作出了贡献,因此自己的存在具有了更大意义。

---

① A. Schotter, "Decision Making with Naive Advice," *American Economic Review* 93 (2003): 196-201.

如果自然选择的个体和群体形式塑造了人性,那么一种直观的可能结果不仅是动机的多元化,而且是人性中深刻的矛盾性。可以预期选择对个人产生的力量体现在强烈的自我动机,考虑他人的福祉,通过付出不同程度的代价,为其做贡献的显著能力和似乎介于纯粹的利己和利他之间的各种非常熟悉的和经常出现的动机。而且,这些混合动机可能是人类的常态。在一次性游戏互动中,倾向强烈互惠的个人惩罚和奖励他人的合作,这种结果体现了利他主义特征。但是,他们也会在反复多次互动中或他们在其他玩家中的声誉(作为合作者和强烈互惠的个人)受到威胁时增加惩罚和奖励的力度。在第二种情况,对自身利益的考虑似乎使他们增加了奖惩力度①。

人性的这些特征如果要有效履行推动和方便社会合作的职能,就与规范体系需要采取的形式有密切关系。当激发搭便车和侵略行为时,自私动机显然有削弱社会合作的影响。这就是为什么从人际协调功能的角度看,必须考虑他人利益的熟悉的道德强制令是完全必要的,就算为了自己的利益也要如此。但是,在适当情况下,自身利益可以支持而不是反对利他动机。简·曼斯布里奇(Jane Mansbridge)认为,虽然考虑他人利益的动机如那些出于同情心而帮助他人的动机在大多数人身上的确都存在,但它

---

① 有关最近文献的非常有用的综述和评论,请参阅: R. M. Isaac and J. M. Walker, "Group-Size Effects in Public-Goods Provision: The Voluntary Contributions Mechanism," *Quarterly Journal of Economics* 103 (1988): 179 – 199; Ernst Fehr and Urs Fischbacher, "The Nature of Human Altruism," *Nature* 425 (2003): 785 – 791。

们的价值并不是无限的。金蒂斯描述的互惠人说明了相同的限定条件。如果让他人受益的成本太高，许多人会断然拒绝支付。曼斯布里奇建议，作出一些安排让利他行为产生某种利己的回报，可以创造一种"生态龛位"(ecological niche)以帮助维持这种行为的继续存在。通过降低这种行为的成本，这些安排可以增加个人的信心，让他们放心地关照他人[①]。与其说有效的道德应该总是限制关心自我并强化关心他人的动机，倒不如说应该经常试图在这些类型的关心之间实现一种有效的平衡或调适。

要求互惠的道德规范在这种调适中起着至关重要的作用，难怪它们是恰当的道德的普遍要素。调和关心自我和关心他人的需要首先出现在家庭关系中。在形形色色的文化中都有尊重和爱戴父母和其他承担起养育年轻一代责任者的义务。履行这类义务是一种以德报德的感恩回馈，尽管回报的东西当然并不总是与最初给予的帮助完全一样。有时回报与原来的好处是相似的，就像孩子长大后照顾年迈的父母一样。但是，在其他很多时候，回报是给关心和养育过自己的人的一种好处，这种好处与两者关系的本质相适应：例如服从和接受所教授的东西。

有些人可能不把服从本身看作对照顾和养育的良好回报，这种服从对那些被服从的人来说未必总是好事，但(它)也不仅仅对那些享受拥有支配他人的权力的人带来好处。无论多么看重孩子的独立性，有些时候我们仍然特别珍惜他们简单地听从我们的

---

① Jane Mansbridge, "On the Relation of Altruism and Self-Interest," in *Beyond Self-Interest* (Chicago: University of Chicago, 1990), 133 - 143.

吩咐，如果他们这样做或者表达对我们关怀的感谢，这将帮助我们继续给予他们关怀。完全无私的父母可能不需要这种强化，但极度矛盾的人如果没有这种支持，恐怕就难以继续做下去。

此外，产生不同形式的利他主义的不同机制——亲属选择、群体选择、性选择、文化选择、互惠利他主义帮助解释了基本价值观的多元主义。亲属选择和互惠利他主义，加上文化选择的形式帮助解释了建立在与他人的特殊关系基础上的特殊义务，而并不建立在特殊关系或创造互惠期望的条件的基础上的那种利他主义则帮助解释了一般权利或推动社会利益等非个人价值观。这些形式的利他主义，以及随之而来的义务和价值观，很好地起到了规范和促进社会合作的作用。受到更多限制和包含更多条件的利他主义形式，以及那些介于最纯粹的关注自我和关注他人形式之间的利他主义是道德规范可以求助和培养的种种动机，也是形成有凝聚力的小群体的理由。最接近纯粹关注他人的利他主义形式可以被用来促进小群体之间的合作并有效限制冲突。

十、对被治理者正当性的约束

现在，我们来考虑另一个道德约束，它源于人际协调功能、人类动机中强烈的自利成分和道德概念中广泛共享的特征。作为一种促进合作的制度，道德通过促成人们自愿接受其规范以及为这种或那种行为方式提供理由而发挥作用。如果仅仅依靠武力威胁或强制人们遵守道德规范和理由，那么，成本将大大减损社会合作本身的好处。人类进化出一套以这种方式管理和促进合作的制度是很有道理的。对于相互解释和论证自己行为正当性的生物来说，更深一步的道德进化也是有道理的：自愿接受道德规范逐渐被视为是基于它们对被治理者的正当性。因此，道德的另一个约束是，遵循恰当的道德规范和理由的正当性不能主要依赖虚假。特别是当道德规范和理由要求某些人的利益服从于其他人利益时，这种规范和理由的正当性绝对不能主要依赖于虚假。

当人们认识到服从规范和理由的正当性通常采用以下论证形式时，这种约束就获得了很大的说服力：即使被治理者必须服从于他人的利益，但他们自己的利益得到令人满意的照顾。如果追求自我利益即便不是人类行为的唯一动机至少是强大的动机是真实的，这就不应该令人惊讶。有关遵循道德规范和理由的论证往往涉及统治者和被统治者之间的互惠主题，即便是有些人拥有比他人多得多的权力和物质财富的等级森严体系也包含某些类型的互惠性。正如小巴林顿·摩尔（Barrington Moore Jr.）所观察到的那样，有些相互的义务作为纽带把统治者和被统治者、权威和服从权威者联系在一起。一般来说，统治者有义务确保被统治者的人身财产安全不遭受国内外的侵袭，不因日常生活的物质条件而受威胁[1]。迈克尔·沃尔泽（Michael Walzer）提出了相关观点，他观察到，在马克思主义论述中，每个统治阶级都"被迫呈现为普遍性阶级"。即使现行社会规范更偏爱统治阶级的利益

---

[1] Moore，*Injustice*，22.

而不是其他人的利益,但这些规范往往会宣称它旨在为全社会共同的利益服务[①]。

托马斯·沃特伯格(Thomas Wartenberg)在论述政治权力本质的书中指出,一个支配群体如果拥有对被支配群体的强制力,那么将这种关系建立在"影响"的基础上就更符合其利益。沃特伯格的"影响"指一种权力关系,被支配者之所以做某些事是因为其接受了支配者的吩咐。影响力与纯粹的强制性权力关系形成明显对比,在后者的关系中,被支配者之所以服从是因为害怕受到伤害。只要支配者维持一种纯粹强制性的权力关系,被支配者就会有一种抵抗倾向,因而需要使用武力来实现支配者的强制性权力所依赖的那种威胁。沃特伯格观察到,从资源角度来看,使用这种武力极其昂贵,因此支配者有兴趣竭力避免抵抗的出现。

影响的有些例子在道义上是有合理性的,有些则不然。人类拥有接受残酷统治的漫长和悲惨的历史记录。但是,当他们接受这种统治符合道德要求后,他们这样做就是建立在合理性论证的基础之上,即这种统治在某种程度上令人满意地照顾了他们的利益。臣服的合理性来自某种家长主义的必要性:有些人必须由其他人来照顾。这种家长主义是依靠对被支配者潜能的虚假概括来被证明的,如沃特伯格所观察到的那样,他们缺乏实践理性能力或自我控制能力。支配者有一种稳固支配地位的"内在倾向",依靠在被支配者中形成有关发生在他们身上之事的错

---

① Michael Walzer, *Interpretation and Social Criticism* (Cambridge: Mass.: Harvard University Press, 1987), 40 - 41.

误认知，而且"以某种方式说服被支配群体相信他们并没有受到支配"①。臣服的其他合理性论证依靠的是某些形而上学主张，例如印度的种姓制度就基于这样一种说法：人在社会秩序中的地位是因果报应（karma，羯磨）的结果，是个人前世行善或作恶造成的结果。这种合理性论证使受人支配变成在形而上学和道德上是必要的，从而避免了需要满意地照顾被支配者的利益。

文化人类学家克里斯托弗·博姆有一个关于道德起源的理论，该理论与刚刚讲述的为接受他人支配辩护的道德要求故事相吻合。博姆假设，到处游荡的狩猎者—采集者部落的道德的早期表现，包括集体压制可能导致群体内冲突的行为。博姆认为，这些部落至少在主要政治行动者方面是相对平等的，他将他们的结构与那些存在对少数高层职位的实质性社会竞争的部落进行对比，在这样的部落中，领袖们拥有实质性的合法权威或可随意使用的强制力。道德首先源于人们试图将个人的那些有可能在部落内部引起冲突的竞争性或掠夺性行为贴上偏离常规的标签，并对其实施集体制裁。博姆认为，将欺凌行为标记为偏离常规并实施制裁是社会实行道德控制的特别重要的例子，因为人类天生有试图支配他人和避免被他人支配的强烈倾向。在与我们有共同祖先的黑猩猩和倭黑猩猩身上，博姆也看到了类似的自然倾向，至少是一些对霸凌进行集体制裁的倾向。众所周知，被囚禁的雌性黑猩猩集体实施对雄性黑猩猩的控制，虽然从个体角度看这些

---

① Thomas Wartenberg, *The Forms of Power: From Domination to Transformation* (Philadelphia: Temple University Press, 1990), 127.

雄性黑猩猩占支配地位①。如果博姆的观点是对的，我们多数人已经摆脱了祖先的平等主义，但我们仍然按照避免被他人支配的愿望行事，即便臣服也需要有合理的理由。如果道德开始作为一种基于规范的对支配他人的惩罚，我们应该期待继续维持为服从他人辩护的要求，即使在大多数情况下，人类社会结构朝着等级更加森严的方向发展。

有人可能会反对，我讲述的从被治理者群体的利益角度为服从他人辩护的这个故事依靠一种偶然性：人类有强烈的抗拒倾向，足以最终迫使统治者有必要依靠残酷武力之外的方式赢得被统治者的合作。可能会有人认为，故事建立在偶然性上的方式是不可接受的：那些没有抗拒倾向而甘愿服从的人呢？由于他们没有"反击"能力，从其利益来看，要求他们臣服的道德没有正当性，这样的道德是否充分呢②？然而，我们需要牢记，挑战统治地位的抵抗未必是武装叛乱，它可能包括试图逃跑或破坏，或在主人或监工不注意的情况下磨洋工来消极抵抗。从更广泛的抵抗意义上说，如果不相信自己必须接受现有状态，人类通常有抵抗

---

① 参见 Christopher Boehm，"The Evolutionary Development of Morality as an Effect of Dominance Behavior and Conflict Interference," *Journal of Social and Biological Sciences* 5（1982）：413 - 422；还可参阅："Conflict and the Evolution of Social Control," *Evolutionary Origins of Morality*，79 - 102，博姆的文章发表后，许多人提出了非常有用的评论和讨论，最后是博姆对这些评论的回应，请参阅第103—184 页。

② 尼古拉斯·斯特金（Nicholas Sturgeon）可能提出反对意见，请参阅：Nicholas Sturgeon，"Moral Disagreement and Moral Relativism," in *Cultural Pluralism and Moral Knowledge*，ed. Ellen Frankel Paul，Fred D. Miller Jr.，and Jeffrey Paul（Cambridge：Cambridge University Press，1994），93 n. 40。

的潜力。对人类来说,任何一种道德如果不意味着承认有必要为服从他人辩护,都是不充分的道德。

十一、有普遍适用范围的道德和无普遍适用范围的道德

现在让我来讨论一下不同的问题,即是否所有道德都有普遍适用的原则,正如那些行为准则适用于所有人的若干西方道德传统一样。这里捍卫的自然主义方法,如果这些原则超出了源于人性和道德功能的限制,那么这种普遍原则就不是所有可想象的恰当的道德的要求。毕竟,道德的功能可以通过仅仅适用于某一群体或社会及其内部关系的原则来实现。群体或社会成员在相互关系中可以接受某些道德指令,但在与群体圈外人的关系中则可以不接受这些道德指令。然而,大多数实际存在的道德的确有普世性因素。

这种元素的存在可能与自然主义必须否定的共同道德概念有关:道德属性在某种程度上是世界结构中不可化约的一部分。如果道德属性就"在那里"作为宇宙秩序中不可化约的一部分,那么认为它们适用于所有能据此准则行事者也就再自然不过了。此外,如果这种秩序规则对其有利的话,维持这种道德秩序观可能符合社会中某个群体的利益。然而,还有一个不那么悲观的故事可以解释这一现象。具有流动边界的群体,或与其他群体有显著且频繁交往互动的群体,将道德规则的范围向外扩展就有了充分的理由。

以最初旨在管理和定义家庭和亲属关系的道德规则为例,当

不同的家庭和宗族为了满足需要而合作时，他们必须有规则来组织合作并解决其冲突。一个自然的解决办法是将以前只适用于家庭或宗族的道德规则扩展到不同家庭和宗族之间。同样，当更大群体相互交往时，以前仅适用于各自群体的道德规则倾向于扩展到群体间的关系。只要两个群体自愿进行合作，他们就需要通过双方承认具有约束力的规则（例如履行签署的协议、相互援助）来规范其互动。即使一个群体征服另一个群体，支配群体或早或晚需要从被支配者那里得到某种程度的自愿性配合。如前所述，纯粹依靠武力的统治需要占用太多资源来维持治安，而且有一些重要任务是不能强迫的，它需要人们持久和自愿（至少在某种程度上）的承诺。

悲观和乐观的两个故事可能都是真实的，实际上相互交织在一起。因为支配群体需要被支配者的自愿合作，所以他们将其群体内的道德规则扩展到群体之外，但这些规则通常会被重新解释，使得外部群体的利益处于服从地位。然而，这种动态可能会启动对道德传统的重新审视。虽然传统的创始人可能已经满足于将道德规则应用于自己的群体，但传统的继承人将认识到，至少有些道德规则应该也适用于外部群体。继承人通常希望保持优越地位，但一旦某些道德规则适用于外部群体，即便这些规则被重新解释，使它们对外部群体不利，都可能会出现问题：即用什么理由来论证道德地位差异的合理性。

由于支配群体不以纯粹的武力来证明其地位的合理性，它必须为这种差异辩护。亲属关系或是属于同一群体本身已不再是可靠有效的理由,因为他们没有禁止外部群体的部分性融入。如果基于两种群体都能识别的理由,代表支配群体优越性的主张(成员更具道德操守;他们更先进,因此必须承担起带领他人走出洞穴的责任)就可能遭遇严格审查和驳斥。我相信,类似这种过程的东西导致许多现代道德中有非个人因素。从历史上看,这个过程是偶然的,并不是由恰当的道德观念所强制,因为一个群体没有必要超越其边界与他人互动,也没有必要倡议将道德规则应用到群体之外。或即使最初有一定必要性,那种必要性也不是道德上的,而更多的是实用理由,往往与该群体在渴望与其他群体交往互动或控制他们时的目的有关。

我讲过的有关道德起源的普遍论的、非个人因素的故事似乎并没有赋予它们崇高地位。对那些相信这些因素被不折不扣地应用于越来越多的人从而很大程度上构成所谓的道德进步的人来说,这似乎并不令人满意。然而,类似于我讲的故事的某种东西是必需的,除非发布命令公然宣称道德就是一套具有普遍适用范围的原则,或者表明普遍性要素源于恰当道德的其他标准。此外,这个故事并没有使我们维持普遍性因素的行为变得"可有可无"。全球不同群体之间的互动不可能倒退,我们比以往任何时候都更加相互依赖对方。如果没有共同规范作为背景,在当今时代,更没有哪一个群体能够支配其他群体了。

十二、需要调适的约束

最后一个被指出的约束可能有些令人惊讶。我已经论证说道德冲突源于多元价值观，并且在社会及其道德传统中，道德矛盾现象会随之而来。我们应该预料到，在文化内部，有关重要价值观的意义以及价值观之间的相对优先次序会出现严重分歧。当然，在这些问题上，在文化内部达成共识的程度显然要高得多。这在一定程度上是我们区分不同文化的方式。不过，文化可能有足够程度的一致性以便与其他文化区分开，同时也为内部分歧留下空间。正如阿拉斯戴尔·麦金太尔（Alasdair Macintyre）所指出的那样，道德传统不是静态的命题系统，而是由持续不断的对话和辩论构成的①。文化传统内部的分歧不必像传统间的分歧那样引人注目，但这种分歧可能同样很严重。例如在美国，对于平等作为社会价值观的意义和要求存在着严重分歧，这种分歧表现在相互对立的自由意志论、自由派福利主义和社会主义等哲学理论中。当然，也有人说，在现代西方社会中存在严重分歧并不令人吃惊，因为这些社会已经失去一致性，他们的传统现在已经是无法被理解的文化链混合体。但是，即使在具有一致性和稳定性的中国古代儒家传统中，人们对一些基本问题也有严重分歧，如统治者对人民的权力应受到多大程度的限制，以及在父亲要求儿子做坏事时，儿子是否应该服从父亲等。

如果一种道德传统拥有一定程度的复杂性，那么它内部产生严重分歧就是不可避免的。鉴于这点，一种特殊的伦理价值观对于这些传统和社会的稳定和完整就变得尤为重要。请让我把这

---

① 比如，请参阅：Alasdair MacIntyre, *Whose Justice? Which Rationality?*（Notre Dame, Ind.: University of Notre Dame Press, 1988）, chap. 28。

种价值观称为"调适"（accommodation）。

拥有这种价值观就是致力于支持建立起一种与他人的非强制性和建设性的关系，尽管他们拥有的道德信念与自己的发生了冲突。为什么调适价值观很重要？从社会的完整和稳定角度来看，由于重大分歧有规律性地发生，使得这一价值观尤为重要。如果这种分歧总是有成为分裂根源的威胁，那么任何社会都无法在无残酷镇压的情况下生存很长时间。

请考虑本章从道德功能、人类心理和人类合作的本性所产生的对恰当道德的约束：要求人类只寻求他们有倾向寻求的东西；依据强烈的自身利益纳入互惠准则；在具体化道德规范和理由时，在考虑自身利益的情况下提供一些"回报"来减轻关心他人的压力，以此方式达成关心自我和关心他人的某种平衡；根据真实呈现出的受支配者的利益来论证适用于受支配者的规范和理由的正当性；最后是调适道德分歧的价值观。这一套约束是多样的，每种约束的有效性都取决于很多因素。在调查这些标准可能是什么时，我相信由于道德的内在复杂性和多样性，期望它们具有多样性非常重要。任何今天可被视为道德的信念体系都是长期复杂进化（生物和文化）过程的产物。随着社会环境的变化，规范内部冲突和人际冲突的过去的做法和陈旧习俗会消失或转变，也会出现新的实践和习俗。早期定居者和后来移民将习俗和行为方式带到新地方，使它们不仅发生变更还可以与其他传统结合起来。那些生活在像美国这样庞大和异质性社会中的人是悠久而复杂的道德传统的继承者，这传统包含历史长短各异，源自不同地方和文化的许多派别。道德哲学的常见错误是将道德视为同质性整体，要求基于单一标准来证明其恰当性。鉴于道德的内在复杂性和多样性，即使存在普遍有效的恰当性判断标准，期望我们只通过一种论证来证明道德生活的概念也是不现实的。正如我们所看到的那样，对照顾我们的人的特殊义务可能源于人类状况和人性的普遍性方面。普遍性的、非个人元素可能源于历史上的偶然过程，但在这特定历史时刻，它仍然为我们奠定了牢固的基础。正如我们将在第六章中看到的那样，非个人要求为我们采取的特殊形态可能更多与我们身处这个历史时刻的位置有关，与所谓的人类生活条件和人性本身反倒没有多大的关系。

十三、约束内的多元主义

多元相对论认为恰当道德的普遍性限制不会将这种道德的范围缩小到一个，从而解释了价值观的多元主义和道德矛盾心理。在价值观之间设定不同优先权的可能性正好对应了调节人际利益冲突和向个人提供前进方向的不同方式。

请考虑这些道德，有些把优先权给予个人权利，有些则优先强调作为所有受影响的个人总和的社会功效。促进社会合作的有效方法是向每个人保证他的根本利益得到保护，即使违反这些利益可以获得更大社会功效。一种高度重视这种道义价值的道德将与上文描述的强大人类动机相对应。人类普遍拥有的自我利益的实质性程度通常会限制（虽然根据文化和个人遗传禀赋会出现巨大变化）人为他人利益而作出过大牺牲的意愿。此外，利他主义动机可能很容易通过道德社会化而得到塑造，走上认同和关心每个个体利益的方向。另一方面，与将更高优先权给予社会利益的道德相应的是依靠数字进行推理的力量：例如促进最大多数人的最大幸福也能成为促进社会合作的有效方式。功利主义道德可能必须考虑，如果他们不能保证保护其根本利益不受侵犯，如果事实证明这会导致社会合作不稳定，对个人安全及其合作意愿的影响，正如一些功利主义者已经建议的那样，那么，这当然就必须进行调整。即便如此，优先考虑个人权利作为基本价值观的道德与优先考虑社会利益的道德之间必然存在着重大差异。我并不认为对恰当的道德的普遍性约束能够排除两种道德中的任何一种。

有关价值观优先权的其他种类差异，我们当然可以试图给出一种经济学的、社会学的和人类学的解释，即特定的社会为何采用某一套优先选择，这些解释可能构成科尔伯格论证（Kohlbergian）的基础，即如果和其他具有"正确"优先选择的社会相比，这样的社会只是处于道德进步的低级阶段。例如，倡导将普遍人权应用于欠发达国家的杰克·唐纳利（Jack Donnelly）观察到，往往特别强调社群价值观的传统社会与难以稳定地确保许多人生存的前现代生产方式密切相关。他承认组织严密的社群理想就是对这种条件的回应。他进一步表示，这些社群的最佳形式为人们提供了一整套个人关系和社会关系用以提供物质和非物质的支持。它们向其成员提供许多价值观和利益的规范化社会保障，而这些在西方得到个人的人权和法律权利的保障。然而，唐纳利继续论证说,当传统形式的社群无论出于任何原因而告解体时,在现代化意味着某些形式和某种程度的资本主义时,就需要保障个人权利①。

然而,以社群为基础的道德规范仍然存在于资源水平充分满足基本物质需求的社会或远远充分满足基本需求的社会。经历过快速经济增长和发展的亚洲社会,在调查中仍然表现出人们对社会和谐的关注显然比西方社会高得多,而对个人自由的关注则相应少得多②。在资源水平如此高的情况下,社群成员可以选择是否引入现代化的变革,这种选择变成了道德选择,因为人们意识到现代化可能破坏对以社群为基础的伦理学的支持③。

例如,在国家进入现代化的今天,鉴于亚洲面向人际关系和社群的本土传统,那里大部分地区的至关重要的问题是西方民主是否适合自己的国家。当然,在提出这个问题的人中,有些是专制政权的政治领袖,他们显然出于自身利益的考虑。但是,这并

---

① 参见 Jack Donnelly, *Universal Human Rights in Theory and Practice* (Ithaca: Cornell University Press, 1989), 59.

② 例如,大卫·希区柯克(David Hitchcock)在 1994 年对来自美国和八个东亚社会的官员、商界人士、学者和专业人士的价值观偏好进行了调查。他发现,绝大多数亚洲受访者更喜欢"有序社会"和"和谐",这是美国人很少关注的价值观。应该补充说明的是,说到"个人自由"的价值观,就出现了相反的结果。请参阅: *Asian Values and the United States: How Much Conflict?* (Washington, D.C.: Center for Strategic and International Studies, 1994). 也参见 Donald K. Emmerson, "Singapore and the 'Asian Values' Debate," *Journal of Democracy* 6 (1995): 101–102.

③ 在 120 次对马来西亚中产阶级的采访中,乔尔·卡恩(Joel Kahn)发现,几乎所有受访者都表达了"现代化对马来人文化构成的威胁"的担忧,并批评西方"缺乏家庭价值观、强调个性和自私、缺乏文化价值观、放纵、世俗化和漠不关心"。请参阅: Joel Kahn, "Malaysian Modern or Anti-anti Asian Values," *Thesis Eleven* 50 (1997): 29–30.

不影响该问题成为亚洲各国和地区人民的真正问题。一些亚洲人认为,西方个人主义产生了一些他们不愿承受的代价。在中国香港工作的夜班警卫生动地指出:"如果纽约或洛杉矶是民主的样板,那我宁可不要。"①

在我看来,在许多亚洲社会中,强调个人权利的道德将逐渐增加,果真如此,在这个选择与更加强调人际关系和社群的传统之间如何保持平衡和确定优先权方面,将会面临一些艰难的选择。许多亚洲文化即使纳入了西方政治和经济形式,甚至包括个人权利的语言和关切,但是他们是否依然强调社群的价值观及其需求,是否仍能保持其独特性,对此,我感到怀疑。与此同时,必须反思和讨论如何将个人权利的价值观框架与社群价值观进行平衡的问题。我怀疑结果将是在亚洲不同地区出现多种未必与西方传统相同的平衡方式。为什么需要单一正确的平衡? 在下一章中将更多地讨论可能的排列和在社群基础上谈论权利的一种排列。

十四、道德的共同性与差异性:道德命题重叠却有差异的真值条件

我的多元相对论版本意味着不同社会之间以及同一社会内部的道德存在着这种共同性和差异性。由于共同的道德功能、人性和人类社会类似的条件,亚洲和西方社会对道德是什么的大多

---

① "Asia's Different Drum," *Time*,June 14,1993.当然,这个夜班警卫厌恶纽约和洛杉矶的原因并非都归咎于西方人愿意捍卫的价值观。

数看法都是相同的。这些共同性构成了共同核心,包括由特殊关系产生的义务,包括照顾和指导年轻人的责任,使他们能成为完全成熟的道德主体、遵守互惠规范以及实现道德功能所必需的其他规范和理由。

共同核心还包括用于传承道德和审议道德问题的共同的概念系统。每个有道德的社会都会有一些概念,用来阐述在道德上应该做和有权做的事。第一章中描述的道德价值观的不同来源可以被解释为应该做或不该做某些事,追求或避免追求某些目标的种种理由的源头。一个人应该做什么或不应该做什么或者此人做什么对什么错等道德命题,可以被解释为此人指定的相关道德理由的命题。有时候,这些命题是对此人如何平衡特定情况下的所有相关道德理由的结论性和协商性意见。有时候,这些命题是有关某种理由支持的行为或态度,却没有声称可以提供对所有相关道德理由进行平衡后作出的整体性判断。

道德理由是在权衡究竟要支持或是反对行为人做某事时需要考虑的因素[①]。我们可以把道德理由看作行为人 A,行动 X 和行为人在权衡后倾向于支持 A 做 X 的处境 F 的特征的三方关系。我们可以把道德看作(部分)有序价值观的一种排列形式,它

[①] 在拙著《道德相对论》中,我根据正确的道德规则体系,从 X 的表现来分析"A 应该做 X"的陈述。现在我认为,这种分析"应该"判断的特殊方式过于拘泥于一种特定的道德推理模型(我现在认为是错误的),因为它总是从一般规则中推断出特定的结论。评估行为或人员及其特征的标准,做或不做某事的理由或成为这种人还是那种人的理由都要在道德协商中进行权衡,其权衡方式不是从一般到特殊的简单推论所能概括的。我目前的语言由相关标准或者理由的平衡来许可、要求或禁止就是要对应道德推理的这种修改后的概念。

具体指出哪些情景特征构成相关的道德理由，并且在不同相关情景，它们指向不同的和不相容的行为时，应该如何平衡这些理由。我们可以把这样定义的理由看作合理的理由。F 是一个据称能证明 A 做 X 的合理性的特征。合理的理由并不一定能激励 A 做 X。这不是激励人做事的理由，尽管道德理论的确应该解释说明什么时候合理的道德理由可以成为激励人做事的理由（第七章的主题）。

在多元相对论理论中，促进和维持人际合作以及引导个人走向有价值生活的道德功能限制何种情境特征可被识别为道德理由。也就是说，一个真正的道德理由是，在适当环境下依据它行动有助于道德功能的实现（任何单一理由可能对道德功能作出的贡献或许必须依据其与那个道德内承认的其他理由共同发挥作用的方式进行评估）。例如，按照第八节中提供的论证，接受他人的帮助将构成回馈的理由。特定社会的道德演变出一系列多样化的和一整套丰富的道德理由，这些理由在更加具体的层面上运作（更加具体地指定能制定出回馈他人帮助的具体帮助形式以及适当的互惠形式），但是，如果它们有机会成为真正的（理由），这些道德中具体规定的理由必须满足普遍性约束。

如何将一系列多样和具体的道德理由确立为特定群体的道德的组成部分？我将这个问题作为有关道德理由的概念以及它们如何获得它们所拥有的参考意义的问题。最近有关概念本质的研究削弱了为概念应用提供充分必要条件的"经典"模型。取代经典模型的选择之一是原型理论，根据该理论，概念包括其实例所具有的特征，体现普通实例或最典型实例的特征。我们就拿原型理论文献中经常使用的例子，狗的概念包括构成"每只狗"的一种典型特征（有四条腿，一条尾巴，发出吠叫的声音）。一方面，对于作为该概念候选者的对象，它越像这个复合的典型狗，它就越可能有资格被称为狗。另一方面，典范理论认为，拥有概念涉及调用可为候选实例充当对比标准的特定实例的能力。拥有狗的概念涉及此人能够从记忆中调出其遇到的特定的狗，并且将候选的狗与最接近的样本进行比较以查看是否获得足够接近的匹配。

我赞同那些相信概念不必局限于单一结构的人。实际上，有些概念可能获得基于典范构建的原型。一个小孩子就可根据与赛迪（Sadie）、格斯（Gus）和派珀（Pepper），那些他在成长过程中认识的特定的狗的交往来获得他有关狗的原型①。他可能会调用狗的原型来对他遇到的大多数狗进行分类，但如果遇到麻烦的案例，他可能会想起最接近眼前动物的非典型狗的案例。

道德理由的概念似乎表现出这种多样性。请考虑帮助他人的理由概念。一方面，在获得这个概念时，我们可能已经拥有某些具体情况可以被认定为帮助理由的典范：父母向我们展示，当兄弟姐妹跌倒并受伤时应该做什么；相互赠送对方礼物或报恩经

---

① Andy Clark，"Connectionism，Moral Cognition，and Collaborative Problem Solving，" in *Mind and Morals: Essays on Ethics and Cognitive Science*，ed. Larry May，Marilyn Friedman，and Andy Clark（Cambridge，Mass.：Bradford Books，1998），109 - 113. 杰西·普林兹（Jesse Prinz）的"代理类型"模式在结合原型、典范和其他概念模型方面非常灵活。请参阅：Jesse Prinz，*Furnishing the Mind*（Cambridge，Mass.：Bradford Books，2003）。

　　　　　　　　　　自然道德：对多元相对论的辩护

验在许多文化中都是说明相互回报对方恩惠的理由的例子。另一方面，人们能够通过概括这些典型案例来建构这些理由的原型，产生譬如帮助或互惠这样的"典型"理由的概念代表。在很多分类场合，如果现有状况似乎很典型，我们或许可以召唤原型，但是在新颖的或边缘性案例中，我们或许会从记忆中召唤最接近的典范，然后试图决定是否有最接近的匹配。彼得·辛格（Peter Singer）的论证，即相对富裕者有很强的义务去帮助灾民就从其类比中获得很大说服力，他将这类比为仅仅需要踏入浅浅的池塘或毁掉自己的衣服就可挽救落水儿童①。

　　某种情况可能呈现为指导我们采取互不相容行动的两种原型的困难局面，我们可能得求助于典范来了解哪一典范最接近当前情况。许多道德争论都围绕着一个典范是否最接近案例这一问题来进行。在《孟子·离娄上》第十七章中，孟子承认，为了挽救溺水嫂子的生命，人们当然可以暂时搁置男女授受不亲的礼仪。持相反观点的哲学家淳于髡想运用这种暂时搁置通常礼仪规范的想法来拯救整个国家。孟子回答说，你用手可以救嫂子，用手却救不了世界。这个世界只能通过道来拯救（隐含的论点是道需要尊重礼仪，而这正是淳于髡不管不顾准备随时违背破坏的东西）。（淳于髡曰："男女授受不亲，礼与?"孟子曰："礼也。"曰："嫂溺，则援之以手乎?"曰："嫂溺不援，是豺狼也。男女授受不亲，礼也;嫂溺，援之以手者，权也。"曰："今天下溺矣，夫子之不

① Peter Singer, "Famine, Affluence, and Morality," *Philosophy and Public Affairs* 1 (1972): 229 - 243.

援,何也?"曰:"天下溺,援之以道;嫂溺,援之以手——子欲手援天下乎?"《孟子·离娄上》第十七章。——译注)

对原型理论和典范理论的担忧之一是它们不能充分确保概念的公开化:人们可能会有不同的原型或典范,因此拥有不同概念。我认为人们可能会有不同的道德观念,但其原型或典范可能在很大程度上是重叠的,因为有关道德英雄主义行为、体面、善良和与此相对的道德挫败的故事在整个群体中已经被广泛传播,且经常出现在年轻人的社会化过程中。此外,上文提到的波伊德和理查森(第九节)似乎有很多合理性建议,即人类有复制多数派或成功者的自然选择倾向,这两者都倾向于在原型或典范概念中产生显著的融合或重叠。

道德规范或原则可能与正确平衡的这些理由和概念有几种不同关系。有时候,它们只是简单地表达了一种理由,比如做某事的理由,因为人们已经承诺或同意这样做了,或者说是在交际语境中说出真相的理由,而在这些场合说出真相是标准的期待。有时候,规范在价值观冲突情况下提供指导,例如允许在自卫中杀人的规范。有时候,规范标志着某种价值观在道德中的相对中心地位,例如要求对个人自由和自主性表示尊重的规范或强调在与他人关系中体现人性的规范。

群体接受的道德规范指明了它们在确定正确平衡给予单个行为者或多个行为者、特定行动和特定场景的各种理由的方式。根据本章概括的建构主义道德观的描述,在一个群体中出现并被接受的道德规范为其成员提出的道德命题确立了真值条件,但真值条件受到恰当道德的普遍性约束的限制,这些普遍性约束源于人性和道德功能。因此,群体普遍接受的道德规范集并不是该群体真正现实的可靠指标。但是,如果这个集合的某些修正版本没有致命的不连贯或并非因为其错误预设而导致无法挽救,它就仍然可以成为该群体道德命题真值条件的可靠指标。

由于普遍约束仅仅指明道德必须呈现的一些基本轮廓,因此真值条件反映的不仅是任何恰当的道德必须强制的要求,而且还有群体持有的核心价值观和若干优先选择,这反映在它认为处于核心的那些理由和道德规范。换句话说,不仅有我所描述的道德恰当性的普遍标准,还有地方性的偶然性标准。从以社群为中心的传统观点来看,这些标准将与最大程度上促进和维持某种社群的标准联系在一起。其确定什么是道德的偶然标准将显示出对社群价值观的特别强调,即使这些价值观与个人自主和权利等价值观形成一种不融洽和不确定的关系。从这种传统的角度来看,不惜牺牲社群价值观也要强调个人权利的其他传统可能出了毛病。成本不仅由社群承受,而且也殃及在社群中实现个人满足的个体。因此,即使强调个人权利的其他传统满足了本章概括的普遍约束,它仍然可能引导追随者作出在以社群为基础的传统看来错误的道德判断。

普遍约束并没有将恰当道德的适用范围缩小到单一品种(例如,一种主要强调个人权利而不是社群利益)。恰当的道德多元主义构成了满足道德功能的不同途径,即调节人际利益冲突,提供个人内在理想和实践取向。为什么所有这些不同的道德都具有恰当性呢？因为它们满足了道德的普遍标准，即任何道德如果要充分促进和方便社会合作就必须满足的约束条件。每一种恰当的道德都根据其在价值观中设定的独特优先选择确立了额外的条件来判定采取什么样的社会合作，过什么样有价值的生活等等。因此，在不同道德体系中，义务和是非观念会随着文化不同而有所不同，因为确立真值条件的含义可能有所不同。其结果是一种概念相对论，即多元社会中不同社会或群体之间的道德概念的含义会有很多重叠，这足以让我们有理由将其称为同一概念的含义，但与此同时又有足够多的差异，因此在相当显著的众多议题上究竟何者在道德上为真的确有所不同。根据我们赋予道德概念的意义，如应该做的正确之事，在我们看为真，对其他人来说，根据他们赋予这些概念的意义，可能不真，因为我们为道德概念和表达这些道德概念的术语赋予了不同的意义。

那么，有人可能会问，拥有不同道德的人如何谈论同样的事，例如在道德上应该做什么或道德上正确之事——如果这些概念和术语的含义不同？答案是，非认知主义者对道德概念的分析在一定程度上是正确的。为了使道德概念的真实应用有一些不同集合，必须沿着真值条件之外的其他某一维度保留意义。其他维度是言外行为和语用含义。所有道德都指导行动，具体规定可接受的社会合作形式，至少在某种程度上规定什么样的生活才值得过。所有这些都详细说明了与社会合作和有价值的生活相关的各种理由,所有这些都详细说明在这一套或那一套条件下,如何正确平衡不同的理由。

然而,像黑尔(Hare)和史蒂芬森(Stevenson)这样的非认知主义者倾向于将道德意义的非描述性维度视为首要的,而任何构成正确应用条件的描述性内容都是次要的[1]。事实上,其分析的隐含意义是几乎任何描述性意义都可以附着在道德术语上,只要它保留其首要的非描述性意义(在黑尔描述的案例中,这指代规定性的意义,在史蒂芬森的案例中,这指代倾向于影响受众赞成和反对态度的意义)。

他们无法解释的是,意义的非描述性维度是如何植根于道德术语的描述性意义上的,这些描述意义使它们能够被规定性地使用(如黑尔强调的那样)或者影响观众的态度(如史蒂芬森强调的那样)。正是因为道德术语关心的是促进和方便社会合作的条件,并有助于引导人们过上一种在他们看来符合规范的和充满情感影响力的生活。正如菲利帕·福特所说,这就是为什么人们不能仅仅列出正确使用某个术语的任何一整套条件清单,并以此维持其道德术语的地位[2]。由于不同的道德具有重叠的描述性意义的共同核心,而重叠的描述性意义又关系到社会合作的必要条件和引导人们在塑造其生活时的有效指南。因此,它们都可以是

---

[1] R. M. Hare, *The Language of Morals* (Oxford: Clarendon Press, 1952); C. L. Stevenson, *Ethics and Language* (New Haven: Yale University Press, 1944).

[2] 例如,她争辩说,人们不可能说一小时三次握手是一种好的行为,除非有人将这一行动与相关的利益和伤害形式联系起来。请参阅: Philippa Foot, "Moral Beliefs," in *Theories of Ethics*, ed. Philippa Foot (London: Oxford University Press, 1967), 91。

道德,具有规定性,并能影响人们的态度[1]。

这完成了我多元相对论的初步草图。下一章是对任何形式的相对论的典型反对意见的反驳,但是,请让我直截了当地论述我的多元相对论与普遍论者喜欢拿来作为虚拟攻击对象的假托相对论的主要不同。人们普遍认为,相对论简单地将社会中普遍接受的道德规范视为那个社会中道德命题真值条件的决定因素。

多元论并不导致这种粗糙的和不加批判的传统主义,因为道德规范是根据道德的普遍约束来评价的。当一个人使用自己的规范来评估道德命题的真值时,人们预先假定这些规范从任何约束角度看都没有缺陷。

此外,正如刚才断言的那样,特定道德传统的成员可能在没有逻辑或其他认识论缺陷的情况下,使用当地的偶然性标准来判断道德的恰当性,从而认定其他传统成员犯下错误。通常,道德语言使用者使用自己的规范来判断他人行为,甚至评判来自不同道德传统的其他人。因此,多元相对论并不意味着道德语言使用者应用不同道德传统所采用的道德规范来判断该传统成员的行为。多元相对论也不意味着,如果意识到其他人已经采用了与他

---

[1] 艾伦·吉布德(Allan Gibbard)最近在黑尔和史蒂芬森的理论的基础上提出了一种非常复杂的"表现主义"理论。请参阅:Allan Gibbard, *Wise Choices*, *Apt Feelings*: *A Theory of Normative Judgment*（Cambridge, Mass.: Harvard University Press, 1992）。根据该理论,道德与社会协调的功能和判断对人类动机的改造效应绑在一起。我与他的观点的差别在于,对建立在社会协调功能基础上的道德语言进行真值条件分析,以及他的分析强调的道德语言的表现主义使用。然而,在《思考如何生活》中,吉布德似乎更接近于真值条件分析,或者至少是一种使道德判断表现得好像它们有真理价值的那种分析。请参阅:Allan Gibbard, *Thinking How to Live*（Cambridge, Mass.: Harvard University Press, 2003）。

　　　　　　　　　　自然道德:对多元相对论的辩护

们自己截然不同的道德规范，道德语言使用者避免对别人应该做什么进行判断。当然，复杂的相对论者而非原始的相对论者已经采用了后一种立场。

吉尔伯特·哈曼在"为道德相对论辩护"中分析了"在道德上应该做 X"的命题——它考虑到说话者和判断的主体 A 都应该认同的隐含协议，具体指出了支持它的理由平衡是什么[①]。正如哈曼所说的那样，"内在的"道德应当性判断揭示了道德社群内达成的隐含协议推导出的行动承诺。在不同的道德社群之间不适合作出这样的判断。正如哈曼的著名说法或者应该说是臭名昭著的说法，我们大多数人都不能说，希特勒不应该杀死这些人，这是因为他显然不是我们所赞同的隐含协议的一方。因此，在哈曼对这些道德判断的分析中（必须注意的是，虽然不一定是他对其他道德判断的分析），我们甚至不能恰当地作出那种"A 应该做 X"的判断，因为它可能与希特勒自己作出的他本人的道德义务判断有实际冲突。

我不同意哈曼的分析，并认为我们中的许多人并没有将这些应该的判断限制在我们假设的与我们共享道德承诺的人身上。在我看来，这种判断在逻辑上或含义上并没有任何东西暗示我们评判的人也共享这些概念。当我们说其行为是错误的或者他们正在做不应该做的事时，可能会使我们与这些人发生实际冲突，即使提到的他们的恰当的道德体系概念与我们的有如此不同以

---

① Gilbert Harman, "Moral Relativism Defended," *Philosophical Review* 84（1975）：3－22.

至于他们可以真实地说他们正在做应该做的事。在更深层次上，我不同意哈曼的道德观，即道德观是由只适用于协议当事人的隐含协议构成的。道德在尚未成为隐含协议成员的人的社会化和性格及动机塑造中起着至关重要的作用。这种塑造的部分要点是"引导"或"招募"新成员进入共享规范的现有社群。道德意义的规定性程度促成了这种塑造①。

因此，从我的分析并不能得出这样的结论，即人们在作出道德命题时，只是在简单地说出若采用其道德规范将意味着什么。他们可能意识到自己错误地采用了他们碰巧拥有的道德规范，并且他们可能也意识到其他人或许错误地采用这些人拥有的道德规范。以反思和自我批评的方式拥有道德意味着准备好批评已确立或已接受的规范，无论这些规范是自己的还是他人的。但多元相对论认为，在道德上后退一步和批判道德时，人们最终必须依靠实质性的道德理想——即远远超过道德的普遍性约束的用以评判道德恰当性的、地方性的、偶然的标准。

我们也不能从多元相对论推论说，人们在作出道德命题时，只是在简单地说出若采用满足普遍的和他们自己的地方性的偶然的标准的道德规范将意味着什么，其中，地方性的偶然的标准被专门提及是地方性的偶然的标准。一方面，他们甚至可能不知

---

① 吉尔伯特·哈曼在其参与编著的《道德相对论和道德客观性》中认识到他的分析与我的分析的这种差异，这或许并不奇怪，他选择称其观点为相对论的"纯粹版本"，因为他的观点暗示真正的道德分歧可以只存在于那些拥有相同隐含协议（或如果使用《道德相对论和道德客观性》的语言就是"框架"）的人之间。请参阅：Gilbert Harman and Judith Jarvis Thomson, *Moral Relativism and Moral Objectivity* (Cambridge, Mass.: Blackwell, 1996), 32-46。

道存在与普遍性道德规范标准相对应的地方性偶然性标准。另一方面,更重要的是,道德命题的真值条件只要求使用当地的偶然性的标准,但不要求提及这些地方性偶然性的标准,也就是说不要求典型的道德语言使用者意识到,其求助于的标准是地方性的偶然的标准而非普遍标准。人们不一定意识到,人类用来判断道德恰当性的道德理想存在根本差异,即使他们用自己的理想来判断他人,他们可能会认为其他人与自己不同是因为自欺,即对正确的道德规范要求的规范在道德上的自欺欺人;或者真正的分歧不能存在于基本价值观层面上,这些基本价值观都是共享的,而分歧仅限于这些价值观的应用层面上。如果我在第一章中提出的论点是正确的,那么这种错误印象是非常容易理解的:道德差异通常不是彼此没有共同点的道德之间的差异,而是普遍特征和共享价值观以及规范之间存在显著重叠的道德间的差异。

当人们称某事或对或错时,他们只是求助于其拥有的道德理想,不是必然没有意识到,至少有些内容并没有被要求达到普遍标准才能被认定为恰当的道德规范。

第三章　反对意见与答复

本章中,我将考虑多元主义相对论的若干重要反对意见。其中有些反对意见是为任何版本的相对论者辩护的人都必须解决的问题:

——相对论使我们无法解释道德分歧。

——相对论削弱了人们对道德承诺的信心。

——相对论使不同道德传统之间无法进行建设性对话。

其他反对意见涉及我的特别相对论版本的独有特征:

——我那判断道德恰当性的"地方性"标准根本就不能被当作标准。

——我的理论不是一种相对论形式,而仅仅是一种多元主义。

——根本就不存在我所预设的固定不变的人性。

——我的功能主义道德概念带有倾向结果主义者道德观的偏见。

　　　　　　　　自然道德:对多元相对论的辩护

对其中一些反对意见，我会（起码尽我所能）在本章中给出完整的答复。其余意见，我将陈述回应的主要思路，更多细节将在随后的章节中展开论述。

一、诠释激进道德分歧的本质

一个针对所有形式相对论的标准反对意见是，这种观点不能够解释持有不同道德观的人的冲突或分歧。尤其是我所持的多元相对论在某种意义上似乎表明：

有着虽然不同但同样恰当的道德的人在谈论某些不同事物，因为他们在使用道德概念与术语时拥有一套不同的真值条件。如果这个问题归结为人们"各说各话"，那就不存在真正的分歧；但是，反对意见认为，其中的确存在分歧。面对这样的挑战，我们首先要区分两种道德冲突或分歧。

一种是关于哪种道德评判为真的冲突。这种冲突仅仅发生在这种情况，即意见不同的人使用同样的道德术语指代同样的内容，起码对于手头的分歧来说是这样的（指代的内容整体上有差别，但也存在重叠部分）。另一种冲突则是言外行为和语用意义分歧，它是由道德的行动指南功能促成的。也就是说，在做某件事或成为某种人的道德规范如果意味着确认某个规定必然排除对其他规定的确认时，双方的冲突就产生了，即使两个规定皆为真也会发生冲突。

在一般的道德话语中，人们通常认为分歧不仅仅是实用性冲突，而且是有关道德术语何时被真正适用的分歧。即便根据多元相对论论者的观点,当分歧是实用性的而非真理分歧时,他们可能也会以这种方式解读分歧。假设两人有关堕胎的道德产生分歧,他们无法解决这个分歧,因为各自在关于(如何)判定该议题是"错误"的问题上拥有不同的真值条件标准。假设各自赋予胎儿生命的道德地位存在根本不同,因为各自赋予了感知力、自我意识能力和推理这些方面的潜力不同的道德权重(双方都同意胎儿在相关发育阶段皆具有的潜力)①。如果按照相对论者的分析,他们是陷入真正的实用性冲突,但如果他们认定是在真值判断上产生分歧,正如他们很可能做的那样,那么他们就错了。相对论者必须为这种可能发生的错误给出合理解释。

我们所作出的任何解释都必须要部分涉及有关道德的古代的和常常阐述不明的假设:即世界机理的一些不可化约的规定性部分,抑或是我们在生活中拥有的某些自然目标用以决定我们应该采取的正确行动。许多个人在道德推理中仍然在明确运用这些假设,即便这些假设不存在于其他人的推理,但它们在创造即便不是普遍的但至少是广泛的期待方面发挥了重要作用,即所有道德问题或事实上所有道德问题都有唯一正确的解决方案。人们可以在没有特定基础支持的情况下拥有这样的预期。

此外,我们需要注意在使用道德术语时,伴随着不同标准集

---

① 有些人会争辩说,这种赋予某些潜在特征道德权重的分歧可能无法反映出道德术语应用于堕胎上的根本分歧。他们可能会争辩说,双方决定给予某些潜在特征的道德权重存在一些正当的理由。我并不否认这种观点,也无意暗示这一点显而易见,即我所描述的分歧过于基础,因而无法依靠进一步的辩论来决定。我认为这样的论证并不存在,但我相信,人们在这件事上的立场归根结底建立在对已经给出论证的恰当性进行反思的基础之上。

合之间的基本差异的是不同集合之间广泛的相似性和重叠性。这种相似性和重叠性以及使用的实用相似性会掩盖差异，让人很容易将纯粹的实用性分歧与道德术语的正确应用分歧混为一谈。鉴于同一术语的标准集之间存在一定程度的重叠，道德分歧常常是有关道德真理的分歧，逐渐认识到有关标准的相当多共识与有些根本分歧并存并无矛盾，这或许并非容易之事。事实上，重叠性的本质可能使得我们难以确信分歧是否可以依靠确定真理来解决。在什么可以被认定为人的问题上，堕胎权的拥护者和反对者的观点通常有很多重叠之处，譬如怎样才能算作一个道德上值得被保护并使其免受伤害的人。但是，对三个月大的胎儿是否算人的概念界定，相关概念的范围有所不同，也没有真理来解决他们之间的分歧。鉴于他们在其他问题上如有关人的定义上有很多重叠（例如，即使他们对死刑的道德意见不一致，但在这一问题上他们对人的定义是相同的），双方可能错误地继续认为，只有唯一概念和唯一真理要求保护无辜者免受伤害。

这就是为什么两群人可能难以认识到，他们其实在什么是真的问题上并没有分歧，只是在他们渴望世界成为什么样子的实用性层面上存在分歧。这是人们可能会把实用性分歧误解为道德真理分歧的原因之一。他们从那些常见案例中过度概括出一些原则，以为对所有道德分歧案例都可能靠求助于共同拥有的标准来解决问题。如果人们认为所有道德分歧都可以用这种方式解决，那么我们自然会更容易拥有这样的观点，即道德观是世界结构的一部分，因为它可以提供解决所有分歧的共同标准。需要注意的是,归结于这种相对论者分析的错误未必可以归结于所有称职的道德语言使用者,因为尤其是在美国这样的多元化社会,很多人并不认为他们使用的道德术语标准是普遍适用的。

除上述两点,即对立双方对道德术语的正确应用有着不同的标准,在如何使用共同标准上也存在差异,还存在有第三种可能性。有时候,他们认为自己似乎有相关标准可以合理地应用于对方身上,但实际上没有这样的标准。最后一种可能性出现在人们对道德信念还处于萌芽或混乱的时期,我们无法在这一时期通过相关的适用标准在它们中找到秩序。例如在今天的美国,我们无法确定很多人是持有与罗尔斯差别原则相一致的分配正义观念,还是认可最低限度自由主义福利体系,即社会有责任保障的仅仅是社会成员的最迫切的物质需要。其中部分人的信念可能意味着一种可能性,另外一部分人的看法则代表着另一种可能性。他们的看法可能过于模糊和笼统,因此无法调和两种可能性。意识不到这样的不一致性或者模糊性太符合人性了。让人在有关分配正义的更多特定议题上的立场受到其他因素的影响,包括这些议题如何解决个人的影响,这也非常符合人性。因此,尽管双方在特定问题的道德真理上并不存在真正分歧,但他们在实用性问题上仍然有冲突,如议题到底该如何解决,并且错误地认为他们的分歧是真理分歧。

有人对道德分歧的上述分析提出了反对意见。如果人们打算指代世界的道德结构,或者无论如何是构成解决道德分歧的唯一正确方案的一整套道德事实集的话,那么,他们的错误不仅是持有这些信念,而且是在使用道德术语时试图提及任何东西,难道不是吗?也就是说,反对意见认为,如果我的论证成立,他们没有能确立道德真理的多元相对论,相反成功地创建了缺乏任何道德真理的道德虚无主义。

要回答这个反对意见,首先从如下观察下手:引用失败不一定是关于假设的指代对象的错误观念。不是所有关于指代对象的观念都有助于塑造真值条件。这种真值条件可能是以满足对规范系统的约束为中心的,这些规范推动和规范社会合作。一方面,许多人认为这些体系在宇宙结构中扎根已久的事实让他们以为真正的道德只有一种。不过虽然他们信奉错误的观点,但这不影响他们作出可能正确的道德判断。换句话说,就算人们错误地相信自己的道德是唯一正确的道德,但这也无法阻碍它是正确的道德。

从另一方面来说,道德判断的真值条件与唯一正确的道德信念之间没有绝对清晰的分界线。差别的本质取决于在个人的道德概念中,对于唯一正确道德的信念是否处于核心地位。最后一个问题的答案可能因人而异。不过,对道德本质及其普遍性问题进行反思绝不仅仅限于专业哲学家或其他领域的学者。拒绝单一正确的道德也不像许多道德哲学家设想的那样,仅仅限于学界的相对论者或刚开始学习哲学概论的学生。

更重要的问题是,我们是否可以把信仰单一正确道德的错误观念与有关能够成功指代的道德本质的其他正确信念区分开来。或许一个可比的案例是许多人拥的宗教和伦理道德联系在一起的信念(至少在美国和世界其他一些国家是如此)。至少他们中的有些人认为,真正的道德指令都是上帝指令。或许两者的联系相当紧密以至于如果道德命令的来源中不包含上帝,或者结果证明他们不连贯地相信了其他道德信念,而这些道德信念预设了道德指令具有独立于任何神灵而存在的地位,其道德信念就是虚假的。如果结果证明某些道德信念建立在虚假的或自相矛盾的前提之上,我们应该基于这个动机而采取怀疑的或虚无主义立场吗?我不明白为什么要这么做。如果我们能像我所说的那样,对道德进行自然主义的描述,我们就无需采取这种立场。这种描述能够支持目前人们所信奉的多种道德信念,甚至也涵盖了那些相信宗教和道德存在紧密联系的人的信念。但是,这种描述也很可能会削弱他们拥有的某些道德信念如同性恋是不道德的行为。我们应当提醒自己,许多人的核心道德观念随着宗教信仰的变化或消失而发生深刻变化,但我们称这些变化为道德信念变化。关于单一正确道德的信念和一个人的其他道德信念是可区分的,就像关于道德来自上帝的信念(和其他道德信念)是可区分的。

二、对道德恰当性的地方标准观的反对意见:为什么不只是遵循普遍性标准呢?

第二个反对意见可以用问题的形式提出,即关于我的命题涉及评判道德恰当性的普遍性标准和地方性标准。有些标准是基于所有道德都必须履行的职能、人性和人类条件的结合。但其他标准并非根植于这些共同特征,而是将一个道德与其他道德区分开来的偶然性价值观优先选择的表现。我的这一主张的问题是,为什么人们要将评判道德恰当性的这些地方性标准视为标准呢？为什么不仅仅认为评判道德恰当性的唯一标准就是依据所有道德功能和人性呢？如果有不止一种道德满足了这种普遍有效的标准，那我们就可以采用不止一种道德标准。结果不是道德真理间存在冲突，如我所预想的那样，而是在道德普遍适用性限制下道德真理有"可供选择的"多样性。如果求助于道德功能、人性和人类条件，还不足以确定在这些不同道德规范体系之间的选择，为什么不说这种选择对个人而言可有可无呢？

这一反对意见的重要假设是道德规范要作用于个人，只有当这些规范可以为他们提供一些合理的强制性理由来指导其行为时才能奏效。如果他们不关心自己的行动是否服从道德，那么这些合理性论证对他们就不具备强迫性。但是，如果他们的首要考虑是行为符合道德要求，那么，个人至少要承认从理性上说这些合理性论证（justification）是有强制性的。然而，站在多元相对论的观点来看，这个假设引起人们的质疑。那就是规定道德命题的真值条件只能由评判道德恰当性的那些标准构成，这些标准不仅普遍有效，并且源自道德的本质和人类条件。根据多元相对论的观点，道德命题的真值条件包括表达人类价值观中某些优先选择的地方标准，而这一优先选择并不违反理性规范。不过，多元相对论者有责任对真值条件中包含这样的地方标准作出相应的解释。

理由在于普遍有效的标准仅仅能产生一个道德框架，由于内容不够丰富，难以作为行动的指南。请考虑这样一个问题，即如何对前面提及的种种价值观进行优先选择排序，孰前孰后：完美主义价值观与平等主义价值观;个人权利与某种形式的集体幸福;个人权利与功利性;由特殊关系产生的义务和非个人义务规定如尊重权利和促进公共利益。在道德传统中,关于优先权的说明上存在着很大程度的不确定性,我认为在当代美国传统中,个人权利与公共利益的情况就是如此。然而,从某种意义上说,任何社会都无法承担让这些事情完全"自选"这一后果,即把抉择价值观冲突的优先权交由个人处理。道德具有促进和规范社会合作的功能,其功能发挥的好坏取决于个人之间彼此期望值的实质性协调,而这种协调反过来取决于共同期待,即当重要价值观发生冲突时,其他人会决定采取什么样的行动。但是,在冲突的价值观中,具体优先权的选择并不完全取决于道德的普遍功能以及人性和人类条件的相关特征。这就是为什么我们必须要在道德判断的真值条件下依靠地方标准才能确定特殊优先权的原因。

在这点上,我们很自然会对判定道德恰当性的地方标准的合理性提出如下问题。如果在制定内容丰富足以指导人们行动的道德规范时需要地方标准,那么,这些道德准则为什么不能被简单地视为不同社会可选的生活方式,即便不是个人的呢? 我们有我们的生活方式,罗马人有罗马人的生活方式。只要两种方式都符合普遍标准并且内容丰富,足以充分发挥协调功能,那么不管是罗马人还是我们都无法对他人的生活方式提出任何合理的反对意见。我们不妨类比管理机动车的交通法规。我们需要一些比较具体的法律条文确定比如行车方向应当靠左还是靠右,这样做的合理性可以说是绝对具有"普遍性":人们需要对他们如何行车有共同期待,例如在双向车道上究竟应该靠左行驶还是靠右行驶。但是,我们满足于让不同国家以不同方式来决定这些法律的具体内容。英国法律规定司机靠左行驶,美国法律规定司机靠右行驶的事实并不会引起人们去思考究竟哪个方向才是真正正确的。就地方标准而言,道德的覆盖范围仅限于采用此标准的地区。换句话说,许可性只转移到社会层面而不是个体层面①。

多元相对论的确允许我们对其他道德和使用这些道德的社会采取这种态度,我认为这具有阐释性的优点。在一定程度上,处于不同历史时期和社会中的人将道德许可性的概念范围拓宽了,在许多情况下,这都是一种极其合理且开明的态度。有些人可能会条件反射地认为,"西欧文明"代表了几乎全部特定的生活方式,这是全人类都渴望的理想。让这样的时代永远成为历史,对我们来说当然更好。

但是,如果将道德多样性的接受度扩展到生活方式上——这些生活方式的优先选择有很大不同,如究竟是更看重个人权利还是集体幸福,或更看重对实现理想目标手段的边界约束还是结果主义,那么人们会感到担忧。在谈及这些种类的案例中,我们很难简单地把我们的标准当作地方标准。这些标准之间的选择看起来相当重要。无论接受这个选择还是那个选择都可能给人带来最严重的伤害或极大的利益。我们似乎很难接受这样一个观点,即人在判定优先选择正确与否的标准其实不过是文化碰巧采

---

① 如果人们有能力进入那拥有其赞同的道德的社会,那么,个体层面的许可性也可以重新进入这样的场景中。

取的指令问题,这些指令内容丰富,足以成为得体行动的指南。然而在多元相对论中,在接受道德多元主义扩展的相对无争议案例与极其不情愿接受地方标准的相对可靠性的其他案例之间,并不存在原则界限。因此,这就可能给多元相对论造成问题。

在处理这一明显问题时,人们首先需要区分不情愿的种种可能来源。在如何确定价值观之间的某些优先选择等事情上,利害关系极大,这个事实可能导致人们认为应该根据道德恰当性的普遍标准在优先选择之间作出选择。人们也许会依据上文提到的期望进行这样的假设:一个真正的道德判断必然足够充当行动指南,起码是可以作为致力于道德修身的个人的行为指南。鉴于此种期待,人们不愿接受特别重要的道德选择可能有多个真实且无法兼容的解决方案。如果这是我们感到不情愿的根源,那么我们首先需要确定优先选择是否的确可以依据普遍标准来解决(当然,我的理论允许这种情况时有发生)。如果不是,那么我们可能必须要接受,什么样的其他生活方式也可以被接受的观点得到扩展是与道德矛盾现象一致的看似合理的自然主义道德观必须付出的代价,无论我们多么不情愿,也可能不得不这样做。

三、有关地方标准理念的第一级规范性问题

然而,人们不愿接受其他生活方式的另一个原因不过是它们严重威胁了我们珍视的生活方式的规范。从多元相对论原则所界定的纯粹元伦理学视角来看,理性上人们并没有被要求采取像对待道路法规那样的态度,虽然这样做是可以的。然而,从元伦

理学视角来看，人们能够在一种意义上接受另外一种生活方式，即承认它是建立在真实道德判断基础之上。（换言之，既符合普遍标准又符合其自身的地方标准）但是，从第一级规范性的视角看，人们有权拒绝其他生活方式，因为至少其规范的部分内容从道德上看令人反感。一个人根据自己的标准作出判断，无论其部分标准多么具有地方性色彩。这属于一级规范性判断，人们只会根据自己的价值观作出判断，这是作出这种判断的唯一途径。

在人应该从道德上作出应该如何应对其他生活方式的判断时，人们需要考虑不同价值观和产生冲突的优先选择的重要性。可能的和合理的反应的范围不同，它取决于眼下特定案例的性质。一方面，在某些情况下，人们可能会觉得自己的价值观遭到他人的严重侵犯，这时他们会觉得必须捍卫这些价值观，同时认为自己遵循它们。其他人可以否认我们赋予这些价值观的重要性，但这个事实在理性上并不要求我们减少对这些价值观的重视。另一方面，有这样一些情况，理解另一群体的道德视角的确有充实个人道德意识的可能性。你可能无法赞同其他视角，但也不愿意去谴责它。正如第一章论述的那样，道德差异通常不是相互无法理解的生活方式粗暴对抗的结果，而是在一些重大价值观方面有显著重叠的不同生活方式的对抗。而且，如果一个人努力去理解另一种道德传统的自我批评能力，那么他可能看到这个传统有资源至少承认一些对自己传统来说非常重要的议题，即使这种承认背后的理由在另一个传统中是不同的。因此，人们对此采取的态度可能比完全认可或彻底拒绝更为复杂。在第九章中我将讨论有关女性生殖器割礼的争议，这会展示我之前提到的所有复杂的规范因素。本章将讨论强调社群利益的道德与强调个人权利的道德之间的冲突，这可能是最严重的冲突之一。

四、以社群为中心和以权利为中心的道德案例

一方面，那些深信个人权利的人，怎么能够接受以社群为基础的道德仅仅是在他们关于合理道德的地方性标准上是错误的呢？他们怎么能接受思想自由和表达自由的权利仅仅是地方性标准的要求呢？另一方面，那些相信社群利益的人如何能够接受个人权利基于其他道德接受的地方性标准就可以战胜社群利益呢？如果我们承认社群主义道德需要认识到表达不同意见和批评的权利，这种冲突就会缓和一些。包括儒家思想在内的一系列社群主义道德均有一些核心价值观，即把共同善放在中心①。这种共同善是建立在共同生活的基础上的，而这一生活则由角色关系网来定义，它规定了每个成员为维持这种生活所要做的贡献。这种形式的道德与并不特别强调共同善的以权利为中心的道德形成鲜明对比。相反，它更多强调的是每个人作为个体有权从其他成员那里索取的东西。以权利为中心的道德源自对个人道德

---

① 在拙著《道德相对论》中，我将社群道德贴上"以美德为中心"的道德标签，因为从历史上看，美德的概念被认为是成员为社群利益做贡献所需要的一种品质。但是现在，我似乎觉得，至少在理论上，美德与社群利益脱钩是有可能的，美德可以是根据共同生活的必要性之外的其他理由而被视为某些值得向往的品质。因此，我会避免将社群主义道德或以社群为中心的道德与以美德为中心的道德混淆起来。请参阅：David Wong, *Moral Relativity* (Berkeley: University of California Press, 1984)。

价值的承认,这种价值与他们在群体中的角色无关。因此,我在使用"以权利为中心"这一术语时,包含着承认个人权利以及笼统的权利概念的典型理由认知。我们可以将个人的一般道德权利视为个人有权从别人那里索取的权利。但是,以权利为中心的道德通常假设,个人享有从道德上讲具有合理性的个人利益的实质领域,这种利益可能会与促进共同善或集体利益的目标相冲突,这是道德权利的基础。权利成为一些约束或边界,不能为了共同善或集体利益而牺牲个人利益。我们称承认这些权利的理由为"自主性理由"(the autonomy ground)。

然而,除自主性理由外,还有承认权利的另一个可能理由使得个人利益不能为了公共利益或集体利益而被牺牲。以社群为中心的道德能够也应该承认权利的"社群理由"。因此,以权利为中心和以社群为中心的道德观不会因为一方承认权利而另一方不承认权利而区分开来。它们不同的是它们为承认权利提供的理由,让我们以儒家思想为例。

五、权利的社群理由

罗哲海(Heiner Roetz)非常有用地辨认出儒家经典中的一些思想主题,这些思想可以作为我所说的表达不同意见的权利和言论自由的权利的社群理由[1]。请考虑罗哲海所翻译的《荀子》

---

[1] Heiner Roetz, *Confucian Ethics of the Axial Age: A Reconstruction under the Aspect of the Breakthrough toward Postconventional Thinking* (Albany: State University of New York Press, 1993).

第二十九章的一个段落来讨论。

子贡说:"儿子服从父亲的命令,就是孝顺了;臣子服从君主的命令,就是忠贞了。先生又能怎样回答他呢?"

孔子说:"真是个小人,你不懂啊! 从前拥有万辆兵车的大国,只要有了四个敢于诤谏的大臣,那么疆界就不会被割削;拥有千辆兵车的小国,有了三个敢于诤谏的大臣,那么国家政权就不会危险;拥有百辆兵车的大夫之家,有了两个诤谏的大臣,那么宗庙就不会毁灭。父亲有了诤谏的儿子,就不会做不合礼制的事;士人有了诤谏的朋友,就不会做不合道义的事。所以,儿子一味听从父亲,怎能说这儿子是孝顺? 臣子一味听从君主,怎能说这臣子是忠贞? 弄清楚了听从的是什么才可以叫作孝顺、叫作忠贞。"[1](子贡曰:"子从父命,孝矣。臣从君命,贞矣,夫子有奚对焉?"孔子曰:"小人哉! 赐不识也! 昔万乘之国,有争臣四人,则封疆不削;千乘之国,有争臣三人,则社稷不危;百乘之家,有争臣二人,则宗庙不毁。父有争子,不行无礼;士有争友,不为不义。故子从父,奚子孝? 臣从君,奚臣贞? 审其所以从之之谓孝、之谓贞也。"《荀子·子道》。——译注)

这段文字的含义是,当礼法和正义遭到破坏时,即使这种破坏是统治者造成的,人们也有义务直言不讳。虽然这段话没有明确指出发言的权利,相反只说这是义务,但我们可以推断这种权利是义务的必要预设。一个人在有义务说话时,就有合理的主张

---

[1] Xianqian Wang, Xunzi jijie, trans. Heiner Roetz, chap. 29, in *Zhuzi jicheng*, vol. 2 (Hong Kong: Zhonghua, 1978), 347 – 348; 363 – 364.

要求被允许发言和表达异议。这段文字的有趣之处在于,它建议言论自由和异议权存在着社群理由。我们应当承认这些权利,这符合拥有实现礼仪和正义的社群利益。

更有趣的是,当代西方在以社群主义为中心和以权利为中心的理论家之间的辩论中产生了相同观点,即言论自由和异议等个人权利有公共理论基础。例如,艾伦·布坎南(Allen Buchanan)认为,

> 即使在这样一个社会,即大家对于共同善是什么意见一致,并且普遍投入到对它的追求当中,个人权利发挥着非常重要的作用。在这样的社会也可能存在严重甚至激烈的分歧,无论这一分歧是有关共同善的具体规定和细节,还是实现共同善的适当手段和战略。个人权利尤其是政治参与、言论自由和结社等权利,皆有助于遏制和疏导这种分歧,并在分歧情况下维持社群的存在[1]。

换言之,人们可以从共同善出发,要求承认基本人权和政治权利,或至少为言论自由、宗教自由、结社和政治参与等权利辩护。该论证应该基于"保护和允许社群和平转型的需要"[2]。类似观点以人类学家维克多·特纳(Victor Turner)著作中有关受

---

[1] Allen E. Buchanan, "Assessing the Communitarian Critique of Liberalism," *Ethics* 99 (1989): 877.
[2] Buchanan, "Assessing the Comunitarian Critique," 881.

到控制的"阈限"空间（liminality spaces）的想法为基础。这些是每个文化为现有社会结构中日常位置之外提供空间，允许人们对其生活方式的特征进行批判性反思。这种留下批判空间的阈限性对文化的生存来说至关重要，它能导致对现有标准进行有益的文化改革和修订①。

语境主义和后现代主义对儒家的解释提供了为个人权利辩护的公共理论性基础，只要这种论证说明这样的解释仍然留下了批判传统的空间。尽管郝大维和安乐哲强力为儒家思想辩护，但他们也注意到："孔子哲学最大的缺陷是由于其思想的制度化必然带来的地方主义和狭隘主义。"他们指责道，这种狭隘主义阻碍"跨文化交流"的进程，助长跨越种种微妙界限的职权滥用，这些界限区分了"始于家庭的社会秩序与裙带关系，个人忠诚与特权，敬佩卓越与精英主义，适当尊重与贪污受贿"，最后"对传统的合理尊重与常常只服务于特定群体利益的文化教条主义"②。再次，人们可以说，针对这些缺陷所做的适当补救措施是承认言论自由和提出异议等权利，并给予其切实的保护。

事实上，有人可能会争辩说，权利作为促进共同善的手段的观念已经是中国传统的组成部分。这一观点不仅得到罗哲海分析荀子的文章的证实，而且还得到了对其演变传统的证实。在研究中国民主概念时，黎安友（Andrew Nathan）发现在中国人的民

---

① Victor Turner, *Dramas*, *Fields*, *and Metaphors: Symbolic Action in Human Society* (Ithaca: Cornell University Press, 1974).

② 请参阅：David Hall and Roger Ames, *Thinking through Confucius* (Albany: State University of New York Press, 1987), 308 - 309, 310。

　　　　　　　　　　　自然道德：对多元相对论的辩护

主思想中,存在这种权利观点。梁启超是 20 世纪初一位颇具影响力的政治思想家,他认为权利就是那些公民可以做的合理之事。正如黎安友所描述的那样:"公民的义务是热爱和关心国家。因此,政治参与应该释放人们的能量,这些能量为集体利益做贡献;它不会——像西方人想的那样——让个人追求可能与集体利益冲突的个人利益。"①

在 20 世纪后期,一些民主思想家追随梁启超的脚步认为,中国在现代化建设中的问题源自"权力系统的过度集中",但他们很少提出西方民主传统中位于核心的推理思路:"个人利益与群体利益是分开的,其中有些利益是最基本的,因而具有了'权利'的地位,因而民主首先应当是保护这些权利的制度。"②

在大致概述了以社群为基础的民主权利的可能性之后,我想提醒读者注意到,以社群为基础的民主权利与以功利主义为基础的权利即便在性质上都属于结果论,但两者还是存在不同之处。以功利主义为基础的权利为功利提供了理由,功利性总和的基础是个人福利。无论如何,对于大多数功利主义者来说,个体之间关系的特征并不一定要被看作是需要推动的总体善的组成部分③。

---

① Andrew Nathan, *Chinese Democracy* (Berkeley: University of California Press, 1985), 51.
② 同上书,104。
③ 一个例外是功利主义的"理想"形式,如摩尔所提出的观点。这种形式将某些事务状态或某种性质的关系视为需要提升的整体善的一部分。近来,彼得·莱顿提出了一种理论,它在某些方面类似于摩尔的理想功利主义,也将某些类型的关系视为善的一部分。请参阅:Peter Railton, "Alienation, Consequentialism and Morality," *Philosophy and Public Affairs* 13 (1984): 159。

但是,以社群为中心的首要焦点恰恰是个体之间的关系特征。这个焦点的背后是人的规范性和描述性概念,即人是由其与他人的关系构成,人的利益由满足相互尊重和相互关心的道德理想的人际关系构成。当然,以社群为中心的道德与功利主义道德所关注的事物必定有些重合。例如,孟子和荀子都很清楚,如果没有最低限度的物质保障,他们的社群道德理想是无法实现的。直到现在,这都是儒家所特别关注的问题。但是,以社群为中心的道德将个人利益的重要性置于共同善的更大背景中。事实上,个人利益和共同善密不可分。

然而,在我们注意到可以为权利提供社群的基础后,我们必须注意到这样的基础不能提供什么。建立在社群基础上的权利不会与建立在自主性基础上的权利完全相同。正如布坎南所指出的那样,如果一个人仅仅通过求助于自主性的道德要求来为个人权利辩护,那他就可以使用"更为广泛的、几乎不受限制的言论自由权力"去证明它的合理性。但如果我们允许社群的价值有"作为决定言论自由权利的边界的独立权重,我们可能会发现,只有受到一定限制的言论自由才是可辩护的。"因此,布坎南总结道,"在为个人权利辩护时,传统的自由主义者和(有权利意识的)社群主义者可能在一段时间内走上同一条路,但他们最终会分道扬镳,被迫分开。"①事实上,有权利意识的社群主义者和传统的自由主义者早晚会分道扬镳,而且非常具有戏剧性,这取决于社

---

① Buchanan, "Assessing the Communitarian Critique," 881.

群主义者认为什么是实现共同善的必经之路。

但是,在这种背景下,我们更需要注意的一点是,以社群为中心的道德和功利主义道德之间的差距并不像最开始显现的那么大。即使纯粹以社群利益为基础的权利与高度重视自主性的权利所覆盖的范围不完全相同,重叠区域将非常显著。一个以个人权利为中心的道德家在谴责严重侵害个人权利行为的时候,可能会在社群主义道德中找到理论基础,即使这个基础与他的不同。在倡导保护这些权利的过程中,他无需以自封的权威假设以社群为中心的道德基础以内与个人自治权的基础不同就必然有缺陷,因为它没有将权利建立在个人自主性基础上。相反,他可能找到一个通过社群利益等道德术语谴责权利侵犯的基础。

本次讨论的目的并不是要承诺于以权利为中心的道德的人完全赞同以社群为核心的道德,反之亦然。其目的是想表明采取完全赞同或彻底拒绝的态度是不合适的,我们要采取一种与之前有所不同的更复杂态度。最后,当我们对另一个群体的道德的可接受性作出一阶规范判断时,我们是基于自己的价值观作出这些判断的。但这些判断中也存在着细微差别,因为我们承认,在大多数有关严重道德分歧的案例中往往同时出现道德差异性和共同性。例如,那些承诺于以权利为中心的道德的人可能承认社群利益是重要的人类价值观,而且,正如我在本章第七节、第四章和第五章中将会说明的那样,他们有理由承认社群利益为致力于个人权利提供了必要的支持。但同时,他们可能会拒绝在以社群为核心的道德传统中将社群利益置于优先地位的做法。经过更仔细的研究之后,他们又发现,对于以前他们只和以权利为中心的道德传统联系起来的为个人提供的某些保护,在一定程度上以不同理由在其他传统中也得到实现。虽然对其他传统采取这种复杂的态度并非理性提出的要求,但从传统间联系与隔绝的角度来看,这似乎是相当合理的。

六、以社群为核心的道德与等级制度问题

此外,以社群为核心的道德和以权利为中心的道德之间的差距可能也并没有某些人想象的那么大。有些人可能将以社群为核心的道德与令人反感的等级制度联系起来,用"共同善"掩盖了某些群体或社会角色统治支配其他群体的行为。不过,人类学提供了一些案例,说明存在非等级体系的社群道德。G/WI 群体(采集者—狩猎者)——居住于博茨瓦纳共和国卡拉哈里(Kalahari)沙漠中部的布须曼人(Bushmen),奉行着可以被称为"平等主义"的社群道德观。乔治·希尔鲍尔(George Silberbauer)评论道:"在 G/WI 交换中,为他人提供的服务或捐助是根据接受方的这些需求来评估的,因为捐助方的捐赠能力而有所减损。"这种交换是为了建立与维持和谐的关系。此外,在 G/WI 群体中,"重要的社会地位与寻求它们的人数量相当。地位与身份没有贵贱之分(除了父母对子女在文化上有一定权威之外)"①。当然,小规模社会如 G/WI 的道德,其可以推广到大规模道德中的程度是有

---

① George Silberbauer, "Ethics in Small-Scale Societies," in *A Companion to Ethics*, ed. Peter Singer (Oxford: Blackwell, 1991), 20.

限的,但无论在大规模社会中需要什么样的等级制度,都不需要求助于人与人之间的自然等级或先天差异来证明其合理性。

需要注意的是,无论其意图和目的如何,许多传统的社群形式已经被毁坏殆尽。现代民族国家和资本主义经济的崛起破坏了社群的团结和凝聚力,使很多社群不再像以前那样为个人提供保护和满足。在这种情况下,人权支持者有理由认为,个人需要社会为个人提供人权保护。此外,这些社群内部变得更加多样化,其中有些人依据自主性主张个人权利。另一些人认为一些根本性的改变是必要的,但他们拒绝整体上引进西方道德观。是否会演变出提供原本传统社群提供的那些保护和满足的新社群形式,同时不依赖站不住脚的等级制度,这一切还有待观察。很显然,世界上传统社群形式遭到破坏的地区的思想家们已经意识到了第三种可能性。他们希望贡献出一种新社群形式,它与现代化相适应,同时要避免西方自由主义过分注重个人自由以及压迫性的传统等级差异结构等缺陷。

日本和印度的证据已经表明,经济现代化不需要整体消灭支持以社群为基础的道德的传统态度,同时必须指出,这些证据仍处于雏形阶段[①]。罗思文(Henry Rosemont)考虑到了人权的概

[①] 关于印度研究的描述,请参阅:Alan Roland, *In Search of Self in India and Japan: Toward a Cross-Cultural Psychology* (Princeton: Princeton University Press, 1988), 90 - 104. 关于日本研究的描述以及以社群为中心的态度与现代化之间的关系,请参阅:George DeVos, *Socialization for Achievement* (Berkeley: University of California Press, 1973), and "Dimensions of the Self in Japanese Culture," in *Culture and Self: Asian and Western Perspectives*, ed. A. J. Marsella, G. DeVos, and F.L.K. Hsu (London: Tavistock, 1985), 141 - 184; Roland, *In Search of Self in India and Japan*, 130 - 137。

念框架是否适合当前中国形势的问题。他认为儒家经典仍然是让千百万人成为中国人的精神内核。罗思文认为，这是克服基于政治观点的监禁与虐待等邪恶的更好框架。即便经典儒家遗产拥有支持家长制等缺点，罗思文认为去除传统糟粕是可能的。他认为作为中国文化核心的家庭的核心地位可以与性别平等和接受不同性倾向结合起来。"儒家概念框架肯定会因排除同性恋而变得贫瘠，若将其包括进来则会变得丰富。"①

正如言论自由权和表达异议权的情况一样，我们在以社群为中心的传统中可能会找到不同的理论基础来倡导平等价值观。一方面，可能在另一个强烈地以社群为中心的传统中，没有可以支撑个人权利平等的理论基础，如果这些权利的基础被认为是自主性的话。因此，在这种传统中，不可能有用于谴责女性从属地位的理论基础。另一方面，人们可以引用传统据理力争，女性的从属地位无端地限制了她们为社群的共同道德目标作贡献的机会，并剥夺了她们因为作出贡献而赢得的尊严。

汤亭亭（Maxine Hong Kingston）在《女勇士》中所写的"白虎山学艺"的故事就讲述了这一观点②。汤亭亭讲述了一段中国传统颂歌：一名年轻女子代替年迈的父亲从军。在汤的作品中，她将女战士的勇敢和机智与传统文化中分配给女性的从属地位并置。其他的亚裔美国作家，尤其是男性作家，批评汤亭亭抛弃

① Henry Rosemont Jr., *A Chinese Mirror: Moral Reflections on Political Economy and Society* (LaSalle, Ill.: Open Court, 1991), 76.
② Maxine Hong Kingston, *The Woman Warrior: Memoirs of a Girlhood among Ghosts* (New York: Knopf, 1976).

　　　　　　　　　自然道德：对多元相对论的辩护

传统,但她笔下的故事实则是一种根植在传统中的抗议,即在妇女完全有能力为社会作出贡献时却得不到允许。故事的力量一方面来自女勇士从她所展现的"无瑕的孝心"(perfect filiality)中获得满足,另一方面,她那个时代的女勇士无法赢得家人对她尘世辉煌成就的认可①。小说的魅力在于抓住了中国传统的核心价值:和与孝,以及让妇女有机会充分实现这些价值的强烈要求。在中国哲学界,陈倩仪(Sin Yee Chan)的说法很有说服力,她认为儒家经典文本(《论语》和《孟子》)中并没有任何将女性排除在君子(通常指有抱负或担任政治职务的高官或贵族的人格理想)之道之外的言论依据②。在道德传统中长期存在着某种内在的复杂性,这种复杂性在至少维持某些核心价值观的同时还能允许某些显著变化的存在空间。最近一项有关亚洲对两性关系态度的研究证明这样的变化正在发生。一位心理学家和一位历史学家认为,在亚洲,自由恋爱、结婚和家庭平等诸观念已经获得广泛的支持,与此对应的父母之命、媒妁之言的包办婚姻和家长制的等级森严传统已经被摈弃③。

再举一个在社群道德传统中朝着更平等方向变化的例子。一些人类学家在希腊阿穆利亚尼地区(Ammouliani)开展了一项研究,发现了一些有趣之处,这里的人们为了让传统的婚姻和家

---

① "无瑕的孝心"一词出自汤亭亭,《女勇士》,请参阅:Kingston, *Woman Warrior*, 45。
② Sin Yee Chan, "Gender and Relationship Roles in the Analects and the Mencius," *Asian Philosophy* 10 (2000): 115 - 131.
③ Elaine Hatfield and Richard Rapson, *Love and Sex: Cross-Cultural Perspectives* (Boston: Allyn and Bacon, 1996), 30, 49 - 51, 240 - 242.

庭观念适应现代化的新条件作出一些改变，即女性被当作家庭当中重要的、不依附于他人的伙伴。该社群的道德理想就是每个家庭的经济独立（而不是雇佣劳动力）。那里的男人和女人都保留着传统观念，认为个人最主要的满足感来源于家庭，并与一些社会需要如结婚、育儿和为子女创造未来紧密相连。在这个社会中非传统的东西是有关妇女在家庭中扮演角色的观念。女性在家庭事务、资本开支中应该享有平等权利，可以倡议和管理自己的支出，简而言之，就是拥有与丈夫同等或更大的威信和权力。女性应该掌握的必要技能是财务和管理技能而不是美貌、才智、聪明或家政能力，这一点得到全社会的认同。然而，女性的这种不寻常地位并不是通过承认妇女拥有针对家庭或丈夫的权利来实现的。相反，是认识到女性拥有为家庭做贡献的能力，而家庭是男人和女人最主要的满足感来源。一位来自该社群的女性讲述了这一观点：

> 如果女人有自己的家庭、丈夫和孩子，她的孩子们都能健健康康，这就是她生活的全部。对她来说，这些才是最重要的。如果她独自出去寻欢作乐，回来后发现丈夫犯下大错，而她的女儿不知道去了哪里，她过的又是什么日子呢？[1]

---

① Interviewed by Stephen D. Salamone, in "Tradition and Gender: The Nikokyrio: The Economics of Sex Role Complementarity in Rural Greece," *Ethos* 15 (1987): 216.吉尔·杜比什（Jill Dubisch）在"希腊岛村妇女的家庭权力"一文中得出了关于提诺斯岛妇女地位的类似结论。请参阅：Jill Dubisch, "The Domestic Power of Women in a Greek Island Village," *Studies in European Society* 1 (1974): 23 – 33。

　　　　　　　自然道德：对多元相对论的辩护

这种情绪通常与女性从属于男性的地位相关联,但研究表明,在这个案例中,两者之间的联系并没有通常认为的那么紧密。

七、权利与社群的相互依存性

到目前为止,我已经谈到以社群为中心的道德在为个人提供一些重要的保护和机会时,必须更接近以权利为中心的道德,即使这种保护和机会的道德基础并不一样。但是,它的对立面也说得通:以权利为中心的道德必须认识到社群的重要性。近来,一些美国政治理论家开始担心社会无法提供可以在政治上有效联合的基础结构,一方面,家庭和地方形式社群;另一方面,国家政府层面之间沟通和影响的方式[①]。这些理论家认识到托克维尔(Tocqueville)的先见之明,他预知了令公民陷入孤立,且只专注于追求纯粹个人利益的原子式个人主义的危险性,由于他们仅是一家独唱,所以很难在政治领域传递出他们的声音来。

美国传统的问题远超出了普通公民远离政治进程的问题。请考虑托克维尔对个人主义的定义,它被看作一种"平静并且经过深思熟虑的感受,这种感受促使每个公民自愿与同伴隔离开来,退缩到家庭和朋友的小圈子里",这样"形成的小社会满足他个人的喜好,因而他开心地离开大社会,让大社会自己照顾自己"。托克维尔观察到,这样的人形成"将他们独立于他人的思考习惯,想象他

---

① 比如,请参阅:Robert N. Bellah, Richard Madsen, William M. Sullivan, Ann Swidler, and Steven M. Tipton, *Habits of the Heart*(Berkeley: University of California Press, 1985)。

们的全部命运都掌握在自己手中"。他们开始"忘记自己的祖先"和子孙后代,将自己与同时代的人隔离开来。"人人最终都会回归孤独,将自己困在个人内心的孤独中才是真正危险的举动。"①

托克维尔所预见的发生在我们身上的情形——与同代人和子孙后代隔离开来,反映在国家对解决那些长期受贫困、犯罪和毒品困扰的弱势群体的问题意兴阑珊,十分不情愿去处理。在此,总体来说,拥有利害关系的不仅是政治参与,而且是关乎道德能动性和诚信问题(相关论述详见第四、第五和第六章)。这让我看到了真理的镜子形象,即以社群为中心的道德应该向以权利为中心的道德靠拢,至少要承认一些最基本的民主权利。同样,以权利为中心的道德也必须认识到社群对于实现自主性和社会公平正义的民主价值观也必不可少。权利和社群,相互依存,缺一不可。

八、应对道德差异的多种方式

我希望在此展示的是,我们没有必要去用基于自主性的权利来谴责虐待持不同意见者的行为,或征服他人的行为,或声称他们低人一等。臆想别人只有接受西方自由主义价值观才能取得道德进步,这是一种妄自尊大的想法。从个人的战略角度看,即便他真有兴趣推进西方价值观所要求的那种保护和机会,这样做也是错误的。一方面,多元化的、恰当的道德禁止残忍对待他人

---

① Alexis de Tocqueville, *Democracy in America*, trans. George Lawrence, ed. J. Mayer (New York: Doubleday, 1969), 506, 508.

　　　　　　　　　　自然道德:对多元相对论的辩护

和自私自利的人占统治地位的做法。另一方面，许多制度化的以权利为中心的道德观正是由于缺乏社群意识而遭到批评，不过，我们无需成为儒家也能认识到这种批评的力量。

当然，并不是我们想要谴责的所有事情都会落入恰当的道德要制裁的罪恶范畴。在某些情况下，我们可能想去谴责发生于另一个社会的行为、政策或习俗，但这种谴责背后的依据并不存在，因为我们不清楚构成那个社会的恰当道德究竟是什么。在此情况下，我们必须作出选择，但所要权衡的选择范围和考虑因素通常比相对论批判者认为的情况要复杂得多。首先就是调适的价值（第二章第十二节有讨论到），这应该是所有恰当的道德所共有的东西。这种价值观可以阻止单边干涉另一社会的行为的发生，从而防止我们以某种方式迫使他人迎合我们的价值观。其次是尊重他人的价值。除了承认他们的文化和道德有价值之外，也许还能赋予他们的生活以意义和尊严，就像我们对自己做的那样，这种价值可以阻止单边干预行为。我们拥有的另一个相关价值观就是尊重其他民族的自由选择权。我们不希望强迫他人采取一种他们认为不合理或不必要的行动。在拙著《道德相对论》中，我追踪了只有理性认可在西方道德传统中占重要地位的自由契约的情况下才将自己的观点强加于人的演化轨迹。塞缪尔·弗莱施哈克尔在阿奎那（Thomas Aquinas）的理论和"不可克服的无知"这一教义中发现了类似主题。"不可克服的无知"指的是人们竭尽全力也不可克服的无知。根据阿奎那的说法，不可克服的无知完全可以作为包括违背自然法和不接受基督教在内的所有错误行为的借口①。

同样,涉及的一些价值观对我们来说可能很重要,而另一社会对这些价值观的粗暴破坏很严重,我们可能觉得如果听之任之,无所作为,自己会觉得失败,我们对这些价值观的承诺似乎变成了一张废纸。

弗莱施哈克尔注意到,其他个人或团体的行为可能会构成对我们具体准则的冒犯。

> 其伤害之深令我们觉得,如果容忍这种行为,那么人人都无法坚守自己尊重和珍视的人类信念:容忍这种行为的后果可能和其他案例中的不宽容是一样的,都会毁灭我们的价值观②。

在反对那些严重违反我们价值观的做法时,可以坦诚地说,我们之所以会在意是因为自己的价值观和对自我诚信的担忧(事实上这比告诉别人,我们是在纠正他们本应该认识到的错误的行为,具有的攻击性更少些)。此外,如前所述,一些非西方社群越来越多样化,其中有些成员主张西方的个人权利概念。在此情况下,对社群事务的任何一种干预都不能完全算作外来干预。

人们对严重道德差异的回应不需要完全被动和接受他人的

---

① Fleischacker, in *Integrity and Moral Relativism* (Leiden: Brill, 1992), 193, cites Thomas Aquinas, *Summa Theologica* 1 - 2, ques. 94, art. 4.
② 同上书,186。

信念和行为，也不需要全盘否决他们的信念和行为。没有单一的普遍原则来决定具体做法，在这种情况下十分必要的那种协商与重要价值观相互冲突的其他案例中的协商在本质上是相似的。我将在第九章中重新阐述这些规范性议题。

九、多元相对论究竟是不是相对论？

正如引言中所指出的那样，相对论通常被认为是这样一种观点，即任何道德都和其他道德一样好（即一样真实或具有合理性）。因此，人们对我的理论的可能反应是，认为它不是"真实"的相对论，反而更像多元主义。事实上，自己给自己的理论贴上相对论的标签，就是把理论与名声不好的标签联系起来引起不必要的争论。

首先我要承认，如果有人坚持将相对论定义为一种极端的主观主义道德观，并且拒绝区分好道德观和坏道德观，那么我的观点当然不是相对论。然而，简单地在我的观点上贴上"多元主义"的标签会引起混淆。这标签本身是有问题的，它常常携带一些边界模糊不清且互不相容的众多含义。

请考虑在第一章中所提到的"道德价值多元主义"这一论题——即存在一些基本的多元道德价值观，它们不能从其他价值观中派生出来或被还原为其他价值观。这是任何被我称作"多元主义"的观点都具有的最低程度的核心意义。在道德价值多元论上加上以赛亚·伯林的主张，即不可能存在一个实现不同类型价值之间没有冲突的乌托邦。即使与先前的观点没有联系，多元主义者也通常赞同这一主张。除此之外,即这两种标准的被广泛接受的多元主义含义,其他地方还有很多模糊性。

内格尔是这两种意义上的多元主义者,他也认为价值观实现过程中的冲突通常可以通过判断来解决。没有解决所有冲突的统一大法则,例如权利和效用冲突等,但在这些价值观发生冲突的具体情况下,是可能作出客观正确的判断解决冲突的。哪些判断是客观和正确的,这取决于特定情况下价值观冲突的情况和性质。这既与辨认作出判断者的身份无关,也与他们实际使用的判断标准无关。内格尔的多元主义与一种可以被称为普遍论的观点一致[1]。

另一种可以贴上"多元主义"标签的是康德式观点,认定可追求的终极(非道德)之善具有多元性,但认为存在判定正确行为的普遍有效原则。约翰·罗尔斯对善的"浓厚"概念的多元主义,加上他对正义的自由民主派解释,这种观点对特定善的概念持中立态度。这在一个时期看起来被认为是一种康德普遍论[2]。然而,随着观点的发展,他似乎打算将正义论作为一种政治理论:在合

---

[1] Thomas Nagel, "The Fragmentation of Value," in *Mortal Questions* (Cambridge: Cambridge University Press, 1979), 139. 内格尔认为有这样一种可能性,"真正的价值观会产生相互矛盾的秩序,导致个体间的冲突,他们通过参考相互矛盾的选择来证明他们生活中的选择和社会秩序的正确性"。参见 Thomas Nagel, "Pluralism and Coherence," in *The Legacy of Isaiah Berlin*, ed. Ronald Dworkin, Mark Lilla, and Robert B. Silvers (New York: New York Review of Books, 2001), 109。

[2] 罗尔斯的《正义论》可以以这种方式来合理地解读,罗尔斯本人也认同,请参阅: John Rawls, *A Theory of Justice* (Cambridge, Mass.: Harvard University Press, 1971) and *Justice as Fairness: A Restatement* (Cambridge, Mass.: Belknap Press, 2001), xvii, 186。

理范围内允许有关权利和善的不同理论在管理多元社会的基本社会合作结构的原则协议上相互重叠。这些原则并不能回答"综合学说"主题有关道德真理的各种终极问题。事实上,正如罗尔斯所设想的那样,政治自由主义的整个观点是提供一套政治学说将相互冲突的综合性学说汇集在一起。

以赛亚·伯林是解决道德真理终极问题上最有影响力的多元主义者,他提出的观点特别有问题。他将多元主义的基本理念视为对柏拉图式理想的反驳,柏拉图认为:所有真正的问题都必然存在真正的答案,而且是唯一答案;肯定有一种可靠的方式发现真理;这些真正的答案肯定相互兼容构成统一整体[1]。伯林对柏拉图理想的反驳揭示了一种超越两种核心意义的多元主义,他坚持认为这不是相对论,他将相对论定义为一种剥夺了道德判断的真理价值的情感主义或主观主义[2]。在讨论维柯(Vico)和赫尔德(Herder)的观点时,伯林似乎将多元主义与各种幸福、美、善或生活愿景等主张联系起来,"这些主张都反映了普通人的真实需要和愿望:各自都与其所处的环境、国家、人民联系起来,在所有这些案例中,吻合关系是相同的[3]。伯林支持 16 世纪某些改革者的观点:他们坚持不同社会和条件的不同价值观同样具有客观合理性;并且相信特定准则对特定社会和生活形式的合适性可以通过普遍的合理性来展现,即非相对论的、基于事实和逻辑

---

① Isaiah Berlin, *The Crooked Timber of Humanity*, ed. Henry Hardy (Princeton: Princeton University Press, 1990), 5 - 6.
② 同上书,80。
③ 同上书,84。

的考虑来实现"①。

如果没有进一步修正和限制,这样的观点就会因其对生活所有实际准则和方式不加区分的包容而产生威胁。当然,如果生活准则或方式的适当性作为规范性评价概念有约束力,那么某些生活准则或方式就应该无法通过其检验。此外,伯林没有阐释他将如何证明自己的观点,即实际准则的合适性可基于纯粹的逻辑和实际考虑而确立起来,在这种情况下,这些考虑可能与基于完全无法调和的价值判断区别开来。这些决定性的和普遍有效的考虑说明了什么? 如果 A 社会的环境使其社会准则适用于 A 社会却不适用于 B 社会,是否因为社会环境如此不同以致不同准则对两个社会产生同样值得向往的目标状态? 这样的目标状态又如何被判定为值得向往的? 如果每一个实际准则都与当下社会相适应,并且"以同样的方式适合",似乎必须有某种更高层次的规范框架,在此框架下作出是否适用的决定。在此案例中,伯林的多元主义形式演变为一种更高层次的普遍论。伯林并未给出线索来描述这样一个总体框架什么样子,若在没有这个框架的情况下理解他的含义,即任何道德准则适应于当下社会,伯林的多元主义就会陷入他曾强烈反对的相对论。事实证明,伯林的多元主义是普遍论和相对论令人困惑的结合,而不是合理的替代选择。更令人困惑的是,伯林有时候说,同一个问题有多个真正答案意味着在多个真正答案中选择的"消极自由"理想的优越性:

---

① Berlin, *Crooked Timber*, 83.

　　　　　　　　　自然道德:对多元相对论的辩护

"在我看来,多元主义以及它所包含的'消极自由'的尺度,似乎比那些在伟大的、纪律严明的、专制结构中寻求阶级、民族或全人类'积极'自我控制理想这种目标更真实、更人道。"①问题是,这种积极的理想体现在许多实际道德准则中,伯林大概想说明的是,这些道德准则基于逻辑和事实考虑在这个社会展示出来是合适的。一种允许人们可以在一系列生活方式中进行选择的消极自由的生活方式与没有这种自由选择的生活方式形成竞争。对伯林观点的许多批评都集中在他一方面接受真正答案的多元主义,另一方面却相信自由主义的优越性及消极自由理想这两者有明显的矛盾②。他将多元主义与相对论区分开来的方式似乎混淆而不是澄清了这个问题。这在一定程度上可能源于多元主义者对推崇多元主义生活方式的渴望,认为它具有通常与普遍论联系在一起的单一真理或可辩护性。

　　这里辩护的理论并没有呈现这种单一性,但它的确为道德恰当性的一般判断提供了客观的、自然主义的基础。其实,它避免掉入对任何社会的道德准则无差别包容的陷阱,但是,他没有宣称消极自由中的自由主义道德并不比根据我在前一章中赋予道德功能并被判定为恰当的其他道德更真实。在后一种意义上,我的多元主义比伯林的更具相对论特点。

---

① Isaiah Berlin, "Two Concepts of Liberty," in *Liberty: Incorporating Four Essays on Liberty*(Oxford: Oxford University Press, 2002), 216.
② 比如,请参阅: John Gray, in *Berlin* (London: Fontana, 1995); Richard Rorty, *Contingency, Irony, and Solidarity* (Cambridge: Cambridge University Press, 1989); Michael Sandel, ed., *Liberalism and Its Critics* (Oxford: Blackwell, 1984)。

请让我回到回应这种反对意见的要点："多元主义"标签也绝非没有任何问题。事实上，一旦超越了多元主义的核心含义，人们就会遭遇各种各样的观点，其中一些观点应该被称为普遍论如内格尔的观点，有些则落入概念混乱的陷阱如柏林的观点，因为它们太过虚弱，根本无法回答相对论者和普遍论者的根本问题。我还没有看到采用"多元化"这个术语去除"相对论"如何帮助澄清困惑。

此外，如果将绝对的"多元主义"（pluralism' simpliciter）一词用来暗示拒绝相对论中的极端主观主义形式将使我们的道德承诺具有牢靠的基础，这种使用可能具有欺骗性。如果我们拒绝接受在特定社会中采用的道德准则是对于那个社会来说唯一合理的准则，如果我们认为这缺乏合理性，那么我们就必须面对令人担忧的问题——在任何特定时间内作出特定选择。也许对相对论的担忧大多源于意识到这些令人不安的问题。果真如此，那些假定若限制真实的或可接受的道德范围就能回答这些问题的人简直是在一厢情愿地白日做梦。这些问题并没有随着反对相对论中的极端主观主义形式而消失，也不会因为给温和观点贴上绝对的"多元主义"标签而消失。从这个意义上说，保留与"多元主义"相结合的"相对性"一词，对我来说似乎是更加诚实的选择。

先把将我的观点称作什么的问题放在一边，我应该提到若干学者，他们提出了我大体上相当同情的广泛主题。约翰·凯克斯（John Kekes）、查尔斯·泰勒和迈克尔·沃尔泽深刻而雄辩地阐述了柏林的观点，即价值观的来源多元化且不可化约，有多种具

　　　　　　　自然道德：对多元相对论的辩护

有合理性的生活方式将这些价值观结合在一起。他们表达这一主题的方式和从中得出的某些结论与我的不同。我的途径明确致力于对道德的自然主义理解，正如我在第二章中阐述的那样，道德矛盾和自然主义途径的结合产生了一种特殊的理解方式：为什么没有单一真实道德，而对真实道德的范围进行广泛限制的基础仍然存在。

理查德·布兰德（Richard Brandt）的许多作品都表达了接受跨文化的道德实践的多元主义，在《伦理学理论》中，他将元伦理学相对论形式区分为强弱两种。他谨慎地接受了弱版本，认为伦理学中有一种"独特理性的方法"使人无法在相互矛盾的判断间作出决定。强版本认为不存在独特理性的方法[1]。我不太愿意使用共同的理性方法等语言，但布兰德建议的精神与这里捍卫的多元相对论所持立场是相符的。不幸的是，在他同时代的人中，似乎只有布兰德一人认为，值得进一步思考受到更多限制的相对论。

玛莎·努斯鲍姆（Martha Nussbaum）为一种基于亚里士多德观点的伦理学辩护，即人类的潜力有得到实现的要求[2]。因此，她反对有关人性的反本质主义观点，这种观点否定实质性的共同人性，但是她在形而上学现实主义中创建自己的本质主义。

---

[1] Richard Brandt, *Ethical Theory* (Englewood Cliffs, N.J.: Prentice-Hall, 1959), 274 - 275. 在布兰德、汉普郡、哈曼和我本人的作品中，有关相对论的意义的更明确讨论，请参阅：Judith Wagner DeCew, "Moral Conflicts and Ethical Relativism," *Ethics* 101 (1990): 27 - 41。

[2] Martha Nussbaum, "Human Capabilities, Female Human Beings," in *Women, Culture, and Development: A Study of Human Capabilities*, ed. Martha Nussbaum and Jonathan Glover (Oxford: Oxford University Press, 1995), 61 - 104.

形而上学现实主义认为,世界的存在有某种确定的方式,这独立于人类认知能力的解释功能之外。相反,她强调,就经验事实而言,普遍和共同的潜能已经出现在形形色色的人类社会和不同的历史时期。

她强调说,由于这是经验性问题,因此共同潜能的清单应该具有临时性和开放性特点。此外,在某种程度上不同社会可能会构建不同的清单项目。这些潜能非常模糊和笼统,有足够的空间展现具体实现的多样性和地方性特征。多样性的具体实现与根据当地传统或个人品位而实现潜能的不同方法正好对应起来。地方具体版本使得人们根据行为者的背景、特性和社会环境采取不同方式实现这些潜能。我已经说明赞同努斯鲍姆的理由,她认为人性的一般和共同特征有利于限制正确道德的范围,她认为在这个范围内,不同道德内容可以通过不同方法解答人类共同特征相关的问题。我的不同意见集中在她的清单细节和她从中推断出的某些道德要求上。我将详细说明我与她有分歧的典型案例,这部分是因为这个特殊案例很重要,具有广泛的现实意义,部分是因为它说明了更具普遍性的观点:许多有趣的理论工作需要从有关相对论、普遍论和多元主义的高度抽象辩论中产生,这些被定义为一般性观点,然后再下降到具体案例,即哪些生活方式是可辩护的和真正得到允许的。

我想到的案例围绕着努斯鲍姆的这一论点展开,即个体生命具有强烈分离性的特点。每个人经历的死亡都是自己的而非他人的死亡,而且是说这个人有自己独特的背景和环境,在物体、地点、历史、特定友谊、位置、性关系这些方面和其他任何人都不一样。分离性意味着能够过属于自己的生活,而不是其他任何人的生活。从这一特点中,努斯鲍姆引申出对某些选择的不干涉保证,这些选择是个人的和定义自我属性的选择(包括婚姻、生育、性表达、言语和就业)。努斯鲍姆的强分离性意味着结社自由以及免于被无理搜查和扣押的自由①。

这是努斯鲍姆的多元主义开始有些类似严格普遍论的关键地方之一。当它被理解为西方自由主义权利的熟悉清单后,似乎就没有多少空间来对个人生活的孤立性进行多元主义的和地方性的具体描述了。在第一章中,我指出道德差异与对社群价值观的不同程度的强调有关。以相对高度强调这些价值观为特征的道德倾向于拥有对自我及其孤立于他人的互补性概念。从字面意义上讲,一个人经历的死亡是他自己的死亡,但是,此人与特定他人或某个社群的关系如此重要以至于其他人或某个社群的死亡可能对此人的幸福造成的伤害与自己的死没有两样,甚至更多。再者,一个人的背景、环境和个人纽带可能非常独特,但这种独特性的很大一部分可能在于他与某些人或某个社群的关系的独特性。这里的重点是,独自死去、个人环境和纽带的独特性,这些都与特别强调关系和社群的重要性相吻合,不一定会导致对努斯鲍姆提到的对个人权利的那种强调。

努斯鲍姆可能会回应的一件事是,权利是一种只需要得到保

① Nussbaum, "Human Capabilities," 79 - 80, 85.

证的东西,如果个人不这样选择,就不必行使。然而,问题是如何将权利建立在这样一个传统之上,即强调个人最重要的利益与所属社群利益相吻合。虽然努斯鲍姆没有明确说明她如何从强烈的孤立性中推导出个人权利,但从她所获得的权利清单中,她似乎想到了一种孤立性概念,这种概念强调了个人利益和公共利益潜在的不相容性。在我看来,如果一个人要为人类潜能的"多元化的和地方性的具体化"留下空间,他就应该在孤立性的不同解释上留出更多空间。这并不是说社群主义道德可以没有个人权利的基础,但是,正如我在本章前面所述,这些权利的基础及其保护范围不同。

十、反对固定不变的人性是恰当道德的约束之源

请参考马克斯·霍克海默(Max Horkheimer)反对固定不变的人性观:

> 这里的"人性"一词并不是指一种初始的、永恒的或统一的本质。任何一种哲学学说,只要把社会的运动或个人的生活看作从一种基本的、无历史的统一中产生出来的,就可能遭受合理的批评。这种没有辩证方法的理论在把握新的个体和社会特质是在历史进程中产生这一事实上,有其特殊困难。他们对这一事实的反应要么是以机械进化的形式出现:后来出现的人类所有特征最初都存在于胚胎中;要么采取某种哲学人类学的形式:这些特征来自形而上学的存在"基

础"。这些相互对立的理论没有合理对待这一方法论原则，即生命过程的标志是结构上的变化不亚于持续发展[1]。

霍克海默正确地指出，新的个人和社会品质产生于历史进程中，并不是所有随后出现的人类特征最初在胚胎时期就存在。我使用人性概念并不是为了否认这一点，而是在反驳人类具有完全的可塑性这一说法。霍克海默也不认同这一观点。例如，他认为，"人的驱动力和激情，其个性倾向和反应模式都是由随时展开的社会生活过程中的权力关系所塑造的"，其原因在于他们倾向于接受权威，这一趋势在"历史书写的整个时间跨度"中表露无遗[2]。在假设接受权威的趋势长期存在的背景下，霍克海默解释了真正新特性的出现。同时，霍克海默也承认对这种趋势的限制，而且这限制也出现在历史书写的整个时间跨度内。霍克海默认为，在抚育孩子过程中必须始终存在一定程度的强制性，他说："人人从以自我为中心的婴儿成长为社会成员，尽管经过种种变化，但本质上是长达千年的文明过程的简略重复，如果没有强制性因素的存在，人类文明进程是不可思议的。"[3]事实上，霍克海默对资产阶级家庭的许多批评都基于弗洛伊德的人性理论[4]。

---

[1] Max Horkheimer, "Authority and the Family," in *Critical Theory*, trans. M. J. O'Connell (New York: Herder and Herder, 1972), 66.

[2] 同上书,69。

[3] 同上书,111。

[4] 他说一夫一妻制的前提是降低纯粹的感官快乐，消除儿子渴望母亲温柔对待时的性快感因素。这导致了"理想主义奉献和性欲望，正念和简单的自我利益，天堂般的内在性(interiority)和尘世的激情"之间的"强行分离"。请参阅：*Critical Theory*，121。

霍克海默否定人类有永恒本质,这是从哲学史上的人物弗里德里希·尼采(Friedrich Nietzsche)那得到的灵感。霍克海默指的是《道德的谱系》中的主题,即信守承诺的能力,总体来说,遵守共同生活的规则不是天生能力,而是通过可怕的痛苦烙进记忆中的东西①。然而,这种说法的前提是,有些东西对人类来说是天生的,而且必须通过调教和痛苦来克服。

即使说了这么多反对霍克海默反驳"人性"的观点,请让我表明,我没有必要接受霍克海默心中可能拥有的有关人性的最主要强势概念。我也不需要亚里士多德式的人之所以成为人而不是其他的生物概念。

我的目标是根据人类普遍拥有的特征推演出道德约束,为此目的,我不需要否认其他动物可能在某种程度上具有类似特征。此外,我不需要坚持认为:对理解人类作为物种很重要的特征是所有成员都拥有的,而且拥有的程度也都相同。请考虑令社会合作成为可能的利他主义,这是第二章讨论过的人性画面的组成部分。我不需要确认利他主义是一种普遍的人性。其实,我怀疑,种种形式的以他人为基础的关注潜能在不同个体之间存在着很大差异,无论是这种关注的遗传基础,还是这种潜能在不同文化和其他社会影响下实现的程度。

此外,请考虑索伯和威尔森提出的群体选择理论(见第二章第九节),根据该理论,选择利他主义可能是因为它提高了一些群

---

① Horkheimer,*Critical Theory*,56,参阅:*The Genealogy*,essay 2,sec. 3。

体优越于其他群体的适合度。这样的故事并不要求"胜利"群体全部由利他主义者组成，只是与竞争对手相比，利他主义者的集中度相对高一些而已。最后，我也不需要断言共同的人性是"固定不变的"。如果大多数人在自然选择的过程中获取这些特征，我们可以期待这一过程持续下去，且这个过程部分取决于人类采取的行动以及人类在不断适应中创造新环境方面所产生的影响。本书所采用的自然主义道德途径只要求一种共同人性的概念，这种人性特征演化到了现在，并在可见的未来还会继续①。

　　另一种反对人性可以被结构化的观点基于福柯式见解，即有关人性内容的主张并不是纯粹无利益纠葛的，而是必须始终依靠权力和支配关系来理解。那些认为道德尊严建立在某些人类能力或特征的基础上的主张过去总是并且现在也一直帮助将某些人的从属地位合理化，其理由是这些人根本没有相关能力或特征或者虽然拥有但程度偏低。如果人类的尊严来自理性的力量，那

① 不应该把我在本书中运用进化论与认同对进化心理学中一些最著名的理论相混淆，这些理论的确认为在更新世时期进化而来并一直延续到今天的是核心的、普遍性的心理学适应过程。请参阅：John Tooby and Leda Cosmides, "The Psychological Foundations of Culture," in Jerome H. Barkow, Leda Cosmides, and John Tooby, eds., *The Adapted Mind: Evolutionary Psychology and the Generation of Culture* (New York：Oxford University Press, 1992), 19 - 136。此外，图比(Tooby)和寇斯米蒂斯(Cosmides)认为，人类狩猎者——采集者发展出与具体任务特别相关的很强的适应能力。他们提出的著名论点是，人类开发出"骗子检测"模型，使他们能够辨认出社会交换中的潜在搭便车者。另一位著名的进化心理学家戴维·巴斯认为，在狩猎采集时代，男性和女性在求偶中对某些类型伴侣的偏好有所不同（男性追求年轻和貌美，而女性追求资源和高地位）。David Buss, *The Evolution of Desire: Strategies of Human Mating* (New York：Basic Books, 1995). 在这本书中，没有任何论点以这些论断的真实性为前提。对这些著名理论的批评，请参阅：David J. Buller, *Adapting Minds: Evolutionary Psychology and the Persistent Quest for Human Nature* (Cambridge，Mass.：MIT Press, 2005)。

么可以说拥有人类理性程度较低的人是奴隶、长期失业者、靠福利生活者和不讲道理的女性，而特定的理性标准和理性模式最终恰恰会偏向那些与这些标准和模式的阐释密切相关的人。针对这样的反对意见，我必须先澄清，这里并没有利用有关人性的主张。我并不寻求道德尊严建立在一套特定的能力和特征之上。

另一个可能过于简单的回答是，指出有关人性的主张有时或者经常被使用的方式与有时候被更广泛使用的方法区别。当然，令人不满的关于理性能力的对比曾被用作合理化服从的手段，这种用法很常见，也充满破坏性，而且对那些对比基础的批评通常在反对服从他人中发挥了重要作用。这样的批评并没有预先假设理性与道德尊严毫不相关。相反，它常常预先设定了这种相关性。此外，批判这些对比基础在反对从属关系时发挥重要作用。相反，一般前提是，有关从属群体的理性能力的论证是完全错误的或者是不正当的固执己见，因为接受这些主张在确保从属群体被如此对待中起到作用，以至于他们的理性力量从来不可能展现出来。与此同时，必须承认理性的力量，无论如何定义它们，不同人拥有的理性程度不同，即使理性程度高低并非按照将某些群体置于从属或者受到压迫地位的现有范畴而定。将道德尊严建立在理性之上是危险的，即使我们除掉这个观点在从前明显不诚实的滥用。

一般来说，人性的主张可能会被危险地使用，这是真实的。同样真实的是，我们不一定总是意识到这些使用是什么。即使我没有把人性用作人类尊严的基础，但可以说我的确使用人性来为不同道德的恰当性观念辩护，因而也是在为不同文化的恰当性辩护。当然,有关某些文化并没有达到恰当性标准的论证能够服务于压迫性的目的或曾经服务于这样的目的。我同意这个观点,也赞同福柯的警告,即"真理并不在权力之外或者缺乏权力",与这种神话相反,它不是"自由精神的奖励,持久孤独的产物,也不是成功解放了自我的人的特权"。我赞同他的观点,只要他定义真理是"生产、管理、分配、传播、运行命题的有秩序的体系"①。构成这样体系的机构和实践并不在权力之外,如果他认为除了他对真理的定义方式,再无真理存在,那么我不敢苟同,但是,我的确同意他的这个观点,即"不是任何东西都是坏的,但任何东西都是危险的",我们必须对我们的命题所服务的目的保持高度警惕②。

通过对判定其他文化中存在的特定危险提高警惕,我们就很好地将福柯的警告付诸实践。一个常见的陷阱是以有关文化是什么的概念为前提的,这个前提是非反思的、有机体的和整体性的。一方面,当一个人倾向于同情某种文化缺乏时,如果从整体上对这种文化进行反思的话,他往往会采用一种不合理性的行动。另一方面,人们倾向于将一种无法辩护的行为当作他有兴趣辩护的文化中的反常举动或者至少是可分离的部分。例如,经常被用来贬低或压迫妇女的做法可以从任何一个方面来看待。它们可以被视为一个文化中普遍和广泛的压迫的表现,也可以视为

---

① 米歇尔·福柯在接受采访时的话,请参阅: Michael Foucault, Alexandro Fontana and Pasquale Pasquino, "Truth and Power," in *The Foucault Reader*, ed. Paul Rabinow (New York: Pantheon, 1984), 72 - 74。

② 米歇尔·福柯在接受采访时的话,请参阅: Michael Foucault, Paul Rabinow and Hubert Dreyfus, "On the Genealogy of Ethics: An Overview of Work in Progress," in *The Foucault Reader*, 343。

在保留文化身份认同本身大部分特征的过程中需要修正的部分。在对相关实践和文化进一步研究和反思后，任何一种判断都可能是合理的，但关键是，作出知情判断通常需要经过相当程度的研究和思考，而人们通常会在完全没有充分依据的情况下仓促为之。

十一、功能性道德概念能与义务论道德概念相适应吗？

目前的反对意见是，（在某种程度上）认为道德发挥促进和规范社会合作的作用是以用结果论术语设想的结果。鉴于我使用功能主义的和结果论的概念推导出对恰当的道德的普遍性约束，似乎只有结果论者的道德才能合格。反对者认为，这一结果与我对多元相对论的论证和应用途径背道而驰。我指出了以个人权利概念为中心的义务性道德与以功利性为基础的道德之间的冲突作为我对正确道德的多样性观点的部分论证。

考虑到应该把每个人当作目标来对待的康德式命令，以特定的方式对待每个人，而不考虑将满足或福利的总体最大化凌驾于一群人之上。我对这一反对意见的部分答复是，根据这样的命令行动恰恰是一种方便和管理社会合作的方式。社会合作的概念本身并没有要求它采取将总体满足、福利或者价值观凌驾于个人之上的形式。当自我主义动机受到抑制或引导，从而转向关心他人的相同实践方向，就会促进社会合作，而康德式命令的灌输可以帮助人们实现这些目标。正如在第二章第九节中所阐释的那样，若将权利视为本质上属于基本的、义务性的东西，这可以有效地照应（人性中的）强烈利己和利他心理。

的确,刚刚提供的为康德绝对命令的辩护是一种广义的结果论观点,这种辩护必然与康德有关道德是什么的理论不一致,即使他将这一理论纳入绝对命令的内容推论中,这一理论仍然与康德的道德规范内容的概念是分割开来的。虽然康德会拒绝这里提供的辩护,这一点的确是真实的,但它并不像权利的标准目的论设想的那种结果论主张。标准目的论始于善的这样一个观念:它可以被充分具体化,完全不考虑权利,然后根据与可以被认定为善的关系而定义权利。这里提出的辩护预设了有关道德功能的概念,它可以对什么才算作恰当的道德进行约束。这并不断言任何完全有内容的权利概念都可以从这一功能中派生出来。事实上,人人都有责任以一种特殊方式行动的康德式观点不能为了最大限度地提高总体满意度或福利而将它抛到一边,这实际上表达了一种判定道德恰当性的地方性标准。这里辩护的道德描述是功能主义者的,就像大卫·休谟的描述一样,但不像边沁(Bentham)的古典功利主义理论。要知道,休谟认为道德源于人们在共同生活过程中彼此所形成的规范。他的故事也预设了道德功能,但这种功能不是为了促进终极的和事先确定好的伦理善而是为了促进善的相互满足。这是为了方便和规范社会合作,不是像边沁预设的标准那样预设权利的标准目的论[1]。

---

[1] 有关休谟道德理论这方面的信息丰富的讨论,请参阅: Knud Haakonssen, *The Science of a Legislator: The Natural Jurisprudence of David Hume and Adam Smith* (Cambridge: Cambridge University Press, 1981), chap. 2; Geoffrey Sayre-McCord, "Hume and the Bauhaus Theory of Ethics," *Midwest Studies in Philosophy* 20 (1995): 280–298。

十二、对接受多元相对论后果的担忧：自信心以及向他人学习

　　基于接受多元相对论后果的一个可能存在的反对观点认为：相对论会逐渐削弱信心。如果我们用来解决基本价值观冲突的标准并不比其他人的标准有更深刻的合理性，不能使他们比使用他人的标准有更多准确性，我们不就没有理由来保留我们一直在使用的标准了吗？我们可以通过类比交通法规来阐释这种反对意见。必须有确定真实道德的地方标准，因为需要这些东西让道德成为行动指南，这就像说这些标准好比靠右行驶的驾驶规则。规则是需要的，但最终来说，这样的规则如英国的靠左行驶规则是没有任何理由的。唯一理由就是无论如何都必须定一条规则。我之前论证过，人们可以对其他生活方式作出一阶规范判断，这些生活方式满足道德的普遍标准，但在地方标准上存在不同。我认为，这些判断可以全盘接受、全盘拒绝，或比这两者都更加细腻的考虑，但无论如何，这些判断都是基于我们自己的道德价值观。然而，目前正在讨论的反对观点指向是否要维持个人对自身价值观的承诺的问题。如果我们在决定基本价值观之间的深层冲突时，考虑的优先顺序并无任何合理性论证，除了选择这个或那个之外，这种想法本身难道不会破坏我们的道德承诺吗？

　　这种想法必然会破坏个人承诺，如果它预设了某种观点比如道德是世界框架结构的一部分，并为人们的行动提供客观的、普遍正当的理由。如果对道德价值观的承诺到头来是寻找这样一种道德，那么这种承诺注定是徒劳的。正如我上文所说，这种预

设并非罕见，不仅反映在最强烈的客观主义道德观中，而且反映在最激进的主观主义道德观中（"是非不过是与个人感觉和选择有关的问题"）。比起最强烈的客观主义，激进主观主义不过是同一硬币的另一面罢了：当一个人因为相信道德是世界框架结构中不可缺少的一部分，赋予行为一种客观的、普遍正当的理由而坚定承诺于道德时，或者当一个人对这个概念感到幻灭时，他很容易陷入另一个极端。然而，驳斥激进主观主义的完全正当的欲望不应该使我们转向传统观点。我们需要的是能取代这些站不住脚的观点的合理选择。

确立合理的替代选择的开端在于看到，我们可以坚定地忠于某个理想，同时承认不是所有人都需要和我们一样。为了说明这一点，埃德蒙·平克夫斯（Edmund Pincoffs）让我们设想这个场景，他已经答应朋友要一起去听一场音乐会，但在此之前他曾违背过对这位朋友的诺言，所以对他来说，信守这个诺言就很重要。然而这时，一位邻居打电话提醒他参加学校董事会的会议，论证废除种族隔离的计划不够充分。这次会议与音乐会在时间上正好冲突。平克夫斯认为，在作决定时，他应该适当考虑到该决定虽然是个人性的，却与他在道德上应作之事密切相关。这与"行为主体依据自身道德品质的概念将允许自己做什么和承受什么后果"有关①。若是他选择出席讨论会而不是信守对朋友的承诺，平克夫斯认为，他必须尝试用一种说辞向朋友说明他这么做

---

① Edmund Pincoffs，*Quandaries and Virtues: Against Reductivism in Ethics*（Lawrence：University Press of Kansas，1986），21.

的合理性,"我给自己设定的原则,但这原则不一定适用于别人;我给自己设定的道德理想,但这理想也不一定适用于别人"①。要点在于他不能试图通过谈论人们在同样情况下应该做什么来为自己的决定辩护。比如,他可以谈谈他一辈子致力于废除种族隔离,以及他对家乡学校政策的发展具有浓厚兴趣。他也可以谈谈自我概念和别人对他的看法,可能因为他错过这次会议而带来的变化,他可能因此而质疑自己的诚信。

平克夫斯的例子告诉我们:一个人对道德理想和原则的承诺不一定是一种他相信人人都必须遵守的价值观承诺,但他仍然可以想象要根据他与这个价值观的特殊关系而信守承诺。这并不是说价值观纯粹是个人选择,但它在人的生活中所处的位置以及承认它在自己生活中享有的优先权,并不期待必然会出现在他人的生活中,即使有,人们也未必认为应该具有相同地位。人们仍然可能会问:"我们对自身承诺抱有的信心难道不会因为与交通法规的类比而被削弱吗?"认识到决定我们具体承诺的无非是文化习俗而已,这难道不会削弱我们的信心吗? 我的回答是:决定这些承诺的不仅是习俗。在面对根本价值观冲突时,选择这条道路或那条道路都既有明确的道德责任又有深刻的满足感,作出不同的选择意味着获得不同的责任和满足感。

针对交通法规的类比所引发的担忧,还有另一种解答。我们可以轻易想象开车时改变靠左行还是靠右行的习惯;但是,想象

---

① Pincoffs, *Quandaries and Virtues*, 22.

　　　　　　　　　自然道德:对多元相对论的辩护

自己没有第一章中提到的任何价值观——这些价值观导致我们的道德矛盾心理,这即便不是不可能的,至少是非常困难的。这些价值观构成生活方式的部分边界。如果我们的生活从中获得意义和内容,即使我们能够完美地想象甚至观察到他人拥有其他类型的承诺,我们也无法想象自己会转而信守其他承诺。至于我们的许多基本标准,我们是否应该采用不同标准,或者压根不采用任何标准从心理学上说可能并不是真正的问题。此外,在我们要求对方都要信守这些承诺的意义上,我们的共同承诺都有实质性内容。

查尔斯·泰勒很好地说明了这一点:

在西方文明中,我们成为了某些东西。只要我们不去看外面,不遭遇其他文化的冲击,人道主义和我们的自由观念——包括个人独立和集体自治帮助定义了我们共同的身份认同,这些深深植根于更基本的、看似准政治色彩的理解:包括个人意味着什么,个人作为拥有内在深度的存在意味着什么——所有这些特征在我们看来都是最基本的东西,几乎成为人的生物学特性。……我想成为古代中国的宋朝人?还是巴比伦汉谟拉比时代的臣民或是20世纪的美国人?如果没有先前的身份,我根本无法开始作出选择。它们代表了无法化约的不同的善(至少在更深入的比较研究之前,在这之后更是可设想的东西)。但是,这不是我也不是我们的情况。我们已经成为一种样子。在我们经历或预想的转变过程中，我们会遭遇真理和自由问题。简而言之，我们拥有一段历史。我们生活在时间中，不仅是自我封闭的当下而且事实上与帮助确定身份的过去有本质联系，也与让我们再次陷入困惑之中的未来紧密相连①。

那么，这个论证是我们的承诺深深植根于我们的身份认同，我们就算承认自己的道德身份的偶然性也不会对它造成破坏。这个论证有些道理。事实上，第七章中也将提到，道德价值观深深地嵌入在实践理性之中。它们构成了我们在实际考量中进行权衡并采取行动的一些最重要原因。这样的论证在解决到的信心问题上只能走这么远。一方面，我们的承诺意味着我们必须采取行动来实现某些价值观，而这似乎不可避免地意味着要削弱其他正确道德中体现的其他价值观的实现。实现自己承诺的工程和在行动中表现我们承认其他道德或许像我们的道德一样真实，在这两者之间似乎存在冲突。另一方面，泰勒有关心理不可能性的观点或许排除了我们采用巴比伦人或中国宋朝人身份的可能性，但显然在心理亲近度方面有更接近的可能替代选择。彻底国际化或世俗化的父母养育的孩子也会承袭父母所逃离的传统生活方式。因此，我们仍然有处理价值观冲突的任务，一方面是依据自身的价值观行动，另一方面是承认他人价值观的有效性。我

---

① Charles Taylor, "Foucault on Freedom and Truth," in *Philosophy and the Human Sciences: Philosophical Papers*, vol. 2 (Cambridge: Cambridge University Press, 1985), 181－182.

在第九章将谈到,这个任务与我们试图在自身道德范围内、在多元价值观之间保持平衡的每天面对的任务没有多大不同。

泰勒的论证之所以没有说明挑战我们对道德承诺的信心的其他来源还有另一个原因。人在作特定承诺时可能会被他人或自己欺骗。我们必须确定承诺以及实现承诺的方式是否建立在受到欺骗后接受的"意识形态"(有将支配控制神秘化或隐瞒的贬义)的基础上,也许是为证明自己控制他人的正当性辩护的无意识目的,也许仅仅是因为我们根本不关心他人。在我看来,我们很可能自欺欺人地相信,自己根据基本道德价值观采取行动的可能性:即他人的生活与自己的生活同样重要。期待强烈关注自己和身边亲人生活的人依据这种价值观行动是"切实可行的",我们试图引用这个观点来论证没有尽最大努力依据该价值观行动情有可原。对此问题,我将在第六章详细讨论。

对我们的道德信心的另一个挑战源于弗洛伊德的自然主义道德观,该观点认为道德是一套规范体系用以驯服和抑制内心深处最基本的冲动,这是为了文明而不是作为个体的我们。理查德·沃尔海姆(Richard Wollheim)认为,弗洛伊德对道德意识发展的大部分解释描绘了一种我们与道德之间的不和谐画面。小时候,我们完全依赖父母或其他可依赖的人,因而感受到焦虑和恐惧,我们认为此人会阻碍或威胁我们感官欲望的满足。我们将外在人物的要求内化,以此对付恐惧:

> 心神稳定的好处远大于满足感上的缺失。但是,这种牺

牲本身没有值得推荐的地方……如果能够证明超我的形成满足某些需求和欲望，而不仅仅是逃避恐惧或肤浅的欲望，那么就值得对道德作出更幸福的解释①。

为了迎接挑战，我们需要显示某些深层次需求是如何通过建立"超我"来实现的，并且道德并非由社会强加给个人的东西。第四章的结论是，某些类型的道德义务是我们通常需要的幸福生活方式的必要组成部分。我在那里论证，有效的人类主体性需要在特殊关系背景下培育和维持，这种关系由各方获得的特殊道德义务所支配。我的论证基于一个显而易见的真理，即我们都是社会动物，这意味着我们需要大量教育和培训才能成长为有能力有效追求目标的行为主体。这个真理不仅被我们的文化公认为适用于儿童，而且适用于成年人，因为我们都在学习和探索新的社会世界。

由于这一论证使人对特别的他人负有特殊义务合理化了，这就产生了一个问题，即其他人与我们自己或与我们有特殊关系的人同样重要的道德主题所激发的所谓"非个人"价值观的地位问题。我认为，并非所有恰当的道德都一定包含这样的价值观，但是对于现在的我们和日益相互依存的世界所有地方来说，它们可以是可靠的价值观。对我们来说可靠的道德价值观，对所有年龄和地方的人来说未必都是可靠的价值观。我们将在第六章中讨论，价值观可以建立在这样一种基础上，它适用于某些广泛定义

---

① Richard Wollheim, *The Thread of Life* (Cambridge, Mass.: Harvard University Press, 1984), 205.

的环境下的人，但未必适用于历史上所有已知环境下的人，更不用说所有可设想的环境了。

然而，即便我们能够说明采用我们的道德价值观是实现幸福的一种途径，但这仍要求我们面对一些挑战，如福柯的观点：他描述了一种戳破了宣传谎言的社会现实，即西方资本主义民主国家比过去的社会更自由、更平等、允许更丰富多彩的个性。在很重要的意义上，福柯挑战了这样的观念，我们的生活方式拥有我们宣称的种种好处，并认为它有一些我们不愿意承认的更深层代价。我认为他的批评中有很多我们应该接受的东西。

然而，他坚定的悲观主义是基于一种过度全球化的无差别理论，即我们都遭到一种无所不在的非人格力量的压迫。这些断言将在本书第七章和第八章中得到阐释。在此，我的观点是，我们若想维持对自身道德承诺的信心，我们就必须完成这个任务。许多道德哲学家认为，这个任务与信心没有关系，因而选择对我们的道德进行非常抽象的普遍论辩护[1]。如若我的观点正确，道德哲学需要采取不同的方向，即与政治理论和某些后结构主义和批判理论更密切相关的方向。

基于接受相对论道德观的后果的另一个反对意见是，相对论不能允许我们或者至少不能常常允许我们试图接受我们竞争的视角之中正确的东西。它指控说，相对论并没有强迫我们询问其他视角看来可能正确的东西，因为它鼓励我们搁置判断，用他们

---

① 例如，请参阅：Alan Gewirth, *Reason and Morality* (Chicago：University of Chicago Press，1978)。

的术语接受他人的道德。只有当我们把其他人的道德与我们的道德在掌握道德真理方面竞争时，我们才会被引导去询问其他的道德，有哪些真理是我们应该认识到并且纳入自己的视角之中的。我的确认为，对许多相对论观点来说，这是一种强有力的指控，但对于多元相对论来说就未必了。

多元相对论者能够指出，客观地说，有些问题需要独特的解决方案。他们可以鼓励人们去了解在某个特定问题上是否存在这种情况。此外，鉴于认定某个判断或许在当地是真实的方式之间存在差别，找到某个分歧是否能依靠当事人共享的某些标准来解决就变得非常重要，即使该标准并非从道德的性质中衍生出来。第三个回答是，讨论和试图理解他人的基本观点之所以重要正是因为我们需要与他人和谐相处，即便存在严重的分歧。在政治协商过程中，我们常常试图调和适应其他人的观点。对此，我将在第九章作更多的论述。

最后，还有一种方法可以从其他文化中学习，这种方法不包括一味盲目模仿他人或完全摈弃自己的价值观。由于任何恰当的道德中都有重叠的必要因素，我们可以学习其他社会在自己的文化中体现这些要素的方式。在第六章中，我将论证有关人类做什么和成为什么的切实可行性预测，同时还要警惕那些基于这些预测要求调整我们的道德的呼吁。我们可以从其他文化中学习到切实可行性的边界。更具体地说，我认为，我们可以从其他文化中学习道德身份的建设性作用，这种身份建立在社群成员以及支持我们实现其他道德承诺时的功效的基础之上。

　　　　　　　　　　自然道德：对多元相对论的辩护

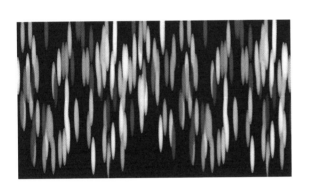

第二编

对自然道德的
约束

第四章　身份、幸福和人际关系①

本章开始第二部分研究工程：更加密切地观察道德功能、人性以及特定时期某个群体的特殊环境如何共同发挥作用，从而对该群体的恰当的道德添加程度不同层面的地方性约束。

一、社会天性的道德含义

这个论证开始于第一章第六节的主题——个人价值观和非个人价值观之间的冲突。从赋予所有人的善同等权重的非个人

---

① 本章引用了拙文"On Flourishing and Finding One's Identity in Community," *Midwest Studies in Philosophy* 13（1988），special issue，Ethical Theory：*Character and Virtue*，ed. Peter A. French，Theodore E. Uehling Jr.，and Howard K. Wettstein：324 - 341，and "Aspects of Identity and Agency," coauthored with Amélie Rorty，in *Identity*，*Character and Morality: Essays in Moral Psychology*，ed. Amélie Rorty and Owen Flanagan（Cambridge，Mass.：MIT，1990），19 - 36。欧文·弗拉纳根和罗丝·安娜·帕特南（Ruth Anna Putnam）就发表在《中西部哲学研究》一文中的我的观点提出有益的评论，其中有些评论被我引用在本章中。与劳拉·J. 威斯伯格（Laura J. Weisberg）的讨论改善了我对心理学理论的理解，如科胡特（Kohut）和克莱因（Klein）的理论。

视角来看,人们采取行动的理由并不取决于其行动者的特定身份。若从赋予自身利益和与特定人群的个人关系更大权重的个人视角来看,人们采取行动的合理性和动机是由此人作为行动者的特殊身份决定的。我在第一章第四节中指出,特殊义务源自个人视角如对朋友和家人的责任,它不能被纳入非个人视角之下,从这两个视角产生的价值观冲突抗拒任何普遍论命令。多元相对论认为,这些观点之间的冲突有一系列适当的解决办法。

　　本章试图解释为什么必定要有个人视角和由此产生的义务。恰当的道德必须包含这样一种视角及其伴随而来的义务,这是对恰当的道德的普遍性约束。这种约束的根源是人类的社会天性。两种哲学传统尤其说明了这一主题:中国的儒家伦理,以及起源于亚里士多德和黑格尔的西方社群主义传统。两种传统都认为,我们的身份和我们作为社会存在的幸福需要我们构建某种人际关系。我们与他人的关系的性质是由我们对他们的义务来部分定义和维持的。因此,有人声称,我们履行一些最重要的道德义务的原因是为了自己的身份和幸福。在我看来,这一论证貌似合理,但它需要澄清我们的社会天性的相关意义①。

----

① 这个论证的部分或整体内容,请参阅:阿拉斯戴尔·麦金太尔、查尔斯·泰勒和迈克尔·桑德尔(Michael Sandel)等人的著作。请参阅:Alasdair MacIntyre, *After Virtue*, 2nd ed. (Notre Dame, Ind.: University of Notre Dame Press, 1982), and "Is Patriotism a Virtue?" *Lindley Lecture* (Lawrence: University of Kansas, 1983); Charles Taylor, *Hegel* (Cambridge: Cambridge University Press, 1975), and "The Nature and Scope of Distributive Justice," in *Justice and Equality Here and Now*, ed. Frank S. Lucash (Ithaca: Cornell University Press, 1986), 34-67; Michael Sandel, *Liberalism and the Limits of Justice* (Cambridge: Cambridge University Press, 1982)。这个论证也可以在孔子和孟子的著作中找到,请参阅书后的参考文献。

社群主义和新亚里士多德主义的思想路线通常伴随着对自由派道德理论的批评。所谓"自由主义"理论,我指的是基于以下三种主张的理论:第一,关于同样有效的美好生活概念存在显著多样性,或者至少在通情达理者接受的概念中存在显著多样性;第二,正当行为原则和正义原则对这一显著的多样性应该保持中立,只要其正当性并不取决于接受任何一种美好生活概念;第三,权利和公正的社会秩序的必要特征是尊重所有成员的自主性,其中自主性包括在相互竞争的美好生活概念中作出选择的自由,以及在权利和公正原则规定的边界内根据自己选择的概念采取行动的自由。批评是自由主义理论由于容忍对美好生活的相互竞争的概念,将权利与善分离,并且特别强调自主性,故而不承认我们的社会天性决定美好生活的方式,也不承认人类美好生活的社会内容建立在我们对他人的某些最重要义务的基础之上。我认为,人类的社会天性的确为恰当道德的构成添加了约束性。我将在本章和下一章特别指出,社群主义对社会天性的深刻见解要求自由主义理论更多关注培育那些社群的必要性,这些社群与自由主义的权利和正义原则是相容的。

二、拥有社会天性意味着什么?

　　这可能意味着我们的性格是"社会产物"。也就是说,构成我们性格的习性、习惯、认知和行为倾向、目的、需求和欲望等复合体是我们与特定的人互动的结果,更笼统地说,是与我们所属的社会和文化传统互动的结果。然而,目前还不清楚为什么这一主张会支持某些美好生活概念或者某些范围限制内的概念。也许这一主张为我们对他人的义务提供基础，却没有确定幸福的具体概念。想法可能是我们应该感谢那些塑造我们性格的人，并以某种方式回报他们。但是，仍然需要显示的是，为什么要求感激来作为对他人塑造我们的性格这一简单事实的回应。当我们获得利益时，很自然地会说我们欠下人情，要对他人表示感谢。尽管某些特定的人甚至社群的文化可能以有益的方式塑造我们的性格，但并非所有的塑造都是有益的。相关的反对意见是，仅仅因为受到他人的影响而心存感激，就等于放弃了我们的责任，即批判性地评估他人的规范和周围文化的责任。

关于我们拥有社会天性的说法还有另一种可能的含义，那就是我们至少部分是由我们与他人的关系"构成"的。自由主义理论的批评者有时指责它是"原子论"，即它忽略了这样一个事实——我们的身份至少在一定程度上是由我们与社群的关系确定的。构成和定义这类语言暗示的东西比宣称我们的性格是社会产物的因果关系更加强烈。如果考虑到这个事实，即人们的确会说父亲、犹太人、中国人或南方人是其身份的一部分，这种说法似乎不无道理。

然而，目前还不清楚具有利害关系的是何种身份。一种可能的含义是，我作为特定个人的形而上学身份部分是由我与他人的关系决定的。也就是说，关于"身份认同"的相关含义是当代形而上学的常见主题，它关注的是构成我们作为个体的属性，并允许我们作为同一个体在不同时间有不同的身份认同。个人身份的声明将意味着相关身份标识属性包括作为某个群体的成员或与他人有某种关系的关系属性。由此看来,该主张并不是不言自明的,需要有人来辩护①。即使这种身份可以被澄清并使之合理,我们仍然不清楚有关我对其他"进入我的身份"的人的义务的说法会带来什么后果。有人可能会说,做父亲就意味着要对自己的孩子承担一定义务,一般来说,扮演社会角色意味着拥有一定义务。但是,该论断相当于一个断言,使我成为现在的我的属性包括对他人负有义务的属性,这看起来像是论证结论,而不是我们可轻易认可的前提。

有时候,"身份"一词在非形而上学的意义上被用来指个人理解和解释世界的方式,他们特有的行为方式和与他人交往的方式,他们对生活中最重要和最有价值的事物的看法,以及实际上他们最重要的目标和愿望。在这种情况下,"身份"的意义是熟悉的,即使其意义非常分散和模糊在哲学上也没有问题。但是,如何解释这对由与他人之间的关系定义和构成的身份意味着什么,这一问题仍然存在。从这个意义上说,身份认同从根本上来说是由他人——不仅是特定的他人,而且是我们社群的文化传统塑造——这一说法似乎是有道理的。但是,塑造这种语言让人回想起上文讨论过的因果关系及其问题。还有一个问题是,我们对他人的义务似乎并不是从我们所作出的任何身份认同中直接产生出来的。在美国,那些自封的南方人可能会觉得他们有义务展示

① 我曾经建议一种理解关系型身份认同的方式,请参阅拙文:"Relational and Autonomous Selves," *Journal of Chinese Philosophy* 31（2004）：419－432。

南方邦联(Confederate)的旗帜，支持各州反对联邦政府侵犯其权利，或者他们可能认为南方人需要承认奴隶制和种族隔离造成的道德负担，或者他们可能认为作为南方人没有特殊的道德意义。

声称我们具有社会天性的另一个可能含义是，我们最重要的需求之一是与他人建立某种关系。这一可能意义的好处在于，它似乎与我们的幸福在本质上肯定是社会性的主张密切相关。在这种可能意义下提出这一主张，似乎确认了幸福的社会性本质。这种可能性解释的缺点是，它可能太接近幸福的主张。"重要需求"的相关含义似乎表明了对人类福利的一些客观要求，因此它构成了"幸福"定义圈的一部分。"当一个人作为人的重要需求得到充分满足时，此人就会获得幸福，而重要需求就是为了幸福而必须满足的各种条件。"如果这里有循环论证嫌疑，有关需求的主张并没有为我们的幸福需要与他人建立某种关系的主张提供独立的支持。

若没有进一步的解释，幸福主张是不能被直接接受的。任何进一步的解释都必须包括我们所需要的人际关系的具体说明。这里的任务是遵循这样一个路线，一方面避免将要求的关系变得如此笼统以至于无法从中得出任何重要的结论，另一方面避免将要求的关系变得如此具体以至于幸福概念似乎是不合理的一元化理论。后一种可能性对社群主义者和新亚里士多德主义者来说是普遍的危险。自由主义作为一种接受范围广泛的幸福观念的学说，深深植根于一种包含着许多不同文化派别的文化中。有人可能回答说，"这是问题的一部分"。但是，对此的回应是，需要一种实用的道德上可接受的理论，去替代那些在有关美好生活的竞争性概念方面持中立立场的权利和正义理论。从多元相对论的观点来看，允许如此广泛的范围似乎是合理的，因为（如第二章第十三节中谈论到的）对恰当的道德的普遍性约束仍然允许一系列不同方式来调节人际利益冲突，并为个人追求有价值的生活提供指导。

然而，对我们的社会天性的更清晰、更生动的认识可以为所有恰当的道德规范具体指明我们对他人应尽义务的某些理由，尽管上文的分析表明，这些理由将比批评自由主义的社群主义者通常建议的更间接、更复杂和更有条件。这些理由仍然会允许幸福概念中显著的多元主义。让我把"有效能动性"定义为一组能力，这些能力使我们能够合理地确立目标中明确的优先次序，并根据我们无法控制的所有条件，计划和执行那些有合理机会实现目标的行为。这里的策略是将社会天性的主张解释为有效能动性的必要条件，包括拥有与他人的某些关系，而这些关系反过来又由我们对他人的义务来部分界定和维持。推理链是幸福需要有效能动性，而这反过来又需要某种关系，而这种关系又需要某种道德义务。该推理链纳入了上文讨论的若干主张，使用了性格之源天生具有社会性的概念。我还将解释要求的各种关系如何导致有效能动性，行为者拥有与他人相关的身份，这个意义上的"身份"既不会在形而上学上引起争议，也不是有关性格社会起源的简单主张。我将确认这一观点，即我们需要有某种关系才能幸福，但我确认这一观点的方式是允许竞争性幸福概念的合理多元论。

三、作为实践定位的身份

　　为了说明有效能动性的概念如何与身份概念相联系，我必须澄清"身份认同"的相关含义。让我首先谈一谈这种身份认同，包括个人特有的解释世界的方式、他们特有的行为方式和与他人交往的方式、他们对生活中最重要和最有价值的东西的看法，以及他们实际上最重要的目的和愿望。我将着重讨论这种身份与有效或无效能动性的关系。当人们经历"身份危机"时会表现出困惑、不确定和迷失方向。他们对自己是谁的困惑包括对自己代表什么和如何对待他人的困惑。他们可能不清楚什么对他们来说最重要，或他们最重要的目的和欲望是什么。另一种可能性是，他们无法将自己的行为（工作、家庭生活、在学校的存在）与他们认为对自己很重要的事联系起来。当他们"发现自己是谁"的时候，他们对自己所代表的是什么以及如何对待他人有更清晰和更确定的认识。他们更清楚什么对他们来说最重要，他们最重要的目的和欲望是什么。或者他们能更好地理解在生活中所做之事与对他们来说重要之事的联系。或者他们可能会改变现有生活方式，使之更符合他们对何为重要之事的看法。

　　我的建议是，我们可以根据这种广泛身份的实际驱动力来看待身份认同，它是由那些固定人对世界的实践取向的性格特征构成的。将特征的配置称为"实际身份"。进入实际身份的特征不需要在个人的一生中保持不变。然而，它们通常会对人的生活、对他们所处的习惯形成和指导行动的社会范畴，以及他们的行

　　　　　　　　　　　　　自然道德：对多元相对论的辩护

为、反应和互动方式产生系统性的类似法律的影响。形成身份的特征可能在不同文化、阶级、性别甚至在个人之间都会有所不同。一个特性可在许多维度上成为身份认同的中心，并且它也可以在某个维度上成为中心，而对其他维度来说不是中心。

更具体地说，艾米莉·罗蒂和我曾论证某个性格特征作为身份认同的核心取决于：

它的客观影响和其他特征（即对信仰、欲望、习惯、态度和行动的倾向）对它的依赖程度；

它的背景性或区域性影响，也就是说，一个特征在多大程度上体现在不同领域（例如公共和私人领域、工作和休闲）和不同类型的关系之中（这些关系依据性别、地位、阶级、年龄等而被区分）；

一个人改变这种特征的难度（这通常取决于其持续的时间）；

对其客观后果而言，其他特征（即对信仰、欲望、习惯、态度和行为倾向）在多大程度上依赖于它；

其社会性影响，即在多大程度上这种特征影响一个人被他人分类和对待的方式；

在需要应对压力或冲突的情况下，它在何种程度上占主导地位；

当它与其他特征发生冲突时（例如，慷慨与复仇心发生冲突时），它在何种程度上占主导地位；

这一特征在何种程度上被认为是适当和重要的,因为如果一个人失去或大幅度改变这一特征,他就会认为自己发生了根本改变。这种调适可以但不一定要明确表达出来;它们可以是零星的,或者情景化的;一个人可以调适其特征却没有成功地在习惯上采取行动。有时候对身份认同重要的是,这个人集中精力去强化和锻炼自己的某种特征。重要的特征往往也是自我评价和自尊的焦点①。

虽然一个特征的中心性的许多维度可以相互关联,但它们之间没有必需的联系。例如,一个特征可以高度分化,而不被认为是重要的;它可以作为一种应对策略占据主导地位,但不是人们自我评价的中心。一个特征可以被一种文化赋予高度的中心性,而不必在人们的性格构成结构中具有相应高度的主客观中心性。例如,它可以在一种文化的赞扬和指责实践中发挥重要作用,而实际上并没有显著的分枝。

四、实际身份认同的各个方面及其对行动的影响

核心特征的多样性是如何促成行动并使其具备个性化特征呢?这些特征如何影响人的价值观、信念和动机——实践协商模式?回答这些问题需要区分身份和行动的不同方面。

躯体、本体感觉和动觉倾向,如灵巧、机警、兴奋性、平静、快

---

① Rorty and Wong, "Aspects of Identity and Agency," 20.

速或迟缓等在源头上说都位于语言之前,不需要明确表述或调适,但通常可以促成动作具备个性化特征如优雅、迟缓或突然。躯体倾向也会影响人的信念、动机和计划。躯体自信感较低的人会感到疏离和无力,往往以一种试探性的和充满焦虑的方式行动,容易限制其欲望,避免对抗,预期失败,等等①。

　　主要的性格或心理特征包括攻击性或亲善友好、羞怯或合群、慷慨或吝啬、信任或不信任。这些通过改变行为的执行和描述方式来影响行为的个性化,例如,通过状语修饰语"他阴沉地关上门(担心地,期待地)","她热情地投票(讽刺地,漫不经心地)"。核心性格特征也使人倾向于发展某种动机和习惯,它们也能对行为产生直接的影响,这种影响可能与人的欲望相悖②。例如,害羞的人可能更喜欢避开社交场合,但他们也可能真诚地渴望结交朋友,却发现自己无法实现这一目标。由于气质特征(temperamental trait)典型和广泛地引发特定社会反应模式,它们往往延伸以致形成一组相互强化的倾向。

　　例如,一个攻击性的好斗者可能会产生非常不同的行为互动场景,这与友好或温和者通常的场景完全不同。但是,气质特征也会产生矛盾的或不稳定的行为模式:好斗者也可能很害羞。

---

① 请参阅:Hilda Bruch, *Conversations with Anorexics*, ed. D. Czyzewski and M. A. Suhr(New York:Basic Books,1988)。

② 作为哲学术语,"欲望"有广义和狭义之分。从广义上说或者哲学专业的角度来说,它指任何和所有刺激的状态或者习性。狭义和更加常用的"欲望"指的是动机的某个具体的附属类别:指向特定满足感的渴求或者希望。基于不加思索的习惯而采取的行动在广义上被看作出于欲望的行动,但在狭义上并不这么看。宣称习惯和身份认同特征能够独立于信念和欲望而构成行动,我们是在指狭义的"欲望"。有关欲望的话题,第七章将有更详细的讨论。

社会角色特征是通过人们被置于(或将自己置于)社会定义的制度性角色中或在社会剧本的展开中扮演某种角色而获得和巩固的。社会角色的引导早期发生在家庭角色中①。躯体因素通常会影响角色塑造：高个子、嗓音低沉的人通常被认为诚实可靠,令人放心,不管他们最初是否有当领导的欲望或技能。当人们不断地受到合作和交往的互动性细节驱使时,他们往往会养成与所扮演的角色相适应的知觉显著性、情感和动机习惯。当这些习惯被强烈社会化,不断强化,并受到奖励时,它们就会成为核心特征②。但是,在社会角色塑造和人们的躯体或气质特征之间也可能存在着戏剧性的不匹配。虽然这种不匹配可能会导致认知失调或角色身份冲突等病理,但也可能导致对现有社会实践的批判性评价或发展出新的适应性特征③。社会角色塑造也可以提供协商规范。例如,由于父母对其子女的幸福负有责任,他们被迫进入社会定义的实践推理形式、信念和愿望的轨道。

社会定义的群体特征,如种族、阶级、年龄、性别、国籍、族裔或职业,往往与俗套刻板特征相关联,这些特征往往为角色塑造指明方向。就像角色塑造一样,族群身份可以由社会来划分,但

① Murray Bowen, *Family Therapy in Clinical Practice* (New York: Jason Aronson, 1978).

② Sara Ruddick, *Maternal Thinking* (Boston: Beacon Press, 1989); Nancy Chodorow, *The Reproduction of Mothering: Psychoanalysis and the Sociology of Gender* (Berkeley: University of California Press, 1978).

③ L. Festinger, *Theory of Cognitive Dissonance* (Stanford: Stanford University Press, 1965).

主观上未必去主动调适,在客观上也未必处于核心地位。不同族群往往有独特的养育子女的做法,其中许多还引导性别和阶级特有的特点和习惯的养成。群体成员经常被社会引导到特定的形成习惯的制度性角色。例如妇女被引导到某些指导行动的制度性职位(护士、秘书),移民往往被引导到某些种族的俗套性职业中。一个人的族群身份往往倾向于产生特定类型的社会互动。例如,老年人或残疾人受到俗套刻板观念的限制和引导,这种方式可能成为强大的习惯,甚至到了影响信念和欲望的程度。

理想特征为实际特征的发展指明了方向。有时这包括模仿一位理想化的人物——埃莉诺·罗斯福(Eleanor Roosevelt)或圣雄甘地(Mahatma Gandhi)。有时它是从接受道德原则或意识形态的角度而设想出来的。人们的理想自我概念既会影响他们的行为类型,也会影响他们的行为方式。因为理想的自我定义了一套笼统的目标和价值观,所以通常依靠决定什么是突出的特征而影响到实际协商的细节和选择方向。但是,人们通常很难将实现理想身份所需的习惯与他们身上其他的核心特征相结合,尤其是当理想涉及对相对不明确的长期工程的承诺时。人们将某个理想作为形成行动的身份的一部分进行调适,取得多大成功通常取决于他们对这一理想承诺的来源、这理想对他们的吸引力,以及实现理想所需养成的习惯在多大程度上可以与其性格的其他部分相结合。有时候,当理想不能成功实现时,他们的身份焦点就在于不断为之奋斗。例如,理性理想可以通过不断地试图巩固消除歧义的智力习惯来表达。同样，移情理想也可以通过尝试丰富想象力的习惯来表达。

虽然身份的这些方面是独立的，但一方面，它们往往相互强化、约束或冲突。躯体和气质特征往往影响人们所扮演的社会角色的范围。（例如，攻击性强的人很可能扮演探险家而不是和平缔造者的角色。）另一方面，人们扮演的社会角色可能导致他们形成某些性格特征，如果没有这些社会角色，这些特征原本是相对隐性的。（例如，一位不是特别会养孩子的人在必须扮演父亲角色时，他也会变得爱心满满。）

同样，一个人可能没有意识到甚至有时会误解她的核心特征之间的联系。例如，一位把麦当娜（Madonna）当作自己理想身份的年轻女性缺乏某种意识或者有错误意识——她自己的躯体特征和她通过社会角色（如阶级）获得的性格特征会阻碍她成为麦当娜那样的人。个人通常只能获得相对有限范围内的适当理想角色，而这些是由其社会角色和群体定义的。无论是她早期性格的影响，还是这些特征社会互动的动力都将这位雄心勃勃的想成为麦当娜的女性引向另一个方向。如果她有一种执着和独立的气质，她可能真的会走向麦当娜的方向。但是，试图将自己从社会规范中解放出来——或者试图改变这些规范——往往需要付出社会代价，有时也会付出心理上的代价。

根据这些特征在核心位置的类型和程度，存在实际身份特征影响行动的许多不同方式。

它们影响什么在知觉、想象、情感和认知方面对行为者来说是显著的东西。在指导对情况的解释和影响这种解释所产生的联想时,核心身份特征(可以被称为)构成了他们经验中的问题。它们将行为者推进到特定情况和问题中,并且在任何特定情况下引发出的相对不确定数量的常规行动中提供相关性选择器。

它们影响社会互动的动态系统,引发反应——有时是支持和合作的,有时是对抗的——为行为者的行为设定约束和方向。

它们通过影响养育子女模式和社会化模式指导习惯的形成。

它们可以影响信念和欲望的系统。理想往往为一个人获得或发展出一套欲望模式提供最好的解释,即使这些理想最初是社会灌输的。同样,群体认同或角色认同通常可以为人的某些信念提供最好的解释。

它们可以设定目标和价值观用以指导实践协商过程。

五、跨越文化的特征的相对中心性

就像不同特征在单一个体上核心程度不同,在不同身份中,不同方面的核心程度同样也存在着巨大的个体差异。一个人可能会强调他作为教师的角色认同,将他的教学特点引入各种各样的情境中,并据此确定在发生冲突时需要优先考虑的内容。另一个人可能强调气质特征,使角色处于相对隐性的地位。同样,不同习性特征的相对中心地位也存在文化差异。一种文化可能强调收敛和禁欲主义等气质特征的衍生物,而另一种文化则可能侧重于引导社会角色发挥作用。

人类学家声称,社会倾向于衡量身份认同各方面的核心地位的方式存在系统性差异。有些人声称,在某些社会中,社会角色方面具有核心地位,而在我们的文化中通常并非如此。里德(K. E. Read)报道说,在新几内亚的加胡古-伽马人中,"社会角色是每个人身份认同的内在组成部分"。那些聚居的部落成员确实在社会角色中进进出出,"因此,在某种矛盾的意义上,他们失去或丢掉了(我们所说的)身份"。他们注意到彼此的特质,并将彼此想象为拥有不同个性的人,但这些差异"就像是覆盖在他们社会身份上的一道亮光"。他们主要把彼此和自己视为"社会模式中的人"①。

里德注意到,加胡古-伽马人之间的道德推理"主要是情景化的,也就是说,取决于特定社会纽带的本质"。例如,对杀人罪的谴责随着行为者和受害人社会地位的不同而有所差异。杀害自己附属部族的成员是严重错误的,但即使在和平时期,杀害敌对部落的成员也是值得赞扬的②。里德将加胡古-伽马人的观点与西方学说进行了对比,西方学说认为,人之所以应该受到尊重是因为他们拥有独立于社会地位或角色之外的内在价值③。他的结论是,这相当于角色认同的社会分歧所获得的相对核心地位的系统性文化差异。

克利福德·盖尔茨在对比了西方与巴厘岛人的身份认同后,也提出了类似观点。巴厘岛人通过高度发展的规范和礼仪系统

---

① K. E. Read, "Morality and the Concept of the Person among the Gahuku-Gama," *Oceana* 25 (1955): 276, 278.
② 同上书,262 – 264。
③ 同上书,259 – 261, 263。

来控制人际关系,并通过个人角色来定义"自我的本质"①。在评论身份和社会角色在巴厘岛公共生活中的关系时,盖尔茨说,政治和宗教领袖会沉溺于他们的角色之中。"我们关注作为个人身份认同核心的心理特征,会说他们已经为自己的角色牺牲了真实自我;他们关注社会地位,会说他们的角色是真实自我的本质。"②

乔治·狄维士(George DeVos)认为,日本社会特别是在压力和冲突的情况下,赋予角色身份认同高度的主观性和客观性支配地位。他认为,在社会角色被社会引导和广泛分化的社会中,多种多样的身份往往被吸收到角色身份中③。理查德·希尔德(Richard Shweder)和埃德蒙·博恩(Edmund Bourne)认为,传统的"以社会为中心"的个体概念并没有把个人与他的群体和角色区分开来,而现代西方的"以自我为中心"的概念则赋予个人独立于个人社会角色的价值和义务④。

这里所描绘的身份认同的维度和方面的区别表明,许多人类学家所描绘的身份概念之间的整体性对比再鲜明不过了,一边是

---

① Clifford Geertz, "From the Native's Point of View: On the Nature of Anthropological Understanding," in *Culture Theory: Essays in Mind*, *Self*, *and Emotion*, ed. Richard Shweder and Robert Levine (Cambridge: Cambridge University Press, 1984), 129.

② Clifford Geertz, "Person, Time, and Conduct in Bali," in *The Interpretation of Cultures* (New York: Basic Books, 1973), 386.

③ George DeVos, *Socialization for Achievement* (Berkeley: University of California Press, 1973).

④ Richard Shweder and Edward Bourne, "Does the Concept of the Person Vary?" in *Culture Theory: Essays in Mind*, *Self*, *and Emotion*, ed. Richard Shweder and Robert Levine (Cambridge: Cambridge University Press, 1984), 166-168.

传统的以社会为中心的概念，一边是现代的以自我为中心的概念①。

希尔德和博恩以及其他一些人类学家所强调的鲜明对比，可以更好地被理解为生命活动的程度和领域差异。传统文化有一些定义身份的理想和普遍规定的独立于社会角色的义务。在印度，某些理想身份——那些以佛陀为榜样的身份——是跨社会定义的种姓和阶级划分规定的②。最近有关日本人自我的研究表明，日本人的自我形象更为复杂和平衡。例如，根据南希·罗森伯格（Nancy Rosenberger）的描述，这种自我能在与社会中心主义和自我中心主义相关的思想、情感和行为维度之间自由移动。不同的行为模式（例如，为了群体目的而进行的有纪律的努力，"内心感受"的放松的和自发性的表达）被认为适用于不同环境（例如，工作场所、家庭）③。

此外，虽然现代西方社会的社会流动性高于传统社会，但20

---

① 阿拉斯戴尔·麦金太尔在《德性之后》第三章似乎也作出了类似的鲜明对比。请参阅：Alasdair MacIntyre, in chap. 3 of *After Virtue*, 2nd ed. (Notre Dame, Ind.: University of Notre Dame Press, 1983)。他最近的新书《谁的正义？什么理性？》的第二十章将这种对比温和化了。请参阅：*Whose Justice? Which Rationality?* (Notre Dame, Ind.: University of Notre Dame Press, 1988), especially chap. 20。

② 比如，印度孔雀王朝开国宰相考底利耶（Kautiliya）所著的《治国安邦术》（*Arthasastra*）中列举的不害人、真理、纯洁、不偷盗、慈善、宽容、自我克制、安详、慷慨、禁欲等。解决有关角色专有义务和共同义务之间冲突的尝试的有趣讨论，请参阅：Wendy Doniger O'Flaherty, "The Clash between Relative and Absolute Duty: The Dharma of Demons," in *The Concept of Duty in South Asia*, ed. Wendy D. O'Flaherty and J. Duncan M. Derrett (New Delhi: Vikas, 1978), 96–106。

③ Nancy R. Rosenberger, "Dialectic Balance in the Polar Model of the Self: The Japan Case," *Ethos* 17 (1989): 88–113; Jane M. Bachnik, "The Two 'Faces' of Self and Society in Japan," *Ethos* 20 (1992): 3–32; Hisa A. Kumagai and Arno K. Kumagai, "The Hidden 'I' in Amae: 'Passive Love' and Japanese Social Perception," *Ethos* 14 (1986): 305–320.

世纪的北美人也有社会身份，他们也是按种族、阶级和性别划分的群体。虽然与角色和群体相比，西方社会倾向于赋予独立于角色的气质和理想特征比角色和群体身份更多主观中心性，但是角色和群体身份通常也有一定的客观中心性，其程度比主观承认的大得多。这并不是要否认在西方社会中，社会身份中心程度明显较低。鉴于后现代西方许多传统社群纽带的解体以及由此产生的社会流动性，相反的情况几乎是不可能的。但是，正如第一章所指出的那样，差异在于共享主题的相对重点不同。许多美国人似乎不愿承认他们的社会身份，也许这更多地反映了这样一个事实：在美国社会中存在的一些最强大社会身份是不应该存在的（阶级和种族身份是这个范畴中最显著的）[①]。即使当理想的性格特征是可以独立于任何特定社会角色来描述的，社会环境也会对他们的发展和实施产生重要的客观性和主观性的约束。个人试图淡化群体身份核心地位的举措往往会失败。削弱种族、族裔或性别的重要意义的尝试往往被当作其核心地位遭到否定的身份的集中表现。例如，非洲裔美国人经常被要求在身份认同中给予种族高于其他方面的支配地位[②]。即使个体非洲裔美国人主

[①] 有关工人阶级和中产阶级校园子弟根据自己的阶级而被引导在工作习惯、对待权威的态度、人生目标进行调整的方式特征的贴切概括，请参阅：Samuel Bowles and Herbert Gintis，*Schooling in Capitalist America*（Boulder，Colo.：Perseus Books，1977）。

[②] 术语变得对群体身份具有核心重要性。一个人是否准备好赋予其种族身份核心地位当然取决于种族是如何被概述的以及该种族与他的其他群体身份的关系如何（如阶级或者附属文化）。"黑人"、"美国黑人"（Afro-American）、"非洲裔美国人"（African American）的区别很显著，它们是影响个体调适还是淡化其种族身份认同的核心决定。

观上试图淡化其种族身份并强调其理想身份,但他们拒绝给予种族身份特权的做法往往在社会上被解释为一种种族主义形式。他们可能被指控为认同压迫者;他们可能会被不断赋予指定的角色,这种方式推翻了他们想要给予的理性身份的中心性。

身份的各个方面之间可能存在深刻的冲突。正如我们在第四章第二节中看到的那样,身份的各方面以若干直接和间接的方式影响行动。不同方面可以引导行为者走向不相容的行动路线:一个人的理想可指导一个行动路线,而该行动路线会被他的气质或社会角色的要求所抵消;同样,由于社会引导而产生广泛分支的性格特质可能比理想自我的特质更具优势。观察者或理论家可以通过追踪各方面赋予的独特核心模式来诊断这些冲突。但是,当行为者发现他们处于不同行动计划的冲突之时,他们会体验到这些冲突,因为这些计划可能是由其身份特征的不同配置产生的。

六、实际身份认同的社会本质

我已经暗示性地触及了实际身份认同的社会性的若干意义:人的实际社会角色和群体身份可以用一种主导和覆盖广泛的方式深刻地塑造出来。即使人们没有认识到或没有在主观上积极去适应它们,但它们在客观上已经处于核心地位。但是,如果一个人的确调适这些身份或其中的显著部分,那么他的理想身份可能包含了社会角色和群体身份中的价值观和目标。既定的社会角色伴随着义务、特权、权力和权利。它们也可能带有动机和特

　　　　　　　　　　　自然道德:对多元相对论的辩护

质的理想，这些动机和特质是由表现出色的人所拥有的。群体身份实际上可能与社会角色身份重叠，但它们可能独立地包含着共同的习惯、知觉显著性、笼统的目的和价值观，这些特性和价值观可能是在客观上的核心的和/或主观上调适的。有时，社群主义者正确地认为，即使是在"个人主义"的后现代西方，我们也有社会身份。但是，他们中的一些人得出结论，社会角色和社会定义的群体特征的存在足以表明幸福在本质上具有某种社会性。

即使对"个人主义"社会而言，拥有这些社会身份几乎不可避免的事实并不意味着这些身份对于幸福是必不可少的。如前所述，社会身份可能与身份的其他方面有严重冲突。例如，社会身份和理想身份之间的严重冲突似乎很难有利于幸福。这同样适用于气质或心理上的核心特征与社会角色身份要求的冲突。如果幸福要求实现个人的社会性，那我们就必须更仔细地考察幸福的先决条件及其与社会身份的关系才能找到。在下一节中，我将讨论有效能动性所需要的三个属性，但是，我并不假装它们是唯一属性。这三者在这样的意义上构成一个系列，即每添加一个属性，能动性就变得更加有效一些。拥有这些必要的属性需要拥有某种类型的社会身份，而不仅仅是拥有社会身份而已。

七、有效身份认同的概念

"有效身份认同"是指具有充分程度的有效能动性的实践身份。这种身份必须包含这样一种特征，即它能够确定社会规范要求的是什么。即使它的拥有者没有遵守这些准则的一贯意图，而是打算操纵和绕过这些准则来达到他的目的,这种说法也是正确的。如果一个人在特定环境中不知道这些期望是什么,就不能通过利用其期望来操纵他们。

有效身份在其组成部分之间保持适当的平衡。平衡包括身份的不同方面某种程度的一致性。正如上文看到的那样,不同方面的严重冲突可能阻碍或完全阻碍对目标的有效追求。然而,适当平衡的概念比合理一致的概念更广泛,因为有时候,在某种程度上身份认同的有些方面的确存在冲突,没有更有效的替代办法。这种身份冲突在如下情境是合适的,即在一个复杂的社会中,个人必须扮演不同角色以满足对他们提出的不同要求。这些要求可能需要他们有效地展现出不同气质特征或不同理想身份或与前两者冲突的社会身份。试想一下,一位女性必须同时扮演母亲的角色和竞争激烈的企业高管的角色。或者考虑那些正在进行现代化转型的社会,传统社区和家庭结构与新的工业企业共存。必须在两个领域内生活和工作的个人显示出他们有能力在每个领域所需的特征、态度和期望之间来回切换身份①。在某种程度上,人们可以通过将其操作置于特定背景下来缓解身份不同方面之间的冲突,具体做法就是将分歧限制在特定领域之内。然而,身份的这些方面不能总是在分歧中轻易地加以界定,而且至少有时可能发生冲突。然而,生活在有限度的冲突中也比无法辨

---

① 印度似乎就是处于这种情况。请参阅: Alan Roland, *In Search of Self in India and Japan: Toward a Cross-Cultural Psychology* (Princeton: Princeton University Press, 1988)。

　自然道德: 对多元相对论的辩护

认出能指导我们在不同领域行动的身份的某些方面更好。这就是为什么在身份认同的不同方面之间保持适当平衡的概念必须包括一定的冲突和一致性。

有效身份的另一个特性是,它包含了自尊的特殊特征,包括对自己的价值和个人主要目标和欲望价值的信念,以及对个人在给予合理机会时有能力满足目标和欲望的信心。正如约翰·罗尔斯在《正义论》中所强调的那样[1],一个人除非认为自己有资格实现自己的目标,并对自己实现这些目标的能力充满信心,否则他将无法实现自己的目标,无论它们是什么[2]。自尊至少在一定程度上取决于前面提到的一些可能的身份特征。如果一个人看到自己的规范信念与自己的主要目标、欲望和特征之间存在严重冲突,自尊就会遭到破坏。

如果更仔细地看一看产生充分了解社会规范、合理一致性和自尊的实际身份所涉及的因素,我们就会发现与他人建立某种关系的必要性。为了拥有熟悉任何形式的实践身份,我们都从我们的养育者身上得到些东西。孩子模仿别人的倾向是众所周知的,但这种倾向似乎远远超出了对行为的外在模仿。这就是儒家伦理最重视家庭的原因。儒家伦理规定,人们应该关心和爱护所有人,但当它考虑如何使这种关心变成现实时,它关注的是家庭。

---

[1] John Rawls, *A Theory of Justice* (Cambridge, Mass.: Belknap Press, 1971), 440.
[2] 我说的相信自己的价值的意思与自我批评和意识到自己的不足和缺陷并不矛盾。事实上,在中国传统文化中,对自己的成就或者可敬的品质沾沾自喜反而会被认为是一种最严重的性格缺陷。同样,对自己有能力实现自己的目标充满信心与假设人们需要努力工作以便实现这些目标也并无冲突。

这一制度提供了学习热爱他人的第一个环境,而构成这种爱的思想、感情和行为习惯构成了个人性格的大部分基础。孟子认为我们爱护他人和关心他人的能力是与生俱来的,但他也认为,除非给予适当的培养,否则这种能力会变成不同的东西(孟子曰:"人之所不学而能者,其良能也;所不虑而知者,其良知也。孩提之童无不知爱其亲者,及其长也,无不知敬其兄也。亲亲,仁也;敬长,义也;无他,达之天下也。"见《孟子·告子上》第七节,《孟子·尽心上》第十五节。——译注)我们需要安全,孟子所说的"安全"并不仅仅是指提供基本的物质需要。《孟子·尽心上》第十五节中的一段话,陈永捷(Wing-Tsit Chan)译得很好:"抱在怀里的孩子,都知道要爱父母。"[1]

八、需要培养有效身份的证据

许多常识都证实了这一观点。科学证据是有限的,因为针对人类的控制性实验是不可行的和/或在伦理上是不允许的。然而,对最近的遗传亲属实验指向孟子观点的方向。在哈洛(Harlow)著名的实验中,幼年的恒河猴由用软布覆盖的金属丝或木头制成的"人工"母亲喂养[2]。幼年猴出现抓自己、前后摇摆、过度攻击和不当攻击等不正常行为模式。当她们自己成为母亲时,她们往

---

[1] Wing-Tsit Chan, *A Sourcebook in Chinese Philosophy* (Princeton: Princeton University Press, 1963), 80.

[2] H. F. Harlow and R. R. Zimmermann, "Affectional Responses in the Infant Monkey," in *Foundations of Animal Behavior: Classic Papers with Commentaries*, ed. L. D. Houck and L. C. Drickamer (Chicago: University of Chicago Press, 1996), 376–387.

自然道德:对多元相对论的辩护

往对婴儿漠不关心甚至虐待婴儿。

许多研究发现，成人血清素水平低与攻击性、酗酒和精神疾病有关。由斯蒂芬·索米（Stephen Suomi）和迪伊·希格利（Dee Higley）领导的小组研究了恒河猴行为、血清素和环境之间的关系。他们发现，那些异常冲动和好斗的猴子的血清素水平相对较低，往往会变得孤僻，无法被它们想要加入的团体接纳，而且会交配失败，往往在一年内死亡。血清素水平低往往是家族遗传的，但索米和希格利的研究表明，低血清素水平也受到环境的影响。他们把猴宝宝从它们的母亲身边带走，把它们和其他同龄猴子一起抚养。在社交无能行为上，它们就像那些天生害羞、容易受惊的由母亲抚养长大的同龄猴子。

此外，它们开始显示出与攻击性相关的低血清素水平。索米和他的同事们将许多这样的特征归咎于如下原因，即同伴不像母亲那样善于互相安慰，而且在新环境中，它们变得像伙伴一样害怕。此外，同伴饲养的猴子明显比母亲饲养的猴子喝酒更多，而低血清素与大量饮酒有关。但是，当研究人员将所有猴子从它们的社会群体中分离出来时，这种差异消失了——对猴子来说，这是高度紧张的情况。两组猴子喝酒都很多①。

---

① J. D. Higley, P.T. Mehlman, R. E. Poland, D. T. Taub, S. J. Suomi, and M. Linnoila, "Aggression, Social Dominance, Serotonin, and Causal Relationships," *Biological Psychiatry* 42（1997）：306‑307；J. D. Higley, S. J. Suomi, and M. Linnoila, "Excessive Alcohol Consumption, Inappropriate Aggression, and Serotonin: A Nonhuman Primate Model of Alcohol Abuse," *Recent Developments in Alcoholism* 13（1997）：191‑219；J. D. Higley, S. J. Suomi, and M. Linnoila, "A Nonhuman Primate Model of Type II Alcoholism? Part 2: Diminished （转下页）

研究小组发现，养母可以缓解婴儿的基因遗传。恒河猴体内调节血清素转换的基因有长有短。由养母抚养的猴子显示出相当正常的血清素代谢，不管它们的基因类型是什么。但是，基因类型在同伴饲养的猴子中产生了巨大差异。那些长版基因的猴子看起来很正常。那些短版基因的猴子则有攻击性问题。在另一项实验中，研究小组把高度活跃的猴子宝宝——那些最有可能长成有焦虑倾向的宝宝——给了擅长养育孩子的养母。这些猴子宝宝大都在群体中占据主导地位。雌性猴子自己也变成擅长养育孩子的母亲。与其他高度活跃的猴子相比，它们能更快地让自己平静下来，更快地降低心率，更快地降低应激激素皮质醇的水平。

它们与养母一起生活的经历似乎不仅改变了其行为倾向，还

（接上页）Social Competence and Excessive Aggression Correlates with Low Cerebrospinal Fluid 5 - hydroxyindoleacetic Acid Concentrations," *Alcoholism* 20 (1996)：643 - 650；J. D. Higley, S. J. Suomi, and M. Linnoila, "A Nonhuman Primate Model of Type II Excessive Alcohol Consumption? Part 1：Low Cerebrospinal Fluid 5-hydroxyindoleacetic Acid Concentrations and Diminished Social Competence Correlate with Excessive Alcohol Consumption," *Alcoholism* 20 (1996)：629 - 642；J. D. Higley, "Use of Nonhuman Primates in Alcohol Research," *Alcohol, Health and Research World* 19 (1996)：213 - 216；J. D. Higley, P. T. Mehlman, D. T. Taub, S. B. Higley, B. Fernald, J. Vickers, S. J. Suomi, and M. Linnoila, "Excessive Mortality in Young Male Nonhuman Primates with Low CSF 5-HIAA Concentrations," *Archives of General Psychiatry* 53 (1996)：537 - 543；J. D. Higley, P. T. Mehlman, R. E. Poland, I. Faucher, D. T. Taub, J. Vickers, S. J. Suomi, and M. Linnoila, "A Nonhuman Primate Model of Violence and Assertiveness：CSF 5-HIAA and CSF Testosterone Correlate with Different Types of Aggressive Behaviors," *Biological Psychiatry* 40 (1996)：1067 - 1082；J. D. Higley and S. J. Suomi, "Effect of Reactivity and Social Competence on Individual Responses to Severe Stress in Children：Investigations Using Nonhuman Primates," in *Intense Stress and Mental Disturbance in Children*, ed. C. R. Pfeffer (New York：American Psychiatric Press, 1996), 3 - 57.

　自然道德：对多元相对论的辩护

改变了它们的生理模式①。索米的研究结果与阿夫沙洛姆·卡斯皮（Avshalom Caspi）和特里·莫菲特（Terrie Moffitt）领导的一项人类研究的结果非常相似。这一人类研究对来自新西兰的孩子进行了长达26年的追踪。如果孩子们遗传了一种MAOA短版基因，他们更有可能具有攻击性和反社会倾向，但这种基因的携带者如果获得良好的母亲照顾，通常是相当正常的②。有若干理论强调了照顾者对人类儿童发展的影响。在以治疗师临床经验为基础的古典精神分析理论的分支对象关系理论中，梅兰妮·克莱恩（Melanie Klein）描述了儿童如何内化或融入照顾他们的其他人之中。理查德·沃尔海姆从其作品中勾勒出一个关键的融合阶段，他称之为"认同形成过程"（identification）。这是一种富有想象力的活动，通过这种活动，孩子可以集中想象另一个"人"。这一活动类似于观众对戏剧人物的感同身受。就像观众把一个角色的思想、感觉和经历表现得好像他们是自己的一样，"集中想象"另一个角色的人也是如此。孩子们想象父母在面对某种情况时会怎么做。

他们想象父母在那种情况下会怎么想，会有什么感觉，会有什么经历，他们把这些想象成是他们自己的。在这样做的过程中，他们改变了自己的内心生活，因为他们发现自己处于这样一种状态，

---

① Stephen J. Suomi, "Gene-Environment Interactions and the Neurobiology of Social Conflict," *Annals of the New York Academy of Science* 1008 (2003): 132 – 139.

② A. Caspi, J. McClay, T. E. Moffitt, J. Mill, J. Martin, I. W. Craig, A. Taylor, and R. Poulton, "Role of Genotype in the Cycle of Violence in Maltreated Children," *Science* 297 (2002): 851 – 854.

一种思想、感受和经历这些事情带给他们的状态。也就是说,在某种程度上,他们按照别人想象的内心生活来塑造自己的内心生活。他们扩大自己的情感范围,获得新的关怀对象、新的理想①。

约翰·鲍比(John Bowlby)提出,婴儿对其主要照顾者的行为受到"依恋行为控制系统"的控制,该系统在人类中枢神经系统核心被编码②。一种可能的进化论解释是我们人类祖先在遭受掠夺性攻击方面的脆弱性。婴儿的先天系统能够保持其有能力接近成人并得到成人的照顾,这降低了遭受攻击的可能性。受到鲍比理论的启发,玛丽·安斯沃思(Mary Ainsworth)及其同事根据婴儿在短暂分离后与母亲团聚时的行为,确定了三种主要依恋模式③。"安全"型婴儿,在母亲在场的情况下,积极探索并利用母亲作为他们冒险的基础。当他们与母亲分开时,他们会感到沮丧,与母亲团聚时,他们会寻求身体接触和安慰。"焦虑/矛盾"型婴儿,在母亲回来后,表现出对亲近的渴望,同时也表现出愤怒

---

① Richard Wollheim, "The Good Self and the Bad Self," in *Rationalism*, *Empiricism*, *and Idealism*, ed. Anthony Kenny (Oxford: Clarendon Press, 1986), 151 - 176, *The Thread of Life* (Cambridge: Harvard University Press, 1984), 78 - 82, 123 - 125. 最近的研究显示,只有1岁那么大的孩子都可以受到他们在电视上看到的成年人情感的影响,并会模仿这种情感。这个研究让1岁的孩子观看一个成年女演员对着玩偶表现出积极和消极情感的视频。观看之后,人们观察到婴儿表现出针对同一个玩偶的类似情感。他们还针对并没有在视频中出现的其他玩偶似乎表现出不同的情感,所以说,他们从视频中的女演员那里获得的信号似乎是非常具体的。请参阅: Donna L. Mumme and Anne Fernald, "The Infant as Onlooker: Learning from Emotional Reactions Observed in a Television Scenario," *Child Development* 74 (2003): 221 - 237。

② John Bowlby, "The Nature of the Child's Tie to His Mother," *International Journal of Psycho-Analysis* 39 (1958): 350 - 373.

③ Mary D. Ainsworth, *Infancy in Uganda: Infant Care and the Growth of Love* (Baltimore: Johns Hopkins Press, 1967).

和抗拒。他们表现出强烈的情感抗议,且无法在安慰下回归正常的游戏。"回避"型婴儿会忽视和避免与母亲互动,转而做其他事情,如玩玩具。安斯沃思及其同事还发现了一系列与婴儿依恋类型相对应的父母行为。有安全感的母亲是敏锐和情感细腻的。焦虑的母亲反复无常,不可预测,而且咄咄逼人。回避型母亲则拒绝和反驳。

母亲和子女双方的特征都有助于实现安全的基础依恋。在母亲这边,最有力的部分是早期的、精心的护理,其特征是准确阅读调适婴儿的暗示和信号,让孩子的信号而不是父母的需要或愿望来设定日程,并随着时间的推移保持一致性或可预测性。西尔弗曼(Silverman)和拉古萨(Ragusa)发现,在 2 到 4 岁的儿童中,消极的(焦虑型或回避型)母亲行为与控制延迟满足行为的困难之间存在关联。此外,罗德里格斯(Rodriguez)和米舍尔(Mischel)还将学龄前儿童的延迟行为与亲子互动的互动质量联系起来。雅各布森(Jacobsen)、埃德尔斯坦(Edelstein)和霍夫曼(Hofmann)观察到,没有安全依恋的孩子(他们能够接受父母短暂的缺席)在挫折容忍、行为控制、攻击性方面存在困难,后来还会出现反思能力的困难[1]。

人们通常会发现安全依恋婴儿与同年龄组的其他婴儿建立更紧密的依恋关系。斯鲁夫(Sroufe)和弗伦森(Fleeson)认为,

---

[1] 本段落中引用的所有研究都选自: M.Fendrich, M. Huss, T. Jacobsen, M. Kruesi, and U. Ziegenhain, "Children's Ability to Delay Gratification: Longitudinal Relations to Mother-Child Attachment," *Journal of Genetic Psychology* 158 (1997): 411 - 427; Jonathan C. Wildman Jr., "Elements of Infant-Mother Attachment," *New Perspectives: A Social Sciences Journal* (1999 - 2000), available at www.ycp.edu/besc/journal2000/article1.html。

与母亲的最基本关系的形成会影响同伴关系。因此,如果已知依恋类型,就可以预测未来同伴关系这个领域。科恩斯(Kerns)观察到,婴幼儿关系的目标是建立协调的互动关系。儿童必须具有对他人作出反应和调适冲突的能力。迪希恩(Dishion)发现,回避型养育方式在小学生的反社会行为中得到了反映[1]。

---

[1] 本段落中引用的所有研究都选自:Fagot, "Attachment, Parenting, and Peer Inter-actions of Toddler Children," *Developmental Psychology* 33 (1997): 489 – 500; Wildman, "Ele-ments of Infant-Mother Attachment"。当然,可以假设基因对一个人最终可能形成的无论什么性格特征都会产生显著的影响。在不同家庭中长大的双胞胎的研究说明,虽然养育婴儿的环境存在显著差异,但仍然存在态度和偏爱方面的显著相似性。请参阅:Thomas J. Bouchard Jr., David T. Lykken, Matthew McGue, Nancy L. Segal, and Auke Tellegen, "Sources of Human Psychological Differences: The Minnesota Study of Twins Reared Apart," *Science* 250 (1990): 223 – 229。有时候,这种研究被引用作为证据证明天性"打败"了教养,成为性格和行为的首要决定性因素。但是,布沙尔(Bouchard)的双胞胎研究或许说明大部分家庭为孩子提供了"足够好"的养育。这种养育的相似性比与其同时存在的差异更加重要得多。有关"足够好"的养育,请参阅:D. W. Winnicot, *The Family and Individual Development* (London: Routledge, 1989)。而且,"天性"赢得胜利的结论不仅与上文引用的研究冲突而且忽略了基于双胞胎研究的戏剧性结论被匆忙得出的方式。正如温迪·多尼格(Wendy Doniger)指出的那样,"一方面,一起长大的双胞胎往往作出努力要相互区分开来,比分开养大的更明显。另一方面,分开养大的双胞胎会被抚养家庭类似地对待,因为其身体特征的相似性(长得丑会被取笑,长得好看会得到称赞等)。那么,在个性和能力之间常常存在负相关关系:长相最相似的双胞胎在行为上往往最少相似。而且,'分开'的因素往往会因为共同的环境,在同一个子宫里(怀孕期间)以及幼儿初期或者在成人测试阶段没有被记录的见面而破坏"。请参阅:Doniger, "What Did They Name the Dog?" review of *Twins: Genes, Environment and the Mystery of Identity*, by Lawrence Wright, London Review of Books, March 19, 1998。西蒙·布莱克伯恩在对史蒂芬·平克(Steven Pinker)的《白板:科学和常识所揭示的人性奥秘》所写的书评中说,遗传特征具有高度的背景性,在克隆世界,属性的遗传是零,而在环境绝对相同的世界,遗传达到百分之百。请参阅:Steven Pinker, *The Blank Slate: The Modern Denial of Human Nature*。他还指出了遗传与所讨论的性格特征的可塑性之间的关系很少或者根本没有任何关系。他引用了瑞典双胞胎研究的成果,遗传因素预测三组不同年龄的女性抽烟的比例从 0% 到 60%,可能是因为女性抽烟的不同的文化压力。请参阅:"Meet the Flintstones," *New Republic*, November 25, 2002, 28 – 33。

这种实证研究为常识性观点提供了一些支持，即他人对我们性格的形成有着深刻的影响，并以某种方式塑造了我们的许多基本态度，这影响了与他人的关系中以及在实现我们最重要目标的工程中的态度①。这一事实并没有逃过美国社会学家查尔斯·霍顿·库利（Charles Horton Cooley）的注意。库利强调了群体与个体之间的互动过程在个体性格形成、规范与目标发展中的重要性。他称在这一过程中那些最有影响力的群体为"基础层"，如家庭、家族和传统街区。这样的群体有助于我们形成对他人情绪和心理状态的洞察，并往往导致"在社群中某些个体的融合，因此一个人的自我，至少在许多方面，是群体的共同生活和目标"②。

其他人渗透到我们的身份中，可以通过他们对获得有效能动性所需的属性的影响来实现。请考虑通往社会规范的知识道路。儒家认为，只有在塑造我们生活的日常实践和制度的背景下，才能获得对特定情况作出正确反应的知识和能力，家庭是第一位也是最有影响力的所在。通常，教授如何应用一般原则或概念的最好方法是给出例子，直到学习者知道如何以正确的方式进行下

---

① 有关亚里士多德对模仿的重要性的观点的解释，请参阅：Martha Nussbaum，*The Fragility of Goodness: Luck and Ethics in Greek Tragedy and Philosophy*（Cambridge：Cambridge University Press，1986），363。有关孔子观点的解释，请参阅拙文："Universalism versus Love with Distinctions：An Ancient Debate Revived，"*Journal of Chinese Philosophy* 16（1989）：252 - 272。

② Charles Cooley，Robert C. Angell，and Lowell J. Carr，*Introductory Sociology*（New York：Scribner's，1933），55 - 56，quoted in Charles Loomis and John C. McKinney，introduction to *Ferdinand Tonnies*，*Community and Society*（Gemeinschaft und Gesellschaft），trans. Charles Loomis（New Bruns-wick，N.J.：Transaction，1988），14 - 15。

去,在这种情况下,除非用一种非常笼统和故意含糊的方式,否则无法阐明这种方式。在家庭中,孩子会学到正确的生活方式取决于所处的环境,取决于当事人的特殊性格,以及他们当时关系的本质。儿童通过与家庭成员的互动来学习这一点,并在特定情况下被告知他们所做的事是对是错。在积累了这样的经验之后,他们可能知道如何以正确的方式继续做下去,却并没有获得明确和具体的知识,正如赖尔(Ryle)所作的区分那样[①]。对于这些活动的进行,甚至可能没有明确的学习或教学意识。不管是好是坏,我们模仿他人或者成为他人模仿的榜样的许多方式都并非刻意为之。

家长们都有共同的经验,那就是必须纠正孩子对一些基本社会规范的过于字面化的应用,而且他们知道,对孩子应用规范的过于字面化的明确解释只能走这么远。请考虑教育孩子如何对待陌生人的任务,即如何划分可接受的友好和表现得过于熟悉之间的界限。有时,教授一般规范内容的最好方法是举例说明在这种或那种情况下应该做什么,或者指出儿童在特定情况下是对是错。在研究因纽特人的身份概念时,阿琳·斯泰尔斯(Arlene Stairs)探讨了从主流文化中引进的正规学校教育与传统学习的不同之处,后者"是一种在日常生活和社区活动中通过观察和模仿传递知识的方式,其主要目标是融入直接的、共享的社会结构和生态"[②]。比阿特丽斯·怀汀(Beatrice Whiting)和卡洛琳·爱德

---

① Gilbert Ryle, *The Concept of Mind* (Chicago: University of Chicago Press, 1984), chap. 2.
② Arlene Stairs, "Self-Image, World Image: Speculations on Identity from Experience with Inuit," *Ethos* 20 (1992): 116-126.

　　　　　　　　　　自然道德:对多元相对论的辩护

华兹(Carolyn Edwards)在对不同文化中养育孩子的比较研究中得出结论,即母亲和其他照料者的普遍任务包括教授社会行为规范。就像斯泰尔斯一样,他们将正规教育的明确指导与"用理论说明"的反馈和社会角色信息形式进行了对比。怀汀和爱德华兹观察到,他们很少依靠明确的指导而更多是依靠隐含的道德信息,"孩子们可以而且必须从日常的社会互动中将这些信息抽象出来"。互动的后果包括来自成人和其他儿童的频繁命令、建议、威胁和惩罚。"从这些反馈中,孩子们似乎对人际关系的'该做'和'不该做'的复杂情况、资源分配、社会角色、任务分配、财产损害、礼仪、卫生和其他适当的社会行为问题有了实用的认识。"[①]

　　因此,要对社会规范有最低限度的充分了解,就需要我们与他人建立一种学习关系,在这种关系中,"正确的方式"会在我们一生中很长时间的各种情况中得到体现。学习如何以正确的方式做事就是习得判断能力。鉴于社会规范的广泛范围,培养判断能力的关系必须是有规律的,并延伸到我们生活的许多领域。如果学习和教学是深思熟虑和自觉的,那么学生和教师之间就必须有一定程度的信任。学生必须相信老师总体上是打算而且事实上的确在培养相关能力。

　　现在考虑身份认同方面的适当平衡。我们并不是简单地被赋予了拥有某种属性的实际身份,我们必须作出重要的承诺。这

---

① Beatrice Blythe Whiting and Carolyn Hope Edwards, *Children of Different Worlds: The Formation of Social Behavior* (Cambridge, Mass.: Harvard University Press, 1988), 253.

些承诺建立在考虑它们与我们的其他特征之间存在的可能的平衡关系之上,在能够改变或发展自己特征的范围内,我们应该结合它们与我们目标存在的一致性来改变或发展它们。因此,有效的身份需要我们有能力判断我们的承诺和身份其他方面的一致性,这需要有相当程度的自我认识。在获得这些知识方面,其他人发挥着至关重要的作用。这不仅是因为我们自己很难判断我们是什么样的人,而非我们希望变成的那种人,而且还因为我们常常会将自己的失败归咎于他人和世界,而不是找到在我们想要实现的目标和我们的特征允许我们实现的东西之间的冲突。如果要在我们的身份中实现适当的平衡要求我们改变自己的承诺,我们往往需要首先理解为什么这些承诺对我们很重要,而这可能是艰巨的任务。我们需要别人的观点来纠正自我欺骗和弥补自我视角的缺陷。获得这样的帮助并能够使用它的前提是存在很大程度的信任。我们必须相信,别人在向我们提供关于我们自己的客观信息。更重要的是,我们有时无法接受负面信息,除非我们相信,给我们负面信息的人总体上看重我们,并希望我们好。

在实现平衡的过程中,其他人不仅能提供自我认识,还能帮助塑造和具体化与我们最重要目标特别一致的特征和欲望。或者更确切地说,经常会有这样的情况:自我认识的增长与性格或欲望的成型相结合——例如,更多了解自己的同时,强化和固定在个人性格中某种程度上尚处于萌芽状态的倾向和冲动。我所想的是其他人可以通过一些方式帮助我们了解我们"真正"的感觉和动机是什么,这种深刻见解在一定程度上是对已存在东西的

自然道德:对多元相对论的辩护

准确描述,而且有助于强化和明确这些感觉和动机到底是什么。一位朋友向她指出,她富有同情心,且比她自己所理解的程度更甚,并举出她的某些反复发生的富有同情心的行为作为证据,这不仅仅指出已经存在的事实,而且使朋友身上的这种特质具体化,并使得激励作用变得更突出。

考虑一下获得自信和自尊的问题。对象关系理论和古典心理分析理论的另一个分支"自我心理学"确定了在个体与他人的互动中,特别是在早期生活中健康的自我评估的来源。这是源头被定位在个人驱动力的纯粹内部动态运动(就像弗洛伊德许多早期著作一样)时代的转变,当然,上文的观点之类必须得到纠正。例如,自我心理学家海因茨·科胡特(Heinz Kohut)强调了孩子对"镜像"的需要,这一过程涉及孩子的能力发展和对其抱负的接受方面表达快乐。父母可能因为自身自信心不足而不能充分给孩子这样的反馈。科胡特举了一位女孩的例子,她从学校回到家,急切地想告诉母亲她取得的巨大成功,但母亲没有充满骄傲地聆听,反而大谈特谈她自己的成功。这孩子可能会变成拥有"镜像饥饿"人格的人,这有时候表现为需要他人特别的关注和安慰、表扬来抵消内心的无价值感。她的大部分精神能量将被用来试图弥补她童年不充分的镜像。科胡特还强调,父母有必要在适当时候抑制孩子的宏伟抱负和自我形象[①]。如果做不到这一点,

---

[①] 有关科胡特理论的介绍,请参阅:Heinz Kohut and Ernest Wolf,"Disorders of the Self and Their Treatment:An Outline,"*International Journal of Psycho-Analysis* 59 (1978):403–425。

当孩子达不到他们设想的宏伟自我形象时,自尊心就会不可避免地崩溃。

镜像关系同样需要信任。当父母指出孩子的志向和性格不相符时,孩子必须乐意接受父母的纠正。为此,他必须相信他们的动机和判断。我们得到的画面是,个体形成与他人的关系不仅与实际身份有关,而且还与有效能动性所必需的身份属性有关。如果要为有效能动性作出最大贡献,这些关系就必须要确保各方彼此信任[1]。我们在哪里可以找到可信任的人?必须是那些坚定地承诺提供所需要的培育,尽管这一过程不可避免地会伴随许多挫折和阻挠,但它们仍然会坚持下去[2]。此外,人们不能合理地期望人类在毫无回报的情况下就作出这种承诺。

这就是为什么父母的照顾义务以及儿童的感恩和顺从义务定义和维持了有助于形成有效身份的亲子关系。孩子回报父母对自己的照顾不需要采取顺从的形式,当然也不是无条件地顺从,但是,当无法给出期望行为的更多理由时,通常就需要简单地顺从。幸运的是,我们可以从养育和抚养以及深刻的回报倾向中获得满足感,即使这些倾向可能而且的确遭到了破坏。怀汀和爱德华兹在对育儿的跨文化研究中发现,在不同文化中,儿童和成

---

[1] 在强调培养有效的身份认同中信任的重要性时,我不知不觉地赞同了安妮特·贝尔(Annette Baier)的观点,即信任是伦理学理论中核心的但遭到忽略的概念。请参阅:Annette Baier, "What Do Women Want in a Moral Theory?" *Noûs* 19 (1985), 53 - 63。

[2] 麦金太尔在"爱国主义是一种美德吗?"中指出培养道德美德的承诺的必要性,阅读他的文章让我获得通向这里的思想线索。请参阅:MacIntyre, "Is Patriotism a Virtue?"有关这个主题的进一步发展,请参阅:MacIntyre's *Dependent Rational Animals: Why Human Beings Need the Virtues* (Perus, Ill.: OpenCourt, 1999)。

年人对幼儿的反应惊人地相似。与依恋理论一致，他们得出的结论是，这些孩子"有能力引发积极的反应和关怀，即使来自2岁大的幼儿，不论男婴还是女婴"。怀汀和爱德华兹认为，这种模式的普遍性表明婴儿出生时具有身体特征和行为系统，可以唤起成人和儿童的积极行为和关怀（这和鲍比的依恋理论相符）[1]。但是，如果幼儿有这种遗传程序，成人和年龄较大的儿童一定有个遗传程序让他们以积极行为和养育作为回应。在幼儿长期处于无助状态的物种中，这应该不会令人惊讶，并且在此期间低等动物中发现的本能行为的特异性被促成社会合作的文化学习能力所取代。

因此，养育幼儿的义务、感恩和顺从在人性中找到肥沃土壤。

然而，回想一下第二章第九节的结论：人类是极其矛盾的存在，强烈的自利倾向与各种形式的关心他人交织在一起。此外，由于在提供照顾和养育他人方面会不可避免地遇到挫折，这使得有必要在社群内确认养育和赡养的相互义务。这样一来，个体有动机专注于满足感和相互回报恩惠的冲动。养育和教授的角色必须处于身份的核心。只有这样，他们关心的人才有合理的机会在实现有效身份过程中获得持续和可靠的帮助。事实上，养育和赡养的义务为第一章所述主题提供极为重要的佐证：回报援助的需要。人类具有这样的天性，除非有人回馈所给予的帮助，否则就不可能可靠地期待人们会主动提供帮助。

我们得出的结论是，个人有效身份的培养需要与他人建立联

---

[1] Whiting and Edwards, *Children of Different Worlds*, 270.

系,这些联系部分是由相互的义务定义和维持的。我们将对他人的义务建立在有效能动性要求的基础上。具体来说,人们对那些帮助他们满足用来实现有效能动性所需条件的人负有责任,这些条件反过来又成为他们获得幸福的必要条件。在跨越文化(这里有多元相对论的更大空间)时,以及在被赋予了培养能动性的家庭和其他组织的结构中,我们可以预期这些义务的具体内容会有所变化。(尼泊尔、中国西藏地区出现诸如一妻多夫制,或兄弟娶同一女人的情况,他们共同抚养孩子,分享物质资源。从培养孩子潜能的任务来看,并没有先验性的理由来解释为什么这种做法会次于或优于一夫一妻制。)但是,变化范围受到履行这些义务的条件的制约,而履行这些义务有助于维持这种关系。我们期待这些义务能反映出人们对培养个体的那些人的福利的关心。这个论证提供了一种方法来理解为什么对特定他人的特殊义务对我们有如此大的吸引力。道德能动性必须在由这些义务管理的关系背景下不断成长。

我刚才提出的那种论证似乎要求在承担养育子女任务的家庭,或者更广泛地说,小群体中存在这种类型的关系。如上文所述,儒家思想已经承认并表述家庭的价值,并给出其支持有效道德能动性的原因[1]。在当代西方,心理学的语言和解释深深地渗透到它的文化之中,我们也很愿意承认养育孩子的显著影响。

幼儿抚养的影响可能是深刻的,但不一定是永久性的。布兰

---

[1] 参见拙文"Universalism versus Love with Distinctions"。

　　　　　　　　　　　自然道德：对多元相对论的辩护

德和米歇尔（Mitchell）扩展了索米和哈洛对恒河猴的研究，并设法使在隔离环境中长大的小猴子恢复正常生活①。在支持这一结论的人类研究案例中，两岁半的玛丽（Mary）和三岁半的露易丝（Louise）早年与智力有缺陷的母亲在极度贫困中度过。经过广泛的语言治疗和多年的互动之后，她们的情况有了很大改善。斯库赛（Skuse）的结论是，遭受这种程度的困难的孩子仍然有极好的未来②。

幼儿抚养的影响可能被高估还有另外一种方法。我们许多人没有充分认识到，当个体成熟并进入更广阔的社会机构网络和参与社会实践时，需要维持和进一步发展有效身份。令人有些惊讶的是，在文化高度心理学化的情况下，我们没有认识到这个命题的真实性程度。缺乏这种认识的理由可能与一种受欢迎的信念有关，这信念涉及高度自主的个人理想：即好的家教会培养出独立的个体，他或多或少充分具备了能实现自己设想的幸福概念的性格品质。

但是，如果回到有效身份的属性，我们将会看到维持这种信念是多么困难。即使最理想的育儿方式，也并不能保证人们有对机构内或家庭外的有效行动所必须规范的认识。在一项对在美

---

① E. M. Brandt and G. Mitchell，"Pairing Pre-Adolescents with Infants（Macaca Mulatta），" *Developmental Psychology* 8（1973）：222 - 228，cited in E. E. Maccoby，*Social Development: Psychological Growth and the Parent-Child Relationship*（New York：Harcourt Brace Jovanovich，1980），94.

② David Skuse，"Extreme Deprivation in Childhood：Theoretical Issues and a Comparative Review，" *Journal of Child Psychology and Psychiatry* 25（1984）：543 - 572.

国长大的日本儿童的研究中,箕浦康子(Yasuko Minoura)对比了日本父母和美国同龄人对这些儿童心理发展的影响。他发现,文化规范和期望会深深地留在6岁儿童(这是弗洛伊德理论中个性基本形成的时间点)的心中之后很久。他进一步发现,同龄人在儿童"文化学习"方面比父母影响更大①。

此外,在家庭中没有一劳永逸地实现身份各方面之间的适当平衡。实际上,鉴于上文所述的身份的复杂性以及消除冲突的所有可能性的复杂性,合理的平衡很难实现,即使实现了也很难维系。这不仅仅是因为我们的目标会发生变化,更不仅仅是因为不同的关系可能需要不同的技能和能力。我们有时谈论性格特征,好像它们是全球性的属性,当我们从一种环境到另一种环境时,它们仍然"粘"在我们身上。然而,许多特征被证明是地方性的,因为在描述它们时必须隐晦地提及诱发或抑制相关行为的场景。我们通常认为自信的人,如果被带离自己熟悉的社区,被安置到新的社会环境中可能就不是这样了。我们经常会遇到这样的人,他们在亲友面前表现出某些特质如热情和慷慨,但在同事面前的表现就非常不同②。

---

① Yasuko Minoura, "A Sensitive Period for the Incorporation of Cultural Meaning System: A Study of Japanese Children Growing Up in the United States," *Ethos* 20 (1992): 304 - 339.

② 吉尔伯特·哈曼认为我们应该彻底取消有关性格特征的讨论了,因为民众期待其性格都具有全球性特征。请参阅:Harman, "Moral Philosophy Meets Social Psychology: Virtue Ethics and the Fundamental Attribution Error," *Proceedings of the Aristotelian Society* 99 (1998 - 1999): 315 - 331, and "The Nonexistence of character Traits," *Proceedings of the Aristotelian Society* 100 (1999 - 2000): 223 - 226。他认为,取消这种讨论将把人们的注意力集中在情景因素对(转下页)

　　　　　　　　　　自然道德:对多元相对论的辩护

毕竟，我们的许多性格特征都具有背景依赖性，这应该不足为奇。我们是十分复杂的存在，为自己创造了复杂的社会世界。性格特征的背景依赖性表明，我们不能假定促进人的有效能动性的品质以及可能已经在受限制的行动领域如家庭内培养的品质，可以转移到家庭以外的社会背景和超越这些品质最初培养领域外的行动中。如果其他背景和领域中有效能动性需要这些品质，则可能需要通过与其他人的进一步互动来培养。我们还

（接上页）行为的影响上。我当然赞同这是有益的结果，但是彻底取消性格特征这个概念将所有重点放在情景因素上，带着哈曼的期待，即为心里失常的存在留出空间比如抑郁症、精神分裂症以及气质性特征的内在方面比如腼腆害羞。但是，支撑心理失常和内在气质的系统性管理的存在，暗示有些有趣的和有用的管理是在性格特征的标记下运行的，果真如此，正如我上文所说，它们通常比设想的要更加依赖背景。内在气质与情景因素以复杂的方式互动，而且常常受到个体自我意识的修正，从而产生依据特定场景的认识和行为规律。社会心理学家齐瓦·昆达（Ziva Kunda）已经表达了他对全球性性格特征的存在的怀疑，指出这种东西的不存在符合个体之间的系统性差异，如有些人在一对一的互动中非常外向，在小组讨论中比较外向，但在大群体中根本不言语，而另外一个人可能表现出正好相反的性格特征。请参阅：Kunda，*Social Cognition: Making Sense of People*（Cambridge，Mass.：MIT Press，1999）。

　　哲学家约翰·多里斯（John Doris）最近主张“地方性性格特征”的概念，这符合依靠上下文的特征，或者他说的“情景敏感性”。请参阅：John Doris, *Lack of Character: Personality and Moral Behavior*（Cambridge：Cambridge University Press，2002）。但是，多里斯对德性伦理学的生命力采取了怀疑立场，这种伦理学不能靠他拒绝全球性性格特征而更喜欢地方性性格特征来解释。他的主要理由似乎是在很多人身上发现的地方性特征表现出一种情景敏感性，这通常是从道德上说令人讨厌的或者引起反对的。由于捡到一块钱而引发的好情绪可能让很多人更有可能去帮助陌生人。请参阅：A. M. Isen and P. F. Levin, "Effect of Feeling Good on Helping：Cookies and Kindness," *Journal of Personality and Social Psychology* 21（1972）：384–388。总体上说，引起道德行为的表现发生重大变化的很多情景因素是那些从伦理视角看不应该产生差异的那些因素。在我看来，这不是对德性伦理学的前景感到怀疑的理由，反而使我们更好地理解大多数人的现状与美德理想之间存在的差距。它也给我们理由更具体地辨认出和推广那些地方性环境，从而帮助培养和维持依据场景而表现出的从道德上说值得向往的性格特征。

要注意,我们行动所采取的具体形式是通过与他人的互动过程来确定的①。许多在固定性格特征下做出的行为也受到与我们互动者的诱导,因为性格是习性特征的配置。不同特征会被不同人和不同互动过程引发。因此,通常情况下,成为我们最好的样子意味着获得最合适的伙伴。性格特征的背景依赖性的重要原因是,不同的人以及我们与他们的关系的本质会产生不同的背景。

这就是为什么当我们和别人讨论某个共同认识的人的性格时,我们会感到吃惊甚至怀疑所讨论的是不是同一个人。他人的性格在很大程度上渗透并塑造了我们自己的性格,这适用于有效能动性所需要的特征。至于自尊,正如许多心理学家所强调的那样,适当的培养可能会为孩子提供自我尊重的基础,这将伴随他的一生。然而,我们很少会遇到这样的人,同伴的意见对他完全没有任何影响。更重要的是,这种人会有一种不健康的自尊,因为他对别人意见的漠不关心表明他缺乏一种意识,即他没有认识到自己在确定自己的长处和短处时是会犯错的。

所有这些观察都强化了这样的结论:在我们的成年期,有效能动性所需的品质需要不断地维持和发展。我们期待维系和发展有效能动性的关系的性质可能不同于亲子关系,但这样的关系同样需要信任。为了向他人学习,接受他们的纠正和支持,我们

---

① Amélie Rorty, "Virtue and Its Vicissitudes," *Midwest Studies in Philosophy* 13 (1988), special issue, *Ethical Theory: Character and Virtue*, ed. Peter A. French, Theodore E. Uehling Jr., and Howard K. Wettstein: 314–324.

必须信任他们,即使我们的信任相比于理想化的那种亲子之间的信任,具备更多的条件和限制。所以不管出于何种原因,在家庭以外,必须存在致力于为我们提供所需事物的其他人。个人找到那些可以提供帮助的人的机会和能力可能因人而异,但毫无疑问,其中有些差异根源于环境和内在气质等简单的运气,但人们成长的家庭环境差异在这方面也发挥了一定作用。有些人很乐意学习他人或者与他人建立富有成效的互动关系,而有些人在这方面却困难重重。

正是在此处,我们可以从社群主义的论证中找到很大合理性。社群主义强调建立家庭以外的比国家小的互助社团,它们能够把个体团结起来去追求共同目标。这种"中间性"互助社团的规模小到允许成员之间很大程度上进行面对面互动。在我们的社会,这种社团包括非正式的社会团体如教会、商会、工会、大学、合作社和互助小组等,其中,形成某种互爱且对有效能动性产生贡献的纽带的可能性更大(虽然不能保证)。此外,如果牢记性格特性的背景依赖性,我们会注意到这些社团的成员可能相互帮助,发展有效能动性所需的性格特征,因为这些特征的形成需要某些社会背景。请考虑一名研究生试图从教授和同学们那里得到帮助,以找到适合自己特长的教学方式。

最后,这种社团的共同功能是传播社会规范,这些规范通常涉及远远超越家庭范围内的组织机构和实践。基于库利提出的初级群体(primary group)的概念,爱德华·希尔斯(Edward Shils)描述了一些经典的研究,显示初级群体忠诚对军人士气的重要性。这些研究得出的结论是：

> 如果与军队的初级群体为士兵提供的力量和安全感以
> 及对身边同志的忠诚相比，对作为整体的军事组织、国家的
> 整体象征或者认同战争的名义政治理由的直接认同相对来
> 说并不重要。士兵的战斗动机不是源于他对任何战略或政
> 治目标的感知和努力；而是源于他保护自己的初级群体和
> 符合该群体期待的需要。因此，军事机器通过相互重叠的
> 初级群体系统获得其内在的凝聚力。只有在与非正式群
> 体的系统一致时，命令才能在正式权力范围内有效地传递
> 和执行①。

在反思这一研究以及对大型社会结构中初级群体功能的其
他研究时，希尔斯坚持认为，

> 作为更大社会结构成员的个体在这些结构中作出决定
> 并协调行动，其关注的焦点不是直接集中在中央权威和体现
> 该权威象征的代理人，而是通过辨认出与他们有初级群体关
> 系的某些个人，这些人成为向他们传播来自和有关更大结构
> 的观念的渠道②。

---

① Edward Shils，"The Study of the Primary Group，" in *The Policy Sciences: Recent Developments in Scope and Method*，ed. Daniel Lerner and Harold D. Lasswell (Stanford：Stanford University Press，1951)，64.
② 同上书，67。

九、恰当的道德为何必须促成有效能动性

为了弄清楚这次讨论引出的对正确道德的约束，我们必须注意到道德能动性是一种有效能动性。我将道德能动性定义为一种能力，在个人的道德目标中合理制定出明确的优先顺序，继而计划和实施那些有合理机会来实现这些目标的行动。道德为实现我所描述的所有道德功能——促进社会合作和指导个体实现有价值的生活——提供具有激励作用的有效指导。从这个意义上说，它应该推动包括休戚与共、信任和互爱在内的关系的形成。因此，它应该包含上文描述过的义务。请考虑培养有效能动性的一些特征，正是这些特征使人有必要建立相互信任和关怀的关系。人们需要学会将社会规范应用在与他人保持持续关系的背景下，这些人向他们展示在具体情况下哪些规范的应用是正确的，哪些是不正确的。我们需要以这种方式学习道德规范。如尊重他人，表达尊重意味着什么，如何表达尊重以及何时尊重等都需要靠多种场合来表现。

我相信，正是这种认识在一定程度上推动了当前对亚里士多德主义兴趣的复兴，同时部分推动了最近对儒家的比较研究的兴趣。我认为，人们通常需要别人的帮助，才能合理平衡他们身份的各个方面。有效身份的这个维度对于实现有效道德能动性尤为重要。道德促进社会合作，这部分是通过要求人们为了他人而有时将最紧迫的某些自我利益暂时放在一边来完成的。要做到这一点，他们需要发展某些允许他们这样做的性格特征。同情、

关心、尊重和服从是不同道德在实现这一功能时所要求的部分特性。这些特性需要与有效身份的其他要素合理地平衡，以便成为有效动机。此外，我认为有效能动性需要最低程度的自尊。我注意到，自尊心不足可能导致的合理后果是过度关注自我，例如，需要独有的关注和令人安心的赞美的镜像饥饿型人格。很显然，为了获得有效道德身份认同，我们需要避免这种情况。

然而，某些类型的关系连同相应类型的义务必须与有效道德能动性一致，这个主张需要作出某些限定和澄清。在我对必要关系的广泛描述所提供的约束之内，相应义务的内容可能存在相当大差异。对多元相对论者来说，这本是应有之义。此外，该论证并未确认从有效能动性所必需的认同所产生的任何义务。从任何特定道德的视角来看，一套特别的义务是否有效将取决于它们与被当作适当道德的其他约束是否一致，对特定道德来说，这些约束可能是普遍性的也可能是特殊性的。但是，如果我们所拥有的特定义务和身份认同在道德上是不可接受的，那么，从道德上来说，我们需要找到一些可接受的义务，因为道德需要有效能动性。

最后，请记住这一论证，源自我们身份和幸福的某些重要义务有时被用来削弱某种自由主义概念。正如上文所定义的那样，自由主义认为权利先于善，这是因为正确行为或正义概念是可以不需要受到人类对善的任何特定概念的影响而独立被辩护的，而且应该这样做[①]。随后，一些社群主义者认为，鉴于某些义务源

---

① 请参阅：Sandel，*Liberalism and the Limits of Justice*。

自社会性质、身份认同和人类幸福，权利不能比善更重要。我之所以认定这种反对自由主义的社群主义观点是因为我论证了一种部分范式，促进人的生活幸福是判定道德可靠性的必要元素。

但是，因为我只提供了部分范式，我也只是提供了社群主义论证的部分证明。显然，许多不同类型的幸福生活与我主张的广泛描述的关系、身份认同和职责类型是吻合的。自由主义如果承认这些元素是可靠道德的必要元素，仍然可以接受非常广泛的善的概念，以保持显著的多元主义特征。

尽管如此，对幸福生活必须是什么样子的重要约束已经出现，而在这里，多元相对论变成受限制的相对论：并非所有关于幸福生活的连贯概念都是同等合理的。虽然我的论证仅对那些坚持对善的概念保持完全中立的自由主义理论家有说服力，但它的确要求所有自由主义理论家来解决这个问题，即什么样的社会、政治和经济结构能提供最有利的条件促成有效道德能动性的增长。

然而，我所说的话不是要削弱个人权利的可靠性或财富和收入公平分配的合理性，而是要强调我们需要检验某些社会、政治、经济结构的影响，虽然它们形式上与个人权利和公平分配相符却不适合培养能够有效地践行这些自由价值观的人。这些将在下一章中作进一步的说明。

第五章　社群和自由理论[①]

　　我已经论证了人类的社会性要求恰当的道德具有个人视角以及对他人的特殊义务。因此，即便像自由派理论那样将非个人视角放在重要地位的道德，也必须为个人视角及其特殊义务留下一席之地。此外，我认为，实现非个人视角的工程需要承认特殊义务及其帮助培养有效道德能动性的方式。

　　我也论证了，中间性社团（intermediate associations）在促进有效能动性方面发挥着至关重要的作用，这导致了对自由派伦理学理论的批评：其典型特征是缺乏对此类社团以及维系此类社

---

① 本章的论证结合和扩展了从前发表过的两篇拙文，请参阅："On Flourishing and Finding One's Identity in Community," *Midwest Studies in Philosophy* 13 (1988)，special issue，*Ethical Theory: Character and Virtue*，ed. Peter A. French，Theodore E. Uehling Jr., and Howard K. Wettstein；324 - 341；and "On Care and Justice in the Family," in *In the Company of Others: Perspectives on Community，Family，and Culture*，ed. Nancy Snow（New York：Rowman and Littlefield，1996），91 - 101。

团意味着的一整套复杂议题和问题体系的关注。为了说明可以提出这种批评的方式,我将讨论像其他任何理论一样充分考虑这些社团的自由主义理论——罗尔斯的正义论。这一想法是拿现存的对这一问题处理得最好的自由主义案例来展现,此处可以说明得更详细,即便这一最好的理论也严重缺乏对此的关注。我猜测对社团的关注缺失得到了这一假设的支持,即自由主义和社群主义价值观互不相容。我反对这种假设,而将社群主义和互爱的关系型价值所适用的家庭作为范式背景。我将论证,自由主义的正义价值观也适用于家庭,事实上与社群主义和相互关怀的关系型价值观有关。

一、重视罗尔斯理论中的社群

在《正义论》中有关理想的正义社会的道德发展部分,约翰·罗尔斯概述了三个阶段。第一阶段向个人灌输"权威道德观",这种道德基本上是在家中学到的道德,即父母关怀子女并肯定子女的价值观,孩子回报以爱和信任。第二阶段向个人灌输"社群道德观"。个体意识到他是群体的一员,并且设想应用在自己身上的道德规范源于自己在群体中扮演的角色。第三阶段带来了"原则道德观",其中,个体开始理解社会治理的最普遍和最基本原则(包括正义的两原则),并且开始理解这些原则背后的原因①。通过对这些阶段的排序,罗尔斯当然认识到我在上一章中已经描述

---

① *A Theory of Justice* (Cambridge, Mass.: Harvard University Press, 1971), 462-479.

过的至少某些培育和成长过程的必要性了。

然而,他的处理方法有一个问题,那就是他似乎认为,必要的社团存在于满足他的正义两原则的社会中。然而,如果我们看看罗尔斯自己描述正义社会的主要政治和经济制度的方式,似乎没有任何东西可以确保其中会有能够实现上文描述功能的社团。罗尔斯也没有回应社会批评家(的批评),即资本主义自由民主国家中存在一些力量,它们增加了社会文化的同质性以及非个人的、大规模政治和经济实体的无所不在的权力,破坏了中间性社团。还有一种越来越明显的趋势,将所有社会关系都视为契约关系。批评家们表示,这一趋势破坏了家庭和次级社团内部应有的那种承诺和信任。结果,人们可认同的这种社团组织更少了①。这种趋势似乎削弱了罗尔斯概括的第二阶段道德观所扮演的角色,他认为这是进入第三阶段的必要条件。根据上一章的论证,罗尔斯将第二阶段描述为必要阶段是正确的。它对有效能动性是必要的,而有效能动性对有效道德能动性来说必不可少。就正义理论必须与有效道德能动性有关这一点来说,它必须关心人们认同那些能培养和维持有效能动性的群体的能力。

对于有效能动性条件的关注需要比罗尔斯所表现出的真正关注的范围更广泛一些。他的两条正义原则主要涉及善的分配,如自由、财富和收入等分配。这些善肯定与有效能动性有关。但问题是,人际关系的本质和内容影响有效能动性的培养和维持。

---

① 比如,请参阅:Robert Putnam, *Bowling Alone: The Collapse and Revival of American Community* (New York: Simon and Schuster, 2000)。

自然道德:对多元相对论的辩护

这个问题以一种复杂的方式涉及分配问题,但并不能简单地归结为分配问题。社群主义者对罗尔斯的批评是合理的,因为它抨击了罗尔斯对于我们是否正在失去社会结构的问题沉默不语,这些社会结构对能动性的影响不能简单地归结为分配问题。罗尔斯的确谈到了自尊,但这仅限于有关其他善的分配如何影响自尊这一问题。

我并不是在指责罗尔斯赞同这些破坏力量所声称的影响。我的观点是,他忽略了那些对其正义论的可靠性产生影响的力量。正义社会的理想需要有效的道德主体。如果一种理论主张政治平等,就像罗尔斯的理论一样,它需要广泛和有效的道德能动性。在这方面,与其他理论家甚至一些社群主义理论家相比,罗尔斯有更多的理由担心培养和维持有效能动性的社团遭到破坏。

因此,我的观点是,自由派理论家的错误不在于持有某些"原子式"人格模型,而这种模型与我们依赖他人才能获得有效能动性的方式截然对立。他们的错误是没有充分探究这些方式以及这些方式是如何可能或不能被实现的。对这一反对意见的一种标准回答是,对这些潜在问题的严重性的评估不是哲学家的任务而是社会学家、社会心理学家和经济学家的任务。毫无疑问,哲学家在这些问题上需要帮助,但在很多情况下,这种任务分割的实际结果是哲学家忽视了他们理论中潜在的严重问题。任务分割在另一方面来讲也是错误的。如果把这些问题当作纯粹的实证性问题来对待,就忽略了有关价值观和人类心理学的实质性哲学假设,而这些假设是社会学、社会心理学和经济学理论的重要基础。

错误的分割会导致人们忽视其他潜在的严重问题。再次以罗尔斯为例,假设我们确实有促进第二阶段道德角色所必需的中间性社团,罗尔斯用下列术语描述了向第三阶段的过渡:在第二阶段,我们与所属社团的其他成员建立起信任和忠诚的纽带;当我们开始理解这两条原则如何肯定每个人的价值,并贡献于每个人的利益时,我们逐渐意识到这些有益于与我们产生纽带的人;我们逐渐对这些原则本身产生依恋。

这使得向第三阶段的过渡听起来没有问题而且很自然,但人们对特定他人的忠诚与他们应该公正和公平对待所有人的意识这两者之间发生冲突的情况并不罕见[①]。社团的道德角色并不那么容易被纳入在无知之幕背后作出选择所产生的原则之下。当角色道德渗透到实际身份认同中时,它会因为代理人的倾向而对他们有约束力,并感受到自己有责任回报特殊群体对他们所表现出的关怀和信任。然而,正义两原则建立在这样一种观念之上:一个人对他人有所亏欠,无论此人与他人有什么样的特殊关系。对特定人群忠诚和不偏不倚对待所有人这两者之间并不总是存在冲突,但是冲突情况之多足以让人觉得不偏不倚对待所有人的承诺不能被简单地视为承诺对特定人群忠诚的自然延伸。此外,人们不能假设,一旦发生了冲突,正义原则优先——尤其是当人们与特殊群体的纽带有助于促进和维持其有效道德能动性

---

① 有关这种冲突,请参阅: Alasdair MacIntyre, "Is Patriotism a Virtue?" *Lindley Lecture* (Lawrence: University of Kansas, 1984)。有关古代中国哲学中解决这种冲突的方法,请参阅拙文: "Universalism versus Love with Distinctions: An Ancient Debate Revived," *Journal of Chinese Philosophy* 16 (1989): 252–272。

的时候,情况或许正好相反。我并不是暗示冲突是不可解决的,而是说冲突是人类道德景观的重要特征。

自由主义者可能会正确地反驳说,重要的、相对自治的社团时代也是等级体系和特权得到接受的程度远远高于现在的时代。如果这些社团为其成员提供培养和维持有效能动性的机会,那么同样真实的是,有些社团通过限制其成员的某些社会角色而限制了他们的生活前途。有些社团可能对其成员没有这种影响,但它们如此强大以至于限制了其他社团成员的生活前途。然而,这些消极影响并没有抵消更多地方性社群形式给人类带来的积极利益。这种力量源于培养有效的人类道德能动性的要求。反对现代自由主义理论出现新亚里士多德主义和社群主义转向,这并非偶然。它表明了这些理论缺陷的本质。自由主义者有时也承认,他们毕竟不能在有关幸福设想的竞争概念中完全保持中立,因为他们自己的原则反映自主性享有优先权。不过,如果将自主性与有效能动性相结合,中立性肯定会遭到进一步的损害,因为我们的人性的确是社会性的。

解决有效能动性的社会条件需要更加注意平等主义价值观在家庭和离婚法中的实施方式。菲利普·塞尔兹尼克(Philip Selznick)承认,最近无过错离婚的趋势反映并强化了妇女争取平等和独立的运动。将婚姻作为平等者之间契约的想法转化为婚姻资产的平等分配。但塞尔兹尼克指出,这种平等往往与社会现实背道而驰,如妇女在经济上的弱势、儿童的需要以及前夫和父亲有逃避责任的机会等。

他总结道,结果是我们的法律从一种观点上退却,即应该特别关注那些具有历史功能的机构,这些机构迫使男性对自己的家庭负责,并创建一些义务不仅源自契约而且源自身份认同和亲缘关系的单位①。如果中间性社团的影响力在下降,家庭发挥培养和维持有效能动性的压力会增加,与此同时,性别平等、经济需求的压力和福利改革迫使单亲家长工作,这些因素共同作用,缩减了完成这些任务(即培养能动性)的家庭资源。

那么,我提出的建议是自由主义道德必须融入社群价值观,以其促进自身价值所需的有效能动性。许多社群主义者和自由主义者都反对这一观点。双方的支持者都认为,他们各自的价值观互不相容。社群价值观如何与强调更大范围内的个人权利和自由以采纳和追求自己的善的道德相结合呢?难道这种自由与看到自身利益与他人利益交织在一起的观点不是格格不入吗?塞尔兹尼克有关当代离婚法的观点提供了例子,说明这两种伦理看起来是如何水火不容。自由派女权主义者肯定会谴责前夫和父亲不支持家庭,但她们也不想支持父权制家庭观念的复兴。一方面,在她们看来,正确的做法似乎是更有力地执行妇女得到支持的权利,而不是试图加强家庭内的社群责任伦理。另一方面,像迈克尔·桑德尔(Michael Sandel)这种社群主义者用理想家庭的观念来论证自由主义的正义原则不适合某些社群。

我建议研究自由主义和社群主义的家庭价值观的兼容性。

---

① Philip Selznick, "The Idea of a Communitarian Morality," *California Law Review* 75 (1987): 445 - 463.

（理想的传统的）家庭也许是具有共同善的社群的范例，这种共同善与成员的个人利益密切相关，因此可能被认为是不合适自由价值观的家园。我认为，自由主义和社群主义价值观之间的兼容性比这些思想家设想的情况更大。这种论证路线可能被认为与本书所辩护的多元相对论相悖。毕竟，有人可能会反对，我一直主张的道德矛盾的重要性就依赖价值观冲突，比如一边是社群和人际关系的价值观，一边是个人权利的价值观以及对陌生人、朋友及家人的无差别的非个人关怀。在主张这些价值观的兼容性要比各自辩护者所设想的程度更大时，我不能鱼与熊掌兼得，但是，我将展示恰当的道德中的价值观即使在某些方面发生冲突，照样能够在其他方面交织在一起，相互支持。

二、从关怀和社群主义视角批评自由主义的正义

最近关于家庭的许多文献都是用卡罗尔·吉利根（Carol Gilligan）所描述的"关怀伦理"（care ethic）语言来表述的[①]。这种伦理包括对特定他人的福祉以及与他们关系的关注。它涉及

① Carol Gilligan, *In a Different Voice: Psychological Theory and Women's Development* (Cambridge, Mass.: Harvard University Press, 1982); Carol Gilligan, Janie Victoria Ward, and Jill McLean Taylor, eds., *Mapping the Moral Domain: A Contribution of Women's Thinking to Psychological Theory and Education* (Cambridge, Mass.: Center for the Study of Gender, Education, and Human Development, Harvard University Graduate School of Education, distributed by Harvard University Press, 1988); Carol Gilligan, Nona Lyons, and Trudy Hanmer, eds., *Making Connections: the Relational World of Adolescent Girls at Emma Willard School* (Cambridge, Mass.: Harvard University Press, 1990). 有关关怀伦理学的独有特征的分析，请参阅：Lawrence Blum, "Gilligan and Kohlberg: Implications for Moral Theory," *Ethics* 98 (1988): 472–491.

高度情境化的推理,这种推理指向他人的福祉以及维持或修复与他们的关系或他们之间的关系。这种伦理观似乎适合家庭,因为家庭成员经常将他们的关系视为重要的善,可能对他们的身份认同至关重要。我们在家庭中所做的大部分事都是为了维持或修补我们与特定他人的关系,这些行为并不总是能从若干一般性道德原则中直接推断出来。

吉利根将关怀伦理与强调公平、正义和权利的伦理以及要求推理和从一般原则中推导出结论的伦理进行对比。由此产生这一问题:正义是否适用于家庭。有些人认为正义不适合家庭,它与家庭内部强调和谐与关怀的要求相冲突。社群主义者和关怀伦理学家就是在这里汇合起来了。

迈克尔·桑德尔给出了一种正义不适合于家庭的论证。在提出罗尔斯的自由主义正义论是否应该适用于家庭问题时,桑德尔要求我们:

> 考虑多多少少还算理想的家庭状况,其关系在很大程度上由自发的爱所控制。因此,公平正义的场景相对来说不占上风。(这样的家庭)很少求助于个人权利和公平决策程序,不是因为不公正猖獗,而是因为求助于这些的欲望被一种慷慨精神预先占据,即我很少倾向于要求我的公平份额……想象一下,和谐的家庭有一天充满了纠纷。利益日益分化,公平正义的场景日益严峻。以前的互爱和自发性让位于对公平的要求和对权利的尊重……父母和孩子进行反思平衡,即

便闷闷不乐,但尽职尽责地遵守正义两原则⋯⋯然而,我们是否愿意说,正义的到来无论多么充分都复原了拥有全部道德品格的场景,唯一的区别仅仅是心理差异?[①]

苏珊·奥金(Susan Okin)在这一论证中看到了这样一种前提,即自发的关怀情感在某种程度上与遵守正义原则格格不入。她正确地对这种前提提出质疑[②]。桑德尔认为,关怀的情感在理想家庭中是"自发的"。家庭成员的善紧密地联系在一起,似乎根本就不会出现公平和权利问题。家庭中最幸福的时刻,爱是自发的。但即便如此,也会出现公平问题。孩子们可以质疑他们是否受到公平对待,即使他们可能不会质疑父母对他们的爱。配偶或伴侣可能都不愿意去做某个必要的家务,他们可能不得不讨论公平分工问题。这些问题在最健康的家庭中也会出现。事实上,我认为,关心家庭健康就可能需要考虑公平正义问题。

三、关怀和正义如何交织在一起

要明白这一点,我们需要认识到关心一种关系意味着什么。根据吉利根对关怀伦理的描述,道德行为旨在维持和修复关系。当我们采取行动去维持和修复关系时,有时我们肯定会并且不管怎样也应该要从这一种观念出发,即至少在与我们身边特定人群

---

① Michael Sandel, *Liberalism and the Limits of Justice* (Cambridge: Cambridge University Press, 1982), 33.
② Susan Okin, *Justice, Gender, and the Family* (New York: Basic Books, 1989), 32.

之间，良好的人际关系意味着什么。

正是在这一点上，正义指导了关怀视角。正如玛丽莲·弗里德曼（Marilyn Friedman）指出的那样，提供亲密、支持和关心的个人关系需要参与者的共同努力①。当这种关系中的一个成员在这种努力中承担更大责任时，就会出现不公平的问题。这出现在性别当中，用玛丽莲·弗莱（Marilyn Frye）的话说，"男性不像女性为男性服务那样为女性服务"②。正义与关怀的关系相关，不仅仅是作为对这种关系如何进行的外在约束。就关系本身的健康而言，正义可能是必不可少的，并且从这种意义上讲，正义是关怀视角的内在要求。正如克劳迪娅·卡德（Claudia Card）指出的那样，缺乏互惠可能是同龄人之间友谊破裂的主要原因③。婚姻作为同龄人的友谊，会因为在承担负担时缺乏互惠而受到威胁。然而，在更仔细地研究正义与关怀的关系时，我们需要对正义的两个概念作出区分。正义概念之一是，根据实现共同善的目的来确定功过和责任。这种共同善包括参与共同生活的善，以及被认为是所有参与者幸福的重要组成部分的关系网络。在这一概念下，正义美德是维持和促进共同善所需的那些美德。在家庭中，共同善包括成员之间的一系列理想关系，这可以被称为良好

---

① Marilyn Friedman，"Beyond Caring：The De-Moralization of Gender，" *Canadian Journal of Philosophy*，supp. vol. 13（1987）：100.

② Marilyn Frye，*The Politics of Reality*（Trumansburg，N.Y.：Crossing Press，1983），9.

③ Claudia Card，"Gender and Moral Luck，" in *Identity，Character，and Morality：Essays in Moral Psychology*，ed. Owen Flanagan and Amelie Rorty（Cambridge，Mass.：MIT Press，1990），205.

的家庭生活。如果成员们在维持和改善那种生活方面没有作出贡献，或者当他们从生活中得到的好处超过他们的付出时，对其他成员就是不公平的。这种意义上的不公平给家庭的共同生活带来威胁。

社群主义传统的当今倡导者们担心，这些传统正在消失或减弱。他们可能是正确的，但适用于家庭的社群主义传统仍然牢牢地控制着我们。我们中的许多人仍然认为，家庭生活是我们幸福的必要条件，也是所有成员的共同善所在。这种共同善为决定家庭内部利益和负担分配的公平性提供了基础，它在很大程度上取决于家庭生活的理想，尤其是可接受的等级差异和从属关系。重要的是，许多体现社群主义观念的传统拥有的关于良好家庭生活的概念，会系统性地贬低女性地位，抹杀她们为家庭作出的重要贡献，简而言之，我们已经不能再为这样的观念辩护了。但同样重要的是，我们要注意到美好家庭生活的社群主义概念未必要贬低女性地位或者为男人的支配地位辩护。我们可以重视由男女平等、相互支持和互惠互利构成的家庭生活。

自由主义的正义观念不只是关注共同生活的利益也关注个人在社会中拥有的权利以及重要利益分配的公平性，这种分配最终不是通过参考对共同生活和共同善的要求，而是由表达个人道德平等的原则来决定。这一概念关注的是个人的合法利益之间的冲突，并寻求公平的方式来裁决这些冲突。

这种自由主义观念也适用于家庭，但其适用的方式不同于社群主义观念与家庭相关联的方式。即使在这样一个家庭中，即其个体正确认识到他们的福祉取决于家庭共同生活,他们也会产生合法利益的冲突,这些冲突无法通过诉诸促进共同生活的最佳方式来解决。在成员需要保护的家庭中,向他们提供保护的一种方式是承认和执行他们作为人应该享有的权利。打孩子的家长不只从破坏家庭共同生活的意义上是不公正的,而且也在侵犯孩子的人权。

这两种正义为家庭提供了不同的道德视角。社群主义正义关注家庭关系中的道德善。自由主义正义关注的是家庭成员作为人而不是家庭成员的道德地位。但正如社群正义可以指导关怀视角一样,自由主义的正义也可以指导社群主义正义。例如,它可以支持那些拒绝服从和支配的美好家庭生活概念。自由主义正义也能指导关怀,例如在21世纪的美国,已经出现了正确照顾儿童的概念,这包括这样一种思想,即应该教育儿童了解自己的权利,维护自己的权利,并有效行使这些权利。如果我们不这样做,就照顾不好他们。

反过来,关怀对这两种正义都提供指导。关怀要求关注每个人的特质、需求、欲望和环境的特殊性。当然需要这样的关注以便了解每个家庭成员如何为共同的家庭生活作贡献,以及如何根据贡献给予每个人应得的待遇,并且需要知道教育每个孩子了解、维护和行使人权以及尊重他人权利的最佳方式。在美国的主流道德传统中,自由主义正义、社群主义正义和充满关怀的关注可以而且应该以所有方式交织在一起。

与此同时,这些关于家庭的道德视角可能存在某种张力,有

　　　　　　　自然道德:对多元相对论的辩护

时甚至是公然冲突,这取决于家庭及其成员。关怀家庭成员可能需要一些介入,若从自由主义正义观来看,这些介入可能是不合理的。自由主义正义在强调个人的自由权利时,可能与其他家庭成员对个人的要求相冲突,我们可以从家庭共同生活的角度为这些要求辩护。在发生冲突的情况下,没有任何一种考虑始终凌驾于另一种考虑之上。这在很大程度上取决于利害关系是什么。如果大孩子吸毒,出于关怀而介入或为了社群主义正义而限制大孩子自由的行为可能是合理的,但在其他问题上,即使父母不赞成孩子可能正在做的事,干涉也未必是合理的。

即使在此,我们也必须允许并接受对于什么构成干涉的重大文化差异。例如,传统的中国家庭允许父母介入孩子的事务,而这些干涉在美国被广泛认为是不合理的。第一章中使用过的例子可以说明我的观点。在电影《长城》中,一位被同化的华裔美国青年对中国母亲在未经允许的情况下打开并阅读女儿的邮件这一行为感到震惊。这位母亲并不认为她的行为侵犯孩子的隐私,而将其认作关心女儿生活的合理表达。在多元相对论中,这种差异属于恰当道德的范围。

因此,关怀、社群主义正义观和自由主义正义观相互重叠,相互影响,有时相互强化,有时又相互冲突。所有这些视角都只是对家庭的片面看法,都需得到其他视角的指导。为了强调这一点,让我考虑一些适用于家庭的对于自由主义正义的批评。我认为,正确的结论并不是这些理论不适用于家庭,而是这些理论必须被看作对家庭的不完整视角。

四、自由主义正义不适合家庭吗?

萨拉·鲁迪克(Sara Ruddick)认为,自由主义正义论不适合家庭,因为它们从家庭成员的特定身份中抽象而来。[1] 请考虑罗尔斯有关原初立场的理论,其中在决定正义原则时,当事各方不知道他们的特殊身份。但这种抽象并不意味着自由主义正义观不适合家庭。它确实使自由主义的正义无法解释源自特定身份的道德要求。例如,这样的理论不能解释对于我作为父亲的要求。其中一些要求源于对好父亲的一般概念,更广泛地说,源于好家庭的一般概念。其他要求则源于我作为利亚纳(Liana)父亲的特殊身份。也就是说,它们源于他是谁、我是谁以及我们关系的发展方式。正确的结论是,自由主义正义只是对家庭的部分看法,这个视角不能解释我们所有的道德责任和义务。

但是,自由主义正义论为家庭提供了独特视角,这恰恰是因为它们从我们的特定身份和恰当家庭角色的社群主义概念中抽象而来。自由主义正义论提供了与那些特定身份和概念之间的关键距离[2]。这种视角可以促使我们将成年男女之间的家庭关系变得平等和互惠,使这种关系尊重男女双方(基于自主性)的权利。

还有另一种方式使得自由主义理论无法讲述整个道德故事,

---

[1] Sarah Ruddick,"Justice within Families," in Snow, *In the Company of Others*, 65 - 90.

[2] 但是,正如我在第三章第六节论证的那样,我并不认为个人权利的概念框架是获得对传统社群形式所需要的批判距离的唯一方法。从社群主义视角本身来说,人们能够从男女对家庭利益作贡献的平等潜能来批评男女之间不平等的传统观念。

却是现代西方道德传统故事的重要组成部分。自由主义理论建立在道德平等者的关系范式的基础上,其中道德平等的基础是平等拥有某种特质或潜能。在康德理论中,这种关系的基础是拥有理性。问题在于人们拥有潜能的显著差异是否会破坏道德平等的观念。有些理论家通过扩展相关特征或品质的概念来解决这个问题。在罗尔斯的理论中,道德平等的相关基础包括不需要被实现的潜能:一个人拥有善的概念的能力,具有正义感的能力,他将其定义为"至少在最低限度上,正常有效地应用正义原则并基于正义原则行动的欲望"。罗尔斯认为儿童和婴儿满足最低限度要求,因为他们有这样的潜能。因此,他们享有得到正义原则充分保护的基本权利。他说,通常由父母和监护人代表他们行使这些权利①。

通过将平等的相关基础进行足够广泛的定义,罗尔斯能够保持道德平等的概念,基于这种概念,潜能大小差异很广泛的人拥有同等权利。当然,在这个范围内,有些权利是不变的,例如不被攻击的权利,即便侵犯者是家人。但是,关注人的权利相同的这些方式不应该误导我们去忽视必须根据差异而区别对待他们的方式②。在某种延伸的意义上,婴儿和儿童拥有完全相同的权利。但是,我想知道这种意义是否成为指导行动的有用指南。当罗尔斯说父母和监护人代表孩子行使权利时,我不确定他到底是

---

① Rawls, *A Theory of Justice*, 505 - 509.
② 鲁迪克在《家庭内的正义》中提出了这一点,请参阅: Ruddick, "Justice within Families"。

什么意思。无论它意味着什么,它必须与这样一个事实相一致:至少到了某个年龄段,儿童拥有在某种程度上已经实现的正义感潜能,但在很大程度上是一套潜能,其发展主要取决于他们后来与他人的关系。他们不是完全的道德主体,这通常意味着我们不能让他们行使大多数成年人拥有的某些权利。

儿童在很小的时候就开始表现出公平感,但这种公平感非常粗糙,而且效果参差不齐,父母和监护人应该做很多事来培养他们的正义感。要做到这一点,就必须引导儿童,有时候是简单地下命令。的确,家长们经常低估孩子拥有的给出理由和考虑理由的能力。相反的错误也是可能的。如果给孩子们一些选择,但他们还没有能力充分考虑这些选择——他们需要的是指导而不是选择。另一个与对待儿童相关的因素是他们变化的年龄。对儿童事件的适当干预到了成熟后期可能就变得不适当了。

还要考虑到,在家庭中传播宗教传统的过程有时要求父母不要给年幼的孩子提供选择,而对于成年人或成熟的孩子来说则需要这些选择。例如,我们不会容忍让成年人去上主日学校,但对孩子来说,如果他们要至少对一种宗教选择有具体的理解,并对宗教生活有些感觉,这样做似乎是必要的。在此,父母必须再次认识到,孩子与宗教的关系必须随着孩子的成熟而改变,并且他们与孩子在宗教方面的关系也必须相应地改变。

说儿童和成年人拥有相同的基本权利,这没有抓住涉及问题的复杂性,家庭成员依据显著的不平等对其他成员采取不同的行动,这些不平等既有成员之间的不平等也有每个成员在人生阶段的不平等。平等权利的语言作为解决这些问题的工具似乎太过粗糙。然而，在我看来，在提出家庭成员在某些方面应该被平等对待，以及指出家庭由潜在平等者构成的道德相关方面上，自由主义正义观仍具有重要意义。事实上，一些家庭成员的工作是帮助实现这种平等。自由主义正义观为家庭提供了必要的视角，但它需要被作为关怀视角核心的那种对个体特殊性的关注来指导，同时需要家庭成员像社群主义者那样意识到个人通过机构如家庭逐渐形成有意义的身份的种种方式的指导。

关怀和正义视角辨认出一系列需要考虑的因素——种种原因——这些是人们通常进行的丰富而复杂的道德推理的一部分。这些视角之所以有用就在于它们允许我们更清晰和更仔细地思考不同类型的道德方式。不同道德考量，在不同背景中譬如家庭如何影响行为决策，以及它们如何互相交织、相互强化或者相互冲突。如果认为这些视角是相互排斥的，不同类型的道德考虑因素交织和重叠在一起的方式各有不同，那它们就会让人误入歧途。

强调关怀同时却割断其与正义的关系是危险的，强调一种正义同时却割断其与其他道德视角的关系，这也是危险的。强调自由主义正义以至于忽略关怀或社群主义正义，可能导致贫瘠的家庭生活和贫瘠的个人生活。当我们仅仅受到个人权利概念的指导，就可能忘掉那帮助我们最珍视的人际关系的道德考虑。没有了这种人际关系的幸福将不仅让人生更贫瘠，而且正如我们在前一章看到的那样，它也让人怀疑是否有足够的个人能有效地依据自由主义正义来行动。我们知道，培养有效正义感的最佳方法是从富有营养的和公正的人际关系的生活中产生的。我们知道，人们拥有的第一阶人际关系特别重要，即便不总是如此，这种关系至少常常影响人们关心他人的能力。

当然，我所展示的并不是社群、关怀和自由主义正义完全兼容，但是，它们不相容的方式与其他的价值不相容方式一样。通常情况下，它们的实际兼容性在很大程度上取决于我们所拥有的制度和实践，以及我们改变这些内容的意愿和能力。下一章是进一步的论证，即社群价值需要与自由主义价值结合起来，同时考虑对恰当的道德的另一种约束。

有时候，我们会说恰当的道德必须考虑到人的本性允许人们成为什么人以及能做什么事。正如我们将在下一章中看到的那样，这种论证的某些形式是不合理的。然而，这种论证非常普遍，这就提出了我们现在的道德受到批评的可能性，批评的理由是它们有关人性允许我们成为什么人或能做什么事的预设是错误的。正如我在第一章中指出的那样，当前的社会、政治和经济安排经常使我们感到那是自然而然的而且是不可避免的。但其实，这可能是因为接受这样的安排让从中受益的那些人觉得更舒服些罢了。

第六章　心理现实主义会约束道德的内容吗？[1]

　　我已经论证,个人视角植根于人性,并且会以某种方式约束道德能动性的培养和维持方式。将非个人视角置于中心地位的道德必须承认这种约束,这就是为什么非个人视角会预先假定个人视角,即使两者会发生冲突。除了第四章和第五章中特别说明的方式之外,人性是否会进一步约束我们如何平衡个人视角与非个人视角呢?

一、通过求助于人性,解决个人视角与非个人视角之间冲突的尝试

　　有些人认为,应该给予个人视角更大的权重。他们给出的理

---

① 本章的基本框架可参阅拙文:"Psychological Realism and Moral Theory," *Nomos* 37(1995), special issue, *Theory and Practice*, ed. *Ian Shapiro and Judith Wagner DeCew* (New York: New York University Press,1995),108 - 137。

由之一是,很难把人类看作完全不给自身利益和个人关系更高权重的(存在)。人类心理学的现实主义表明,道德必须考虑到个人动机的内涵和力量。难题是道德如何将个人动机的内涵和力量考虑进去。至少有两种一般方式可以将两者结合起来:要求人们从非个人视角考虑他人利益的方式或许有限制;人们从非个人视角考虑的程度也许有限制。我认为,要求的方式应该有限制,但是要求的程度是否有限制并不确定,而且与方式限制的复杂形式密切相关。最近有人尝试将心理现实主义问题与道德理论联系起来,我的论证就从这些尝试开始。

二、强大的和最低限度的心理现实主义形式

伯纳德·威廉姆斯提供了批判道德理论的典型例子,理由是它没有足够重视个人动机。威廉姆斯将个人那些让生活对他们来说有意义的"基础"工程(包括长期的个人目标和关系)包括在个人视角内。鉴于它们起到让生活变得有意义和有条理的作用,威廉姆斯认为,如果这些与非个人原则相冲突时,要求个人总是将其基础工程放到一边是不合理的。他认为,以功利主义或康德主义形式出现的现代道德理论总是致力于提出这种无理要求[1]。他呼吁大家拒绝现代理论,转而支持一种伦理学(古希腊人奉行这种观念),其中除了支持现代道德理论真正有价值的要素——自由和社会正义价值观,也拥抱个人目标和关系的

---

[1] 见 Bernard Williams, "Persons, Character, and Morality," in *Moral Luck* (Cambridge: Cambridge University Press, 1981), 1-19。

　　　　　　　　　　自然道德:对多元相对论的辩护

重要性①。

欧文·弗拉纳根将威廉姆斯描述为一位"强烈的心理现实主义者"，他"基于一种超越某些最低体面标准的生活形式"，"将其道德体面标准提升到更接近而不是远离该理论已经在探讨的行为者性格的高度"②。在评价威廉姆斯的论证时，弗拉纳根指出，例如，行为者可能遵循佛教传统致力于高度非个人视角的道德观，但这种承诺不一定没有道理。针对一种论证，即像非个人视角的道德要求的那样让人疏远个人的人际关系和工程既不正常也不自然，弗拉纳根指出，自然或正常的东西有时被压制、修正或超越。此外，考虑到人们对它的依恋随着个体、文化和历史阶段的不同而有实际变化，我们很难说怎样依附于个人视角是正常的或自然的。最后，弗拉纳根认为，教育子孙后代本人无法亲身学习的东西有时候是可能的，也是值得向往的。例如，如果人所受的养育限制了他关怀遥远陌生人的程度，这可能就是他换一种方式养育自己孩子的理由，而不是限制非个人视角道德提出的要求的理由③。

为了取代强烈的现实主义，弗拉纳根提出了他的最低限度心理现实主义原则："在构建道德理论或投射道德理想时，要确保所规定的性格特征、决策处理过程和行为对我们这样的人来说是可

---

① Bernard Williams，*Ethics and the Limits of Philosophy*（Cambridge，Mass.：Harvard University Press，1985），198.

② Owen Flanagan，*Varieties of Moral Personality*（Cambridge，Mass.：Harvard University Press，1991），56.

③ 同上书，97 - 98。

能的,或者被认为是可能的。"①这些原则排除了作出这样要求的理论,即个人把所有可辩护的目标放置一边,如果这样做可以使很多其他人的非必要欲望得到满足的话②。实际上,这将排除极端的结果主义理论,这种理论要求对总体满意度进行原始定量优化,完全不用顾忌任何道义上的约束。

虽然弗拉纳根的原则比强烈的心理现实主义更加合理,但这个问题值得进一步探索。弗拉纳根警告说,不要将地方性的、社会形成的特征误认为是普遍性的、自然的特征,此言甚是。他还进一步正确指出,道德理论应该对社会形成的最根深蒂固的特征提供一种批判性视角。有人可能会认为,从"可能"的某种意义来说,激励人类去遵循受到道义约束最低程度影响的非个人视角的道德理论是可能的。人们可能会认同这点,但有关心理现实主义的某些重要问题却根本没有涉及。

其中没有涉及的最重要问题之一就是抽象的可能与现实的或实际的可能之间的区分。这一点可以依靠弗拉纳根提到的佛教例子来回应,即这种宗教最受欢迎的形式给外行人提出的行为要求是相当适度的。宣称某些形式的佛教可能需要对生活表现出更强烈和更普遍的关注,但这并不表明大多数人甚至大多数佛教僧侣实际上都能这样生活。此外,如果不能具体指出这种教育如何真正让人变得不同,教育子孙后代变得与自己截然不同或许只是一种抽象的可能性。例如,相对于我们的父母,我们可以更

---

① Flanagan, *Varieties*, 32.
② 同上书,73。

强有力、更一以贯之地向孩子强调对遥远他人的义务,但这并不意味我们的孩子拥有对遥远他人的关心和依据此关心来行动的现实可能性。

三、现实可能性的复杂性

区分抽象的和现实的可能性从道德上看似乎很重要,但与此同时,谈论现实可能性也很危险。对改变的可能性采取"现实的"态度可能让我们与塑造我们现有动机的文化、政治、社会和经济制度融合起来。

这些机构不仅塑造了我们的动机,而且塑造了我们对可能性的看法。在某种程度上,我们可以尽可能地去利用最广泛的信息,例如人类学、社会学、心理学到历史学的信息,将其作为评估现实可能性的基础以此来减弱这种危险。以此基础,我们可以判断是否可以合理期待实现那些新制度和实践,它们在我们的实际动机中形成非个人视角所要求的那种改变。

请注意现实可能性的概念有两个维度。要称某事项为一种可能性,首先,是说我们对实现它的过程有一个概念;其次,是说有证据表明相关行为者有能力来启动和完成这个过程。相反,不现实的可能性或许就是,我们没有有关实现过程的概念,或没有证据(在最不现实的情况下会有极强的相反证据)证明行为者可启动或完成这一事项。很明显,现实性和非现实性都存在程度问题。关于实现过程的概念也会在具体程度上有差异。如果我们对该事项的实现过程只有模糊且粗略的概念,那么这种现实性变成现实的相关可能性也较弱。或者有关我们启动和实行能力的证据可能是粗略的、不完备的甚至是矛盾的,一些可能性处于从最不现实到最现实的范围之间,因此既不是现实的也不是不现实的。

再者,在某些情况下,对人类来说具有现实可能性的事,对处在特定情况下的我们而言未必有现实可能性。限制我们改变可能性的有些情况是不可改变的,至少对我们来说是无法改变的。其他限制条件可以被改变,但却不应该被改变。我们制度的某些可改变特征可能让在我们动机中的期望改变变得困难,但是,它们在道德上有价值或被需要,因而我们不应放弃它们。此外,对我们来说,什么具有现实可能性取决于涉及的"我们"是什么人。例如,一边是对于大多数人什么是现实的期待,一边是对于少数或许非凡人士什么是现实的期待。像甘地或特蕾莎修女那样的圣人的存在可能表明,非个人视角道德理想的模范承诺存在于人类可能性的范围之内,但他们的存在并不表明这种承诺对大多数人来说也是可能的。

四、现实可能性与平等

托马斯·内格尔的论证为讨论现实可能性及其与道德理论中个人和非个人视角的关系的复杂性提供了良好的材料,因此,我将对其做详细总结。内格尔认为,我们还没有可接受的政治理想,因为我们还没有将非个人视角和个人视角结合起来的可接受的观点①。

① *Equality and Partiality* (New York: Oxford University Press, 1991).

这个问题在于设计出一种制度,它既能够妥善处理人人都同等重要的问题又不会对个体提出不可接受的要求。

　　那么,理想就是一整套制度,其中人们可以过上一种满足非个人视角的无差别要求的集体生活,与此同时,对其行动方式的要求对于拥有强烈个人动机的个人来说是合理的①。

　　令找到现实解决办法的任务变得特别困难的原因在于,政治理论的最终目标应该是"尽可能地在某种程度上就支持那些政治制度达成一致,而这些制度是依靠武力来维持的,也是我们出生时就存在的东西"②。

　　若其任务是就援助他人的原则达成一致意见,那这一致同意的途径就会变得特别困难。总体上远低于援助他人的适度水平是不可接受的,但是,随着我们超越这一水平往上走,就将进入一个领域,其间我们"无法期待达成普遍原则,不管这一原则是必须在那种层面上牺牲个人目标以帮助需要帮助的人,还是没必要那样做"③。由于个人动机的强度,以及我们的一些直觉,即让人们在广泛界限内过自己的生活是合理的,因而我们不能期望一个人一定要提供帮助。但是,我们不可能期望人们无需提供超出那个适度水平的帮助,因为从非个人视角反思会迫使我们承认,我们

---

① Nagel,*Equality*,18.
② 同上书,8。
③ 同上书,50。

有义务去纠正那些并非人们所能控制的优势或者劣势：

> 看起来似乎糟糕的不是笼统地说人们在优势或劣势方面不平等，而是他们在并非由自己造成的优势或劣势方面不平等……人们无论把责任的多么似是而非的积极条件看作是正确的，生活中许多重要之事——尤其是人们天生就有的优势和劣势或构成其生活方式基本框架的东西——都不能被视为他们应该承担责任的善或恶，因而落入平等主义原则之下①。

内格尔承认，向平等迈出的重要一步或许体现在宪法保证人人都享有医疗保健、教育、体面的居所、失业保险、育儿津贴、退休福利甚至最低收入等领域的权利。但是，强烈的平等主义制度超出宪法化过程的范围，通过立法来实现这一平等制度的前景仍然渺茫得很。在像我们这样一个庞大和种族多样的社会中，"实现将平等与自由和民主结合起来的政治上安全的做法将要求人性的巨大转变，而这种转变是人们没有理由去期待或要求的东西"②。

一方面，人性对这项工程加以限制的证据是，那些通过行使国家所有权和控制生产手段来创建无阶级社会的尝试统统都失败了。另一方面，证据还包括的确奏效的那种经济制度：

---

① Nagel, *Equality*, 71.
② 同上书, 90。

当代证据表明,从生产力水平、创新能力、多样性和增长等标准来衡量,在现代社会经济中占显著分量的私营企业的优势极其巨大。竞争性市场经济的生产优势归功于我们熟悉的个体贪婪动机,这让他们以最热情积极的姿态生产或供应他人需要或想要的东西,不是因为他们仁慈,而是因为他们希望得到回馈并且害怕失败[①]。

由于"现代人在大多数工作中都不是以关心所有人的利益为动机的,更别说在私人生活中了,这大体上不属于现代人的社会化本质",因而出现了一种削弱性的动机冲突:

他们作为贪婪的个体,必须迫使他们有社会责任感的自我允许基于天赋的奖励,这是获得生产力、效率和增长不可避免的成本。作为系统的参与者,他们被期望实际上是被鼓励去追求这些优势,但作为公民,他们被期待在这么做时只能很不情愿地勉为其难。一方面,他们肯定认为渴望这一切是合理而且自然的,但从另一方面来看,获得这些又是不合理的[②]。

有关用其他个人动机来取代贪婪本质的可能性,内格尔认同这一点:

---

① Nagel, *Equality*, 91.
② 同上书,115。

当然，人们可能出于对某项事物本身的兴趣而努力工作，有时候这样做也会产生其他人想要的商品。但是，想象世界就是在这种基础上运作不过是浪漫的幻想。我们不可能都是极具创造力的艺术家、研究科学家或专业运动员①。

他进一步指出，即使人人都有动力去做好自己的工作，设计工作和生产制造也必须由经济表现出来的需求来推动。这些决策不是由一种自我表达形式驱动的，慈善爱心也不能为其提供基本动机，回应市场信息的最有效动机是对于在有丰厚回报的生产活动中成功的个人野心和欲望的强大投入。如果没有那些为了利益和在竞争中获得成功而努力工作并发挥出自己聪明才智的人，这点是很难做到的；但是，在稳定的平等主义社会中，他们得将此与生活在一种让他们实现这些目标变得尽可能困难的制度下的愿望结合起来。

内格尔承认，虽然这样的态度组合并不自相矛盾，但它"在严格意义上并不能为人理解"②。

我发现，内格尔从非个人视角主张更强大平等形式的案例非常有说服力。他正确指出，人们天生就有的许多优势和劣势以及他们必须生活在其中的基本框架都不受自己的控制。当然，人们可以持有自由意志论者的观点，并断言重要的是自由，尤其重要的是不受政府无所不在的干涉的经济自由。这个观点是自洽的，

---

① Nagel, *Equality*, 121.
② 同上书, 117.

但绝大多数人在实践中都拒绝了它,即使很多时候在它符合人们的利益时又被重新拾起。事实是,美国现代道德传统的核心信念是,不管人们做什么,他们若遭受到伤害或缺少显著好处,我们对此都应该负有共同责任。目前,大部分政治论证都是有关人们能在多大程度上控制发生在自己身上的伤害和利益。但是,正如我稍后将要提到的那样,在此问题上的多数分歧都建立在神话基础上。在考虑到阶级优势和劣势带来的严重影响时,内格尔的观点就再正确不过了。

内格尔在尝试寻找合理现实主义与最终导致现有制度和动机合理化的过度悲观主义之间的微妙界限,这当然是正确的。然而,他也常常落入过度的悲观主义者一边。对于人类,哪怕是拥有民主政治结构的现代工业化经济体的人而言,他没有采取最广泛的证据来表明什么有现实可能性。他也没有区分两种现实可能性,一边是基于现代人的"社会化本质"可能性,一边是基于美国文化、现有制度和主导动机的现实可能性。

五、低估现实可能性的复杂性所面临的危险

内格尔担心,将非个人动机和由贪婪和竞争驱动的个人动机相结合会让人难以理解,我认为这点没有说服力。人们有非常复杂的能力,一方面基于当下的规则充分利用现有经济体系,另一方面认为这个体系应该拥有不同的规则。研究表明,现代化社会中的人们能够维持被认为与发达经济格格不入的传统态度和信仰。他们将其态度情境化,一种适用于工作,一种适用于家庭和

社群生活①。同样的情境化战略也适用于区分个人在经济体系中的角色或作为公民的角色。人们预想到会产生一定程度的冲突，因为情境化可能是不完美的，但正如我在第四章第七节中提到的那样，在复杂、有效的身份中，可以预见程度可控的那种冲突。

也许内格尔认为，获得尽可能多东西的欲望会破坏生活在更加平等的制度下的愿望。但是，他那强大的平等主义观点也不可能消除能力或努力带来的所有奖励和回馈，只是回馈与奖励会变得更小一些。他担心的也许是，那些运用自己的聪明才智并努力在竞争中获得成功的人不愿意生活在只能得到较小奖励的体制下。但是，学者难道不是常常惊讶于人们可以为了很少的金钱奖励和不确定的竞争成功而努力工作吗？不符合规则的特例，在（学术界），连同艺术界、娱乐界、体育界，工作本身带来的内在满足感或某种形式的认可和荣誉感都足以激发人们去努力工作。但是，要把这些领域与其他领域截然区分开来，就忽略了这样一个显而易见的事实：其他领域的许多人的确也获得了满足感，无论这种满足感是来自做好自己的工作还是来自少数同辈、下属和上司对自己成就的认可。

更笼统地说，内格尔对强大的平等主义的现实可能性的估计受到了自己对美国当前局势看法的太大影响。尤其是，他强调将贪婪作为产业经济中首要的个人动机，这点是文化专有的特征。

---

① 有关印度研究的描述，请参阅：Alan Roland，*In Search of Self in India and Japan: Toward a Cross-Cultural Psychology*（Princeton：Princeton University Press，1988）。

自然道德：对多元相对论的辩护

许多日本人表现出来的取得成就的强大动机似乎不来自他们的贪得无厌,其中一部分来自家人的认同以及为家族赢得荣誉的愿望,还有部分来自对家人给自己提供关怀的亏欠之心①。为家族和社区赢得荣誉的愿望似乎也是印度经济中现代化领域取得巨大成就的主要动机②。对其他文化的研究成果表明,实现现代化和提高经济竞争力并不一定需要目前这在美国占主导地位的竞争性个人主义的心理,而内格尔的悲观主义似乎就是由此而产生的。

当然还要考虑到他对在强大的平等形式上达成一致的前景是十分悲观的。这种悲观主义背后其实是这样的想法:拥有更多优势的人能合理地拒绝接受强大的平等主义原则,因为这一原则要求他们为了弱势群体的利益而在自己的目标上作出实质性牺牲,而那些弱势群体也有理由拒绝那些要求强势群体作出更少牺牲的原则。如果要求这种共识在普遍有效的理性原则基础上达成,并且这些理性原则使得在某种程度上达成一致变成合理的义务,那么我并不比内格尔更加乐观,但我要质疑的是,在特定时间和地点达成共识是否必须要这些原则。事实上,平衡个人和非个人视角这一问题难以解决的程度,或多或少还受到该社会中人们的根本分歧的影响,这取决于社会中占支配地位的个人动机的特定内涵和力量。

---

① George DeVos, *Socialization for Achievement* (Berkeley: University of California Press, 1973), and "Dimensions of the Self in Japanese Culture," in *Culture and Self: Asian and Western Perspectives*, ed. A. J. Marsella, G. DeVos, and F.L.K. Hsu (London: Tavistock, 1985), 141 - 184; Roland, *In Search of Self in India and Japan*, especially 130 - 137.

② Roland, *In Search of Self in India and Japan*, 90 - 104.

最终来说，我在此提议，我们不是通过寻求能适用于所有社会的普遍共识，而是应该通过分析美国社会中个人动机的情况，在分配正义原则上寻求共识（或尽可能多地达成一致）。在这样做的过程中，我希望显示，如下方法提供了替代方案，即在对特定道德分歧和问题的讨论中，试图从普遍有效的道德原则中推导出答案。如前几章所述，对道德恰当性的普遍性约束的确存在，并且有时可以从中生出关于实际问题上的实质性结论，但是，这些约束的存在并没有排除更少普遍性的其他种类的有用约束。内格尔认为，对强势者合理的东西可能与对弱势者合理的东西产生矛盾。除了有关可以要求人们作出多大程度的个人牺牲的直觉之外，还有什么东西能为此想法辩护吗？如果没有，我们必须询问，这些直觉是否深深地受到美国特定文化规范的影响。在此，在评估"现代人的社会化本质"的现实可能性时，我们必须再次查看有关各种实际态度范围内的最广泛信息。与此问题相关的是西德尼·维尔巴（Sidney Verba）及其同事的研究，该研究探讨了美国、日本和瑞典的领袖精英对待平等的态度①。

领袖们（来自商界和劳工团体、女权主义者、少数民族权利支持者、各政党、媒体人和知识精英）被要求在公平的经济制度的两个定义之间作出选择，即一种是人人都获得相同的收入，而另一种是收入与能力相称。在美国，所有接受调查的精英群体都处于

---

① Sidney Verba, Steven Kelman, Gary R. Orren, Ichiro Miyake, Joji Watanuki, Ikuo Kabashima, and G. Donald Ferree Jr., *Elites and the Idea of Equality: A Comparison of Japan, Sweden, and the United States* (Cambridge, Mass.: Harvard University Press, 1987).

该范围的保守一边,不同程度地拒绝收入的大致平等。相比之下,在瑞典,这个议题的开放性更大。有两个领袖群体认同收入平等的立场。日本的精英群体则处于两个国家的中间位置。有趣的是,美国和日本的几乎所有群体都希望能缩小最高收入者与技术工人或非技术工人之间的收入差距(在瑞典就不是如此了,但原因是其收入平等的程度比日本尤其是比美国的要大得多)。

没有领袖群体愿意彻底缩小收入差距,主要是出于工作效率和生产率等熟悉的原因。在美国,对于管理层与非技术工人在8∶1到10∶1之间的这种收入比例,即使最激进的群体也认为是公平的和可以接受的。在日本,有一种倾向于进一步缩小收入差距的趋势。商界和劳工领袖都希望这些比例能略高于美国同行认同的一半那么多。瑞典精英们对此的观点则不在同一个数量级上。美国和日本的任意群体认同的比例都是瑞典同行认为公平的比例的数倍之多。此外,瑞典更喜欢的公平收入比例与其他两个国家的精英团体认同的比例之间没有重叠之处。日本和美国的左翼党派领导人支持的收入比例大约是瑞典保守派领导人所认同的比例的三倍之多。瑞典最不主张平等主义的群体,即商界领袖,所认为的他们与非技术工人的公平收入比例,与日本和美国最主张公平的群体所认同的接近。日本领袖的看法介于其他两个国家之间,如果说有什么不同的话,那就是他们更接近瑞典观点而不是美国观点①。

① Verba et al., *Elites*, 146.

当然,还有一个被很多人关注到的现象,即瑞典的福利国家和平等主义制度的"倒退"。然而,维尔巴及其同事提醒我们,这种倒退现象必须在平等主义承诺已经在瑞典发展得很好的背景下来理解。即便瑞典的部分领袖从那个方向倒退,他们对福利国家和再分配的承诺水平仍然高于日本和美国最激进领袖所追求的目标[①]。

在瑞典,比内格尔的强平等主义更严格的激进平等仍然是个开放的问题,整个从左到右的态度区间都比美国左派还要左得多。即使瑞典在首选的收入比例上有所倒退,他们这些保守派也仍然比美国最激进的团体更具左派色彩。要考虑到,这项研究是在经济衰退时期进行的,这种时候似乎促使人们倾向于站在谱系的保守派一边。对平等的实际态度的广泛范围(都不用考虑可能范围),即便在民主发达的国家,以及特定经济条件对这些态度的重大影响,都应该让我们在接受任何要求强势群体合理作出牺牲的特定直觉体系时保持谨慎的态度。

即使在美国,内格尔对这种心理的支配地位似乎也过于悲观了。就在不久之前,据说"公司人"(organization man)是占支配地位的中产阶级性格类型,在这种人看来,赚钱当然好,但那只是他们属于一家优秀公司的副产品,在这样的组织中,他们能够作出贡献,也能够为自己的工作感到骄傲[②]。一方面,对于经历过

---

① Verba et al., *Elites*, 146.
② William H. Whyte Jr., *The Organization Man* (New York: Simon and Schuster, 1956).

　　　　　　　自然道德:对多元相对论的辩护

同舟共济战胜经济大萧条的罗斯福新政和动员全国民众参加第二次世界大战的人来说，这种受到激励的方式或许很自然。另一方面，这种角色类型占支配地位的时代似乎已经结束，而内格尔的悲观主义在当前形势下有了基础。然而，即使是现在，公司人的子女可能不是主要受占有欲的利益驱动，而是受到寻求自我满足和自我表现机会的驱动①。这并不是在否认占有欲这一强大动机的地位。如果它不是主要动机或者它只是众多主要动机之一，这就削弱了对强平等主义前景持悲观态度的理由。

进一步来说，仔细研究瑞典和日本是如何比美国实现更大平等的这一问题，会让我们对过于简单地对比个人价值观与非个人价值观的承诺提出质疑。正如维尔巴及其同事讲述的那样，在工业化国家中，瑞典在工业化国家中为实现平等作出了最大努力，而这是建立在接受等级差异（足够讽刺了）和尊重政府权威的悠久传统之上的，这是在既得利益团体和工人阶级、社会民主党占支配地位的政治角色，以及与强大工会结盟的社会主义政党之间推动妥协与调适的工业化进程。与瑞典相比，日本政府为促进社会平等采取的措施相对较少（例如，它没有像瑞典那样用税赋与移转支付制度进行收入再分配）。相反，更大平等似乎部分源于

---

① Paul Leinberger and Bruce Tucker, *The New Individualists: The Generation after the Organization Man* (New York: Harper Collins, 1991); Robert N. Bellah, Richard Madsen, William N. Sullivan, Ann Swidler, and Steven M. Tipton, *Habits of the Heart* (Berkeley: University of California Press, 1985); Charles Taylor, *The Ethics of Authenticity* (Cambridge, Mass.: Harvard University Press, 1992). 有一些报告说日本文化中包含一种趋势，即年轻工人选择兼职工作和自由职业者的工作。请参阅：Stephanie Strom, "A Shift in Japanese Culture Aids Some Workers Who Want to Go It Alone," *New York Times*, November 16, 2000。

以群体为导向的道德和接受等级差异制度趋势的弱化（尽管肯定不会消失）。这些因素帮助促成了私营企业中最高收入者和最低收入者差距的减小①。我们是否应该说，瑞典和日本对平等主义的承诺也是对非个人价值观的承诺？非个人因素当然存在。但是，在瑞典的案例中同样出现的是尊重政府权威的倾向，现在并不明确这种倾向会落入内格尔对比两端的哪一端。如果它属于某个地方，那应该属于个人价值因素。在日本案例中，存在会被内格尔规划为个人承诺的东西——个人对"比家庭和友谊所定义的更大社群利益"的忠诚，但仍然"远远小于普世性"。不过，从美国占领时期开始，他们也吸纳了平等主义价值观。在这两个案例中，个人因素和非个人因素似乎都与促进平等的实际承诺无法分割②。

回到这个问题上：即从心理学角度看，促进强平等的非个人价值观工程是否现实？该问题如今部分与将非个人价值观及足够强烈的"个人"价值联系起来的现实可能性的方式有关，也就是与通过足够强大的个人承诺协调非个人承诺的方式有关。换句话说，要求对强烈平等主义作出坚定承诺是否现实，其答案可能取决于这个要求得到满足的方式。我猜想，内格尔并没有探究问

---

① Verba et al., *Elites*, 20‑57.
② 或者考虑一下目前生活在波士顿的爱尔兰人诺曼·希恩（Norman Sheehan），作为救援工作者帮助苏丹、利比亚、伊拉克、索马里的饥荒或战争难民。人们可能认为这样的人完美地体现了对非个人价值观的最纯洁承诺，但是，他在解释自己当救援工作者的最初决定时，非个人价值观和个人目标以及对社群的认同等交织在一起。"我不是信徒，我是你遇到的最大浑蛋。那只是一种召唤。你觉得似乎能够做些什么，能够作出改变。但是，我们爱尔兰人喜欢做生活中的失败者。"请参阅：Kevin Cullen, "Haunted by Death in Somalia," *Boston Globe*, July 15, 1993, 19。

题的这个方面,因为他隐约将非个人价值观领域和公共道德等同起来。我还猜想,另一个理由是他的隐含假设,即在大多数人身上,他们的占有欲动机由于工作性质而十分强大。在内格尔主张悲观主义的关键地方,占有欲动机就代表个人动机。在此,我认为,对非个人价值的承诺通常通过对个人价值的承诺来协调,并且个人动机内部还存在显著区分,不仅如此,还必须在个人动机范畴内对两者作出显著区分。

六、社群主义者对平等的承诺?

在某种程度上,迄今为止的论证都支持社群主义者对自由主义政治理论的批评。尤其具有相关性的是迈克尔·桑德尔的批评,即自由主义无法为强平等原则(如罗尔斯差异原则等)提供有说服力的辩护。他论证说,最后,富裕的人只有在把他们的个体善视作与共同善交织在一起时,才会接受要求他们作出牺牲的原则。例如,桑德尔认为,如果一个群体都接受了这样一种自我理解模式,群体成员不是把彼此视为他人,而更多是看作拥有共同身份的社群成员,"无论是家庭还是社区、阶级、民族、国家"。这种自我理解的结果是:

> 如果"我的"财产或生活前景被纳入为共同事业的服务中,我可能更少感受到自己被用来满足别人的目标,而更多把这看作为自己认同的社群目标作贡献的一种方式。我的牺牲,如果它可以被称作牺牲的话,它的合理性不是一种抽

象的保证，即陌生人得到的比我失去的更多，而是更有说服力的概念，即通过我的努力，我可以为实现某种生活方式作贡献，而这种生活方式让自己感到自豪，我的身份认同与之紧密联系在一起①。

桑德尔认为牺牲是一个人对其认同的社群的贡献，而不是"抽象的保证，即未知的陌生人得到的东西会比我失去的多"，这一观点与此处的结论很接近，即实现强平等的最现实的可能性来自通过某些个人价值观来调节对（平等）的承诺②。此处的激励机制与第二章第九节中描述的机制有些相似，即道德必须适合处理深刻而矛盾的人性问题：追求自我利益的强大要素与关心他人利益结合起来，两者都是在人类进化过程中被选中的特征。解决这个矛盾的最有效方法之一就是建立那些可以减少出于利他动机行事的成本的利己动机。另一种方法是让道德诉诸那些可以在追求纯粹的自我利益与关照他人利益之间架起桥梁的动机。

当前的结论也更支持将个人利益与幸福同个人对他人的义

---

① Michael Sandel，*Liberalism and the Limits of Justice*（Cambridge：Cambridge University Press，1982），143.

② 在我看来，乔纳森·考泽尔（Jonathan Kozol）在《极端不平等》中确认"与反对者相比，经济平等的支持者似乎在对美国人的潜力更有信心"时，求助于这种承诺。他们说，"美国更富有、更聪明、更心灵手巧，我们能够给所有孩子良好的教育……"请参阅：Jonathan Kozol，*Savage Inequalities*（New York：Crown，1991），173。通常，保守派是充满激情地谈论爱国主义的人。他们常常是第一批起来抗议有人侮辱国旗的人。但是，在这种情况下，他们将美国贬低成狭隘、吝啬和酸腐之地，让国旗变得一点儿都不可爱。他们让我们在丑陋的种族隔离的学校那被踩踏的孩子头上挥舞国旗，国旗的神圣性遭到玷污。要求肮脏学校的孩子们对着遭玷污的国旗宣誓，我们真不清楚他们到底从爱国主义中学到了什么。

务联系在一起的这种道德。想一下亚里士多德的尝试,通过宣称人类是政治动物,他试图把个人幸福与其在政治社群的参与联系起来。或者考虑儒家的观念,即人在与他人形成社群中找到成就感,其中社群的概念本质上较亚里士多德理论中的政治性弱一些。请注意,这里得出的结论并不能证实有时存在于社群主义哲学中的其他主题:对非个人价值观的绝对拒绝,以及(在第五章第一节中我认为是错误的)有关自由主义的主张,即它必须预设有关自我可以独立于与他人和社群关系的奇怪的形而上学观念。当然,这里得出的结论也没有显示出,我们如何通过个人价值推进非个人平等的调适。

认为美国大多数人可以通过瑞典人对权威的尊重来达到对平等的更强大承诺,这似乎并不现实。大多数人也不会认为这是值得向往的路线。这需要改变大多数人非常珍视的政治文化。然而,正如维尔巴及其同事所指出的那样,美国对权力当局的反感限制了国家引导公民更坚定地追求平等的能力①。如果美国有更加坚定地追求平等的现实可能性,他们似乎会依赖对面向社群价值观的更强烈和更普遍的承诺。但是,这样的愿景现实吗?

七、对平等的社群主义承诺现实吗?

如前所述,对平等的承诺增强出现在特定历史时期。据J. R. 波尔(J. R. Pole)所言,第二次世界大战后,"长期以来一直认为

---

① Verba et al., *Elites*, 55.

整个国家的道德主张没有把自己包括进去的"少数民族能够"以非同寻常的方式抓牢这种道德意义从而对法律和立法程序产生影响"。这种新能力与人们普遍承认少数民族成员为国家作出的贡献联系在一起,他们为集体战争的胜利付出了高昂的代价。波尔注意到,这也与美国社会和政治价值观的进一步澄清联系在一起,这种澄清是与敌人作斗争的结果,这些敌人"代表种族和宗教仇恨,对所有并不符合国家预期的个人和团体进行精神、知识和身体自由实行专政",……它们显然与美国人愿意承认的传统遗产格格不入①。对少数族群态度的改变体现了个人价值观和非个人价值观的某种混合,这在瑞典和日本追求更大平等时有所体现:一方面,承认少数族群为最重要的集体努力作出了贡献;另一方面澄清和巩固了对自由和平等等非个人价值观的承诺,这些承诺被(在某些情况下,重新)看作民族社群道德传统的核心。

请注意,第二次世界大战带来的影响却引发了一个新问题,即通过对国家社群的承诺来协调对更大平等承诺的现实性。如果主张发动一场战争来弘扬国民社群的精神,这当然是既荒谬又反常的。但是,我们是否有达到如此效果的其他办法?值得注意的是,政治领袖在呼吁人民为集体利益作出一定牺牲时,往往会使用战争隐喻。问题是这种呼吁在强大的个人主义文化潮流背景下是否无效,在这种背景下人们都只关注内心自我,越来越不愿意承认他们有义务帮助改善弱势群体的处境。此外,瑞典和日

---

① J. R. Pole, *The Pursuit of Equality in American History* (Berkeley: University of California Press, 1978), 256.

自然道德:对多元相对论的辩护

本与美国的不同难道不是与通过强化面向社区的伦理来尝试促进平等是不是现实的问题有重大关系吗？在种族和文化方面，瑞典和日本社会是相对同质的，而美国在这些方面是异质性的（记得内格尔提到过在"庞大的、种族多样化的"社会建立将自由与平等结合起来的"政治上安全的"社群的困难）。难道这不是让强大的面向社群的道德工程（以国家为社群）变得希望渺茫吗？

这些是针对呼吁在美国的道德和政治传统中加强社群主义张力最频繁表达出的反对意见。在不同的批评之间也存在着一定程度的张力，一方面，美国社会异质性过强难以成为真正的社群，另一方面，它又同质性过强而无法成为社群。毕竟，越来越多的人开始信奉同一套价值观，这是个人主义潮流崛起的表现。无论这两种批评是否相容，相对于异质性产生的冲突和矛盾，我倒是更担忧越来越多同质性引发的问题。

那些把和谐社群与共同价值观联系在一起的人（社群主义者及其自由主义批评者就作出了这种联系）应该意识到这一切都取决于人们共享的价值观是什么。如果本来异质性群体的有些价值观相同，包括相互宽容和妥协的价值观，他们可以共同生活甚至参与相同的工程①。拥有很多共同价值观的群体可能产生严重的冲突。毕竟，与个人主义相关的价值观能够并且的确产生了相互冲突的主张——争夺权利、机会和物质资源的竞争性主张。美国更古老的和地位更高的族群已经非常熟练地掌握了此类主

---

① 在第九章中，我将讨论如何与产生严重分歧的其他人达成调适的策略。

张的语言。新族群可能会带来不同的语言,与之对应的还有不同的政治文化,但如果他们这样做,他们似乎更少愿意或更少有能力进入提出竞争性主张的政治博弈过程。

无论如何,社群主义实施更强大平等理想的现实前景存在一个很严重的问题。造成这种困难的种种理由存在很重要的差别。该前景存在问题的原因之一是,美国人持有一种根深蒂固的道德信念,即他们更青睐机会平等而不是结果平等。劳伦斯·布鲁姆指出,机会平等的意思已经逐渐变成了竞争机会的平等——在绝大多数情况下,就是与许多其他人竞争少数理想职位的机会。布鲁姆已经指出,这个概念存在的问题有多大(竞争会产生赢家和输家,无论对赢家、输家还是与他们密切相关的人,都会出现竞争优势或劣势,从而导致竞争的平等性遭到破坏)[1]。他还指出,目前的平等机会概念与美国最初有真正边疆时的神化般平等观念差距甚大,那里似乎的确存在更容易实现平等生活的前景[2]。但到目前为止,这些论证未能削弱对竞争机会和其与最初的神话般机会等同这一信念的力量。

但是,在这点上,我们到达了现实可能性的另一个层次。我

---

① 请考虑乔纳森·考泽尔在《极端不平等》中的话,"否认竞争手段或许是教育给予我们大城市的穷人孩子的最持久的单一后果。"请参阅:Jonathan Kozol, *Savage Inequalities*, 83。他注意到1987年的纽约市每个孩子的平均开支是5 500美元。在开支最高的纽约郊区,资金水平已经上升到11 000美元,最高的地区达到15 000美元。即使在市内也存在巨大不平等:低收入学校需要使用指定用途的买电脑款项来购买钢笔和纸张等物品。它们拥有的老师最差,而优秀教师被请去满足人满为患的教室里多样化的需要(84-85)。

② Lawrence Blum, "Opportunity and Equality of Opportunity," *Public Affairs Quarterly* 2 (1988): 1-18.

们已经从讨论人的现实可能性下降到讨论现代工业化民主国家的人的可能性,再下降到讨论美国人的可能性,现在最终下降到讨论那些拥有根深蒂固道德观念的美国人的可能性。在此,我们必须要问,道德是否应在保持特定的根深蒂固,虽然有问题的道德信念在不变的情况下得到评估。这两种道德是有差异的:一方面是应该依据人们可以做和成为的现实可能性得到调整的道德,另一方面是由于根深蒂固的不合理性和对神话的接受,对人们要求太少的道德。如果现实可能性是基于完全不考虑其合理性的根深蒂固的道德信念而评估出来的,它就不能被用来评价道德。

这并不否认这种现实可能性在影响我们在处理弱势群体问题时应该做什么时作出务实的和战略性决策中的适当地位。例如,由于美国人反对结果平等,这可能让人更赞成推动普遍权利的计划而不是针对弱势群体的救助计划。它更支持在短期内给予更广泛和更高最低标准福利的项目。正如内格尔所说,在我们采取更加中间性的步骤之前,诸如强平等这种遥远目标在我们看来有些过于困难了。但现在已经很明显的是,我们并不是在理论上去评估强平等的要求。可以说,我们现在不是从外部使得现实可能性对道德理论派上用场,而是让它从内部派上用场,使其影响我们去考虑如何以最好的战略决策来实现该理论的价值。

但是,社群主义强平等承诺的前景之所以令人怀疑还有另外一个原因,这个原因是强化社群主义承诺的明显基础在逐步削弱。正如第四章和第五章所述,培养有效道德能动性和培养对包括平等规范在内的社会规范的承诺需要较小的社群，这些规范远远超出了这些社群的边界。

这些观点是否成为实现社群主义强平等承诺的不利证据呢？回想一下我在本章开篇论述的观点，即现实可能性或不现实可能性可能处于最现实到最不现实这个谱系之间的某个地方，取决于我们对特定可能性被实现的这个过程的具体概念的了解，以及支持或反对我们有能力启动和完成该过程的证据。在此情况下，我们当然不能认定充分强化的社群主义承诺对我们此时此地来说就是显著的现实可能性，但我们也不能认为这是明显不现实的可能性。有些地方存在着这些承诺得到强化的情况。毕竟，这些承诺并不需要特蕾莎修女或甘地那样水平的道德修养。相当数量的人已经展现出了这种承诺，虽然比大多数人少得多，但又远远多于极个别道德典范。因此，我们明白在某些情况下这是可能的。但是，关于它是否可以大规模地发生在我们所处的环境这一问题，我们根本不知道如何回答。正确的结论是什么呢？鉴于我们不能说强平等是现实可能性，那我们是应该弱化那个关怀所有人的非个人性要求？还是我们也应该保持这一要求，仅仅因为我们没法说它是不现实的可能性？

以这种方式提出此问题让人想起内格尔的主张，我们既不能称必须帮助有需要的人（在远远超出适当援助的牺牲水平上）是一般原则，也不能说人们不需要帮助人是一般原则。然而，与内格尔不同，我认为我们可以将必须帮助有需要的人（超过适当援助水平）作为一般原则。我们必须这样做，因为我们不能把在美国存在的占有欲和竞争性动机的力量看作理所当然。我们不知道社群主义的强平等承诺是否为不现实的可能性,这一事实支持继续维持非个人性关怀的要求。不管其他的,至少维持这一要求可以激励人们继续寻找变革的真正可能性,并继续让本地社区变得更符合强平等理想。如果我们现在不知道大规模实现强平等的道路,那么在较小规模上实际帮助一些人的可能性就足够真实可信了。

第四章中我论述过,人性的确通过培养有效道德能动性的要求来为恰当的道德施加一些约束。第五章中,我论述过在自由主义道德传统中有一种方法能够实现这些约束,这与自由主义和社群主义价值观之间存在所谓不相容性说法相反。在本章中,我论证了现实可能性的约束要求一些机构和实践,它们在个人层面上体现和促进了通过个人价值对非个人价值的协调。这些是依靠如下主张而发挥作用的地方性约束,即鉴于人性会与我们其他更独特的环境相结合,实现道德价值的可能方式会存在一些约束。然而,有趣的是,看到某些可能性足够真实(即使不现实)也可以当作对恰当的道德的约束。如果一些道德以某种方式基于拒绝某些可能性的现实性而为自己辩护,它们就必须被认定为不恰当的道德而被排除在外。

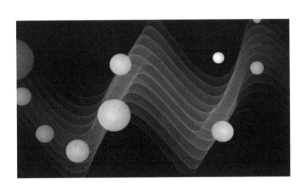

第三编

**对我们的道德
承诺充满信心**

第七章 道德理由——内在论和外在论[①]

在本章中,我将开始工程的第三部分:解决因承认正确道德的多元主义而引起的道德承诺的坚定性和稳定性方面的潜在问题。在本章中,我将首先介绍若干最基本问题:道德理由与人的动机的关系有多深?试图讲道德在多大程度上是理性的?我的途径是就伦理学中理由的内在论和外在论展开辩论。

一、内在论和外在论辩论简介

当今辩论可以追溯至大卫·福尔克(David Falk)的一篇讨论道德权威在何处的论文。外在论将权威置于行为者之外,认为一个人可能有一种义务,即便他没有理由或动机这样做[②]。内在

---

① 本章的大部分内容都与即将发表的拙文有关,请参阅:"Moral Reasons: Internal and External," *Philosophy and Phenomenological Research*。
② David Falk,"'Ought' and Motivation," *Proceedings of the Aristotelian Society* 48 (1947–1948):116.

论认为权威在行为者内部,认定他在履行义务时必然伴随着理由或动机。福尔克写道,从历史上看,第一个道德禁令可能是来自外部的要求,人们习惯性地、不假思索地服从于它。另一种义务概念与行为者后来逐渐增加的理性选择密切相关。拒绝那些在他们看来没有理由或动机去实现的外在要求。

福尔克使用"理由"一词时好像把它等同于行为者的现有动机。近年来,人们的注意力转向理由的本质本身。在某种程度上,这种焦点源自人们渴望弄清楚一种关系:行动理由与行为者动机是何关系,然后阐明这对义务与利益之间关系的后果。理由内在论者认为,行为者有理由采取行动,这要求行动建立在他已经拥有的某种动机之上,而外在论者否认这种关系的必要性。因此,一个人可以就义务和理由来说都是内在论者,认为理由必须基于动机,并且每当行为者有义务行动时,就存在行动的理由。一个人也可以是义务的外在论者,同时也是理由的外在论者,切断一边是动机,另一边是义务和理由之间的任何必要联系。最后,我们可以是义务的内在论者,同时也是理由的外在论者,如果行为者有一种义务,那他就有理由做某事,但那个理由未必需要建立在行为者的动机之上[①]。

[①] 菲利帕·福特(Philippa Foot)的早期作品似乎暗示,她可能是义务的外在论者同时又是理由的内在论者,她认为道德理由来自内在的欲望。请参阅:Philippa Foot, "Morality as a System of Hypothetical Imperatives," *Philosophical Review* 81 (1972): 305 - 316; and "Reasons for Action and Desires," *Proceedings of the Aristotelian Society*, supp. vol. 46 (1972): 202 - 210。在我之前的一些研究中,我也为这种立场辩护。我以前支持理由内在论是因为我不清楚说行为者 A 有理由采取行动 X 却同时承认这样做的理由不是基于 A 的动机究竟是什么意思。与此同(转下页)

义务的内在论是合理的。如果人们从道德上说应该做某事，但可能没有道德理由这样做，这种说法看起来有些怪异。并且有一种对道德理由是什么的理解可以支持这种感觉怪异的直觉。做 X 的道德理由，以及一般情况下做 X 的任何理由就是要求行为者做 X 的情境特点，例如，如果他不做 X，可能会被认为是不公正的或残忍的（请参阅第二章第十四节）①。道德理由让我们把注意力放在通常在行为者之外的事物以及他们与上述特征的关系之上，而不是激励行为者采取行为的内心因素。如果这是道德理由所做之事，那么义务和理由之间的差距似乎很小。鉴于这种联系，辩论的议题就成了在于道德责任之内的理由本身具有内在性还是外在性。

　　理由的内在论和外在论一开始都很有吸引力。一方面，E. J. 邦德（E. J. Bond）观察到，行动理由似乎与动机有某种必然联系，因为人们怎么能谈论无法推动行为者行动的理由呢？另一方面，认为自己有理由行动似乎出于如下考虑：认为这样做可以实现某种价值或者在权衡之下认为这样做更有利。

　　这种语言似乎暗示它与我们实际拥有的任何动机的联系非

（接上页）时，在我看来，人们的确有义务，即使没有动机来支持他们履行这些义务。鉴于我从前的理由内在论立场，这同时要求义务的外在论。例如，我认为人们常说有人不道德或邪恶，就是因为那些人有义务做他们没有内在动机去做的事。请参阅拙著：*Moral Relativity*（Berkeley：University of California Press，1984），65；"On Moral Realism without Foundations," *Southern Journal of Philosophy*，supp. vol. 24（1986）：112。由于我在此概述的理由，我已经重新考虑我的立场。

① 我是在读了信广来的文章后，第一次对这种理解印象深刻。请参阅：Kwong-loi Shun，"Moral Reasons in Confucian Ethics," *Journal of Chinese Philosophy* 16（1989）：317-344。

常松散①。从这个视角看,没有相关动机可能意味着应该受到谴责的敏感性缺乏。道德理由主张的关键规范功能似乎拉开了两者之间的距离,一边是行动理由,一边是促使人们采取行动的那种先在动机。说某人有道德理由去做某事就是将注意力集中在需要行为者采取行动的处境特征上。从表面上看,这并不是要将行为者已经拥有的动机与行动的实施联系起来。

在下文中,我提出一种观点,它在字面上属于理由外在论,但它具体指明了外在理由与我们依据其采取行动的可能性之间可理解的关系。我认为,理解这种关系将使我们远离内在理由和外在理由以及内在义务和外在义务间的鲜明对立。下文中,我将利用休谟将理由内在化的理论来提出我的观点。我辨认出该理论背后的推理过程,然后讨论人们对该理论的最有趣批评之一。

二、休谟内在理由理论的一个问题

一方面,关于道德理由内在论与外在论的辩论涉及理由的正当性或规范性。这些理由都与行为者应该做什么有关。另一方面,我们经常使用"理由"来辨认出行为者行动的实际动机。我做 X 的确有正当理由,但这可能根本无法解释我为何做了 X②。但是,一个人可能有做 X 的理由,这个理由既合理化又推动了做 X

---

① E. J. Bond, *Reason and Value* (Cambridge: Cambridge University Press, 1983), 7.
② Michael Woods, "Reasons for Action and Desires," *Proceedings of the Aristotelian Society*, supp. vol. 46 (1972): 189 – 201; Michael Smith, "The Humean Theory of Motivation," *Mind* 96 (1987): 36 – 61.两人都是沿着这些路线作出区分的。

的行为。当行为者承认它并据此采取行动时,这个正当理由可能也是内在动机。因此,内在论者和外在论者都试图表明,他们的理论与有关行为者在认识到这一理由后而被激励采取行动的合理解释是吻合的。请考虑为道德理由辩护的内在论的著名变体,它试图就合理性理由如何成为动机理由给出合理解释。该理论始于休谟的论点,即理由从动机上看是有惰性的,事先存在的欲望是产生行动的必要前提。这个主题隐含的意思是,行为者承认正当理由并不能刺激他们做 X(依靠推理过程),除非它向他们揭示 X 与他们事先存在的欲望(即在相关推理过程之前就已经存在的欲望)相关联;人们认为欲望是信念的对立面,这是依靠旨在适应世界与旨在使世界适应的直觉区分而来的。休谟理论的支持者声称,它提供了一张清晰易懂的画面表明正当理由可以成为激励人们行动的理由。正当理由将行动与行为者事先存在的欲望的潜在满足联系起来。一旦行为者认识到理由可以建立起这种联系,它就可以激励他采取行动。

对休谟理论的最有趣批评之一质疑了其解释正当理由如何变成行为动机的能力。斯蒂芬·达尔沃尔(Stephen Darwall)请我们想象一位名叫罗伯塔(Roberta)的女性,她在受到庇护的环境中长大。她看了一部有关南方纺织工人的电影,并对他们的痛苦感到震惊和沮丧。她决定推动一场活动,抵制试图破坏工会的一家公司的产品。对达尔沃尔举的例子非常重要的是,在看这部电影之前,罗伯塔没有可以解释她参加抵制活动决定的欲望。例如,她并没有减轻别人痛苦的一般欲望或者奋起反抗她看到的任何不公正现象的欲望。她采取行动的决定似乎是基于她对这些工人遭受的不公和痛苦的生动认识,这是她支持其事业的强有力理由①。

伯纳德·威廉姆斯的内在理由论似乎可以解决达尔沃尔提出的问题。威廉姆斯定义内在论的立场是要求理由建立在行为者的"主观动机集合"的基础之上,其中包括"评估意向、情绪反应模式、个人忠诚度和体现行为者种种承诺的各色项目"②。将威廉姆斯的内在论模式应用于罗伯塔的案例,人们可能会说,虽然罗伯塔没有事先存在的减轻痛苦或反对不公的欲望,但她对工人困境的觉醒只有在她已有相关评估意向或情绪反应模式等倾向时才显得合理。如果罗伯塔即使在受到庇护的环境下从未对她周围人的痛苦和他人的冤屈作出过任何反应,那么她决定成为积极分子的故事就难以令人信服。此外,威廉姆斯就行为如何产生了行为者事先存在的主观动机组合 S 持一种自由派观点。做 X 的理由不一定是源自将 X 看作满足 S 组合中某个元素的体现因果关系的手段。这一理由可能源自满足 S 组合要素的时间排序,或者源自在无法解决的冲突要素之间确定优先顺序,又或者源自对某个欲望的满足由什么构成进行具体化③。在人的 S 组合要素之间进行协商可能涉及生动的、富有想象力的投射过程,在罗伯塔的案例中,人们可以设想这种运作过程。

---

① Stephen Darwall, *Impartial Reason* (Ithaca: Cornell University Press, 1983), 39 - 40.
② "Internal and External Reasons," in *Moral Luck* (Cambridge: Cambridge University Press, 1981), 105.
③ Williams, "Internal and External Reasons," 104.

然而,威廉姆斯通过扩大欲望的概念来解释转变的难题,这存在一个问题。当求助于"评估意向"作为主观性组合集的元素时,信念和欲望的区别看起来已经被完全模糊了,而信念和欲望是形成休谟有关理由的动机惰性论点所必需的东西。个人忠诚也可能包括信念或类似信念的成分,比如一个人欠相识已久的老朋友很多人情的想法。如果主观集合包含信念和体现在信念中的复杂态度,那么威廉姆斯的理论将允许新动机以适当方式从信念中产生。威廉姆斯的理论旨在将休谟理论进行深化和发展,但未能保持休谟有关动机的立场。更糟糕的是,他的理论未能成为休谟式,并且仍然没有充分阐述行动理由至少在普遍持有的直觉的规范功能。一种这样的直觉是,无论他的主观集合 S 中有什么,男人都有不再殴打他妻子的道德理由。

从积极的方面来看,威廉姆斯的内在论定义的确回答了对我之前辨认出的存在于内在论立场背后的直觉之一:归因于行为者的理由若没有激励他的行动的可能性,也就毫无意义了。威廉姆斯对这种直觉的回应能够通过他对本杰明·布里顿(Benjamin Britten)歌剧中的主角欧文·温拉维(Owen Wingrave)的讨论来说明,主角欧文·温拉维没有遵循他的家族传统去服兵役的基础。威廉姆斯认为,如果坚持即便如此欧文还是有真正的理由去服兵役,这是咄咄逼人的。而且,如果坚持认为欧文有理由这样做,就等于错误地暗示如果欧文没有根据他的主观集合 S 和其生出的理由认识到外部理由就是不理性的。威廉姆斯的这一坚持也是正确的,即有关正当理由的理论应该与对行为者如何产生新动机的合理解释相符,即基于开始相信某一正当性理由而产生。最后,他提出这个问题也正确——一个理由若不能激励拥有它的行为者,还有什么意义呢?

就个人动机而言,这里提出的替代性理由分析肯定了外在论,这与威廉姆斯的分析形成对比,但是,从随后将有所解释的意义上,就人类动机而言,它肯定了内在论。事实上,在它位于人类动机内部的意义上,这有助于解释为什么即使外部理由所适用的行为者没有能力按照它们行动,这些外部理由仍然是有意义的。在此辩护的理论避免了这样的主张,即没有能辨认出真正的外在理由必然是非理性的。它只不过没有能辨认出一些存在的理由。最后,这里支持的替代性理论提出了一种解释,即一个人如何基于逐渐相信某个理由适用于他而产生新动机。这种解释在精神上属于广义的休谟论,即否认仅仅承认一个人有理由做 X 就足以解释他为何做 X。为了阐述这个理论,我从最后一个特征开始。

三、倾向性、意图对象和理由

托马斯·斯坎伦认为,认识到做 X 的理由就足以解释为什么做 X。他说,可以考虑因为口渴而喝水的例子。"喝"这一行为的动机:喉咙产生令人不快的干燥感;相信行动(喝水)会带来未来的愉悦状态;把得到这种未来善看作行动的理由。斯坎伦认为正是这第三个因素构成了激励行动的那种一般欲望。也就是说,他把理由这一概念(用于信念或行动)看作原始概念,并论证欲望之所以驱使人类行为者正是因为它们是做某事或得到某物的理由知觉。

斯坎伦考虑了可能的反对意见,即他的论述忽略了"喝水"的冲动,而这就是欲望所在。他回应说,当我们将这种冲动与任何评价因素区别开来时,它与通常所谓的欲望并不完全吻合,他举了沃伦·奎因(Warren Quinn)的例子:一个男人总有一种强烈的冲动,总想打开他视线之内的所有收音机。这种冲动缺乏一种在最常见欲望案例中必不可少的特征:倾向于看到它的一些好的或可取的方面。斯坎伦断定,喝水的欲望也是这样的,它将喝水视为值得向往的,例如,它会令人愉快[1]。虽然大多数欲望案例的确似乎涉及这种评价性因素,即看到某些好东西或值得向往的东西,这一点并不表明所有动机性工作都是由评价性因素完成的。我认为,休谟的要点是,即使普通欲望涉及这种评价性因素,它也必须伴随着像喝水冲动那样的东西。实际上,在类似因为口渴想喝水的案例中,喝水冲动和享受这一未来善都来自一般动物,特别是人类的生理需求。

我认为,对于单靠理由无法激励行为这一休谟式画面的最好支持来自有关人类的自然主义观点,这种观点将人类视为动物尤其是美好而又复杂的动物,然而,即便这样动物的原始动机方向和能量也都来自我们作为生物体的命令。这样的基本指向可以通过奇妙的方式,特别是通过学习有哪些做事的理由,并得到重

---

[1] Thomas Scanlon, *What We Owe to Each Other* (Cambridge, Mass.: Harvard University Press, 1998), 38.

新引导和重新塑造。外在理由当然存在,但仅仅认识到这些理由并不能保证产生任何动机性意向去采取相应行动。只有当对这些理由的认识被嵌入到最终来自我们作为物质存在的某种习性倾向时,它才会成为有效动机。在使用术语"习性倾向"时,我的意思是分离出普通欲望与评价性、信念类成分不同的元素,它与以下东西不同——把一个东西当作好的、值得向往的,或者有理由拥有或去做的。它可以表现为对意图对象的可感受到的冲动,如对喝凉水的渴望,但它不需要有任何接近于作为实现目标的确定的意图对象。意图对象可以但不一定属于命题态度的现象学内容。也就是说,这样的习性倾向或欲望或冲动未必是行为者的意图对象。例如,当习性倾向被理解为一种功能状态,它为特定环境下行动和感知的意向提供基础,命题内容被视为反映了倾向的动机指向以及它们可以形成可理解的一套行为和感觉倾向的方式。

回到罗伯塔的案例,她一定已有了某种动机倾向,这在一定程度上解释了她是如何认识到激励她采取抵制行动的理由。例如这种休谟式立场使我们期待罗伯塔过去的确在他人遭受痛苦时曾表现出同情或同情倾向,即使这种同情只是针对她受到庇护的环境中的人。这种习性倾向仅能作后来抵制行为的部分解释,因为在若干方面,它可能出现显著的不确定性。例如,对于谁的痛苦引发罗伯塔的反应或者什么样的受难足够激发反应的痛苦或反应的可能本质是什么等问题,可能没有确定的答案。事实上,即使罗伯塔拥有有关他们遭遇不公正对待的痛苦的适当信念,她所有事先存在的习性倾向都未必足以促使她采取帮助工人的行动①。正如达尔沃尔正确指出的那样,罗伯塔的反应很大程度上与她对工人遭遇痛苦的生动想象有关。

她看电影并认识到抵制理由的后果之一可能是在习性倾向不确定的时候,达到对意图对象一个或多个方面的更大确定性。对我提出的解释很重要的是,罗伯塔并不认为抵制理由建立在她之前就有的欲望之上。这个理由有先前描述意义上的外在焦点:电影使得她关注工人的苦难,认为这种苦难提出了某种行动上的要求。通过这种方式引起她对工人遭遇的关注,这一理由帮助她将她已有的对他人苦难产生同应的习性倾向明确化。另一种说明我的观点的方法是,罗伯塔对工人苦难的认识使她关注她的习性倾向并使它更明确化。罗伯塔或许从她的经历中产生了一种更加接近可称为一般欲望的东西(如果这种愿望在任何时候是一般的),即要减轻痛苦或者纠正不公不义。虽然事先存在倾向可能有助于解释认识到理由在激励动机方面是非常有效的,但当这种认知在聚焦于工人案例的同时也发挥了进一步塑造习性倾向的作用。

这种进一步的塑造可能会对未来行动产生一系列延伸后果。

---

① 约翰·麦克道威尔提出了类似要点,反对基于自然的同胞情谊或者仁慈的慈善美德的休谟式解释。他认为,这种不受认识体现慈善特征的处境的特殊方式协调的自然同胞情谊似乎不合情理,这是一个能够匹配有善心的个人行为的行为议题。请参阅: John McDowell, "Are Moral Requirements Hypothetical Imperatives?" in *Mind*, *Value*, *and Reality* (Cambridge, Mass.: Harvard University Press, 1998), 84; originally published in *Proceedings of the Aristotelian Society*, supp. vol. 52 (1978): 13 – 29.

它可能会让罗伯塔反思纺织工人以外的其他人遭遇的不合理苦难，以及反思她之前对苦难回应的缺乏。理由概念具有天生的一般性。援助纺织工人的理由暗含帮助处于类似处境者的理由。这种反思可能导致原始习性倾向的操作范围的扩大，也导致其生成的欲望的意图对象扩大，这里的欲望指一般意义上的欲望。这种变化可能会影响她的性格。一部优秀电影就像优秀的文学作品，在利用移情力和想象力的同时也帮助这些能力得到扩展。如果在经济背景和社交方式上纺织工人与她不同，她已经超越这些社会特征的限制，这使她有能力对境遇不同的人产生回应。这些变化是否出现取决于她性格特征的其他方面，诸如开放性和慷慨的精神等性格与人的感知习惯有关，即在对环境和他人的反应中，什么对个人来说是显著的。如果罗伯塔具有这样的特征，它们很可能有助于扩展她的移情能力和想象力，但这些特征本身也会发生转变。

我对罗伯塔案例的描述完全符合有关行为解释的休谟式自然主义的一般精神。然而，罗伯塔事先存在的动机习性倾向、她看电影的体验以及她对抵制理由的认识之间的互动似乎比标准的休谟式解释所描绘的情况更具复杂性和互动性。由于在动机的哲学讨论中使用"欲望"一词，可能忽略了这个过程的动态特征。使用这个术语的危险之一在于，我们可以从普通用法中延续一个假设，即或多或少存在确定的作为满足目标的意图对象。虽然在解释某个理由的动机力量时，把极其一般而且无定形的意向对象包括在习性倾向中可能是合理的，这种解释不像它在拥有确

　　　　　　自然道德：对多元相对论的辩护

定意向目标的欲望的例子中那样起作用。在表现欲望和信念如何结合起来刺激行动的典型例子中,欲望被规定为实际三段论的大前提,而小前提则是一种信念,辨认出一种通过行为实现欲望的手段。这里出现了信念引导初始欲望的动机力量的一种渠道效应,但是,这种渠道效应是通过承认原始欲望的意图对象和促成该对象实现的行为描述之间的演绎关系而发生的。

四、考虑可能的反对意见

一种可能的反对意见是,罗伯塔观看电影的体验塑造了她对苦难和不公作出反应的习性倾向,但这并不是经由她认识到一种采取行动的理由来完成。换句话说,可以论证通过看电影塑造她的习性倾向在逻辑上先于她对行动理由的认知。只有在看完电影后才能对那种习性倾向有进一步的定义,如果她有回应他们苦难的理由的话,这的确隐含帮助纺织工人的意思。像罗伯塔这样的行为有时候可能以反对者设想的那种方式发生。但是,如果反对意见是它必须始终以这种方式发生,这看起来就可能是理论偏见了。动机性理由只能基于一些先前存在的确定习性倾向,反对意见就建立在对这种主张的先前存在承诺的基础上。这就要求我们把进一步塑造她习性倾向的经验同她逐渐意识到的协商经历割裂开来,这种协商经历使其逐渐认清工人所遭受的苦难和不公正待遇构成了她帮助他们的理由。这种割裂不仅看起来很不真实,而且也剥夺了我们观察她所处的社会和文化环境塑造她习性倾向的机会。

让我们试着想象罗伯塔案例发生的现实背景。她很可能吸收了她的社会道德和文化背景的规范,这种规范要求她对不公不义和他人的痛苦作出反应。她可能是在受庇护的环境中长大,周围都是跟她差不多的人,她也只能对这个小圈子的人表达关怀和担心,但这并不意味着她可能缺乏对圈子之外的人表达关心和照顾的信念。她有这样做的道德理由(在此,让我们再次重申,她所了解到的是处境的某个特征在道德上要求她采取某种行动)。在观看电影之前,她所缺乏的是调动她对这一理由的认识的一种体验,从而使这个理由成为有效动机。但是,在她被积极调动的过程中,对这一理由的认识对引导习性倾向去帮助工人起到了至关重要的作用。我们的社会和文化环境的规范深刻塑造了我们的习性倾向,这是没有争议的。我认为,这些规范的影响经由学习特定的事物构成特定行为方式的理由来进行传播。从使习性倾向被什么决定和导致什么特定行为更确定化这一意义来说,理由主张的结构非常适合于帮助塑造习性倾向。一种理由主张将一个人 A 的某类行为 X 看作 A 所处的环境中的一个特征 R 所要求的。A 接受 R 特征构成他做 X 的理由有助于锚定与情况 R 有关的倾向,这个习性倾向依靠对 R 的感知而得到更可靠的激活。他对理由主张的接受也帮助引导相关习性倾向采取 X 类的行动。

可能有人反对说,不确定的习性倾向并没有我赋予它们的那种解释效力。可以说,习性倾向无焦点和分散的程度有多大,它们无法解释行动如何产生的程度正好也有多大。但是,即使是我们称为欲望的各种习性倾向的意图对象也是不完全确定的。只要习性倾向在与要解释的行为相关的方面具有确定性，它就有了足够的解释效力。在我对罗伯塔案例的解读中，她对不公正和痛苦作出反应的倾向在与她的行为产生的相关方面是确定的。它通过一种包括承认该行动理由的经历在这方面变得具有确定性。

为了防止另一个可能的反对意见，我想指出，接受不确定习性倾向的存在与行为解释的确定性自然主义完全吻合。说有不确定的习性倾向并不否认意图对象的扩散和可变边界有确切起因，也不否认对这些边界的任何更进一步定义也有确定因。此外，请注意，一个意图对象的确定性是相对于我们对什么可以作为该习性倾向的意图对象的期望来评估的。例如，对他人的痛苦作出回应的习性倾向将是不确定的，如果在对类似痛苦案例作出反应时，它表现出的倾向并不稳定。有时候，具有这种倾向的人会作出反应，有时候则不会。这个人可能因为很小的障碍就很容易被吓退。当她的习性倾向变得更明确时，她对痛苦的反应就变得更强烈，更少动摇不定，但这并不意味着这种习性倾向在字面意义上是不确定的，如果从我们对什么可以作为意图对象的期待之外进行考虑的话。它只是对痛苦作出回应的一种不稳定的，有时甚至是较弱的倾向。要使它成为更确定的习性倾向，就要至少改变它的构成性反应倾向。这种回应倾向的可塑性使得某种习性倾向在这种意义上可以变得更明确。

这里所捍卫的立场不仅与休谟式内在论形成对比，也不同于托马斯·内格尔捍卫的那种康德内在论，内格尔认为，理由之所以具有激励作用是因为它们代表了某种道德要求①。英国道德现实主义者——约翰·麦克道威尔、马克·普莱茨（Mark Platts）、大卫·麦克诺顿（David McNaughton）认为出于对情境中道德要求的感知而产生的某些道德信念可以在没有现成欲望的帮助下激励人们采取行动，尽管麦克道威尔理论（我将在后面评论）中有个特征与我的主张重叠即对个体行为者的动机来说，理由是外在的，但就人性而言，它是内在因素②。

这里所捍卫的理论不同于休谟内在论的通常描述，也不同于更早时期辨认出的竞争性内在论表述，因为它发挥了一种不依靠伦理原则而被辨认出的事先存在的动机倾向的作用，即使它并不具有标准的休谟式角色。

这一理论的背后是事先存在的动机倾向如何与承认行动的理由产生互动的画面。这个画面赋予具有十分分散和不确定性意图对象的习性倾向在动机中的一种重要角色，其作用比人们通常认识到的要大得多。

---

① Thomas Nagel, *The Possibility of Altruism* (Oxford: Clarendon Press, 1970), 7 - 17.

② John McDowell, "Are Moral Requirements Hypothetical Imperatives?" and "Virtue and Reason," *Monist* 62 (1979), 331 - 350; Mark Platts, *Ways of Meaning* (London: Routledge and Kegan Paul, 1979), and "Moral Reality and the End of Desire," in *Reference, Truth and Reality*, ed. M. Platts (London: Routledge and Kegan Paul), 69 - 82; David McNaughton, *Moral Vision: An Introduction to Ethics* (Oxford: Blackwell, 1988).在她最近的一些作品中，菲利帕·福特为一种义务和理由内在论辩护，这种内在论也承认理由具有独立于事先存在的欲望的激励威力。请参阅: Philippa Foot, "Does Moral Subjectivism Rest on a Mistake?" *Oxford Journal of Legal Studies* 15 (1995): 1 - 14; and *Natural Goodness* (Oxford: Clarendon, 2001)。

五、动机倾向的可塑性

我们的动机集的不确定性程度在儿童时期表现得最为明显。这并不是要否认所有父母都知道的事实：孩子的愿望可能非常明确并且难以处理。但是，我们针对孩子们采取的策略假定了其倾向在一定范围内是可塑的，是可以被父母引导的。例如，有时候我们问孩子他"真想要的"是什么，我们会说出有关他想要什么的解释或猜测。这些问题都有指向性。例如，我们不仅认为他可能想和另一个孩子玩耍，分享他的玩具，我们希望他这样做，在询问或暗示这是他想要的东西时，我们可能试图促成这种结果的出现。这种引导不一定是给孩子灌输一些起初并不存在的想法，而是更多地去激活某些习性倾向，通过鼓励他们在特定情况做某事，使他们对自己的意图对象更加明确，行动倾向更加具体。当然，广告对消费者心理的影响与此类似，也往往是通过引导消费者事先存在的习性倾向而实现的①。

罗纳德·德索萨（Ronald deSousa）提供了思考这种过程的另一方式，给出情感是如何从本能反应与"范式情景"的关联中发展起来的图画②。范式情景包括提供所涉情感的典型意图对象的情景类型，例如怜悯与其他情感的区别在于它的典型指向是情境中某些感知到的特征，他人的苦难对于孩子来说变得显著。同

---

① 正如杰弗里·萨耶尔·麦柯德（Geoffrey Sayre-McCord）告诉我的那样。
② Ronald deSousa，*The Rationality of Emotion*（Cambridge，Mass.：MIT Press，1987），181 - 183.

情心的发展涉及一个过程,在此过程中孩子能明显感受到他人的痛苦。范式情景还包括对该情景的典型反应,这种反应具有生物性本能基础,但很快就会在文化上得到精心阐述和提炼。先天的同情倾向可能有意图对象,但是,回应和对象都可能处于极其粗糙的阶段,而且不够完整。什么被感知为痛苦,谁的痛苦变得显著和突出,援助型反应的具体性质,都在很大程度上仍然不确定。

文化阐述和提炼可以提高这些维度的确定性,这一过程通过让孩子反复见证范式场景如大人讲述的童话故事和读给他们听的故事而实现,也可以通过建立模型而出现。孩子们模仿看护人的心理焦点,并从他们的本能反应中汲取营养,学习如何对处境的相关特征作出反应。

六、理由在塑造习性倾向中发挥的作用

我曾在其他地方论证过,同情心作为美德的发展涉及明白他人的痛苦成为试图提供帮助的理由[①]。也就是说,作为道德美德的同情心的发展不仅涉及对苦难更加敏感,而苦难是一个人产生情感反应的情景显著特征,不仅涉及反应的更大规范性和具体化,而且还涉及将这种情感反应与行为者的实践推理融合起来。这最初与学习实践协商的概念工具同时发生。我们最初对行动理由的学习主要是通过被给予一些有关都存在什么样的理

---

① "Is There a Distinction between Reason and Emotion in Mencius?" *Philosophy East and West* 41 (1991): 31 – 44.

由的例子。他人的苦难是首要的例子之一，因此，一个人的动机集中的发展画面涉及"物质性的"实践推理概念。实践推理不仅包括形式原则如普遍性和战略原则如将可能的最大损失最小化（maximin），而且还包括负载价值的物质，其开端就是教导个人有何种理由以何种方式采取行动。

用克利福德·盖尔茨的话来说，这幅实践理性的发展画面是说明人类是"自我完善"的动物的一种方式。那是阐明"人的先天反应能力的极端一般性、扩散性和多变性"是如何通过"文化模板"而被修饰的[①]。更具体地说，它描绘了一种学习行动理由的方法，即通过进一步定义意图对象来塑造动机习性倾向。塑造意图对象贯穿于个人的一生。一般性、扩散性和多变性不仅是先天反应能力的特征，而且也在很大程度上是我们经由文化塑造的习性倾向的特征。

比如，让我们再回到罗伯塔的例子。她可能作出积极回应的人类圈子已经被扩大，但这个圈子在未来会扩大多少，以及她未来回应的形式是什么还有待观察。抵制的无形影响可能会使她灰心丧气，促使她返回到自己积极关注的小圈子。她可能以各种方式来维持自己的承诺，并将关注圈子扩展到纺织工人之外的更多人。毫无疑问，这大都取决于她的性格中的其他方面以及这类工程涉及的多种外部偶然性。要点是她的习性倾向可能通过无限多方式被塑造，这既表现在什么是行动理由的动机性显著特

---

① Clifford Geertz, "Ideology as a Cultural System," in *The Interpretation of Cultures* (New York: Basic Books, 1973), 217-218.

征,也表现在什么是可能的反应。

与我之前提到不同的其他习性倾向也可能促成罗伯塔进一步体验和思考,这些其他倾向可能会改变或强化原来的倾向。假设她作为组织者继续参与抵制活动,且愈发投入地致力于这项工作。她的情况可能类似于曾被罗伯特·科尔斯(Robert Coles)采访过的政治活动家和社区组织者。这位年轻人在 20 世纪 60 年代时是南方的民权活动积极分子,在 20 世纪 70 年代接受科尔斯采访时讲述了自己内心的挣扎,即是要继续过组织者这样的生活还是像朋友和家人所说的那样,"过自己的生活,为自己做点什么"。他现在说:

> 我已经沉浸在这种生活,沉浸在和我一起工作的人的生活中。我感觉自己已经成为其生活的组成部分。当我离开时,我真的很想念他们;这就好像我的一大部分都消失了,我在挣扎,我感到无助。当我回来时,我不仅看到了"他们",也看到了我自己:我与我的生活重新结合起来——我在这里与人们一起工作,从他们那里得到了很多,而不仅仅是试图帮助他们……抛弃他们就等于抛弃我的很大一部分。这就像彻底换了一个人一样![1]

这是一个例子,说明人们最初可能是对不公或痛苦作出回

---

[1] Robert Coles, *The Moral Life of Children* (Boston: Atlantic Monthly, 1986), 167.

应,但是这种承诺现在却与他生活中的其他习性倾向和满足联系在一起。最初的承诺已经变成一种进入他身份中的工程。在此情况下,他发现自己目前的生活满足了一种寻求归属感和为社群作贡献的冲动。

但是,如果他在前往佐治亚南部之前就有这种冲动,那么这很可能是相当一般的,而且在其意图对象目标上来说是分散的。最开始寻求的是某种社群,以及很一般理解的满足。生活在某个特定社群中会给他提供一种关于所追求的东西的更明确的想法,但我想说的是,这也使他寻找的对象更加具体和明确。

现在让我们回想一下,我所讲的故事如何证实了对依据理由而采取行动的休谟式标准解释的批评。一旦认识到采取行动的理由的确有效地引导了动机倾向,并进一步界定了该动机倾向的意图对象,我们就可以解释行为如何在没有以标准方式存在的事先欲望的帮助下从这种认识中产生。因为倾向是通过认识引导的,所以认识获得了动机效能。习性倾向的动力通过引导它的东西被传递。我们能够有一个作为动机的理由来帮助遭受痛苦的他人,这并不在简单或直接的意义上取决于我们所拥有的可以通过帮助他们而被实现的事先存在的欲望,但这个理由也没有能够独立于我们事先存在的动机的效力。

七、这个理论如何脱颖而出

也许,在相互竞争的理由理论及其对依据理由行动的解释这种应用中作出选择的唯一方法,是看它们如何与我们最好的心智和行动科学相吻合。以前支持和反对理由理论的哲学论证都依赖于达尔沃尔等人的故事，这些故事求助于对相关动机过程的从直觉上看合理的解释。这场辩论的另一方并不缺乏他们的故事以及他们更喜欢的动机过程解释，这一点已经在上文展示过了。虽然我希望自己的解释比达尔沃尔的解释从直觉上更有吸引力，或者至少和达尔沃尔的解释一样有吸引力，但这个问题不会也不应该是由对什么是心理学上合理的这一问题基于扶手椅直觉来决定的。

心灵科学似乎还没有到一种理论占支配地位并对有关理由的哲学理论产生决定性影响的地步。然而，一种（支持）这里所辩护的哲学理论的有希望的科学理论由安东尼奥·达马西奥（Antonio Damasio）提出，其基础是他对那些遭受某种脑损伤者的实践理性出错方式的研究。例如，一位叫艾略特（Elliot）的患者就对自己有实践重要性的问题作出完全不恰当的决策。他会因为工作任务的一个组成部分而分心，从而被耽搁。他会在明明知道会产生可怕后果的情况下作出灾难性的决定。他会一遍又一遍地做这些事，却无法从经验中吸取教训。然而，他在涉及物体、空间、数字和文字的推理和思考等智力测试中都获得正常的甚至很好的成绩。更加引人注目的是，在道德困境和经济问题上（如果需要现金，并且假定他不会被人发现，他是否会偷窃？），艾略特表现出正常的道德判断。他在抽象情况下作出的经济决策似乎是合理的，但是如果被要求在真实生活中在这些领域行动，他的行为简直就是"违规行为的目录"。达马西奥观察到，艾略特的决策混乱似乎是在推理的后期阶段开始的,即接近或处于必须作出选择或作出反应的时候①。艾略特表现出一个更加令人印象深刻的显著特征：情感缺失。他受到的脑损伤不仅在计划和决定上而且在情感处理上都发挥了作用。达马西奥的结论是,传统上被认为位于大脑皮层结构中的理性装置不仅涉及这些区域,而且涉及与生物调节和基本欲望与本能相关的皮层下结构。实践理性不只是建立在与目标相关的皮层下结构上,而且来自这些结构之中②。

我在这篇文章中称之为习性倾向的东西根源在于达马西奥的理论,即与生存和生物调节密切相关的驱动力和本能,请回想这里辩护的理论设想的喝水生理冲动,它为存在喝水理由这一判断提供了动机力量。情感是心理评估过程的混合体,它包括将事物看成是好的或值得向往的或者看成有理由拥有或者做的事,它还包括身体的习性反应,这些反应植根于与皮层下区域相关的欲望和本能。达马西奥的理论认为,情感形成了大脑这些区域之间的重要桥梁,并使从下层结构中建立理性装置成为可能,并与更下层结构合作。情感是理性的重要组成部分,因为它们提供了框架和期望值,我们能够以此对行为的可能结果进行排序。因为这些是心理评估过程和身体习性倾向的结合体,它们有助于确保我们的评估在动机上的效力。因此,达马西奥的理论与这里讲述的故事大致吻合。更高层次的理性建立在生物性基本欲望和本能之上,情绪及其身体习性倾向起着引导这些欲望和本能的推动力

① Antonio Damasio, *Descartes' Error* (New York: Avon Books, 1994), 50.
② 同上书,128。

量。当这种连接理性装置与欲望和本能之间的桥梁结构遭到破坏时，理性判断指导行为的能力就会遭到破坏。

八、外在论还是内在论？

我讲述的故事在下面这个意义上属于外在论：个人可以了解到，某种处境的某种特征是以某种方式行动的理由，但这种认识可能无法参与和引导一种动机型习性倾向。如果这样的失败十分严重，涉及的理由是道德性的，就称得上是反社会型人格。如中国传统中的孟子和希腊传统中的亚里士多德所观察到的那样，性格发展可能会走上歧路以致根本容不下伦理道德扎根的任何空间。至少在某些场合，道德体面的部分失范对大多数人来说非常典型，这也是我们应该预料到的情况，如果人类有包括自我利益和各种形式利他主义在内的多种基本动机。部分道德失范现象的最典型表现是重视道德理由，但在有些时候允许其他理由不合理地压倒它们。

因此，这里所讲的故事排除了一种内在论，这种内在论保证动机型习性倾向与人有理由做的事适当联系起来。要发挥上文所述的引导和塑造功能，理由必须处于个人的激励系统之外，认识到一种情境的外部特征构成一个理由，当这与习性倾向联系在一起时，能帮助塑造动机型习性倾向。是否参与取决于多种因素。人们可以想象，一部电影能够像罗伯塔案例那样塑造个人动机，它必须能够激活相关的习性倾向（如同情心、对不公正的义愤），与此同时又能让行为者的注意力聚焦于相关理由上。难怪纯粹带有道德目的的说教性电影或文学常常达不到这个目的。果真如此，这就印证了我们从希腊传统的亚里士多德和中国传统的孟子那里得到的道德教育图景。

这里所讲的故事与内格尔和斯坎伦的理论或者普莱茨和麦克道威尔等现实主义者提出的理由理论发生了冲突，因为他们的观点否认了这一点，即如果对于理由的认识在动机上有效，事先存在的习性倾向是必要的。这个故事里尊敬那些立场的一个可能动机：即这样一种认识，为了找到基于理由的行动背后的完全正确的事先存在的欲望，休谟式理论有些用力过猛了。这其实也就是寻找一种拥有适当种类确定性对象的习性倾向，它与适当的信念结合起来产生了需要解释的行动。

此外，这些立场的动机基于这样一种信念，即采取行动的理由必须提供一个基础，以此来批评在最根本层面上的现成欲望。人们相信，承认采取行动的正当理由所提供的那种批判性视角都能比任何一种休谟式内在论所允许的程度更加深刻。例如，约翰·麦克道威尔承认，威廉姆斯的那种复杂的休谟式理论的确打开了在行为者现有动机和他们有理由做事之间的批判性距离，因为它允许协商在纠正和丰富这些动机方面发挥作用。威廉姆斯正确地指出，内在理由理论家不必说，一个错把汽油当成杜松子酒的人因为想喝奎宁杜松子酒（a gin and tonic），他就有理由将汽油喝下去。然而，麦克道威尔怀疑这是否适当的批判性距离。我们碰巧拥有的休谟式欲望，即使依靠休谟式推理而被修正，也不能明确无误地决定拥有它们的个体行为者的实践理性形态①。

麦克道威尔暗示行为者有理由不满足他们的欲望是正确的，即使这些欲望不是基于花园般丰富多彩的实际错误，例如错把汽油当成杜松子酒。我的理论使我们可能拥有的理由与现有动机之间有了更大的批判性距离，因为我们认定道德理由是外在的，它们通过引导和塑造习性倾向发挥作用。

迈克尔·史密斯（Michael Smith）的规范理由理论与威廉姆斯的理论有着重要的相似之处，但其发展方式似乎可以回答麦克道威尔的批评。史密斯的分析是，如果一个行为者有理由在环境C中做某事（phi），这就是说如果他完全理性，他就会有在环境C中做这件事的欲望。因此，与威廉姆斯的分析一样，史密斯的分析也解释了理由的规范性依据行为者对现有欲望和信念的适当协商。然而，史密斯强调他与威廉姆斯的不同之处在于，他认为想象力不是依靠深思熟虑来消除旧欲望和形成新欲望的主要途径，相反，欲望系统通过努力使这个系统更合理而被改变，其做法就是在个人的具体欲望和一般欲望之间实现罗尔斯式反思性平衡，目的是以系统和统一的方式，用人们的一般欲望来解释更具体的愿望并为之辩护。

然而，最终，在实现与行为者现有欲望保持适当的批判性距离方面，史密斯并没有比威廉姆斯走得更远。行为者会通过达成反思性平衡而逐渐得到一整套更具连贯性的欲望，但他有关处境

① John McDowell，"Might There Be External Reasons?" in *Mind*，*Value*，*and Reality* (Cambridge，Mass.：Harvard University Press，1998)，104－107.

C 中做某事(phi-ing in C)的可欲性结论仍然建立在可能相当不充分或不可接受的欲望之上。我们不能保证这些结论经得起麦克道威尔心目中想到的那种批判性反思。史密斯反驳了对其立场的这种批评,他认为,我们讨论做某事还是不做某事的理由的方式就预设了我们试图就处境 C 中做某事的可欲性达成一致。在试图在我们的欲望之间实现反思性平衡时,我们大概是要试图找到在处境 C 中做某事的非相对性理由(如果我们完全理性则会达成共识的理由)。当然,史密斯承认,他的分析对处境 C 中做某事是否有任何非相对理由持开放态度。我们预先假定存在规范性话语这一事实与我们犯下严重错误的可能性是一致的①。我们必须看到充分理性的行为者是否会就他们在可能面临的处境中产生该做什么的欲望达成一致。在我看来,是否存在任何真正的规范性理由,这即便不是高度令人怀疑的话,至少也是留下很大开放性空间的。从最好处说,史密斯的叙述允许我们说可能存在这样的理由。他通过指出我们现在在道德问题上达成共识的程度敦促人们更加乐观,并声称对这种共识的最佳解释是如果我们充分理性,则会在这些问题上产生一致的欲望②。但是,更合理的解释是,首先,道德规范和理由广泛一致的必要性来自道德协调社会合作的功能,其次,欲望的道德化能够在本章所述的社会化和道德话语中得到实现。

最后一点解释了为什么我的理论与奎因和斯坎伦的观点一

---

① Michael Smith,*The Moral Problem*(Oxford:Blackwell,1994),151 - 175.
② 同上书,187 - 188。

致,即在可以被称为行为动机的典型欲望中存在显著的评价性成分。这种欲望概念可以追溯到亚里士多德和阿奎那,在孟子中也有类似说法,它是对被理解为好的或值得向往的事物的倾向性。如果这里所作的辩护是正确的,那么我们的许多欲望必须瞄准我们有理由去寻求的东西,因为通过承认这些理由,欲望目标已经被塑造而且变得更加明确。事实上,这些理由可能进入最初并没有这些内容的习性倾向和情感的意向对象。例如,对他人的痛苦作出反应的习性倾向,可能在某种程度上成为一种欲望,涉及将看见他人的痛苦视为采取行动的理由。根据我的理论,仅仅相信某件事值得向往并不足以产生采取行动的习性倾向,而寻求它的理由可以作为引导和塑造过程的结果出现在习性倾向的意图对象中。通过这样的方式,习性倾向变成了对看似值得向往的东西的一种欲望。

尽管我的道德理由理论从字面意义上讲是外在论,但它的确承认在一个重要意义上,道德理由与人性有必要联系,如果不是所有人类行为者的动机系统的话。从这个角度来说,道德理由内在于人性。如果道德理由的重要功能恰恰是引导植根于天性的习性倾向,那么,在很重要的意义上,我们有道德理由做的事就取决于人类通常有动机去做的事。从道德上说,我们不能被要求成为与人类是什么或可以成为什么都没有任何关系的那种东西。

除非一些事先存在的人类习性倾向不容易受到道德理由的影响,否则道德理由就不会发挥作为实践理由的功能。行动理由和人们能够被什么所激励存在着必要的一般性联系。这是我的理论的一个特点,它与约翰·麦克道威尔将价值观解释为类似于次要品质的主题有重叠之处。就他的解释而言,像色彩一样的次要品质是向具有某些感知特征的生物展示某类现象表征的能力,同样,价值品质由值得被具有某些敏感性的生物关注和欣赏的物品构成。麦克道威尔提出这一理论作为保持价值品质客观性的一种方式,同时避免将它们解释为幽灵柏拉图形式——它独立于我们而存在,同时向我们提出要求,即为实现它们而采取行动①。试图在人类敏感性的相对论和柏拉图式客观主义之间实现这个值得向往的中间立场时,麦克道威尔遭遇了困难。在他必须承认价值品质值得像我们这样的有敏感性的生物欣赏时,颜色品质和价值品质之间的类比说不通了。正如麦克道威尔本人所指出的那样,价值品质的规范性维度在颜色品质(这些品质是要引出适当的颜色体验)中找不到可类比的地方②。此处所辩护的道德理由的描述占据了激进主观主义和幽灵柏拉图主义之间的中间地带,却不必解释色彩与道德品质之间的相异性。这一描述意味着道德理由的存在与特定个体的动机结构无关,但是它不能独立存在于人类普遍具有或能够发展的动机结构之外。例如,需要考虑他人利益的道德理由之所以存在是因为人类普遍具有敏感性,这使他们的相互合作既有可能又有必要。

　　这里辩护的主题,即道德内在于人性,反对外在论和内在论

① John McDowell,"Values and Secondary Qualities,"*Essays on Moral Realism*,ed. Geoffrey Sayre-McCord(Ithaca:Cornell University Press,1988),166-180.
② 同上书,175。

的对立,而不是偏袒其中任何一方。回想一下,关于道德义务的外在论立场的动机,如福尔克所描述的那样是这样一种认识,即道德义务来自行为者及其动机结构之外。内在论有关道德义务的立场的动机是,对于有反省能力的相对自主的行为者来说,理由来自内部。内部和外部隐喻创造了虚假的二元对立。内在论立场将适用于一开始动机倾向就非常确定和缺少可塑性的生物。但是,一方面,正如我们的构成方式所示,道德理由的实质至少有一部分肯定来自任何特定个人及其动机结构的外部。另一方面,来自任何个人外部的无论什么物质都必须适合于人类一般具有的习性倾向的指导。

内在论与外在论在理由问题上的对立强化了错误的二分法,一面认为个体是被外界强加了行动理由的存在,一面又认为个体是理由从内部自动产生的存在。这种对立把我们的注意力从这样一种可能性上转移开了:如果不通过对理由的学习比如看到他人的痛苦等而对动机倾向进行引导和塑造,我们就很难被认作人类行为者。理由最初来自外部,但是如果我们抽象出所有理由,剩下的就是一个还不是人类行为者的人。只有当某些理由被内化使得它们能够塑造甚至被镶嵌在动机倾向的意图结构之中,这样的行动者才开始存在。如果重新回到盖尔茨的说法,人类不仅通过文化形式而且通过能辨认出实践理性实质的形式实现自我的圆满。

我早些时候说过,我们学习行动理由是什么,这是通过学习其中某些理由,譬如看到对方的苦难。为什么这些条件对我们来说成为理由？本书的论证是道德必须被这样理解，它的进化部分是为了促进和规范社会合作。如第二章第九节所述，人类基因和人类文化是共同进化的，因此，基于基因的亲社会倾向和亲社会文化规范相互塑造对方。包括同理心在内的利他主义冲动，即使不是所有人都拥有，至少也是许多人拥有的东西。我们的确有实验证据表明，在新生儿和婴儿中具有情绪的"传染性"①。人类通过文化和灌输的规范实现自治的能力是随着利他主义背后的这种原始潜能的发展而发展起来的。在人类文化中，教导人们认识到看见他人的痛苦是采取某种行动的理由，将强化和引导我们具有的移情的任何先天潜能。

其他种类的道德理由可能帮助引导和塑造人性中的其他深层倾向，从而进一步适应社会合作。正如第二章第八节所述，出现在各种社会和文化中的一种道德理由是自愿以善报善的理由，其普遍性可能反映了人性的根源。通常最重要的人类合作形式包括帮助行为。受人帮助而给予回报如果是社会互动的一般特征，那么它将强化帮助他人的行为，因此是维持这种帮助的强大因素。如果"没有回报"成为社会交往的一般特征，将很可能扼杀帮助他人的行为。这就解释了为什么某种形式的回报恩惠是道德的必要因素，因为若没有它，人类的合作活动就无法开展。例如，"以善报善"的要求，加上孩子需要精心的身体护理和教导的

---

① M. L. Simner, "Newborn's Response to the Cry of Another Infant," *Developmental Psychology* 5（1971）：136 – 150；Alvin Goldman, "Empathy, Mind, and Morals," *Proceedings and Addresses of the American Philosophical Association* 66（1992）：17 – 42.

事实有助于解释父母和其他人的义务,其角色涉及养育孩子。履行这些义务就构成一种以善报善,当然,回报的善并不一定与获得的善完全相同。

这种推理方式与互惠利他主义的假设很好地吻合起来。回报他人援助的倾向之所以被选中恰恰是因为合作让所有人受益。如果这种利他心理在人类身上被选中,那么它很可能在许多方面是一种分散的和不确定的驱动力,而不同文化中确认互惠机会,和合理互惠方式的理由正是这种驱动力过去和现在一直被引导并变得更加确定的方式。

九、外在理由的意义

在本章的开头,我说过内在论是因为感到困惑而被激发起来的,即当行为者的行动得不到他的任何动机支持时,说该行为者有理由采取行动有什么意义呢? 我刚才曾提到道德与人类合作生活结构的关系有助于我们理解为什么会有外在理由的意义。

除非它们在一定程度上独立于个人的实际动机,否则它们就无法承担那种它们被合理赋予的引导和塑造功能。对这种引导和塑造功能的部分自然主义解释,它形成了适应于合作生活的生物的培养过程的一部分。这并不是说,在不同形式的合作生活中,道德理由的配置将是相同的,不同形式可以根据其对某一特定理由的不同强调而部分被区分开来,因为别人的友好或者赠礼而心怀感激之情是我们都知道的东西,但在中国和日本两个社会中,这种感觉被大大地放大了,这是因为它们给这种理由相对于其他理由的优先程度不同①。这种差异符合这样一种观点,即考虑到人性和人类合作生活的本质,对什么可以被当作道德理由是有边界的。

有人可能会问,从理性上说,这里捍卫的观点是否使出于道德考虑的动机成为必需。人们可能认为,这正是此观点产生的结果,因为即使个人没有任何相关动机,道德理由也适用于他们。回想一下,威廉姆斯为休谟内在论辩护的最初支持之一恰恰是对这一后果的否定,我也想拒绝这样的后果,即不能被道德理由推动必然是不理性的。"非理性"一词有一种特别强烈的含义,隐含着推理过程的混乱以及违反正常的推理者显然应该明白的普遍有效的推理原则②。但是,向人们指出他们有理由做某事并不一定是向他们施加威胁,即如果他们不将其纳入考虑就是非理性的。这里的特别建议是,向人们指出某种道德理由是有道理的,这与通情达理的呼吁有关。

通情达理既不等同于纯粹理性,也不是纯粹理性的要求。它的动机是愿意与他人建立某种合作关系。当我们说人们不通情达理时,我们通常并不是指他们在很强烈的意义上是不理性的,而是指他们所采取的立场使他们不太可能成为我们共同行动的合作伙伴。拒绝考虑道德理由就是拒绝那些促成我们合作生活的部分——或许是任何人的合作生活或至少是我们的合作生活。

---

① David Nivison,"'Virtue' in Bone and Bronze," in *The Ways of Confucianism*, ed. Bryan W. Van Norden (Chicago: Open Court, 1996), 17 - 30.
② 在这点上,我同意斯坎伦的观点,请参阅: Scanlon, *What We Owe to Each Other*。

因此，说人们有道德理由是有意义的，即便那个理由在他们的动机中无处扎根。这是为了确定他们必须做些什么才能使自己置身于公平合作的边界内，如果他们没有这样做的动机，就必须警告他们和其他考虑和他们合作的人。

乔纳森·里尔(Jonathan Lear)认为，与伦理学最相关的理由不是来自"先验论证揭示的固定结构"(如康德认为的那样)，也不是"柏拉图式地完全独立于我们而存在"。相反，它们可能是"由我们的思想、行为、自发感情和显著知觉构成的"生活方式的一部分①。我想对里尔的这最后一句话加以限定。"与伦理学最相关的理由，可能不仅仅是我们的思想、感情和显著知觉所构成，这些理由实际上可能会浸入这些东西使其成形。难怪它们会帮助定义我们的生活方式。"

十、我们能回答"为什么要讲道德?"和"为什么我们有这种特别的道德?"等问题吗?

从理性上说，道德不是强制性的。充其量它或其中一部分只是通情达理的组成部分。如果理性不仅包括合乎理性的而且包括通情达理的，那么拒绝道德理由就是违背理性的。然而，正是合乎理性的(the rational)与通情达理的(the reasonable)之间的混淆，或者是通过施加非理性指责的痛苦从而将通情达理强制化

---

① Jonathan Lear，"Moral Objectivity," in *Objectivity and Cultural Divergence*，ed. S. C. Brown (Cambridge: Cambridge University Press，1984)，148. 里尔在描述时使用的术语让我觉得无法明确地说我们俩的描述有怎样的联系，但是我觉得其中的契合性非常显著。

　　　　　　　　自然道德：对多元相对论的辩护

的愿望，助长了如此多的哲学思辨，以显示明明知道道德错误仍然行动必然是非理性的。鉴于通情达理和合乎理性的语言都采用了理性术语，这种混淆也在情理之中。

对那些坚持我们的道德辩护必须涉及每个人的动机结构的人来说，这里所辩护的理论将继续令人感到不安。我在本书所说的每一句话甚至都不能保证回答反社会者提出的"为什么要讲道德"的问题，有些人可能会坚持认为，道德辩护应该为所有人都准备好了答案。鉴于本书的结论，我们有必要指出，对大多数人来说，伦理理由可能是使人类合作生活成为可能的部分理由，这些理由已经深深植根于我们的情感和习性倾向中。这些理由如果不是内在地存在于每个人的动机中，也存在于一般性人性中。道德理由和蕴含这些理由的习性倾向，可能会进入我们在世界上定位自我的最基本方式，进入我们最根深蒂固的自我观念，进入我们的身份认同。道德辩护使我们这些道德动机根深蒂固的人感到安心并得到强化，这可能指向我们已经是谁以及想象我们还想成为谁的困难①。

对于由于承认正确道德的多样性而引发的担忧，即道德承诺的稳定性和坚定性遭到破坏，我们也可以给出大致相同的答案。对我们来说，显著的背离很可能只是名义上的替代选择。然而，人们可能回答说，背离虽然不够显著但意义重大。这将是下一章探讨的主题。

----

① 我认为，伯纳德·威廉姆斯正确地指出，作出这样的辩护是哲学的宝贵目标，它可能被徒劳的目标所替代，即使没有道德感的人若不竭力讲道德也是不合理性的。请参阅：Bernard Williams, *Ethics and the Limits of Philosophy* (Cambridge, Mass.: Harvard University Press, 1985), 27.

第八章　道德与需求

前一章展示了道德如何深刻地影响着我们,不仅不知不觉地深刻塑造我们的性格,而且还塑造了我们行动的理由。但是,如果道德不是世界机体中同时拥有对我们提出规定性要求的权威的不可化约的组成部分,那我们为何还要继续接受其影响呢? 我在第三章和第七章中建议,想象一种真正的替代选择可能非常困难。我们的身份认同深深地植根于道德之中(这并不是说我们经常能够满足道德的最充分要求)。这并非对我们所有人来说都是如此,即使那些身份认同植根于道德的人也可能经历内心冲突或者无法完全排除他们内心的变化,因此就出现了继续接受的问题。而且,我们可能处于这样一种不愉快的情形中:除了受道德的深刻影响之外别无选择,但又不认为接受道德影响是好的。如果这是真的,我们或许应该简单地承认它。如果是假的,我们应该能够对道德上的愤世嫉俗者提出有说服力的论证。

自然道德:对多元相对论的辩护

仿佛是世界机体的客观规定性组成部分的道德光环持续笼罩着我们,也笼罩着那些从理智上拒绝这种想法的人。我们谴责并希望能够以某种方式谴责严刑拷打和持续不断的残暴行为是反人类罪行,而不仅仅是破坏了我们共同生活以及从人生中寻找意义所需要遵守的法则。也许这是因为我们知道道德可以召唤我们,而我们也能以道德的名义召唤别人作出巨大牺牲。我们有一种需要,即把那种牺牲看作往往比我们自身更大的东西所提出的要求。如果不能满足这种需求,我们也许可以将道德与其他的、核心的人类需求的满足联系起来。

从这个角度给出的最强有力答案就是去说明,如果一个人没有道德生活,那么他无法幸福。在下一节中,我将研究这种回应的当代版本,并解释我为什么认为这样的要求过于苛刻,故而无法成功实现。

一、试图表明幸福需要道德

劳伦斯·托马斯(Laurence Thomas)特别关注削弱人性天生自私观的基础,并且利用最近的进化理论来论证自然选择倾向于关注他人利益的自然欲望[①]。托马斯进一步论证,如果我们实现了利他主义欲望,将更有利于我们的幸福。托马斯声称,父母的爱是与生俱来的和"透明的",它不以接受者的理想行为方式为条件。因为孩子们自然而然会回报父母的爱,他们学会不仅为了

① Laurence Thomas, *Living Morally: A Psychology of Moral Character* (Philadelphia: Temple University Press, 1989).

父母的利益，而一般地说为了他人利益而放弃自己的利益。托马斯在此假设，一般性的同情和移情潜能是基础，支撑了因特定他人的痛苦和祸患而受触动的能力。他认为，特别是透明之爱的生物性能力是基础，支撑了对无论有何种特质的他人的最起码尊重。

道德可以说需要对他人一定程度的透明关心，将这种关心的根源追溯到父母之爱，这是新鲜有趣的观点。在我看来，透明的内在性是存疑的。托马斯显然认为，自然选择倾向于透明之爱，因为它为儿童提供了发展所需的心理安全，但从心理扶手椅的角度来看，我们不清楚为什么一定程度有条件的爱可能有利于激励孩子变成更好的人。无论如何，我们没有一般性的理由去假设当幸福不同于将后代的基因遗传最大化时，自然选择倾向于个体的幸福。虽然自然选择合理地选择了父母之爱，但其内在形式可能过于变化多端和分散，并且难以确定，无法被称为透明的或有条件的。其余的是文化和普遍的先天倾向的个体排列组合方式。然而，如果托马斯的言论是对的——父母之爱有天生的基础（无论透明度如何），如果他对这种爱至少包含了一般性同情和移情能力的观点是对的，那么我们至少可能得出的结论是，道德要求的那种利他主义并不是对人性的扭曲，也不是依靠社会条件从外部神秘地强加在人身上的东西。

托马斯继续论证说，具有良好道德品格的个人因此更容易生活快乐和幸福。他的论点取决于将不道德的人看作一方面对所爱之人和朋友充满关怀，另一方面对他们操纵的其余人假装关

自然道德：对多元相对论的辩护

怀。对情感的有效掩饰包括产生于某种程度真实的情感,这是通过刻意停留在产生这种情感的思想之中①。善于掩饰情感的伪君子在这方面是高手,以至于他们比其他人有更多理由来质疑他们,是出于真正的关心还是出于自身利益而被迫为他们身边的人做正确之事。因为对人们来说,可靠地认识到他们对身边人的行为是出于正确的动机,这是具有普遍重要性的,所以不道德的人的生活将不那么幸福。

善于掩饰情感的伪君子做得如此之好以至于他们不仅欺骗了其他人而且可能欺骗了自己,这种主张或许描述了一种倾向,但很难理解为什么它作为不变的真理就这么真实可信。这个论证的另一个问题是唯知论假设,即个人的幸福必然会因为缺乏可靠知识而减少,这些知识有关人为亲人和朋友做事的正确动机。但是,我们不清楚为什么无道德的人应该从促进自己幸福的角度认真考虑,确认自己对身边人的情感真实可靠。托马斯强调了伴随着对这些问题的持续怀疑所产生的令人不安的影响,但是,避免这种怀疑的最安全方法可能是避免对它们进行反思。

托马斯的总体战略是从个人需要与某些特定的其他人建立有意义的纽带以便幸福的观点开始,然后论证说,维持这些纽带以及他们帮助个人幸福的方式要求人们承认对他人的一般义务。我同意,这个起点似乎是合理的(如第四章所述),但推出结论的论证路线缺乏足够的说服力。从托马斯的起点达到这个结论还

---

① Thomas, *Living Morally*, 222 - 227.

有另一种方式。例如,休·拉福莱特(Hugh LaFollette)认为,满足个人关系之所以取决于道德就是因为这种关系的质量深深地受到他们所处的更大社会的影响。如果社会总体氛围缺乏某些道德美德,我们就不能指望人际关系良好。他认为,在普遍无道德的社会中,非道德的人之间的关系危险重重。亲密者之间必须彼此诚实;任何不诚实的行为都会破坏这种关系的基础。然而,如果他们沉浸在基于不诚实和欺骗的亚文化中,那么他们就不能如所需要的那般诚实①。关于信任,拉福莱特提出了类似论证。在不诚实和仇恨的更大环境中,人际关系所需的信任根本就无法生存下来。

拉福莱特想要在此得出的结论是,尽管个人关系和公正道德之间存在冲突,但道德必须允许一些人际关系,因为它依赖于它们;同时,因为人际关系的质量取决于更大社会的道德品质,所以我们不应该经常无视陌生人的需求,同时不懈为身边人谋取琐碎利益。在我看来,这个论证似乎依赖于一种没有说服力的概括。例如在美国,封闭式社区、私立学校、白人中产阶级越来越多地流向偏远郊区以及存在于即便更具融合性的(无论从种族还是从阶级上说都更融合的)都市公立学校都存在的跟踪系统,这就意味着人们普遍拥有的信念,即人们可以将自己与更大社会的问题隔离开来。公正的世界将是个人无法在这一努力中取得成功的世界,但我没有看到任何证据表明,现实世界就是这

---

① Hugh LaFollette, "Personal Relationships," in *A Companion to Ethics*, ed. Peter Singer (Oxford: Blackwell, 1991), 331.

样的世界。如果有足够的钱并且运气又恰好合适,将大门紧闭就有可能奏效。

我所看到的任何表明个体幸福需要道德的尝试都不能免于这些问题。我也没有看到有说服力的证据表明,所有这些尝试都会遭遇到相同的命运,但是,归纳法足以让我倾向更温和的工程:显示存在涉及道德生活的不同幸福形式,即便不是所有的幸福方式都涉及道德生活。

二、显示幸福与道德相容的另类选择

伯纳德·威廉姆斯和乔纳森·里尔都提出了温和工程。若使用里尔的表述,我们必须避免柏拉图式工程,即采取"对实践进行反思性辩护的措施,使之成为其他所有可能性,譬如依据自身利益行事而不是办事公道的证据",因为"其他替代选择的可能性的构建本身就足以破坏反思性辩护"①。里尔的建议是后验显示(posteriori),一种显著的幸福形式表现为促进人类普遍幸福。人们可以通过指出幸福的实际案例来做到这一点,其中获得幸福的人积极参与到促进他人幸福成功的过程中。里尔认为,毕竟,人们在改善人类命运的行动中的确获得意义和成就感,也常常在意识到自己生活在无法做到这些的社会或历史时期时而感到非常沮丧。这说明什么呢?伯纳德·威廉姆斯认为,道德辩护的合理目标是面向大部分生活在道德世界中的人说

---

① Jonathan Lear,"Moral Objectivity," in *Objectivity and Cultural Divergence*, ed. S. C. Brown (Cambridge: Cambridge University Press, 1984), 161.

话,安抚那些本来就愿意聆听的人,强化他们的决心,并给予他们理由来"帮助他们不断创造那种基于共同习性倾向的志同道合者社群"①。

三、道德与幸福之间所谓的相容性遭遇的挑战

然而,即使这个更温和的工程也无法摆脱强大的挑战。米歇尔·福柯(Michael Foucault)的作品包含了对现代启蒙道德特别微妙的挑战。正如查尔斯·泰勒在论述福柯的文章中注意到的那样,启蒙的自画像有自我吹捧的嫌疑:我们克服了迷信和神话,因此采取了人文主义价值观②。现代世界观与前现代的宇宙秩序观形成鲜明的对比,前现代宇宙秩序是等级体系,不仅万物有贵贱,而且人也分为三六九等。宇宙秩序论证了政治秩序的合理性,某些类型的犯罪,譬如杀害父母或其他长辈,破坏了事物的原有秩序,既是对宇宙秩序的冒犯也是对政治秩序的破坏。必须依靠一些手段恢复秩序,虽然现代人可能觉得这些措施残忍之极且带有虐待狂色彩。对我们来说之所以看似如此是因为秩序观念的整个背景已经在我们眼前消失了。泰勒说,我们的现代人身份是自由的、自我定义的主体,他们对自己本质及范式目标的理解源于"内心",而不再来自他们所处的所谓宇宙秩序。此外,还

① *Ethics and the Limits of Philosophy* (Cambridge: Harvard University Press, 1985), 27.
② Charles Taylor, "Foucault on Freedom and Truth," in *Philosophy and the Human Sciences: Philosophical Papers*, vol. 2 (Cambridge: Cambridge University Press, 1985), 152-184.

出现了一种崭新的善。自 18 世纪以来，我们一直关注维持生命和满足人类需要，最重要的是减轻痛苦。这种新的人道主义与"平凡生活"越来越显著的重要性联系在一起，泰勒使用"平凡生活"去指代生产和消费活动、婚姻、爱情和家庭生活等。与此同时，人们越来越多地意识到婚姻中情感满足的重要性——整个现代意义上，人的情感是幸福生活的关键。因此，现代观点包含着对基于神秘化的旧观念的批判，人们在这种神秘主义的名义下作出了牺牲，承受了可怕的痛苦。

福柯拒绝了启蒙运动激发的对旧秩序的反应。在他看来，这不过是两种权力系统——古典的和现代的。他将现代人道主义视为一种新支配体系的反映。在《规训与惩罚》(*Surveiller et punir*)和《性史》(*Histoire de la sexualite*)第一卷中，福柯描绘了一个混合体，它集现代人道主义、新社会科学以及在 18 世纪的军队、学校和医院发展起来的新纪律于一身，所有这些都被视为新型支配模式的组成部分。新支配模式依靠无所不在的规训来运行。计算机化的数据库由当局掌握，其主要机构不是可以清楚识别出来的，其惯用手法(modus operandi)通常秘而不宣。新惩罚哲学不是受到人道主义的启发而是基于控制的需要。新知识形式服务于这个目的。人们遭遇各种方式的评估、分类、检查，从而成为更好的控制对象，而这种控制趋于成为常态。福柯专注的焦点是医学检查以及基于这种模式的各种检查。现代的个性概念实际上就是这种新控制技术的产物之一。

我们还没有看到这种新技术，因为它与权力的关系不同于有人下命令、其他人服从命令的旧权力模式。现代形式关心的不是法律而是常态化——带来某种被定义为健康的或良好功能的结果。法律受到这种"常态化"的渗透。犯罪分子被越来越多地视为需要进行康复和回归常态的案例。新型权力带来了新主体和属于这个主体的新欲望和行为。权力不再由某个主体所掌握而是由我们所有人都参与其中的复杂组织形式来实现。福柯撰写了驯服过程，为的是显示塑造新类型主体的过程和塑造受制于权力的个体的过程是相同的。当异常被定义为一种社会立场，即人们追求的善遭到拒绝时，人们将采取某些允许其获得这些善的行动方案。由此，创造出来将某些欲望当作自己欲望的新型主体，这是他们被置身于无法控制的权力体系而造成的结果。正如托马斯·沃特伯格所指出的那样，与权力体系的这种互动导致形成拥有某些技术、能力和欲望的主体，这些是性格的基本组成部分："人类逐渐成为这样一种存在，它们成为权力关系在场的产物。"[1]

福柯不接受浪漫主义和批判理论的观念，那种观念认为存在一种更深层次的自我、社会、政治和经济结构可以更好地表达这种自我并且避免支配它。福柯认为没有更深层次的内在自我，只有权力关系。例子之一是性欲如何在定义内在自我中发挥如此深刻的作用。福柯说，性的中心地位并不是有关我们的深层事实，而是与控制目的密切相关的某种建构。我们寻求释放性自

---

[1] Thomas Wartenberg, *The Forms of Power: From Domination to Transformation* (Philadelphia: Temple University Press, 1990), 160.

我,反而更深入地嵌入到控制策略中不能自拔。我们对性本质的认识是一种权力策略,即美好生活的关键因素是性满足。我们现在必须找到我们的性本质,并通过它恢复我们的生活。找到它需要专家的"帮助",我们把自己放在需要他们——精神分析师和社会工作者照顾的位置上。这使我们成为受控制的对象,控制方式多种多样,我们很难理解。我们不像从前模式那样受到强加在身上的某些限制等的那种控制。正如泰勒所言:"当我们抛弃性禁忌时,可能会认为正在获得一些自由,但事实上我们被某些形象所支配,这些形象显示什么样的人才是完整的、健康的和充实的性存在(sexual being)。"①我们受到性压抑并需要获得解放的整个想法本身就是新型权力/控制的创造结果。我们认为自己正在摆脱旧权力,事实上却正在屈服于新权力。福柯从差异的视角开始揭示出我们对人性核心本质观点的偶然性。正如马克·波斯特(Mark Poster)所说,福柯处理并分析了一种看似奇怪的、令人不安的、不熟悉的现象,它模糊地威胁了现代人的敏感性②。在他的著作《性史》中,福柯从希腊自由的成年男性与男童的性爱实践开始。就性欲而言,喜欢男童不仅仅是差异点。不同之处还在于这种性欲本身并不会给希腊人带来问题(不存在"这正常或健康吗?"的问题)。相反,这种做法成为个人自由和道德问题。对于公元前 4 世纪至公元前 2 世纪的大多数作家来说,希腊先哲对

① Taylor, "Foucault," 162.
② Mark Poster, *Critical Theory and Poststructuralism: In Search of a Context* (Ithaca: Cornell University Press, 1990), 91.

他们的性激情没有任何限制。任何人都可以成为爱情的目标对象。要过上道德生活，先哲只需要积极决定采取一种行动即可。他重视积极姿态，因为只有它与他的自由相称，而只有他的自由能确保城邦的健康。对他们来说，道德议题不是男童成为性欲对象，而是统治阶级将男童放在与自由成年男性发生性关系的被动地位时是否得体和可能的有害后果①。

福柯将他对"差异点"的历史分析与对权力结构的复杂观点结合起来。请考虑权利内化于关系之中的微观背景，譬如医患关系，一方需要，另一方知道，这建立在这种关系概念之中。患者对于从医生那里获得建议有压倒性的兴趣。医生可以随意地、不受限制地将其意志强加在患者身上，但他们很少这样做。双方都受到一种共同认识和共同活动的约束。但不管怎么说，在这种关系中，医生占据支配地位，被支配者常常依靠服从而维持这种合作关系。被支配者常常将共同活动的规范内置化。我们必须结合涉及诸如国家和统治阶级等机构和阶级的宏观背景来理解这些微观背景。宏观背景中的宏观战略"形成了微观关系产生、修改或自我复制的背景，而这些则为宏观战略相互提供了土壤和锚点。宏观和微观背景之间存在着无休止的互相调节关系"②。在此，福柯似乎正确地拒绝了马克思主义有关全球背景是解释性基础的论点。

泰勒从福柯分析的微妙之处中发现了许多可钦佩的东西。

---

① Michel Foucault，*The History of Sexuality: The Use of Pleasure*（New York：Vintage，1990），245.

② Taylor，"Foucault，"168.

然而,他批评福柯分析中的片面性:

> 福柯对人道主义兴起的解读仅仅通过新控制技术的角度。他并没有赋予新生活伦理学的发展以独立意义。这在我看来已经片面到了荒谬的程度。……新规训形式不仅有助于滋养一种控制系统,而且还采取了一种真正自律的形式,这种自律使得以更平等的参与形式为特征的新型集体行动成为可能。……自由参与的机构需要某些被普遍接受的自律。……以下两种社会之间存在巨大差异:一种是依靠基于公共身份认同的共同规训而找到凝聚力,从而允许并呼吁平等者的行动参与的社会,一种是要求建立在针对他人的不容置疑的权威之上的命令链条的多样社会。这两种社会之间存在巨大差异[①]。

泰勒还批评了福柯的权力概念没有主体。他认为,除了行动者在其特定背景下所追求的可意识到的特定目的之外,还有背景本身的一种可辨别的战略逻辑,但是,这不能归因于任何人作为他的计划和他意识到的目的。在某些背景下,没有目的的目的性仍然能说得通。首先,人们的行为是有目的性的,但他们的动机和目标还未得到承认或没有办法承认。例如,如果某些理论家是对的,那么现代政治上的恐怖主义是一种被投射出来的自我仇恨

---

① Taylor,"Foucault,"165.

和对空虚感的反应。其次，存在例如"看不见的手"理论所说的意料之外的系统性后果——即个别决策必然以某种系统方式连接起来的情形。有亚当·斯密（Adam Smith）所说的仁慈的看不见的手，其中个体行动者出于自身利益的行动给社会整体带来利益，也有马克思所说的邪恶的看不见的手，即资本家和工人的众多个体决策导致工人的贫困和苦难。第三，存在意想不到的后果，它们是集体行动而不仅仅是个体行动混合体的结果。例如列宁主义的群众动员模式不可避免地但无意地摧毁了下放的权力，限制了参与的基础。

泰勒的主要观点是，无目的的目的性要求某种可理解的解释。非刻意设计的系统性必须以我们能理解的方式与行动者有目的的行动联系起来。福柯之所以不能提供这样的解释是因为他在解释时没有优先考虑某些统治阶级的利益。因此，排除了第一和第三种可能性。这留下了原则上可为福柯所用的第二种可能性，但他没有开始按照这样的路线给出解释。社会生活中显然存在很多方面，其中微观结构和宏观结构的相互作用各自给对方产生很大程度上的意外后果。只有当人们将这一点与对系统性的强烈主张相结合时才会出现这个问题——存在着无处不在的策略为每个微观背景的斗争提供生存条件，即"权力"可以撤退或重新组织其力量。泰勒指出，这让我们拥有一种并非基于人类行为的奇怪的叔本华式意志①。

————————

① Taylor，"Foucault，" 172.

福柯有关社会安排的权力理论有些正确的东西。我们逐渐认定为"自然的"自我的许多方面实际上都是对人们进行深层文化建构的产物，然而福柯的理论存在一些问题。他把在 19 世纪末和 20 世纪的诊所、医院和监狱中发现的显然具有支配性的规训等同于塑造自我的种种社会机构。在福柯看来，所有构成自我的企图都试图获得支配自我的权力。这不仅看起来是错误的，而且减少了福柯正确辨认出的支配策略的道德错误甚至使其琐碎化。

有一种解释认为，福柯之所以坚持其结论是因为他承诺于尼采的观点，即所有知识都是在评估价值，所有价值都是获得支配他人权力的手段。在尼采看来，根本就没有可以独立于认识现实的特定视角的真理这种东西。在任何特定时间，都是获得支配地位的特定视角来决定真理是什么。道德价值评价是某个社会族群用来获得支配另一族群的权力的手段。然而，权力的使用因其被呈现为客观真理而变得模糊不清。使用价值评估获得权力的方式不同于纯粹依靠武力获得权力。事实上，尼采的《道德的谱系》是弱者(就那些有能力行使武力的人而言)通过说服强者其生活方式中的典型行为是恶的，从而获得支配他们的权力的故事。正如托马斯·沃特伯格解释的那样：

> 强者根本就不明白，在牧师的影响下，权力已经被使用在他们身上。由于牧师的权力伪装成为一种真理，强者无法辨认出"权力制度"的存在构成了他们自己的"知识"和他们

自己的"真理"①。

如果我们希望回避尼采式将知识等同于权力,将价值评估等同于获得权力的尝试,我们就必须区分支配自我的权力关系和构成自我的关系。我们必须区分由他人和文化所构成的自我以及由他人和社会结构控制和支配的自我。正如泰勒指出的那样,支配必须以可理解的方式与行为者有目的的行动联系起来。正如福柯所做的那样,将人类的能动性归功于权力本身就是一种神秘化。然而,就福柯分类账簿的积极方面来说,我们必须允许一个群体对另一群体的支配或许是通过思想、话语和知识的媒介实现的,并且这种支配或许以一种允许他们占据社会中某些社会地位的方式构成着他们。最后,我们必须将焦点集中在支配上而不是仅仅集中在某个行动者在特定时间拥有支配其他人的权力。

沃特伯格提出了有用的建议,即支配必须是系统性的,并且以牺牲被支配者的利益为代价②。鉴于这种支配概念,我们清楚地看到,并非所有依靠社会结构塑造自我的情况都是支配案例。泰勒对福柯的批判富有启发性,同时起到了澄清福柯主张的作用。

然而,并非所有依靠社会结构塑造自我的机构都是支配案例的事实未必能让我们感到安慰。即使没有人或物品能系统地使当今自我常态化,但这并不意味着塑造我们的任何方式都是好的,也不意味着我们掌控局势,即使没有其他人或物在控制我们。

---

① Wartenberg, *Forms of Power*, 134.
② 同上书,119。

此外,若认为福柯假设真理和任何特定的支配视角之间没有任何距离,这不是对福柯的最慷慨解释。如果这是他说的情况,他自己的工程似乎就很难理解了。正如我在第三章第十节所建议的那样,我们应该把福柯解读为警告我们现有的真理是危险的,即便不是必然坏的。这或许不是他最具戏剧性的时刻但可能是他的观点最具启发性的时刻。

因此,表明道德不需要通过支配嵌入人类身份认同之中并不表明道德是应该被我们接受的东西,也不表明我们的真理是真实的真理或对我们有好处。在第三章第十二节中,我简要介绍了理查德·沃尔海姆所表达的对我们价值观信心的弗洛伊德式挑战。道德可以满足社会的需要,来驯服那些对文明有危险的内心驱动力,但它可能无法满足个体的需求。为了应对这一挑战,沃尔海姆建议,我们必须辨认出道德能够满足个人的真正需求而不是微不足道的需求。有趣的是,荀子也遭遇了类似问题。

四、荀子和道德与人性关系的问题

我在第二章第三节中介绍了荀子是提出道德是社会创造的产物的首批伟大理论家之一[①]。对他来说,道德是由人类设计的一套规则体系,用以解决自身本性造成的种种问题。这种人性包括获利动机,满足耳目之欲以及喜欢声色的追求私利倾向。这些

---

① 请参阅:"Xunzi on Moral Motivation," in *Chinese Language*, *Thought*, *and Culture: Nivison and his Critics*, ed. Philip J. Ivanhoe (Chicago: Open Court, 1996), 202 - 223。

欲望和喜欢是对快乐、喜悦、愤怒和悲伤等情感作出的回应,它们天生没有限制。这些欲望在资源稀缺时就引发与他人的冲突。正是意识到这一点,圣王发明了礼仪和道德原则以便确定名分,调养人们的欲望,并满足人们的要求①。(礼起于何也? 曰:人生而有欲,欲而不得,则不能无求。求而无度量分界,则不能不争;争则乱,乱则穷。先王恶其乱也,故制礼义以分之,以养人之欲,给人之求。使欲必不穷于物,物必不屈于欲。两者相持而长,是礼之所起也。《荀子·礼论》。——译注)

许多人观察到这个道德起源说远远早于霍布斯的人类为什么需要摆脱自然状态的故事。然而,荀子的故事不同于霍布斯之处在于,圣王看到不仅需要克制追求私利的行为而且需要依靠道德改造人性②。

正如倪德卫所观察到的那样,荀子认为开明的自我利益不只要求人们相信道对于所有人都是最好的,而且要培养人们对道的热爱③。

相比之下,霍布斯从未期待人类的自利动机会在从自然状态向公民社会的转变中发生变化④。他的自我主义心理学不允许

---

① *Xunzi*, translated by John Knoblock (Changsha, Hunan: Hunan's People's, 1999), bk. 19.1, vol. 2, 601.

② 万百安提出了这个对比,请参阅:Bryan Van Norden, "Mengzi and Xunzi: Two Views of Human Agency," *International Philosophical Quarterly* 32 (1992): 178。

③ David Nivison, "review of The World of Thought in Ancient China," by Benjamin Schwartz, *Philosophy East and West* 38 (1988): 416.

④ 然而,他的确相信我们的自身利益在公民社会中会变得更加广泛。他在《利维坦》(*Leviathan*)中对礼貌和文明发展的部分描述集中在解释我们如何欣赏艺术和科学作为对自我利益不断扩展的回应。

将直接关心个人生存和满足之外的任何标准内在化。这种心理学为他的理论创造了一个只有国家才能解决的问题。遏制追求欲望的法则对所有人都是互惠互利的,但如果个人在其他人大致遵守的情况下作弊,个人可获得更多利益。既然人人都知道这个事实,没有人会确信别人都遵守这个法则,因此没有人会基于自私的理由来遵守该法则。这个问题的解决方案是作为规则执行者的国家,它必须制造惩罚的风险,使得任何试图欺骗的个人都觉得违反法则不划算。只有国家的出现才能使自我主义者觉得遵守法则是完全理性的行为。

荀子认为武力是必要手段但不是主要手段:"知强大者不务强也。"①(请参阅:知强大者不务强也,虑以王命全其力、凝其德。力全,则诸侯不能弱也;德凝,则诸侯不能削也;天下无王霸主,则常胜矣。是知强道者也。《荀子·王制》。——译注)虽然他可能对大多数人成为真正有德之人的意愿和能力持怀疑态度,但他看到了统治精英改造自我的必要性,以便他们能逐渐喜爱美德和道德,并从中获得快乐和满足。这种具有至高无上仁、义和权威的精英会吸引民众的心悦臣服和衷心爱戴。在这一点上,荀子似乎肯定了儒家的以德治国、德才兼备的统治者(德,或许最好被设想为道德影响力和个人魅力)能够赢得民心和支持。

霍布斯解决人类利己主义的方案存在一些严重缺点。正如戴维·高西尔(David Gauthier)观察到的那样,他利用国家的力

---

① "Regulations of a King," in *Xunzi*, trans. Knoblock, bk. 9, vol. 1, 223.

量使得个人作弊不理性,这是政治解决方案而非道德解决方案①。
一种道德若给人服从的理由只是惩罚的威胁,那它就不是真正的
道德。服从道德的理由应该源自内心,是出于个人内在的动机。
这并不是否认外力强迫可能会发挥一些作用。在理想情况下,我
们需要道德法则的强制执行,这样我们就不会成为遵守法则的傻
瓜。如果我们遵从法则而其他人都不遵循,那我们就成了傻瓜。
荀子赋予执法部门创造安全感的角色,这样我们会感到足够安
全,从而放心地开始修身改造工程。但是,对于这种安全同样至
关重要的是统治精英的品德,这是因为他们的品德得到改造,从
而赢得民众的信赖。他们的道德影响力而不仅仅是施加惩罚的
权力能影响他人的品格,从而营造普遍的安全感。

因此,在这方面荀子提出了解决人类的自利行为问题的更好
方案。他的解决方案是一种道德解决方案,因为它设想了人类内
心的变化,使得依赖武力变得没有必要。此外,在确定最大的改
造发生在统治者身上时,荀子提供了霍布斯面临的另一个问题的
解决方案。人们经常指出,霍布斯没有充分阐述国家腐败的问
题。他对自然状态的解决办法需要假设国家将成为公正无私不
偏不倚的法则执行者。鉴于人在管理国家,而且他们具有与其臣
民相同的利己主义人性,霍布斯似乎没有资格提出这一假设。相
比之下,荀子要求治理国家的人进行修身和道德改造而回避了这
个问题。因此,霍布斯对人的危险本性的解决方案并不牢靠,因

---

① David Gauthier, *Morals by Agreement* (Oxford: Clarendon Press, 1986), 162 -
163.

为它没有设想到他们动机上的变化。

因此，霍布斯和荀子从类似的有关人性和习性倾向的前提出发，即人们倾向于满足自己的欲望，如果这不加控制会导致混乱。但是他们以有关人可以成为什么的不同视角作结。在霍布斯看来，热衷自我利益的人类基于其长远利益而接受了国家的权威和权力。虽然荀子也是如此，但他也认为，人的长期利益决定其性格的根本变化。正如我们所看到的那样，他的愿景可以说比霍布斯更具优势。但是，荀子的观点在解释道德转变是如何实现时有其自身的问题。问题是，如果一个人一开始由一堆不美好的情感构成，一旦他娶妻生子对父母的孝敬就减弱了，或者嗜好欲望满足了，对朋友的守信就减弱了，爵位俸禄满意了，对君主的忠诚就减弱了。那么他怎么会成为贤德之人呢①？（请参阅：尧问于舜曰："人情何如？"舜对曰："人情甚不美，又何问焉！妻子具而孝衰于亲，嗜欲得而信衰于友，爵禄盈而忠衰于君。人之情乎！人之情乎！甚不美，又何问焉！唯贤者为不然。"《荀子·性恶》第十六节。——译注）

倪德卫给出了另一种方式来解释荀子的问题。"除非道德已经成为他们本性的组成部分，否则圣王怎么能创造出道德呢？"②荀子的回答似乎是圣王依靠他们"卓越的创造智慧"将自身道德化了③。

---

① *Xunzi*, trans. Knoblock, bk. 23.16, vol. 2, 769.

② David Nivison, "Hsün Tzu and Chuang Tzu," in *Chinese Texts and Philosophical Contexts: Essays dedicated to Angus C. Graham*, ed. Henry Rosemont (La Salle, Ill.: Open Court, 1991), 129–142.

③ 同上书, 142。

但是,他们是如何利用这种智慧改造自我的呢? 这个问题似乎很难准确回答,正是因为荀子与霍布斯一样对人性持一种悲观的看法(从道德的视角看)。他们是如何以他们的"不美好的情感"和关注自我欲望将自己变成热爱道德并享受道德的人呢? 接受礼仪和道德不仅是自我利益的需要,而且是自然秩序的组成部分,这并没有到热爱和享受道德的程度。这在还没有到让人愿意为道德而死的地步,而荀子认为圣王能够做到这一点①。现在,荀子似乎明确相信心灵具有超越情感和欲望的巨大力量,能作出违背心灵和情感指令的行动②。但是,他很清楚地认为,心灵超越欲望和情感的能力的最终动机仍然源于欲望。他相信,我们为了长远利益可以战胜直接欲望:

> 谁懂得那献出生命坚守节操是用来保养生命的呢? 谁懂得那花费钱财是用来保养钱财的呢? 谁懂得那恭敬谦让是用来保住安逸的呢? 谁懂得那礼义仪式是用来调养情操的呢?③(孰知夫出死要节之所以养生也? 孰知夫出费用之所以养财也! 孰知夫恭敬辞让之所以养安也! 孰知夫礼义文理之所以养情也?《荀子·礼论》。——译注)

---

① 倪德卫在后来的一篇文章《荀子论人性》中确切地指出了这个问题,请参阅: David, Nivison, "Xunzi on Human Nature," in *The Ways of Confucianism: Investigations in Chinese Philosophy*, ed. Bryan Van Norden (Chicago: Open Court, 1996), 203–213。

② 有关这个主题的有趣研究,请参阅万百安的文章: Bryan Van Norden, "Mengzi and Xunzi: Two Views of Human Agency," 161–184。

③ *Xunzi*, trans. Knoblock, bk. 19.3, vol. 2, 605.

那么,对荀子来说,走向自我修身转变的任何道路都必须从人类事先存在的冲动和情感开始。我们仍然有个问题,即需要解释人的自我利益算计如何导致人的自私欲望发生改变。当这种转变的原材料是自利本性时,一个人如何变成为道德而牺牲自己的人呢?我们可以看到改变我们性格的自利理由,但鉴于必须从人性开始的事实,我们仍然不清楚转型到底是如何发生的。当然,荀子并没有试图说服受众开始这个从自我利益到道德的转型。毕竟,受众已经至少在某种程度上发生了一些转变。他的叙述是对我们如何变成现在这个样子的回顾性解释,不过,问题是如何填充这个解释。

荀子可能在性恶篇中一直在努力解决这个问题。在那里,他直接反对孟子人性天生善良的观点。他转向了这个问题,即如果善本身不是人的天性,善的起源何在?他给出的答案非常令人好奇:

> 一般地说,人们想行善,正是因为其本性邪恶的缘故。那微薄的希望丰厚,丑陋的希望美丽,狭窄的希望宽广,贫穷的希望富裕,卑贱的希望高贵,如果本身没有它,就一定要向外去追求;所以富裕了就不羡慕钱财,显贵了就不羡慕权势,如果本身有了它,就一定不会向外去追求了。由此看来,人们想行善,实是因为其本性邪恶的缘故①。(凡人之欲为善

---

① *Xunzi*, trans. Knoblock, bk. 23.8, vol. 2, 753.

者,为性恶也。夫薄愿厚,恶愿美,狭愿广,贫愿富,贱愿贵,
苟无之中者,必求于外。故富而不愿财,贵而不愿埶,苟有之
中者,必不及于外。用此观之,人之欲为善者,为性恶也。
《荀子·性恶》。——译注)

荀子的这些奇怪主张是什么意思?这段话是在提出善的起源问题之后出现的,特别是如果人们天生没有善心,后来怎么就变得善良了呢?荀子试图表明,当人们最初的本性是寻求不道德的利益时如何能够将自己转化为有道德的人。转变的基础恰恰是他们对自己所缺乏的东西的追求。这段话的要点是表明,与那些认为善良必须来自善良的人相反,善良可以来自邪恶。这将是我一直在提出的转型问题的答案。

目前尚不清楚的是,人性中的邪恶如何产生了行善的愿望。正如一些著名学者所言,人们可能会将荀子解读为人类做善事的道德欲望归因于人性[1]。在这种解释中,荀子认为人性本恶,不是因为它缺乏行善的冲动,而是因为它是一种将自私和道德欲望混合起来的无政府主义混合体。然而,这种解释并不符合荀子对道德的自然主义解释。如果道德源于创造一种有益于所有人的社会秩序需要,那么像孟子所做的那样就是说不通的,即假定行善的原始欲望和义务观念是人的天性。善良和正义是圣人创造的规则决定的。在他们拥有做这些事的天生欲望所要求的这个

---

[1] 比如,请参阅: A. C. Graham, *Disputers of the Tao: Philosophical Argumentation in Ancient China* (La Salle, Ill.: Open Court, 1989), 248。

自然道德:对多元相对论的辩护

意义上,它们不可能先于圣人而存在。即使像倪德卫所强调的那样,圣人制定这样的规则是不可避免的,这一点肯定是真实无误的。

另外一种解释是,荀子认为任何行善的欲望都不是人性的本源,而是源于对我们对自身利益的计算。当我们从长远的自身利益角度看待我们应该具有现在所缺乏的某种品格时,我们就会拥有这些东西①。这当然符合荀子有关道德为什么必要的故事,并且它与荀子对道德的自然主义描述正好吻合。但是,如果我们将行善的欲望解释为来自我们作出符合长远利益之事的欲望,我们仍然没有解释自我利益的算计如何变成了对道德的热爱和愉悦。人们如何从"人除了欲望别无选择"开始,在自己内心创造出对道德的真正热爱和愉悦的态度?

很有可能的情况是,荀子对欲望的地位感到困惑或矛盾。果真如此,那么对于道德转型的本质,荀子就没有确定无疑的答案。然而,我们能做的是构建一种与其理论相符的道德转型解释。我将考虑以下两种可能的解释。

约翰·斯图尔特·密尔回答了为什么道德美德因其自身而受到推崇的问题。在密尔看来,这个问题之所以是问题就是因为他认为,人们只渴望拥有各种快乐和回避痛苦。乍一看,似乎他只允许美德成为获得快乐和回避痛苦的手段,就像荀子似乎只允许道德美德成为获得最佳的长期欲望满足的手段一样。但是,像

---

① 对于这种解释,请参阅: Fung Yu-Lan, *A History of Chinese Philosophy*, trans. Derk Bodde (Princeton: Princeton University Press, 1952), 294。

荀子一样,密尔并不想要这个结果。密尔的答案是作了一个类比:正如金钱最初只是获得快乐的手段一样,美德最初只是一种手段;但金钱与快乐和美德与快乐的经常性联系导致金钱和美德本身成为快乐之源。换句话说,我们习惯于享受美德带来的愉悦了[①]。然而,为了让这个想法能帮助荀子,我们必须解释圣王如何从一开始就创造出美德与快乐之间的联系。在荀子的叙述中,只有当圣王将其内化并获得民众的跟从时,道德才可以成为满足长期欲望的一种手段。只有这样,他们才能创造有利于包括他们自己在内的所有人安全的社会秩序。但是,如果故事是这个样子,那么圣王最初就不能依靠将快乐与美德联系起来而实现自我调节。只有在他们成功地改造自我并创造一种使美德带来愉悦的社会秩序之后,快乐和美德之间的经常性联系才会到来。这是个一般性问题。在解释如何确立了有利于这种转型的条件时,基于桀骜不驯的人性转变来解释存在正确的道德美德理论将变得非常困难。其诱惑就是没有根据地预先假定这些条件的存在。

为了吻合荀子有关道德起源的故事,我们必须认定人性动机倾向需要满足三个要求:它们必须与荀子声称的人性恶观点一致;它们一定不能有道德内容;当发明或发现义务时,它们必须为

---

① John Stuart Mill, *Utilitarianism*, chap. 4, in *Utilitarianism*, *On Liberty*, *Essay on Bentham* (New York: World, 1962), 290 - 291.约翰·斯图尔特·密尔对美德带来愉悦的不那么简单化的解释有一个基础,虽然这不是他对功利主义作出的解释。密尔没有自我主义的心理学,所以他承认存在着一种不是基于任何自利算计的同情心。在该观点看来,美德带来的愉悦可能源于我们关心他人的欲望得到满足。随后,我将阐述荀子提出的类似观点。

　　　　　　　　　　　　自然道德:对多元相对论的辩护

义务信念提供某种动机功效。事实上,我认为我们已经在荀子描述礼和乐的转换效果的那些章节中找到这样的潜能。我们不妨考虑有关礼仪的章节,特别是父母死亡三年之丧的合理性论证。为什么必须有这个特定阶段呢? 荀子解释说,这是最悲伤、最痛苦的时刻。但是,为什么对父母的死亡感到悲伤呢? 荀子解释说,凡是生长在天地之间的、有血气的种属一定有智能,而有智能的种属没有不爱自己同类的。并且"有血气的种属没有比人更聪明的了,所以人对于自己父母的感情,到死也没有穷尽"①。(凡生天地之间者,有血气之属必有知,有知之属莫不爱其类……故有血气之属莫知于人;故人之于其亲也,至死无穷。《荀子·礼论》。——译注)关于祭祀死者的礼仪问题,荀子说:"祭祀,是为了表达对逝者的心意和思慕之情的。"礼仪用来实现这些情感的表达,如果没有祭祀的礼仪,那么他们在心意的感情方面就会"感到惆怅而不满足,他们在礼节方面就会感到欠缺而不完备"。祭祀是"忠信敬爱的最高表现,是礼节仪式的极点"②。(祭者,志意思慕之情也。惮诡唈僾而不能无时至焉……案屈然已,则其于志意之情者惆然不嗛,其于礼节者阙然不具……祭者,志意思慕之情也。忠信爱敬之至矣,礼节文貌之盛矣。《荀子·礼论》。——译注)

荀子在这里预设的人类情感与他在论证人性恶时所引用的情感截然不同。这些情感成为人性中的原材料,可以被塑造成对

---

① *Xunzi*, trans. Knoblock, bk. 19.18, vol. 2, 637.
② 同上书,645。

美德的热爱和对礼仪的愉悦。儒家孝道的美德能够强化、提炼和指导人们爱父母和对于所获得的最大利益——自己的生命和成长进行回报的原始冲动。服丧三年和祭祀礼仪强化、提炼和指导天生的悲伤和思念情感。现在在已经变得很清楚的是，荀子能够带着相当的合理性宣称人类逐渐爱上道德——因为它允许充分流露和表达自然和深厚的人类情感。

到目前为止，我已经解决了这样一种要求，即归功于人性的潜能提供了有关是非的信念和获得这些信念之后的动机效能。有关这些潜能最初没有道德内容这一要求又如何呢？礼仪所依据的自然情感还没有道德内容。它们是尚未得到是非等道德思想提炼和调节的原始反应。人们为父母的去世感到悲哀和痛苦，并没有想到这是不是正确的或者它应该采取什么形式。荀子现在拥有了一幅人性图面，这使他能够解释人们如何从自我利益的算计转变到对道德的喜爱和愉悦。从这个观点看，我们喜欢道德是因为它表达、引导和强化了我们人类天生就拥有的某些情感。

我们拥有一些与道德相适应的天然情感的确看起来很有道理，即便这些并不是道德情感。例如，我们在第一章中观察到，对他人的善意或赠礼拥有感激之情是我们都知道的一种情感，而在中国社会，这种情感被大大放大了。这样的情感，作为天生冲动未必一定要解释为道德感，而只是一种以善报善的强烈冲动。在道德被设计出来之后，它就变成了一种道德情感。正如前一章所述，道德思想逐渐开始管理情感甚至被嵌入到情感意图之中（即人们感觉到有义务以善报答他人的善）。此外，我们有充分理由

　　　　　　自然道德：对多元相对论的辩护

认为,道德要求互惠并确定其可接受的形式。正如荀子所说,人类如果不相互帮助是无法相处的。第二章第八节注意到,我们似乎有理由认为,如果得不到系统的善意回馈,帮助他人的行为就可能会绝迹。

请注意道德可以回答的另一套情感和欲望,这也是相关的:即那些与死亡恐惧和对永生渴望有关的情感和欲望。如果它们是天生的,那它们似乎当然源自人类生存条件的某些基础。关于来世,儒家思想似乎没有多少有趣观点。孔子本人似乎对死亡问题不甚了了。那么儒家伦理学如何解决对死亡恐惧和永生渴望问题呢?以下是《左传》的段落:"大上有立德,其次有立功,其次有立言,虽久不废,此之谓不朽。"①(《左传·襄公二十四年》。——译注)归于人性的潜能和荀子的性恶论保持一致,这一要求该如何解释呢?即使爱父母的情感,他们死后感受到悲伤和怀念,以及对永生的渴望都不是道德情感,如果人性中包含这些东西,又怎么能说人性邪恶呢?如果它包含与道德相适应的情感,怎么能说人性是邪恶呢?我认为,答案就在于认识到他的人性恶观点是极其复杂的观念。人性之所以邪恶并不是因为它只包括无政府主义欲望和情感。人性之所以邪恶是因为大部分自私的欲望和情感是在不安全的和缺乏秩序的条件下占主导地位的东西。即便是更好的东西(当然,关于好坏的判断是回顾性的——我们已经被灌输道德时才可以作出这样的判断),如果不受道德思想的指

---

① 我使用了陈荣捷的译本,请参阅:Wing-tsit Chan, *A Sourcebook of Chinese Philosophy* (Princeton:Princeton University Press, 1963), 13。

导和约束也可能导致产生不好的结果。如果这样解释，我发现荀子有关人性的主张就有了很大合理性。应该注意到的是，爱父母、对父母离世感到悲痛和怀念以及渴望永生可以通过多种方式表达出来，其中只有某些方式与道德相容。这些情感必须被道德化才能使其产生符合道德的行为。

在结束对荀子的讨论之前，请允许我提出一个观点，我不仅找到了允许荀子解释道德转型之路的合理方式而且提出了一个观点，即这条道路暗示了如何回应弗洛伊德式道德挑战。让我们回顾一下，对此挑战的回答就是必须表明，建立超我要满足的不是浅薄的需要，除了避免恐惧之外还存在一些需求和欲望。理查德·沃尔海姆从弗洛伊德和新弗洛伊德理论中得出答案的基础是，我们假设存在一种需要，即控制对所爱之人的攻击行为。沃尔海姆的结论与我们认定的荀子结论吻合。在他看来，人性在一种实质意义上仍然是恶的。

但人性中有些元素使人有可能依靠道德实现圆满。我说的"圆满"并不是说人的狭隘自我利益得到满足。道德用于表达某些潜在情感如关怀和回报所获得利益的渴望。此外，义、礼和乐不仅允许我们表达这些情感，而且引导和塑造它们，使原本狭隘的自我利益变得更加广泛，使我们与他人利益的联系更加牢固。道德并不能消除非道德的情感欲望而是限制它们并引导这些欲望的满足，从而与道德化的情感和欲望更相容。道德可以为我们的性格提供前所未有的连贯性。

我花了一些时间来解释荀子解释道德动机和行为的人类潜

能问题,因为我认为他从道德起源的合理自然主义画面开始——这比霍布斯的画面更有合理性。也许我代他解决解释问题的要点更接近休谟的观念,但荀子的问题及解决办法之所以令人眼界大开就是因为,荀子开始对人性及其对待道德的热情程度远比休谟悲观得多。如果我是对的,这个解决方案告诉我们,要解决解释性问题就必须抑制悲观主义情绪。请注意荀子思想的这种演变过程与进化论中有关人类动机的思想演变过程有某种平行关系。起初,个体对自我保护和繁衍的驱动似乎是自然选择机制中出现的唯一驱动力。但是问题在于,这个理论把我们扔在一个地方,而它不是人类及其动机复杂性所在的地方,因此理论家们又回到理论中去看看是否有更多资源可以解释那种明显的复杂性。现在看起来似乎那种理论可以对其作出解释,现在从理论中产生的东西是对人类的深刻模糊性,既有各种形式的狭隘自我利益,有对家人和陌生人的种种利他主义,同时还有回报他人善意和利益并惩罚不合作者的倾向。在我看来,这是这个理论带我们去的地方与我们所在之地之间更好的契合。

到目前为止,我们有理由说恰当的道德能够回应并满足某些核心的人类天然习性,它们将逐渐渗透并深刻塑造这些习性倾向。这相当于部分支持我们对道德承诺的任何信心。然而,要断言某些形式的幸福涉及道德生活,我们不仅需要表明道德生活能够满足天然习性倾向的要求,而且还要表明这些天然习性倾向能够满足沃尔海姆所说的"真正"的要求,难道不是吗?此外,可能有人反对说,在试图证明道德确实能满足需求的背景下,谈论"需要"是一种恶性循环。毕竟,在第四章第二节中,我建议需要概念与幸福概念密切相关。事实上,需要最终可能要通过什么是幸福所要求的来被解释。但是,如果幸福概念是一种规范概念,并且如果规范性的组成部分是将幸福的内容道德化,那么我们将走上恶性循环。我们在试图显示道德满足了道德的要求!

五、需要和幸福

为了令人满意地应对这个反对意见,我需要更仔细地讨论需要这个概念。大卫·威金斯(David Wiggins)区分了"需要"的两种基本含义。一种含义是工具性的,这种需要与某人的某个目的相关,而对目的是什么并无限制。第二个含义是这个词的绝对的或明确的意义,即所需要的东西是避免伤害人类的必然要求。威金斯进一步观察到,我们对伤害的判断被潜入到关于幸福或繁荣的概念中。这引入了对需要的进一步相对化:"构成痛苦或悲惨或伤害的东西是在本质上可争议的问题,并且在某种程度上与文化相关,它在某种程度上与人们对痛苦、悲惨和伤害的概念是相对的。"然而,威金斯坚持认为,尽管许多需要的主张具有争议性,但这些主张的其他部分并无严重的争议性,并且或多或少具有可决定性①。人类需要保持最低水平的身体完整和功能正常,这似乎是其他任何层次的幸福的先决条件。正如我在第四章第七节所论述的那样,他们需要了解社会规范,在身份认同的不同方面

① David Wiggins, "Claims of Need," in *Needs*, *Values*, *Truth: Essays in the Philosophy of Value*, 3rd ed. (Oxford: Oxford University Press, 1998), 11–12.

　　　　　　　　自然道德:对多元相对论的辩护

之间达成合理平衡,以及最低程度的自尊或自重。

此外,我涉猎荀子问题的部分原因恰恰在于辨认出道德据说可以满足相当强有力需要和情感的方式。我说的"强有力"是说它们经常激励行为,即便存在强大的相反动机,如同第四章第四节所描述的那样。它们进一步体现了跨越多种文化的激发动机的威力。它们所遭受的挫折对个人生活影响深远,并且对他们实现其他高度推崇的目标的能力产生不利影响。此外,需要可能不是任何一般意义上的欲望(例如,可能没有得到拥有者的承认),尽管它植根于人性并且由于这种本质而具有了激发动机的威力。

我的意思是加勒特·汤姆森辨认出的兴趣(首先在第二章第六节讨论过),而不是一般意义上的欲望。兴趣是欲望的基础,构成了欲望发动机的威力。欲望可以从一个物体转移到另一物体,但与之相关的东西——汤姆森所说的激发动机的威力——保持不变,这也解释了这些转变是如何相互联系在一起的。似乎可以激发欲望的东西未必与欲望对象一致。回想一下汤姆森的例子,一个人为了给朋友留下深刻印象而努力工作,却因为他害怕遭到拒绝而避免建立亲密的关系。我们可能说他真正想要的,与其说是称赞倒不如说是稳定的亲密情感。他感兴趣或渴望的是亲密情感。兴趣激发了欲望,幸福的可靠概念集中于深深植根于人性的兴趣,以至于它们可以被等同于人类真正想要的东西,等同于拥有压倒其他兴趣的激发强大动机威力的东西。这些兴趣的满足或挫折在很大程度上影响了一个人的性格和生活。这些可能被称为需要,在此意义上就是"真实的"需要。

作为对反对意见的进一步回应，我们应该提醒读者注意这里所追求的更温和目标：显示幸福的某些形式的确部分是依靠促成他人的幸福而实现的。目的不是要显示所有形式的幸福都是这样构成的，如果存在任何可靠的幸福概念，我所假设的是，在这些概念中将会有一些能满足上述需要的概念。

另一个可能的反对意见是，即使道德的确满足了某些深层需要，但它仍然可能会挫败其他需要，这些需要可能与它满足的需要同等重要甚至更加重要。我们回到第六章第四和第五节讨论的领域，在那里，我认为个人领域并没有与道德中包含非个人价值观的部分有任何固定的、普遍的冲突。再次回顾一下更温和的目标，即显示幸福的某些形式部分是依靠促成他人的幸福来实现的。满足这些幸福形式的生活会是什么样呢？对行为者来说，一些更普通的个人满足根本就不重要吗？或者，正如我在第六章中所建议的那样，更多是通过对个人价值观的承诺来协调道德价值观承诺的问题？

六、幸运的生活

在讨论这个问题时，我想看一种特定的生活，因此同时根据里尔的建议采取行动，即看一些幸福的实际案例以表明某些幸福与道德生活是相容的。请考虑约翰·伯格（John Berger）对选择在英国偏远和贫困社区工作的乡村医生约翰·萨索尔（John Sassall）的研究。在描述萨索尔与社区成员之间亲密的医患关系时，伯格描述了患者对"承认"的心理需求。伯格观察到，一旦生病，我们往往担心自己的疾病是独特的。我们认为疾病对我们的存在构

自然道德：对多元相对论的辩护

成了潜在威胁，这种疾病是独一无二的，当医生说出疾病的名称，并将其与我们分开并使其去个性化时，我们就会感到松了一口气。萨索尔决心将患者视为完整的人，他必须解决不愉快、情绪波动或精神障碍在疾病中发挥的作用。在这里，出毛病的地方与独特感有关："所有挫败感都将放大它自身的与众不同，从而滋养了自己。"①因此，萨索尔的任务还包括对患者作为一个人的承认。"如果这个人开始感觉到获得了承认——这种承认很可能包括其性格中他自己尚未认识到的方面——他的不愉快的绝望本质将得到改变。"②这种承认是依靠医生将自己呈现为一个相似的人而实现的，这要求医生"作出真正的想象努力和准确的自我认知"。

> 医生承认患者告诉他的病情和描述的准确性，以及医生暗示他的生活的不同部分如何相互吻合起来的，正是这些说服患者意识到自己和医生以及其他人是类似的，因为无论他在谈及自己或自己的恐惧和幻想时说了什么，似乎至少对医生来说是一样熟悉的。他不再是个例外，他得到了承认。这是疾病治愈或适应的先决条件③。

伯格认为，萨索尔之所以应该被认为是优秀的医生并不是因为他的治疗方法，而是因为他满足了病人对友爱的一种深刻但无

---

① John Berger，*A Fortunate Man*，with photographs by Jean Mohr（New York：Pantheon Books，1967），74.
② 同上书，75。
③ 同上书，76。

法表述出来的期望。此处对我们来说有意思的地方在于，伯格这样解释萨索尔为何需要以这种方式工作："他依靠治愈别人来治愈自己。"萨索尔年轻的时候，他竭力要依靠他处理急诊病人的高超技能来实现自己掌控一切的愿望。那时候，他对医生的看法是，医生首先是掌控一切和沉着冷静的人，而其他所有人都陷入忙乱和激动之中。他是自己有关掌控的剧本中的核心人物。现在，患者成了核心人物。他试图认识每位患者并树立一个榜样，令患者也可以认识他或她自己。伯格得出结论："他的这种掌控一切的意识是受到追求普遍性理想的滋养。"①萨索尔将他的自我扩散为许多自我的尝试背后的根本动机是他对知识充满热情。他希望体验到所有可能之事，患者就是他的材料，除此之外，病人作为整体在他看来是神圣的。当患者向萨索尔描述自己的病情或担忧时，他一次又一次地说，"我知道，我知道"。然而，伯格观察到，他这样说是在等待了解更多信息。他已经明白在某种情况下这名患者是什么样子，但他还不知道对这种条件的充分解释，或者他的治疗究竟能发挥多大威力。

萨索尔还以这样一种方式为整个社区服务，使社区的人能够将其视为一个社群。伯格写道，任何一般性的文化都可以充当一面镜子使个人能够看到自己——或者至少认识到自我中获得社会认可的部分。在文化上受到剥夺的人在认识自我时就少了很多机会。他们的情感，特别是内省经历在很大程度上可能都难以

---

① Berger，*Fortunate Man*，77.

命名或描述。萨索尔虽然"属于"这个社区,但他是享有特权者,因为对于这个社区感受到的和不连贯地知道的,他有能力去理解和实现。在此意义上,他是他们生活的"不偏不倚的见证人",也是社区生活记录的抄写员。

我详细总结了伯格对萨索尔及其社区的研究,因为它揭示出"促进其他人幸福"的方式可能与幸福的某种生活形式密切相关。请注意他的幸福方式与道德圣人或模范的标准画面有很大不同:他的行为绝不仅仅出于帮助他人的愿望。伯格说萨索尔依靠治愈别人来治愈自己,但这并不意味着他将别人视为单纯的手段。人人作为整体都是神圣的,都是人的生存条件的可能案例。

苏珊·沃尔夫(Susan Wolf)在其影响力很大的研究"道德圣徒"中描述了道德视角与个人完善视角之间的巨大冲突①。道德视角激励我们去追求道德完美,这要求人的生活主要致力于改善他人或整个社会的福利。但是,沃尔夫认为,这意味着那些受这种承诺支配的道德圣徒永远不可能对智力探索、体育、艺术或其他丰富人类生活的活动有浓厚兴趣。毕竟,如果人们全心全意从事这些活动,就无法完全回应他人的需求了。简而言之,沃尔夫认为,道德完美的理想与完善个人的理想是不相容的,因为依据这种理想,我们追求的是美好的、有趣的和有价值的生活。

用沃尔夫的话来说,萨索尔的确是个幸运之人。萨索尔将服务他人的生活与满足他自己渴望可能体验的生活结合起来。他

---

① Susan Wolf,"Moral Saints,"*Journal of Philosophy* 79 (1979): 419 - 439.

的生活根本不是自我否定的生活,但它在道德上令人钦佩,甚至可能是高尚的生活。但他只是偶然地将满足个人利益与道德工程吻合起来。在沃尔夫的论证中,他所拥有的个人利益并没有得到道德意义的支持,除非它们恰好成为实现道德工程的手段,而问题在于拥有它们的人永远不会认为它们是善举,除非它们服务于道德工程。然而,其论证的说服力建立在这样一个假设之上:即道德等同于非个人视角,而本书的要旨是道德是多样性的和多元主义的,包含形形色色的价值观。事实上,虽然非个人视角在现代西方道德中有很重要的张力,但将其等同于决定性张力则是错误的。它不是简单的决定性张力的事实解释了,在面对与个人视角相关的特殊义务与从非个人视角产生的所有责任之间的冲突时,我们为何会感到紧张不安和矛盾重重。她认为这种冲突存在于道德视角和看重个人卓越和生活圆满的另一种视角之间,而在本书中,这种冲突属于道德内部的冲突,这并不是否认个人根据自己的工程需要做的事与道德要求他做的事之间存在的冲突。然而,这种冲突之所以存在是因为第二章第八节和第九节中论证的那样,道德通常旨在维持稳定的社会合作形式所必需的自我利益与他人利益之间的平衡。从道德角度看可以接受的平衡,如果从个人的个人工程充分要求的视角来看,就未必是可接受的平衡了。这的确是真实的,不过,如果道德不能消除与道德之外视角的冲突,它们能够而且必须来自其首要功能之一的角度,企图在个人和非个人命令之间找到平衡。在沃尔夫所设想的那种严重冲突中,个人利益的实现只能被当作实现非个人道德工程的手段时才有合理性。这种冲突依赖于对道德范围的过度限制，它偏离了在自然化的人类生活概念中道德的地位和功能。

适当的结论是，沃尔夫所定义的那种道德圣徒的理想如沃尔夫认为的那样是枯燥乏味的，从心理学上来说有些不切实际，但这种理想与道德本身无关。它可能与自基督教以来在西方道德传统中具有很大影响力的动机纯洁性的强大理想联系在一起，但即使在西方道德传统中，这种理想也从来没有作为单一的主导性张力而存在。正如我们在第六章第五节和第六节中所看到的那样，强有力的平等理想本身从心理学上来说并非不切实际，但是，它看起来不切实际是因为我们没有考虑通过对个人价值承诺协调对非个人价值的道德承诺的方式。我们通过考察一种部分动机在于促进他人幸福的幸福生活形式，似乎在这里得出了同样的结论。萨索尔从他为农村地区服务的生活中获得深刻的个人满足感，与此同时他帮助他人实现了幸福。正是这让他成了幸运之人。

对这一结论进行限定非常重要，即萨索尔在其为他人服务的生活中受制于有些令人担忧的问题。正如伯格所说：

> 如果作为一名医生，他关心的是病人的整体性格，如果他意识到，正如他必然会意识到的那样，人的性格永远不是完全固定的实体，那么他肯定会注意到什么能够抑制、剥夺或削弱这些性格特征。这是他的途径的不成文后果[1]。

---

[1] Berger，*Fortunate Man*，135.

萨索尔绝不是无助的。他可以确保他们的健康,依靠教区委员会敦促村里条件的改善,并向父母和孩子解释各自的立场。但是,他越是想到"他们的思想和身体提出了要求,在要求消失之前,根据这些要求"教育他们,他就越是必须质问自己他凭什么要做这些。所以他妥协了:

> 因为他的精力有限,无论如何都会迫使他不得不这样做;他帮助解决了某个个人问题,他时不时地给出一个又一个答案,他试图消除恐惧,同时并不破坏恐惧组成的整个道德大厦,他引入了一种迄今为止看不见的快乐或满足的可能性,同时并没有推断出一种完全不同的生活方式①。

萨索尔对他们的期望与他们对自己的期望之间的对比与他的深深抑郁密切相关,这种抑郁一次可能持续一至三个月。面对患者的痛苦,他肯定感到力不从心,因为他对他们的生命负起了责任。

萨索尔的人生教训有一部分让人深思,即那些将自己的幸福建立在促进他人的幸福基础上的人,当他们面对只能被部分克服的局限性时,容易陷入抑郁之中。即使遵循里尔和威廉姆斯的更温和概念,约翰·萨索尔等人无法为特拉西马库斯(Thrasymachus,《理想国》中与苏格拉底对话的愤世嫉俗的诡辩者。——译注)提供完整的答案——只要我们其他人既不愿意也不能做足够多

---

① Berger, *Fortunate Man*, 141.

的事。或许更加令人深思，如果没有这些严重限制的话，萨索尔的生活方式现在看来是不可能的。如果不是因为其成员的不善言辞，轮不着他来作为记录社群生活的抄写员。也许他可以在成员多具有高度表达能力和受过良好教育的中产阶级社区中发挥同样的作用，但这不会给他带来他在实际情况中遇到的那种程度的挑战。我们的幸福形式可能与不公不义的存在联系在一起。可以用来作为结束的更乐观的看法是，从本质上说，促进他人幸福的生活并非因此而被感染。

我们可能有权对道德生活观念抱有信心，但未必是我们的道德目前所定义的道德生活，如果我们的道德只是接受一种生活状态，其中个人只能为最大多数人做最好的事，而这些人在实现自我满足的可能性方面从一开始就受到压制。这种压制不一定如福柯所说是某些抽象的、支配性的权力运作的结果，也不需要如霍克海默和阿多诺（Theodor W. Adorno）在《启蒙辩证法》中描述的那样，是那些从压抑他人利益中受益的群体故意操纵的结果①。压抑需要被修正，但这不需要它来自或者仅仅来自人类有意图的行动，同样，人类遭遇的飓风或地震等灾难不是人类故意为之，但这不代表它们与我们无关。正如第六章所论述的那样，声称在个人视角和非个人视角之间保持更加令人满意的平衡，以

---

① 根据霍克海默和阿多诺的说法，是该计划的受益者。现有权力和财产分配的受益者强化了所有权和控制权，并利用经济、政治和文化手段来捍卫现状。文化生活的大部分领域都被合并而且转变为控制个人意识的模式。与此同时，文化变成了一种"产业"。利润动机转移到文化形式上面，越来越多的艺术作品变成了商品。请参阅：Max Horkheimer and Theodor W. Adorno, *Dialectic of Enlightenment*, trans. John Cumming（New York：Seabury Press，1944）。

至于现在广泛传播的观点是我们应该压制实现个人圆满的机会，这种主张既不是现实的也不是非现实的。在这个意义上，我们似乎并没有资格对自己的道德充满信心。

霍克海默和阿多诺不仅将这些弊病与控制力强、有凝聚力的资本家阶级联系在一起，而且还将其与启蒙道德联系在一起，启蒙道德将自然怯魅，视其为被控制和操纵的东西，同时它也颂扬人类和人的个性。他们对启蒙运动到底传递多少个人性提出疑问，虽然理论的概括过分夸大，有关因果关系的理论有些可疑，但其批评仍然能保留一些说服力。人们无需认为娱乐的需要是统治精英不可告人的创造物，就可以理解霍克海默和阿多诺的指责，即娱乐成为"不去思考任何东西"的手段，也是在"显示痛苦之处"忘记痛苦的手段；它是一场逃逸，不是逃离现实而是逃离"仅有的抵抗思想的可怜残余"①。

人们不必接受其近乎偏执的主张，即他们认为"人人都在年龄很小的时候就被禁闭在一个由教会、俱乐部和专业协会团体等组织组成的系统中，这些构成了社会控制的最敏感工具"。即便不接受这种想法，他们也会因为本应弘扬和保护个体性的社会反而缺乏个体性而产生担忧②。他们的评论"性格特征很少凸显闪亮和洁白的牙齿以及免于体臭和情绪波动的自由之外的其他东西"未免过于夸张，这并不足以给我们带来安慰③。

---

① Horkheimer and Adorno, *Dialectic*, 144.
② 同上书，149。
③ 同上书，167。

在第四章中简要引用了阿琳·斯泰尔斯对因纽特人自我概念的研究,她对个性的容忍度进行了一些有趣的比较观察。她发现,因纽特人对个性的态度的适当描述使我们超越了标准的二分法,如个人主义的/社群主义的以及竞争性的/合作性的:"因纽特向我们既展示了社群主义的个性,其中成员根据家庭结构和能力扮演多样性的角色,又展示了在保障自身生存和社会纽带的活动中的选择性竞争形式。"

矛盾的是,西方的竞争形式既依靠标准化又依靠于身份的个性化,其隐含的常态可能比因纽特人的文化中的要窄得多。在因纽特人的社会中的偏差和失败肯定是在达到极端的情况下才会导致个人被驱逐出去,这与西方社会常见的犯罪的、教育的(主流的)和身体的或心理健康方面的隔离形成鲜明的对比[1]。

当然,令这一点如此具有说服力的地方在于,个性应该是西方自由社会的优越性。然而,在大多数有选择权的人(这个群体可能不构成大多数人口)看来,个性似乎可归结为从一组有限的"生活方式"中作出选择的自由而已。人们依靠从这些预制件形式中选择一种来定义自己的个性,这些形式主要是根据人的年龄、生活地点、是否前往健身俱乐部、如何选择穿着以及喝哪种类

---

① Arlene Stairs, "Self-Image, World Image: Speculations on Identity from Experiences with Inuit," *Ethos* 20 (1992): 124.

别的啤酒或葡萄酒等来定义的。

我对霍克海默和阿多诺对启蒙道德的批判有很多的同情,虽然我并不认为这个问题最终在于统治阶级无所不在和残酷高效的操纵。

尽管他们高估了支配的系统性本质,但他们的批评仍然有很大的说服力,就像福柯的批评虽然有类似的失败仍然有说服力一样。即使不存在对个性的系统性阻碍,也不存在对自身需求的认识的系统性控制,即使大多数人没有把秩序视为对其需要的压迫和扭曲,这并不意味着人们可以自由地成为真正的个人或者能够控制他们对自己需求的认识。如果先进资本主义形式下的生活的不安全感驱使我们采用预制件形式的"个性"并寻求令人麻木的娱乐,那么这带来的遗憾和耻辱并不比如果某人或某物试图造成这些结果来得少。如果颂扬个性和实现个人圆满机会的道德使我们看不到实现这些价值观的真正愿景,那么我们就有理由不那么相信它。但是,这是对第六章讨论的现实可能性探索的一种激励,而不是激励我们去放弃那个令我们更有信心为自己的道德承诺辩护的工程。

　　　　　　　　　自然道德:对多元相对论的辩护

第九章　应对道德差异[①]

最后一章回到接受正确或恰当道德的多元主义产生的实际问题。在第二章中，我最初将它们作为对多元相对论的可能反对意见提出来。在本章中，我将提出解决作为道德生活核心的这些问题的策略。这些问题涉及在承认不同的承诺同样具有合理性的情况下，如何对自己的道德承诺充满信心。它们是有关这样的问题，即如何与那些有不同承诺的人打交道，我们如何学习他人。因此，

[①] 本章中的部分材料曾经发表在若干期刊上，请参阅："Dwelling in Humanity or Free and Easy Wandering?" in *Technology and Cultural Values: On the Edge of the Third Millenium*, ed. Peter D. Hershock，Marietta Stepaniants，and Roger T. Ames (Honolulu: University of Hawaii Press，2003)，400 - 415，"Fragmentation in Civil Society and the Good," in *Civility*, ed. Leroy Rouner（Notre Dame，Ind.: University of Notre Dame Press，2000）；and "Coping with Moral Conflict and Ambiguity," *Ethics* 102（1992）：763 - 784，reprinted with an expanded section on multiculturalism in *Defending Diversity: Contemporary Philosophical Perspectives on Pluralism and Multiculturalism*, ed. Lawrence Foster and Patricia Herzog（Amherst: University of Massachusetts Press，1994），13 - 37。

这些实际问题可以促使我们向内看,用以检视自己的承诺;也可以向外看,用以了解不同意我们的承诺或者至少不同意我们某些承诺的其他人。内视焦点促使我们询问应该如何对待自我,外视焦点促使我们询问我们应该如何对待其他人。请让我从内视焦点开始。

在同样值得选择的多样生活方式中,人们希望找到自己的生活方式,或者经过批判反思找到自己生活方式的某种修正版。果真如此,人们的目标就是继续致力于某种特定的生活方式,同时也承认其他生活方式同样值得我们去选择。一人可以同时做这两件事吗? 接下来一节就将讨论理查德·罗蒂(Richard Rorty)给出的回答。

一、罗蒂的种族中心主义

理查德·罗蒂以"终极词汇"和"讽刺"的语言处理这个问题。我们的终极词汇是用来证明行为、信念和生活合理性的一系列用语。这些词汇是终极的,因为没有非循环的论证手段可以消除对其价值的怀疑。讽刺家们对自己的终极词汇拥有着激进的和持续的怀疑,因为他们对别人拿来作为终极话语的其他词汇印象深刻;他们意识到,在他们用终极词汇表达的论证既不能为这些疑虑背书也不能将其消除;他们不认为自己的词汇比他人的词汇更接近现实,也不认为自己的词汇与比他们更大的力量联系在一起①。与讽刺相反的是"常识",这是那些不自觉使用自己和周围人都习

① Richard Rorty, *Contingency*, *Irony*, *and Solidarity* (Cambridge: Cambridge University Press, 1989), 73-74.

以为常的终极词汇描述一切重要之事者的口头禅。

针对那些担心讽刺(他在黑格尔、尼采、德里达和福柯的作品中发现的)会消解"社会黏合剂"的人,罗蒂询问,我们为什么要假设哲学可以作为这样的黏合剂呢? 我们需要的所有社会黏合剂——

> 只不过是一种共识,即社会组织的要点是让人人都有机会最大限度地发挥自己的潜力来进行自我创造,并且除了和平和财富之外,这个目标还要求标准的"资产阶级自由"。这种信念不是建立在普遍共享的人类目标、人权、理性本质、人类之善之上,也不是其他任何东西。这个信念的基础并没有比历史事实更深刻多少,即如果没有资产阶级自由社会制度之类东西的保护,那么人们将更难制定出私人救赎策略,创造其私人的自我形象,基于他们碰巧遇到的无论什么新人和新书而重新编织其关系网络、信念和欲望①。

对于一种反对意见,即这种黏合剂不够厚,为了确保自由制度的稳定性,我们需要普遍性和理性的"形而上学"话语,罗蒂回答说,宗教信仰的衰落(他认为是这样的)不是削弱而是强化了自由社会。真正重要的是社会希望——希望"不仅仅是我们的后代而且是每个人的后代的生活最终会变得更多自由、更少残忍、更多休闲、商品和体验更丰富"②。把我们团结起来的不是哲学信

---

① Rorty, *Contingency*,84 - 85.
② 同上书,86。

念,而是"共同词汇和共同希望"在理想的自由社会中,罗蒂说,人们将成为常识性的"唯名论者"和"历史主义者",也就是说,他们会承认自己的偶然性,同时并不对碰巧拥有的偶然性感到特殊怀疑。他们觉得没有必要回答这些问题如"为什么你是自由主义者?"或"为什么要关心陌生人受到的羞辱?"然而,公众话语不可能是讽刺性的,因为我们无法"想象一种文化,它对青年人的社会化依靠一种使得他们不断怀疑自己的社会化过程的方式进行"。因此,"讽刺似乎天生属于私生活问题"①。

罗蒂也谈到了对他的观点的第二种反对意见:讽刺和自由主义的组合缺乏连贯性。他承认,在社会组织追求人类平等的观念与人仅仅是具身化词汇的观念之间至少存在着表面张力(a prima facie tension)。我们都有一个压倒性义务,即减少残忍,在消除人类痛苦的责任方面实现人人平等。这样的观点似乎理所当然地认为,人类无论说什么样的语言,其内在都有某种东西应该得到尊重和保护。人们对讽刺者之所以正确地持怀疑态度就是因为讽刺家拒绝按照自己的条件接受这些观念——他们希望"以其本身存在和说话的方式被接受。如果(讽刺家)将人们最重视的东西视为是徒劳的、过时的和毫无力量的东西,这是对人们的羞辱"②。此外,讽刺家之所以令人厌恶正是因为他们的重新描述并不会让事物变得更好。与形而上学家不同,他们不能保证,采用他们对你自己或你的处境的重新描述将使你"有更好的能

---

① Rorty,*Contingency*,87.
② 同上书,89。

　　　　　　　自然道德:对多元相对论的辩护

力战胜试图塑造你的力量"①。自由派形而上学家希望我们想要变得善良这一愿望能够依靠论证而得到加强,这种论证涉及的是共同的人类本质而不仅仅是我们感受痛苦的能力而已。自由派讽刺家希望通过重新描述来扩展我们做好人的机会。他们认为,承认我们都容易受到羞辱是唯一需要的社会纽带。

"罗蒂对此假设的质疑至少是正确的,即形而上学家"假设哲学可以充当社会黏合剂。那些担心普遍接受相对论所产生的影响的人往往缺乏反思地隐含地作出这种假设。他们需要说明,如果证明单一正确道德存在,我们能够得到什么。当人们承认存在一整套普遍的道德真理之时,是否会变得更容易积极合作,更少自私自利呢? 鉴于道德真理的证明毫无疑问具有高度的抽象性,有关他们是否比现在更有可能对某些特定行为是道德的(这一观点)产生共识,是否会更倾向于做他们认为是道德行为的事却是悬而未决的问题。

然而,罗蒂默认的假设即我们能够简单地遵循镶嵌在我们终极词汇中的"时代规范"似乎是错误的。托马斯·麦卡锡(Thomas McCarthy)指出,社会规范"既没有被充分阐明,也没有像算法那样适用,社会情境不是预先设定下来的而是由参与者自己的活动积极构成的"②。在一定程度上,社会规范需要由行为者自己的活动构成,这之所以必要是因为规范的笼统性和抽象性。尊重、友谊

---

① Rorty,*Contingency*,91.

② Thomas McCarthy,*Ideals and Illusions: On Reconstruction and Deconstruction in Contemporary Critical Theory* (Cambridge,Mass.:MIT Press,1991),30.

和体面可以意味着范围广泛的种种行为,其意义取决于文化中公认的尊重、友谊和体面行为的内涵。在罗尔德·达尔(Roald Dahl)著的儿童读物《好心眼儿巨人》中,索菲(Sophie)表达了对好心眼儿巨人最喜欢的莓加香草饮料(Frobscottle)的关注,因为它丰富的泡泡从一端流入,粗鲁的声音则从另一端传出。好心眼儿巨人表达了对她的好奇和惊讶,因为在巨人队中,那些声音并不粗鲁,不过是表示幸福和温暖的满足感。这一部分特别令美国儿童感到开心,它很好玩地提到为成人文化所认定的粗鲁声音,但向他们介绍了"体面"行为的文化差异性真相(一般来说,达尔的书中对成年人文化进行了彻底的痛击)。社会规范的个人构成也因其道德中包含的核心价值观之间的冲突而变得很有必要。虽然道德通常根据他们在冲突中设定的优先顺序而得到分辨,但在特定情况下,个人仍然有很大的空间来具体说明最终将采取哪种具体的优先选择。

例如,儒家道德和中国传统道德一般都特别重视孝道,许多人认为,这是这些道德中最重要的价值观。然而,经典哲学家孟子的文本呈现了一些故事,显示我们不能将这个价值观及其凌驾于其他重要价值观之上的方式公式化。请考虑一下孝道(孝)是否意味着服从和服务父母的问题。许多人甚至认为没有必要区分孝道的这两个维度。《孟子》中有关圣人舜和他父亲的故事说明了这种可能性,即服务和服从在某些情况下要求采取互不相容的行为。舜想结婚,但他知道父亲不会允许他结婚。孟子为舜不告而娶的决定辩护,认为一个儿子最不孝的方式是没有子孙后

代。(孟子曰:"不孝有三,无后为大。"舜不告而娶,为无后也。君子以为犹告也。《孟子·离娄章句上》第二十六节。——译注)

孟子得出结论,对于道德高尚的人(君子)来说,这就和他实际上禀告了父亲一样,虽然不对但是可以被原谅的。当然,在大多数情况下,不告而娶是严重违反孝道的行为。但是,在这种特殊情况下,告诉他的父亲导致更严重的对侍奉父亲这一理想的冒犯。适用于这个行为的孝道的具体含义不能从任何抽象规范中推断出来。甚至单个价值观的具体的、指导行为的意义也不能以任何简单和笼统的方式读出来。诸如孝道之类价值观是非常复杂的,并且具有彼此可能产生冲突的不同维度。如何解决这些冲突取决于引发冲突的特殊背景下的利害关系。在此案中,如果不能生下子孙后代,那是更严重的不孝之罪。

请考虑一下舜处理价值观冲突的故事。当被问及如果父亲杀了人,舜会做什么的时候,孟子回答说,唯一要做的就是把他逮起来。舜不能干涉依据法律采取措施的法官。然而,孟子继续说,在他父亲被捕之后,舜应该就像抛弃破鞋一样抛弃天下,和父亲一起逃到海边。(桃应问曰:"舜为天子,皋陶为士,瞽瞍杀人,则如之何?"孟子曰:"执之而已矣。""然则舜不禁与?"曰:"夫舜恶得而禁之? 夫有所受之也。""然则舜如之何?"曰:"舜视弃天下犹弃敝蹝也。窃负而逃,遵海滨而处,终身䜣然,乐而忘天下。"《孟子·尽心章句上》第三十五节。——译注)舜的这个故事之所以有趣就在于它在特定情况下,在价值观冲突间取得平衡的方式。舜拒绝干涉法官等于承认公平管理更大社会秩序的重要性;另一方面,与父亲一起逃离则是推崇忠于家庭的价值观。在处理这一困境时,舜在不同时刻尊重了这两种价值观。通过原则推断则不能产生这样具体的平衡。

当我们说个人必须解释道德规范从而构成其具体含义,这并不意味着凭空炮制出这些含义。一方面,舜的所有故事都以这种或那种方式确认了孝道至高无上的地位,虽然他们寻求各种方法去尊重与之发生冲突的其他价值观。另一方面,除了陈述笼统的道德规范之外,这些故事本身也说明了道德传统可以为其成员提供某些指导。那些聪明和智慧地阐释规范的人和事可以作为我们遵循的范式或典范。虽然没有办法让人像公式一样将这些典范的教训应用于自己的处境,但人们可以明白如何在行动中体现其中的精神。他们的行为和思想为思考自身处境提供了丰富的资源。

罗蒂正确地认识到,具体规范为我们可能拥有的任何笼统概念提供了真正有用的意义,例如实现人类高贵性的儒家最高理想或者西方自由主义者的自由理想。但是,他没有认识到任何特定规范与这些抽象理想之间的松散契合关系;他没有阐明我们有必要对这些理想进行解释以及这些解释的可能冲突和模糊性,所有解释都必须由那些"遵循时代规范"的个人来整理和澄清。至少在处理我们如何对自己的词汇充满信心的问题上,他描绘我们如何体现我们的终极词汇的画面过多地依赖我们只是词汇的被动接受者和承载者。如果我们不必质疑"为什么是这个终极词汇",我们就必须质疑:"为什么对这个或那个终极词汇的这种或那种解释应用到当前处境中?"后一个问题就像前一个问题一样也可以提出自信心的问题。

罗蒂将讽刺进行切割划分的尝试失败了。我们的终极词汇的偶然性不能被局限在讽刺家的研究范围之内。现在它已经成了公共话语和论证的一部分。当终极词汇发生冲突时,我们相信必须以某种方式考虑它们的偶然性。有关堕胎的辩论就是很能说明问题的例子。法官哈利·布莱克门(Harry Blackmun)在撰写罗伊诉韦德案(Roe v. Wade)的多数派判决意见时,注意到有关生命何时开始的观点的文化和历史多样性,他得出的结论是:"那些受到医学、哲学、神学等各自学科专业训练的人无法达成任何共识,在人类知识发展的这个要点上,审判者无法对答案作出任何推测。"①我们的终极词汇的偶然性以及这种偶然性对我们应对公共领域冲突的相关意义,不应该成为在公共空间里拥有常识的民主派知识分子的秘密。这部分是因为罗蒂最核心的价值观的意义和应用恰恰是这些辩论的核心所在:自由(在堕胎案例中指妇女的自由)和预防残忍(在堕胎案例中指所谓残忍地剥夺人的生命)。

二、拉兹对多元主义与道德参与之间紧张关系的悲观主义看法

与罗蒂截然对立,约瑟夫·拉兹(Joseph Raz)认为,承认同

---

① Justice Harry Blackmun, in the majority opinion of the Supreme Court on *Roe v. Wade*, 410 U.S.113 (1973), available at http://caselaw.lp.findlaw.com/scripts/getcase.pl? navby ¼ CASE&court ¼ US&vol ¼ 410&page ¼ 113. Rev. August 24, 2005.

样合理的多种生活方式的多样性,并继续以自己的方式生活是根本不可能的。他要求我们想象一下——

　　我的生活方式所珍视的技能和性格特征在追求这样或那样的其他选择者看来却是人生缺陷。我珍视长时间的沉思默想和耐心考察:这些是我选择的课程所要求的品质。相比之下,他们的生活却需要激情奔放、反应敏捷和行动果断,他们鄙视缓慢地沉思默想之人,认为这些人瞻前顾后犹豫不决。他们几乎必须这样做。为了在他们选择的方式上取得成功,他们不得不致力于这个追求,并相信自己应该培养这种生活方式所需要的美德。因此,他们不可能把其他人认为的美德看作自己的美德。出于同样的理由,自然他们看重别人身上的东西也是他们自己决定模仿的东西的其他美德……当然,多元主义者可能从个人承诺中后退一步,在抽象意义上欣赏其他生活方式的价值。但是,这种承认往往与断然拒绝和不屑一顾等感觉共存,并且不能代替它们。关系紧张是价值观多样性必然伴随的特征。这是一种没有稳定性的紧张局势,一种视角是承认竞争性价值观的有效性,一种视角是对这些价值观充满敌意,根本不存在让这两种视角达成调适的前景。人们总是从一个观点转移到另一个观点[1]。

---

[1] Joseph Raz, "Multiculturalism: A Liberal Perspective," *Dissent* 41 (1994): 73.

三、《庄子》中前途光明的建议

为了找到一种对拉兹两难困境的可能解决办法,并且它不把我们带回罗蒂的种族中心主义,我转向中国古代经典《庄子》求助,这个文本传统上被认定是道家庄子所作①。该文本以其对那些自以为知道真相,包括道德真相的人的怀疑嘲讽而闻名天下。然而,该书似乎也在向读者推荐一种生活方式。倪德卫将这两种视角的二元性呈现为超脱性视角和参与性视角的二元对立,一个认定自己特定的生活方式只是众多生活方式之一,一个致力于活出自己的生活方式②。解读庄子的问题是弄清楚如何在同时做这两件事的时候保持前后一致。有趣的是,这个解释与我刚刚描述的多元相对论问题有平行关系。正如拉兹所描述的那样,多元主义者不停地在超脱性视角和参与性视角之间来回转换,要么从个人承诺上后退一步,在抽象意义上承认其他生活方式的价值,要么忍不住对其他生活方式不屑一顾。尽管在拉兹和《庄子》中同样发现了超脱与参与的二元性的平行关系,但我相信《庄子》在如何将两种视角结合起来方面做得更好。要了解他是如何做到这一点的,我们就必须更好地理解庄子的超脱性视角背后的怀疑论。

---

① 在这一点上,前七章,即所谓的内篇被认为是历史人物庄子的真实作品,我的解释主要基于这些章节以及我判定为与内篇一致的若干其他章节。

② David Nivison, "Hsün Tzu and Chuang Tzu," in *Chinese Texts and Philosophical Contexts: Essays Dedicated to Angus C. Graham*, ed. Henry Rosemont Jr. (Lasalle, Ill.: Open Court, 1991), 129–142.

《庄子》中包含不止一种方式来达成其怀疑论观点，即没有哪种道德视角是唯一正确的视角。第二章包含了一个论证，它是无论古代还是现代，无论东方还是西方的怀疑论者都非常熟悉的武器：如果自己视角的独特合理性被怀疑，那么人们没有非循环的论证来消除这种怀疑；在这个意义上，任何视角的所有合理性论证充其量也是任意性的。然而，在《庄子》中还能找到另外一种论证。这种论证不是指出为特定道德视角的合理性进行辩护的尝试的任意性，而让我们注意到其他视角的真正价值。

与庄子作品中的有些解释相反，他并没有摒弃道德价值观。如前所述，他似乎接受了热爱父母和忠于君主的义务是人类生存的必要元素。在第五章《德充符》中，那些因为犯罪受到惩罚而断了脚的人遭到嘲笑，但道教大师却不嘲笑他，反而看到他的价值所在。当孔子拒绝接受因有犯罪前科而被斩断了脚趾者为徒弟时，庄子骂孔子没有像天地那样行事："天是无所不覆盖的，地是无所不包容的。"[1]（鲁有兀者叔山无趾，踵见仲尼。仲尼曰："子不谨，前既犯患若是矣。虽今来，何及矣！"无趾曰："吾唯不知务而轻用吾身，吾是以亡足。今吾来也，犹有尊足者存，吾是以务全之也。夫天无不覆，地无不载，吾以夫子为天地，安知夫子之犹若是也！"孔子曰："丘则陋矣。夫子胡不入乎，请讲以所闻！"无趾出。孔子曰："弟子勉之！夫无趾，兀者也，犹务学以复补前行之

---

[1] Chuang Tzu, *Chuang Tzu: Basic Writings*, trans. Burton Watson (New York: Columbia University Press, 1963), 67.

自然道德：对多元相对论的辩护

恶,而况全德之人乎!"无趾语老聃曰:"孔丘之于至人,其未邪? 彼何宾宾以学子为? 彼且蕲以諔诡幻怪之名闻,不知至人之以是为己桎梏邪?"老聃曰:"胡不直使彼以死生为一条,以可不可为一贯者,解其桎梏,其可乎?"无趾曰:"天刑之,安可解!"《庄子·德充符》第三节。——译注)在第一章中,庄子指责他的朋友惠子未能看到大葫芦普通寻常用途之外的用途。惠子尝试用葫芦作为盛水的容器,但它太重,惠子提不起来。然后他试图把它剖开做成瓢,又大得无处安放。他认为这葫芦没有用处,于是就把它打碎了。庄子问为什么他没想到把葫芦系在腰上作腰舟,而漂浮在江湖之上,反而愁它太大提不起来呢?"可见你的脑子还不开窍啊!"庄子总结道。请注意,庄子并不否认更普通的用途是葫芦的真用途,它们显然是真用途。庄子的要点是我们的头脑要开窍,获取关于什么是有价值的更广阔的看法。(惠子谓庄子曰:"魏王贻我大瓠之种,我树之成而实五石。以盛水浆,其坚不能自举也。剖之以为瓢,则瓠落无所容。非不呺然大也,吾为其无用而掊之。"庄子曰:"夫子固拙于用大矣……今子有五石之瓠,何不虑以为大樽而浮乎江湖,而忧其瓠落无所容? 则夫子犹有蓬之心也夫!"《庄子·逍遥游》第三节。——译注)

庄子打破了这样的假设,即我们自己的视角是唯一正确的,但这不是依靠诋毁它,而是通过削弱一种主张,即我们自己的视角穷尽了可以看到的一切,这就打开了我们的视野,帮助我们看到自己视角以外的其他视角。我们并没有被劝说要丢掉我们的道德准则体现真正价值的想法。我们只是不得不承认,其他人的道德就像我们的一样也体现真正价值。在这一论证中，我突出强调了庄子赞赏多样性既是一种道德立场，同时也与自己原有的道德承诺保持一定距离。

他对多样性的赞赏是本书开头辨认出的道德矛盾的一种形式。多元相对论的最强案例不仅包括其他道德与自己的道德一样具有合理性的主张，还包括承认这些道德背后的真正价值观。道德价值观是人类的发明，既能满足人类的迫切需求和欲望，同时受到来自人性和道德促进，方便社会合作的功能的约束。荀子认为，儒家的道德版本是能满足道德功能的唯一最佳方式。庄子对道德承诺的看法与荀子一样具有自然主义色彩，但这种看法并不假设满足这些需要有唯一最佳方式。相反，有多种方法可以满足这些需要，其中任何一种都不是最好的，因为每种道德都以牺牲其他价值观为代价来成功推崇某些基本价值观。任何一种连贯的道德准则都割除某些真正的价值观。任何一种连贯的道德准则在定义是的时候都会要求同时定义非。

四、庄子如何将超脱性视角和参与性视角结合起来

请回顾道德承诺的可靠性所带来的最初问题，如果我们认识到除了我们自己的道德承诺以外还有其他有价值的承诺的话。拉兹的论证是超脱性视角可以使我们认识到其他人的道德承诺的价值，这种视角破坏了我们自己的承诺所定义的参与性视角。迅速反应者和果断行动者"几乎肯定"鄙视那些长时间沉思默想者和极富耐心的考察者。他们不可能把耐心的品质视为他们的

美德。拉兹说,出于同样的原因,他们很自然会看重别人身上那些他们选择去模仿自己的品质。超脱性视角和参与性视角不可能同时存在于同一个心灵中,两者肯定交替占据优势地位。

庄子对我们的狭隘视角的挑战也是对超脱性视角和参与性视角之间紧张关系这个画面的挑战。在他的论证中,我们认识到真正价值观的更大范围的超脱性视角也是一种参与性视角,我们从中使最初的道德承诺变得更为广泛、更具包容性。毕竟,承认他人的承诺或自己的承诺都是从价值观世界中作出的部分选择,这往往要承认这些承诺涉及真正的价值观,即便不是全部价值观。庄子的建设性怀疑论认为,典型的规范视角宣称对价值有排他性的、全面的洞察,这使它们误入歧途,庄子的建设性怀疑论鼓励我们维持自己的承诺,认定它是对真正价值观的承诺,同时扩展我们的观点,承认其他人的承诺具有类似地位。

再考虑一下拉兹的例子。迅速反应者和果断行动者在自己身上努力实现耐心的品质,但是,承认这些品质是美德可能采取其他的表现形式。这可能包括意识到长时间沉思默想者和耐心考察者也有自己的存在地位,甚至在自己的社会中可能也需要这种人。这两套品质在更大的社会环境中或许相互补充,其中有些时候需要反应迅速和行动果断,但在其他时候需要从更大和更长的视角看待问题。某人可能会珍视自己的反应迅速和行动果断,因为比方说,他认为这是令人钦佩的性格特征,而且他就是有擅长做那样的事的气质,但这并不意味着他需要诋毁那些能够赋予别人更长远视角的品质。许多人看重别人身上的那些被自己选择要模仿的品质,这太自然不过。但就像拉兹说的那样,若说这是天生的倾向,就是(思维的)飞跃了。说这种倾向是不可避免的是不合理的。

当然,在某些情况下,实现一种生活方式所需的条件将排除实现另一种生活方式所需的条件。在同等努力实现这两种生活方式的意义上,人们无法同时承认这两种生活方式的价值。在现实生活中,这缺乏实践一致性。这就是为什么人们在同样有价值的许多生活方式中致力于实现某一种或几种生活方式是完全可以接受的。我们当然可以继续致力于我们的生活方式,因为我们不可能平等努力地去实现所有有价值的生活方式。因此,选择我们的生活方式并非鄙视或排斥其他方式。

然而,还需要做更多说明,因为庄子视角不仅仅是在仍然坚持原本狭隘的道路时接受其他生活方式。承认其他生活方式的价值能够而且经常应该对人的最初道德承诺产生更加深刻和广泛的影响。如果人们真的欣赏将葫芦系在腰上作腰舟而浮游于江湖之上,他就不太可能依然是那种一旦发现不能把葫芦当作水杓或者水瓢使用时就把它打碎的人。如果人们开放自己的思想去接受新的价值来源,那么,人们不只停留在接受的层面,而会将其纳入自己的承诺之中。人们不必试图将截然不同的生活方式融入自己的承诺。或者,人们试图确认其他生活方式背后的某种价值观,依靠的就是在实现已经确认的价值观和新价值观时努力保持平衡。换句话说,我们的道德承诺必须保持开放性和灵活性,在确认什么价值观以及在冲突的情况下优先选择什么价值观的问题上,保持某种程度的不确定性。我们必须随时准备确认我们目前的承诺尚未涵盖的价值观和优先选择。

五、转变道德承诺

然而,这时候,我们可能会重新感到担忧起来,在愿意接纳新价值观时如何能够保持沉着冷静。我们怎么能够在不破坏我们的承诺的情况下做到这一切呢?对这种担忧的回答可能始于承认这个事实,即我们熟悉的道德承诺永远不像通常被吹捧的那样安全和稳定。无论我们对新价值是否持开放态度,这些承诺从来都不会完全确定无疑。请再次考虑源自个人视角的特殊义务与源自非个人视角的义务之间的道德矛盾。正如第一章第六节所述,这两类义务之间并无确定的、一般性的先后顺序。我们大多数人对特殊义务的重视程度低于儒家所持的伦理道德,但我们也没有坚持彻底的非个人视角。然而,一般来说,很难清楚地阐明我们已经取得了什么样的平衡。在生活中,我们摸着石头过河,我们首先试图避免制造或者进入令重要价值观发生冲突的场景。如果尽管我们付出了努力,仍然发生了价值观冲突,我们会努力在这些价值观之间取得合理的平衡,但这种合理性在很大程度上取决于冲突产生的具体情况。正如《庄子·秋水》所说,"无动而不变,无时而不移"。

这并不是否认我们所承诺的道德具有某些一般性特征,将其与其他道德区别开来。某些将其区分开的一般特征涉及关注的焦点集中在特定种类的一般价值观而不是其他价值观,或者涉及若干一般价值观中的某些一般的优先选择。然而，如果我们所说的道德是我们在生活中实际使用的东西而不是纯粹的理论建构的话，这些优先选择决不会在任何特定的道德中是完全确定的。一个存在的道德本身就是一种不容易的、有点儿不确定的价值观组合体，而这些价值观本来就很不容易结合起来。换句话说，将一种道德与另一种道德区分开来的优先选择本身就存在某种开放性。而只要存在某种开放性，就意味着流动的可能性：随着时间的推移，在两个彼此紧张的价值观之间的平衡可能发生变化；此外，根据场景的不同，平衡也可能发生变化。就是在这个意义上，我们的道德承诺永远不会像被吹嘘的那样明确。

这样看来，庄子建议我们对新的价值以及它们与我们原本的道德承诺的可能结合方式保持开放，这与我们一直以来所做的没什么不同。庄子的观点与我们一直以来对道德问题的推理并没有多大不同，最初的承诺使得我们必须尝试将不容易结合起来的价值观结合起来。正是在这个意义上，庄子推荐的新的、更具包容性的参与看起来更像我们一直在做的事，唯一的区别是，现在必须准备好迎接平衡新旧价值这一额外挑战。

这种开放的和灵活的道德承诺画面要求我们放弃理论家们创制出一套能够用于解决价值观冲突的普遍原则的勃勃雄心。相反，我们从特定的冲突开始，并依据当前的处境进行调适协商。我已经提到过，这种推理正是儒家尤其是孟子的典型特征。孟子肯定了特殊义务的优先地位，但这并不意味着这个优先权的具体含义可以从一些一般性原则中演绎出来，并且这种原则独立于他和儒家传统的其他人在具体环境下对它的解释。我们在个人视角和非个人视角之间取得的无论什么平衡在很大程度上都取决于个人对这种平衡的不同解释。

最近有关判断形成的心理学研究和理论都强调了非正式推理的价值,这些推理依靠对所处具体场景的整体性评估而不是依靠推理法则或算法的分析性方法。推动很多近期研究的是一种观察,即人类推理在应对复杂情况时,人类推理比形式推理或标准计算模型所能捕获的情况更为微妙得多。在有关判断形成现象学的这些研究中,有些要比哲学家通常的思辨更加仔细和谨慎。

例如,哈蒙德(Hammond)及其同事注意到,一种通常的对比发生在直觉推理和分析推理中,这种对比方式的常见缺陷是无论分析推理被怎样定义,直觉推理都被定义为其对立面[1]。很少有人对直觉方式进行正面描述。为了弥补这一缺陷,他们根据若干维度的对比来定义直觉特征和分析风格,例如认知控制程度(在直觉中很低,在分析中很高)、数据处理速度(直觉快,分析慢)以及对这一过程的意识(直觉低,分析高)。研究人员进一步假设存在更有可能引发直觉判断而不是分析推理的情境类型。人们更倾向于使用直觉风格来回应那些不断出现许多"暗示"或在行动和认知理解方面同时表现出显著特征,其中没有可将暗示组织起

---

[1] 请参阅:Kenneth R. Hammond, Robert M. Hamm, Janet Grassia, and Tamra Pearson, "Direct Comparison of the Efficacy of Intuitive and Analytical Cognition in Expert Judgment," in *Research on Judgment and Decision Making*, ed. William M. Goldstein and Robin M. Hogarth (Cambridge: Cambridge University Press, 1997), 144–180。

来变成判断的明确的原则、理论或方法。分析风格对这种情况作出回应,例如,有可用的、量化的数据以及有明确的法则或算法将暗示组织起来成为判断。研究人员依据或多或少更适合直觉或分析风格的一系列任务来对工程师进行测试。他们有独立的方法来断定所作出的判断是否成功。研究人员发现,即使是在更适合分析的任务中,12 个中的 11 个采用了直觉风格上或介于直觉与分析之间的风格的工程师更成功(他们称中间风格为"常识",也就是依靠粗略的规则佐以大量直觉判断的方式)。即使问题似乎最适合分析风格,许多人可能会丧失一种合理的解决方案看起来应该什么样子的"感觉",而简单接受在"插上"输入数据后就能出现的无论何种答案。如果在应用算法时犯了错误,他们不太可能意识到解决方案根本不可能正确。相比之下,当他们应用直觉风格时,他们有一种"感觉",意识到各种因素如何影响整体结果,因而不太可能犯下大错。

这项研究的有趣隐含意义之一是,一则推理可能或多或少更倾向于直觉风格或更倾向于分析风格,这取决于它在定义风格的种种维度之中处于何种位置。这种定义直觉的方式的好处也在于它给一种经常被作出的哲学前提泼了冷水,即直觉不过是一种简单的观看,而是鼓励一种有关直觉处理过程的画面,即它以非正式的方式利用各种感知线索,并将其组织起来变成判断。我们没有意识我们是如何将其组织起来的这一事实并不意味着我们事实上没有组织它们。

"连结主义"大脑/心灵模型与这一主题相关,即我们组织信息的方式并不是依靠清晰表述的原则或算法①。这样的模型源于人们认识到将大脑/心灵看作拥有中央处理器和存储程序的数字计算机的失败。人类的认知转变过于微妙和复杂,根本无法依靠计算来解释,即根据可编程规则或算法对其呈现的操纵。在连结主义模型中,不存在一般推理规则,譬如,存储在程序中的规则。这些模型中也没有应用作为独特过程存在的规则之类东西。相反,信息存储在神经网络中输入和输出节点间的激活模式中。知识不需要明确地作为数据结构呈现或存储,而是存储在节点之间激活的强度或权重之中——在输入和输出节点之间的中继信号到底有多强烈。连结主义模型使我们能够看到如何处理大量信息并将其存储在神经网络的激活模式之中。即使被激活了,也没有必要让意识了解到信息处理过程。

六、为什么在多元相对论背景下采取行动与处理其他的道德复杂情境并没有太大不同

从这个角度来看,一个人对某种价值观和原则体系的道德承诺更像是承诺要在决策中将某些原因考虑进去。人们对这些原因对行动意味着什么的理解以及对这些原因如何与其他原因进行权衡的理解可能会随着人们处理新情况而发生变化,这包括那些让人们对其他生活产生新的理解的情景。沃尔特·范伯格(Walter Feinberg)对日本精神分析师土居健郎(Takeo Doi)

① 请参阅: Terence E. Horgan and John Tienson, *Connectionism and the Philosophy of Psychology* (Cambridge, Massachusetts: MIT Press, 1996)。

的作品的讨论中就是出现这种不断发展的理解的例子。土居认为追求对他人的依赖是日本人的特征。起初，范伯格认为这种追求是对追求自由和平等等西方价值观的否定。但是，他逐渐认识到这种探索是渴求关怀和信任关系所驱动的：希望有一个可信任的人，因为他的行动总是出于对他人幸福的关心和关注。他建议我们可以从"日本成人和儿童之间的温馨关系，日本教师某种程度上成功产生的与幼儿之间的互相关怀和承担责任的意识中"学到一些东西。他将日本人崇尚相互依赖性与西方女权主义强调关怀的伦理道德和注重与他人关系的价值观联系起来。范伯格总结说，这种与另一种文化的遭遇为重新考虑教育过程本身的承诺和目标奠定了基础①。我可以补充说，这种重新考虑并不要求我们像日本人那样重视关怀和信任关系的理想，但它的确要求我们承认那个理想，承认它是我们自己也有理由去推崇的东西。人们可以从其他文化中学习，但未必要复制他们作出的选择。

一种文化的人试图学习其他文化方式的另一个例子本身就出现在日本，那里，西方的影响与传统文化的不同方面相遇并产生了有趣的置换。在一项针对日本、美国和中国幼儿园的研究中，来自三个社会的幼儿教师和管理者观看和评论了其他社会的幼儿园活动的视频。事实上，所有观看了美国视频的日本幼儿园老师都认为，典型的美国"个人主义"与他们认为的自己社会和学

---

① Walter Feinberg, "A Role for Philosophy of Education in Intercultural Research: A Reexamination of the Relativism-Absolutism Debate," *Teachers College Record* 91 (1989): 161-176.

自然道德：对多元相对论的辩护

校的"集体主义"形成了鲜明的对比。与此同时,他们将自己的集体主义与中国的版本进行了对比,有些人认为中国的集体主义缺乏真正的群体团结,而其他人则认为过于专制和僵化①。

日本人强调这样的观点,即群体活动可以是快乐的和自发的,因为它们与人类天生的情感相吻合,儿童天性的充分实现,不是体现在与群体的独立,而是体现在他们更有能力与比自己更大的东西合作和融合。与看到的中国活动相反,日本的小组活动似乎结构松散,教师对什么内容可以被认定为参与小组活动的标准非常宽松。日本老师认为应该尽可能地鼓励儿童自己处理彼此间的关系,从而培养同伴纽带关系而不是老师和个别孩子间的等级差异纽带。基于这样的观点,教师们似乎有意识地避免干预儿童间的争吵。

日本人非常自觉地认定这种幼儿园哲学是一种调和性尝试,他们试图在与美国个人主义有关的孤独和失范以及与中国有关的僵化的专制主义之间开辟一条道路,或者在某些教师和行政人员看来,这是在美国个人主义和他们自己文化传统之间开辟一条道路②。这种对体现文化特征的伦理体系进行整合的尝试不是独一无二的,虽然这种现象通常自我意识更少。实际上,这种转

---

① 托马斯·承炫(Thomas Seung)让我注意到,使用与"个人主义"相对的"集体主义"这一标签来描述日本的社会实践和制度背后的哲学可能会产生严重的误导。我同意这个观点。在日本和其他地方的这种哲学不一定是群体与个体的鲜明对比或暗示其利益通常会产生冲突。相反,我们的想法是个体作为群体中的成员才能实现人生的圆满。

② Joseph J. Tobin, David Y. H. Wu, and Dana H. Davidson, Preschool in *Three Cultures: Japan, China, and the United States* (New Haven: Yale University Press, 1989), 38 - 44.

变已经影响他们现有的道德体系，并且将继续产生影响，因为它们所体现的文化和伦理道德体系具有渗透性。一位日本管理人员表达了对美国幼儿园哲学的某些特征的兴趣和钦佩，但他在这些特征中也发现了一些在日本人看来"不太正确、不恰当或不可行"的东西，"在某一种大方面对于日本来说不正确的东西"①。其他族群社区有一些有价值的东西，但是，全盘接受那些东西并不适合，这样一种认识通常是族群社区之间能够弥合分歧并彼此更加尊重的复杂基础②。

到目前为止，我已经探讨了如何在不与自己的道德承诺相矛盾的情况下接受生活方式差异的问题。我论证说人们可以将这两件事结合起来，前提是接受差异的途径是承认其他生活方式的价值而不是怀疑其价值观。我已经论证说，这种承认的自然结果是人们试图将他们在其他生活方式中看到的至少部分价值观融入自己的承诺中，并且这种融合工程与我们一直以来的做法——尝试调和我们道德中通常存在的价值观的多样性——没有什么不同。

尽管如此，我们纳入其他生活方式的价值是有限度的。我们的承诺可能与那些致力于其他生活方式的人的承诺有所不同。譬如，当我们与他们相互依存时，如果我们与他们生活在同一个

---

① Tobin，Wu，and Davidson，*Preschool*，53.
② 艾米莉·罗蒂向我指出，一种文化中的人可能对另外一种文化的价值观有着自己独特的解释，这种解释可能与那种其他文化中的人的解释有所不同。但这并不否认不同文化的价值观之间存在重叠性的可能，而是要承认重叠的性质会遭遇不同解释的这种复杂现象。这是在弥合差异方面起着重要作用的另一种模糊性。

　　　　　　　　　　　　自然道德：对多元相对论的辩护

社会,简单地自己活也让别人活往往是不可能的。而且有时候,我们看不到另一种生活方式的特定方面或实践的价值或意义所在。或者我们可能认为某种实践违反了恰当的道德的普遍约束性。在与这些他人存在严重分歧的情况下,我们应该如何对待他们呢? 现在,我想谈谈多元相对论提出的问题,即面对道德承诺或许与我们自己一样合理的其他人,我们应该如何对待他们?

七、接受自己与他人的差异

在第二章第十二节中,我认为恰当的道德必须包含在拥有严重道德分歧的人之间达成调适价值观。在本书结论这一章中,我将详细阐述这一论证,并更充分地发展调适这一必要概念。最近,探讨如何处理严重道德分歧问题的有些尝试已经认可了调适理想。我要指出的是,他们的调适概念是不充分和不完整的,更充分的调适概念必须讨论存在道德冲突的人如何和平共存的问题。我将解释,调适作为一种道德价值观是如何根源于这样一个事实,即我们与他人存在严重分歧是我们道德生活的常规特征,这些他人是维持必要的和值得向往的关系所必不可少的人。其实,我们已经在践行调适策略,其中就包括对这一价值观的承诺。我们所缺乏的不过是阐述对调适价值观的哲学承诺并为之辩护而已。

八、近期有关在道德差异之间达成调适的概念

托马斯·内格尔认为,当一个人陷入某种棘手的道德冲突时,强制性政治权利的使用要受到限制。这种崇尚宽容的自由原

则得到了契约论观点的支持,即人们不应该在明知人们有合理的理由拒绝时,也就是说,当这种分歧来自"个人视角的截然对立"之时,将某些制度性安排、机构或者要求强加于人①。对于内格尔来说,这种分歧包括涉及宗教信仰、堕胎和宰杀动物作为食物等的冲突。让我们将这种分歧称为"原始的",虽然我并没有暗示内格尔会赞同使用这样的术语。

内格尔对比了两种分歧,一是我所说的原始分歧,一是知情的、理性人之间的分歧,这种分歧建立在他们所拥有的证据差异和对证据的评估差异以及最终判断差异的基础之上。我将其称为理性分歧,这种拥有"理性"分歧的当事人认定自己求助于共同的、客观的推理方法,每个人对其解释和应用都是不完美的。内格尔认为,如经济自由主义者和激进自由意志论者之间有关社会正义的分歧就更接近理性分歧,这些分歧是国家行动的适当主体。内格尔在原始分歧上主张国家中立的论点并不依赖于这样一种怀疑论前提,即原始分歧必然依赖于未经论证的信念,而是基于如下原则,即为使用政治权力辩护需要更高程度的客观性标准,这种客观性将使我们"超越自我进入独立于自己身份之外的立场"②。将中立政策限制在原始分歧的范围内可以防止陷入政

---

① Thomas Nagel,"Moral Conflict and Political Legitimacy," *Philosophy and Public Affairs* 16 (1987): 232. 有关契约论者思想的一个重要论述,请参阅: Thomas Scanlon, "Contractualism and Utilitarianism," in *Utilitarianism and Beyond*, ed. Amartya Sen and Bernard Williams (Cambridge: Cambridge University Press, 1982), 103 - 128。
② Nagel,"Moral Conflict," 229. 但是,他的确指出,有些分歧可能是野性原始的,但不可避免地成为国家行为的主体,例如那些有关核威慑和死刑的道德性分歧。

自然道德:对多元相对论的辩护

治瘫痪之中。国家不能被局限在仅仅在所有知情的、理性的人都达成共识的事项上行事。

内格尔区分的问题之一是，将其应用于族群内部多样化群体之间在具体政策问题上的分歧时可能成为高度不确定的问题。通常，实际分歧涉及对立双方之间的众多争论。某些类型的论证使分歧看起来充满原始性；其他类型则看起来非常理性。例如，自由意志论者有时候赋予获得和转让财产权一种绝对的重要性，这使得他们很难避免与那些在社会正义问题上特别重视需要概念的其他人之间产生原始分歧。在其他时候，他们则基于看起来是理性分歧的主体的主张而要求采取相同社会政策：例如，国家试图重新分配财富和收入的政策效率低下而且往往产生不良的副作用。他们经常在两种合理性论证之间交替摇摆，以至于看起来无法确定哪种合理性论证占首要地位。自由意志论者群体中的某些人或许持有明确的立场，但他们明确的立场可能有所不同。而且，我们感到纳闷的还有，我们是否足够充分地掌握了理论上的区分。原始分歧与理性分歧这一分别太不确定，导致它无法被用作弥合严重道德冲突的基础。

艾米·古特曼（Amy Gutman）和丹尼斯·汤普森（Dennis Thompson）给出的另一个合理批评是，这种区分将过多的内容纳入原始分歧的范畴，包括对自由主义者的人类平等信念的分歧，这一信念是"内格尔正确地捍卫的那些强制性国家政策的思想基础"①。

---

① Amy Gutman and Dennis Thompson, "Moral Conflict and Political Consensus," *Ethics 101*（1990）: 67.

他们还认为,内格尔暗含了这种想法,即国家的不作为等同于国家中立,这是错误的:"国家在本该行动的时候无所作为就像作出行动的决策一样可能使公民的权利受到同样的胁迫和侵犯。"[1]无所作为的策略提供了"一种虚假的不偏不倚,以此取代了我们的社会中基本价值观冲突持续存在的社会认知"[2]。因此,古特曼和汤普森提议将关注的焦点转移到管理那些基于这些根本冲突而进行的集体审议过程的原则之上。这些原则表达了公民之间相互尊重的民主美德,例如要求公民承认他们反对的立场也是建立在道德原则的基础之上,虽然理性的人可能不同意这些原则。例如,支持生命权和支持选择权的双方(在反堕胎和堕胎合法化的辩论中。——译注)应该愿意承认反对者的观点同样是真诚信奉的道德原则。另一个原则是,经过深思熟虑之后,人们在无可辩驳的证据面前必须愿意改变自己的观点。

内格尔对行使政治权力的客观性的苛刻标准似乎的确要求人们在太多的重大道德引入问题上保持中立[3]。如果面临这个选择,很多人会拒绝或推翻这个更高客观性的标准,反而更愿意在公共领域坚持自己的道德立场。

例如在堕胎问题上,目前尚不清楚支持生命权反对堕胎者是

---

[1] Gutmann and Thompson, "Moral Conflict," 68.

[2] 同上书,75。

[3] 这是我在拙著《道德相对论》众多议题的早期讨论中没有充分考虑到的问题。请参阅: *Moral Relativity* (Berkeley: University of California Press, 1984)。在第十二章中,我曾提出了一个论点,即在本书中我贴上野性原始标签的道德分歧中,国家不应该干涉。不过,即使在那时我的确也承认,不干涉的道德理由可能因为其他道德理由而被推翻。

否愿意理性地接受国家应该在堕胎问题上保持中立的论点,即使他们承认由于他们与选择权的拥护者之间的分歧是原始的,因而有理由宽容他人的立场。一方面,为什么他们会认为在堕胎道德问题上罗伊诉韦德案(Roe v. Wade)远离国家中立的立场,但在实践中是认可了它的道德许可性。另一方面,支持选择权的堕胎合法化论者可以合理地反对禁止堕胎的法令,虽然站在中立者的立场似乎是合理的,但它却实际上导致了对贫困妇女权利的侵害。

即使原始分歧与理性分歧之间的区别在实践中更加清晰,但古特曼和汤普森给出了一个令人信服的案例来说明将某些原始分歧纳入国家行动议程的必要性。他们的民主讨论原则是将调适作为认真对待道德价值观工程的建设性的和必要的组成部分。毕竟,与和自己存在严重分歧的人进行公平的讨论是与他们达成调适的方式。然而,他们的原则在很大程度上是程序性的,并且呈现为一些保护和促进道德真理探索的方式。不过,当公共讨论的主题是一种可以被称为原始分歧时,这些原则在方便真理探索方面的价值就具有了不确定性。即使受这些原则支配的公共讨论最终带来在某个议题上的观点的更显著趋同性,但是,对立双方如何同时确保和平共处的问题仍未得到解决。这里我说的"共处"并不意味着"相互讨论彼此的分歧"。如果分歧涉及人们认定的最重要道德问题,他们将会而且必须作出更多,而不仅仅是以民主的方式进行讨论而已。

斯图尔特·汉普希尔(Stuart Hampshire)有关"赤裸"正义

或"程序"正义的概念提供了一些线索,比把公平讨论当作调适的观点走得更远。在汉普希尔看来,存在有关争议的普遍的核心观点,它成为正义和善等概念在各种文化特有的和"加厚"变体的基础。众多社会角色和职能各自都有其典型的美德和义务,都以善的某些概念为前提,"这在整个历史上的大多数社会中都是常态"①。该核心概念并没有产生一种使这些角色在可接受的整体范围内变成连贯一体的方式,但使它们能够在文明社会中共存,并且在它们之间尽可能不产生任何实质性调适,也不追求比程序正义本身更进一步的任何共同基础。该核心概念要求相互对立的善概念的支持者进行平等和公平的交流,例如在相互让步中维持公平的妥协。

与内格尔的自由宽容和古特曼与汤普森的公平和民主讨论的理想不同,汉普希尔有关正义的核心概念是实质性概念,它回答了陷入严重道德冲突的人如何在一个社会中共同生活这一问题②。他是从人性以及人性与人们真实的多样性的善之间的关系论证这种核心概念的。一方面,他认为,人性包含了共同需要和潜能,这产生了有关关爱、友谊、家庭和血缘关系等义务以及关怀义务,或者至少是避免伤害和破坏生命的义务。人性的共同需

① Stuart Hampshire, *Innocence and Experience* (Cambridge, Mass.: Harvard University Press, 1989), 108.
② 然而,他在呈现核心概念时有时候好像它只是纯粹的程序概念。这是当他将这一概念表述为有关实践理性的经典延伸:正如推动和接受支持和反对某个提案的论证是实践理性的本质一样,因此必须给予善的竞争性概念申辩的机会。但是,如果存在赤裸正义概念的意思仅此而已,那就不会推崇竞争性概念的和平共存了。公平的听证会是一回事,尽一切可能保护人们免受善的竞争性概念的强制性侵犯是更具实质意义的事,显而易见的是,汉普希尔的心中有这个想法。

　　　　　　　　　自然道德:对多元相对论的辩护

要使得正义的核心概念成为可能。另一方面，汉普希尔认为，人性包含了一种驱动力，要开发"独立的和产生冲突的身份，这些身份是由族群的语言、宗教、专有习俗和禁令以及历史所定义的"。这种追求多样性的动机使核心概念成为保持稳定的必要条件①。汉普希尔已明确规定了一种实质性伦理调适——竞争性道德概念的支持者之间和平共处——并且提出调适的必要性，这种调适建立在一种合理的主张——价值观的多样性是历史上大多数社会的常态——的基础上。我自己有关调适的概念与汉普希尔指出的方向一致。马丁·本杰明（Martin Benjamin）也指出了这些方向，主张我们有必要尊重他人的生活方式以及为了追求共同目标而与他人共同努力以在道德差异问题上达成妥协②。接下来，我将详细说明自己的概念，并将其与构成多元相对论的一些主题联系起来。

九、严重道德冲突的本质

让我们回到内格尔有关道德冲突的概念，我们依靠使用共同理性的尝试无法解决这些冲突，但是，这次让我们放弃原始分歧

---

① 汉普希尔的这种驱动力概念实际上是一组可区分的概念集。他认为区分身份认同的动机不仅是族群而且是个体的普遍趋势（追求"个性"），他倾向于将追求多样性的动机与热衷分歧和反对与自己不同的人联系起来（*Innocence and Experience*，33-34）。将这些不同动机归因于人性的主张的说服力各不相同。追求独特社群身份认同的动机最为强烈。而追求"个性"的说法似乎与文化差异性密切相关，热衷分歧的动机似乎很常见，但根本不是普遍性的。然而，跨越社群的价值观的显著多样性似乎足以激发汉普希尔有关赤裸正义的概念。

② Martin Benjamin, *Splitting the Difference: Compromise and Integrity in Ethics and Politics* (Lawrence: University of Kansas Press, 1990).

和理性分歧之别,使用"严重分歧"的范畴来概括任何一种分歧以及那些不确定划入何种类别的分歧。这样做的理由不仅仅是因为原始和理性分歧之别对于重要道德分歧来说是不确定的,而且也因为如果我们不把它当作从政治议程中排除某些道德冲突的基础的话,这种区分的实际意义就变得不那么重要了[①]。

比较有关严重分歧的两张画面。根据一种画面,在终极道德原则之间存在巨大的人际差异。或许存在着普遍拥有的原则,但这些原则缺乏任何真正的规范性约束力。例如,任何有道德概念的人都不会否认随心所欲地折磨他人是错误的,但这种原则对道德生活的决定性很小[②]。另一种有关分歧的画面承认,即使在大规模的、异质性的社会如美国,仍然存在着人们广泛支持的实质性道德原则。不仅随意折磨人是错误的,而且因为批评政治领导人而遭受折磨或者被关进监狱也是错误的。即使是在美国发生的最具争议性的道德辩论之一,即有关堕胎的道德许可性辩论,分歧的根源似乎并不是对立双方所持有的终极道德原则上的差异,它部分是如何应用保护人类生命这一普遍原则的差异,部分是在一些情况应该给另外一个被广泛支持的原则,即保护个人自主性该占多大权重的差异。

事实上,严重分歧的两个源头往往交织在一起。对于应该如何划定一项原则的边界线分歧往往与该原则何时与另一原则发

---

① 我非常感谢米歇尔·西尔维娅(Mitchell Silver)提醒我注意到这一点。

② 这种画面,请参阅: Stephen Schiffer, "Meaning and Value," *Journal of Philosophy* 87 (1990): 602 - 614。黑尔似乎在其早期著作中提出了这样的画面,请参阅: R. M. Hare, *The Language of Morals* (London: Oxford University Press, 1964)。

　　　　　　　　　　　　　自然道德:对多元相对论的辩护

生冲突的分歧纠缠在一起。支持选择权的人有时会争辩说,胎儿,至少是发育早期阶段的胎儿并不属于保护人类生命原则的范围。因此,保护妇女自主权的原则与这一原则(即保护人类生命的原则)在胎儿早期阶段堕胎并不冲突。支持生命的人划定了前一个原则的边界,使其的确与妇女的自主权发生冲突,或使得妇女自主权的程度受到限制。

我的主要观点是重复第一章中首先提出的主题:阐明各方立场的价值观并非来自另一方觉得陌生的道德宇宙。这并不是否认,人们可以持有不同的终极道德原则体系,但是,将严重道德分歧的特征概括为通常涉及人们所持的终极道德原则差异则具有严重的误导性。有时候,引发分歧的原则是对立方共同拥有的,争议的不过是原则的适用边界或者在特定情况下冲突的原则中何者拥有相对优先权的问题。严重分歧未必是重大差别造成的结果,实际上可能存在于可以合理被称为道德观念社群的族群内部,即至少与某些其他族群相比,接受相同原则或多或少仍然拥有某种程度凝聚力的社群内部。

一个特定群体是否一个信念社群本身是个相对性的问题和程度问题。在大多数道德议题上,与中世纪的日本相比,北美人之间的道德差异似乎相对较小。但是,如果基于阶级和教育水平差异,美国国内各族群的对比将产生重要的甚至根本性的道德差异。道德问题的类型有时也会产生影响。在有权批评政治领导人的问题上,一个群体可能形成相对统一的信念社群,但是,在涉及财富和收入的分配正义问题上不会形成共同信念。正如汉普希尔所指出的那样，某些类型的义务在不同文化中都得到认可，我同意他的看法，即这部分可依靠共同的人性来解释①。

道德差异与共同性相互交织在一起的图景对应于第一章中首次阐述的思想：其他人和其他文化也遭遇到我们熟悉的选择，即使我们给出的答案与他们并不相同。但是，即使我们并没有给出相同的答案，我们也可以看出为什么其他人对以下问题选择了自己的答案：哪些价值最值得推崇？是要追求在众多人性美德中保持平衡的理想，还是一门心思专门追求某一套相对来说彼此相容的美德？是禁止为了更大、更值得向往的目标而对人进行剥削和使用，还是允许充分值得向往的目标凌驾于剥削错误性之上？是要最推崇社群利益和相互依赖性还是崇尚推动个性和自主性的善？是要优先考虑可能只能由少数人实现的卓越成就，还是要确保让所有人都能获得体面的、令人满意的基本生活条件？

有能力将其他个人和文化所接受的价值观和道德主题视为自己（自己的群体、自己的文化）在不同情况下可能作出的选择的新发展，这就能够凸显接受基本道德信念中不可化约的多样性的重要意义。拥有这种能力并不是自动赞同其他人作出的选择，理解并不一定意味着人们会以不同的方式作出自己的选择。但是，理解可以恰当地鼓励一种健康的谨慎，这种谨慎出现在跳跃到如下结论之前，即我们有一整套仅仅依靠使用"共同理性"来确定的

---

① 请参阅拙文："On Flourishing and Finding One's Identity in Community," *Midwest Studies in Philosophy* 13（1988），special issue, *Ethical Theory: Character and Virtue*, ed. Peter A. French, Theodore E. Uehling Jr., and Howard K. Wettstein：324 – 341。

　　　　　　　　　自然道德：对多元相对论的辩护

价值观和优先权选择①。最重要的是，理解导致我们可以预料到严重的道德冲突通常是我们道德生活的必要组成部分。期望那些依靠语言、宗教、习俗和历史统一起来的族群也可以产生一致的有关正确选择的信念，这是不现实的。我们必须预料到要经常与作出不同选择的人打交道，甚至我们对他们的选择无法表示同情。

这种道德冲突的画面包含更多复杂性。如果冲突源于价值观之间的共同选择，人们可能期待在像美国这样庞大和文化多元的大国中，在那些持有很难改变的强硬对立立场的人之外，还存在着相当多人占据的中间地带，例如，那些持有不确定立场的人，他们对堕胎的道德性没有明确态度②。在生命权的适用范围方面，或者在自主权与保护至少可能的生命之间究竟何者更重要方面，可能存在着不确定的立场。即使对于那些在这些问题上采取坚定立场的人们，若说服他们相信世上并没有普遍认可的原则能证明立场的合理性，那他们很可能进入更大的不确定状态。

此外，道德冲突的第二个画面引领我们去期待许多个人的信念体系中的显著冲突和自相矛盾之处，这发生在重要价值经常发

---

① 理解其他人为何作出不同的选择可能会产生不同的后果：一种是可以理解其他人的选择，但相信他们错了，而且准备好向他们解释为什么错了。一种是可以理解他们，相信他们错了，但目前还不能提供他们如何犯错的解释。一种是可以理解他们，并且不能认为他们错了，也不能认定他们的做法可以接受。最后，人们可能逐渐接受最初拒绝接受的内容。严重分歧就存在于第一种和最后一种可能性之间。

② 在写到有关道德立场和信仰的不确定性时，我假设信仰是我们根据人们的言语和行为模式而认定的一种命题态度。有时候，人们展示的特定模式的特征正是一种证据，说明他们对所信仰的命题对象仍具有不确定性。

生冲突的事件上。有关这些问题的信念可能是不成熟的或不连贯的，以至于他们抗拒通过施加一套一致的原则对这些价值观进行排序。我认为，就美国的分配正义方面存在的分歧而言，这是真实的。例如，值得争论的是，许多人持有的分配正义观念是与罗尔斯的差异原则相一致还是与最低限度的自由派福利主义相一致，并没有确定无疑的结论。

有关分配正义的论证往往掩盖了对指导财富和收入分配的普遍原则观念的显著不确定性。反对国家进行大规模再分配的保守主义论证依靠的是这样一些主张，如这种尝试的再分配措施效果差、浪费严重、效率低下和腐败猖獗等，或者他们依靠一些主张对刺激生产的破坏性效果。其中许多论证实际上与自由主义和平等原则是相一致的，因为这些原则是从实证性考虑的基础上进行高度抽象化的陈述。在这方面，请考虑罗尔斯的第二个正义原则。它的要点不在于反对国家再分配的保守主义论证实际上预设了这些原则，而是它们与有关分配正义的若干相互冲突的原则相一致。事实上，这些论证的要点很大程度上在于就相对具体的政策问题达成一致意见，同时却避免明确承诺于其听众可能拒绝的普遍原则。这种论证的一个典型形式（无论人们持有的普遍原则是 A，B 或 C，政策 X 都难以实现一个好的目标）是一种有用的修辞策略，尤其是面对这样一群听众的时候，即这些听众的基本信念可能是具有不确定的、不连贯的或不可化约的多样性特征。

但是，请记住，这种多样性、不确定性和模糊性与美国这样大规模的、异质性社会的道德传统中的显著共识领域是吻合的。在

　　　　　　　自然道德：对多元相对论的辩护

美国,绝大多数人都至少在名义上承诺于这样一种公平原则,即为社会所有成员提供某种形式的最低福利。这种共识在公民自由问题上比财富和收入分配等许多问题上更为突出。或者考虑一些从前支持死刑者开始中止对死刑的宣传,阶级和种族更有可能将某个人因某种特定类型的严重犯罪而判处死刑,或者最近的DNA证据证明,相当多被判处死刑的人其实是无辜的[①]。尽管这些从前的死刑拥护者采取了这样的原则性立场,它赞成死刑作为对最严重的犯罪的成比例的惩罚,或者赞成死刑对这些犯罪形成可以接受的威慑,但他们也赞成反对死刑者的在惩治犯罪和保护无辜者方面的公平价值观。尽管在原则上存在其他分歧,但原则共识的要点或许在实践中产生共同意见。

一个社会内部的分歧,根据手头不同的道德议题,或多或少地蔓延。对于在本质上非常笼统,且涵盖范围广泛的政策议题的单一原则来说,这样的说法是真实的。对于人们是否拥有同样原则,只是它的应用种类被相对化这一问题,或许没有答案。一个群体中的成员可能基于单一原则或者其应用构成了信念和谐社群,但是基于另一个原则或另一套应用程序组成一个不怎么稳定的社群,或者属于与之前不同甚至截然对立的社群中。

本书中提出的道德多样性的画面指出了严重分歧的普遍存在,指出调适的持续必要性。与道德上的他者和平共处的理想有

---

① 2000 年 3 月,死刑支持者和伊利诺伊州州长乔治·瑞安(George Ryan)宣布,在他的州暂停执行死刑,因为新证据免除了死刑犯中 13 名男子的死刑。2000 年 5 月,通常很保守的新罕布什尔州议会基于对死刑的公正性和准确性的担忧而投票决定废除死刑。

时被主要应用于不同的道德社群中,他们各自有着或多或少有凝聚力的内部身份,他们的主要问题是和其他道德社区共存(我们经常从汉普希尔作品中看到这种画面)。如果这里提出的道德多样性画面是正确的,那么在相对有凝聚力的道德社群中也需要协商调适,这不仅仅是为了和平共处,也是为了日常生活中的建设性关系,只有这样才可能追求共同目标。这里提出的道德多样性画面也支持协商调适的可能性,因为它指出了共同价值观的可能性以及严重分歧的普遍存在。共同价值观为可能解决分歧的方案提供了空间,并且构成有助于竞争各方之间认识到契合性的一部分共同背景。

十、作为道德价值的协商调适的内容

我在第二章中论证,任何恰当的道德必须在某种程度上具有协商调适的价值观,其依据就是严重分歧的不可避免性。除此论证之外,还有至少两个其他理论基础,使我们认识到创建或维持与我们有根本道德冲突的他人的非强制性关系的重要价值,但我并不声称这些基础可以被看作对所有合理道德传统的实践者有同等说服力。首先,我们可能简单地将这种关系本身当作目的来珍视。生活在某些社群中本身可能就具有道德价值,这些社群的基础不只来自道德信念的某种程度的一致性,也来自情感或忠诚的纽带,或者是在本质上属于教育、艺术、政治或经济的一整套有限的共同目标。事实上,我们通常生活在拥有除了道德信念之外的真正基础的社群中,这些社群通常对我们生活的形式和意义绝对必不可少。其次，与他人合作以促进共同道德目标的工程往往需要就自己与他人的道德差异进行协商调适。这种必要性在道德信念边界比较模糊的社群中尤为突出，这些社群的道德观可能随着议题和相关适用原则的不同而有所变化。在某个问题上推崇某个道德立场的盟友在另一个问题上可能成为潜在对手。协商调适的道德价值既是内在的，也来自共享的其他道德目标的价值。

请注意，以调适价值观为基础的第一种和第二种方式，其合理性论证并不是将调适视为权宜之计——它可以接受仅仅因为替代方案从非道德角度来看更加糟糕①。虽然与他人存在道德差异，我们仍然能以建设性的方式与他人共同生活，这本身就具有道德价值。它可以是尊重他人的一种特别强烈的方式，而能够表现出这种尊重是一个人道德成熟的标志。虽然存在道德差异却仍然愿意与他人共处，这将促进人们基于共同的道德目标而合作。事实上，如果不是在理论上，至少在实践中我们已经认识到协商调适的道德价值。我们发现人们的确是从这个价值观角度进行推理的。

请考虑一下卡罗尔·吉利根（Carol Gilligan）有关儿童对海因茨困境的反应的著名讨论，其中海因茨考虑的是，为了挽救妻子的生命，他能否偷窃一种他买不起的药物。在明确了药剂师拒

---

① 感谢彼得·莱顿帮助我澄清了这一点。本杰明（Benjamin）在分析差异时提出，我们有必要在严肃的道德差异上达成调适，理由是维持合作关系是值得向往的目标。然而，我不清楚他是否像我一样赋予这种关系独特的道德价值。有一次，他谈到医疗团队成员之间的道德妥协"从团队整体效率的角度来看"是高度值得向往的(30-31)，我不敢肯定他是否觉得"团队效率"是值得向往的目标。

绝降低价格这一点后,他提出了这样的问题:"海因茨是否应该偷药?"11岁的男孩将这一两难困境看作财产和生命两种价值之间的冲突,并认为生命具有优先地位。11岁的女孩艾米考虑的"既不是财产也不是法律",而是盗窃可能对海因茨和妻子的关系所造成的影响。艾米认为,从长远来看,如果海因茨因盗窃被抓,妻子的处境可能更糟糕。他们应该开诚布公地讨论这个问题,找到赚钱的另一种方法。艾米认为,解决方案是向药剂师更清晰地说明妻子的处境,如果行不通,就向那些有能力帮助的人求助。吉利根总结道:"这两个孩子看到两种截然不同的道德问题——杰克看到了可通过逻辑演绎法解决生命和财产的冲突。艾米看到了必须用自身的线索修补人际关系的裂痕。"①

吉利根以艾米的反应为例说明的这种道德推理是一种复杂现象。与我在此处的目的相关的是艾米提出的动议,即用"如何维持和改善这些关系如海因茨和妻子之间以及海因茨和药剂师之间关系"的问题取代"海因茨偷药是否正确"的问题。我不会解释这样一种假设,即推理中这种动议更多属于女性而不是男性的典型特征。在日常道德生活中,这似乎是男性和女性都会作出的动议。我们的确改变了问题的常见场合,即,确定哪一方站在正确一边时陷入僵局,以及某种方式的解决办法仍然没有找到。艾米改变了问题,这反映了她赋予调适一种道德价值。

善恶和是非的信念之间的冲突并不是道德冲突的全部内容。

---

① Carol Gilligan, *In a Different Voice* (Cambridge, Mass.: Harvard University Press, 1982), 25–31.

就各方渴望世界上接下来要发生什么也存在冲突。这种冲突通常出现在各方之间更广泛关系的背景之下，各方可能有理由维持这种关系，这既是出于前面提到的道德理由，也可能是出于非道德理由。如何解决各方需求之间的冲突，或者无论如何摸着石头过河，这都不需要对议题的道德是非曲直给出明确的回答。答案可能是靠维持更广泛关系的东西而得出的，这些与维持这种关系的理由相一致。

无论我们是否为这种推理提供哲学上的合理性，在日常生活中我们一直都在使用它。不妨考虑一下有不寻常多样性的一个哲学系。其成员代表了哲学中差别很大的途径和概念：分析哲学、英美哲学、欧洲大陆哲学、女权主义哲学和亚洲哲学等。这个哲学系正试图从若干候选人中确定一位可胜任该职位者。系内各派都有自己最喜欢的候选人，人人都相信其选择对整个院系来说是最佳选择。然而，为了部门内部的和谐，有些派别会同意（选出）一个对他们来说是第二或第三获选人的人。这些派别甚至可能相信，如果进行表决，他们的头号候选人可赢得胜利，但他们也相信这种胜利引发的敌意会给院系内部的信任和合作气氛带来无法接受的惨重代价，而他们认为（好的）气氛是有道德的价值和明智的价值。他们也期待从这个决定中受益的其他派别在下次遇到类似冲突时考虑到这一点。

吉利根声称这种道德推理更具女性特征而不是男性特征，如果这种说法是正确的，那么在这个社会中存在着一种道德劳动分工。然而，有可能其他道德传统并不承认这种类似的性别分工。

请考虑柯雄文对儒家品德"仁"的解释。他说，这种美德涉及对人类冲突的态度，将其视为"仲裁"而非"判决"的主体。仲裁是一种以促成竞争各方达成调适为导向的争议解决方式①。仲裁员"关心如何修复破裂的人际关系而不判定当事人的是非曲直"，因此，他们尝试"让争议各方依据共同关切的内容塑造各自的期待，说服他们意识到相互都是同一共同体的成员"②。

柯雄文说，在儒家思想中，求助于明确指出"是非曲直"的客观原则可能使人彼此疏远而不是鼓励他们维持或发展友好关系。最后，柯雄文令人印象深刻地暗示，儒家需要开发出这些原则，以便在仲裁失败时可以使用。

对这个提议的自然反应可能是认为柯雄文把事情搞反了。当然，人们应该首先尝试确定是非曲直，如果最终出现了严重分歧，那么应该寻求仲裁。这将仲裁视为二阶价值，即当依靠判决的一阶价值失败时才被使用的价值。柯雄文将判决视为二阶价值，即等待着依靠仲裁的一阶价值失败时才被使用的价值。但是，他并没有把事情搞反，他的提议反映了和谐与调适作为儒家传统中的一阶价值的核心地位。尽管与他人存在道德差异，但与他人和谐共处的生活本身就是首要的道德价值观。对应用客观原则可能威胁和谐局面的担忧表明这种一阶价值的重要性。相

---

① 托马斯·承炫向我指出，"仲裁"一词如果用来指柯雄文心中所想的那种过程的话，可能是让人产生误解的标签，因为仲裁通常意味着第三方干预。或许"调适"这个术语更好，因为它允许竞争各方自己实施解决方案。
② Antonio Cua, "The Status of Principles in Confucian Ethics," *Journal of Chinese Philosophy* 16 (1989): 281.

比而言,鉴于判决已成为该传统中通过道德推理解决争端的标准范式,英美道德哲学传统中倾向于将仲裁作为二阶价值的做法也就再自然不过了。

然而,如果英美传统和古代儒家传统之间存在差异,那么主要是将仲裁还是判决作为一阶价值的区别。儒家传统并不完全缺乏有助于明确判定竞争各方是非曲直的原则①。在这两种传统中,调适都可以作为一阶价值或二阶价值。我们很难看出为什么至少在某些判断是非曲直的情况时,调适不能作为一个(考虑)因素,尤其是考虑到道德在很大程度上是用来管理和调节人际利益冲突的这样一种假设。不过,它也可以作为二阶价值,在判决失败的时候指导人们解决冲突。

十一、依据调适的价值采取行动意味着什么?

依据调适的道德价值观采取行动时,超越公平讨论与和平共处的政策意味着什么? 超越这些观念的调适的一种意思就是以一种方式依据个人的立场行事,这种方式尽可能减少对与拥有相反立场的他人的更广泛关系造成的破坏。这个目标之所以值得向往不仅因为人们希望与他们和平共处,而且因为人们可能觉得有必要在其他问题上与他们联合起来,因为道德社群的界限是模糊的、流动的,并且随着原则及其手头的一整套应用程序的不同而有所差别。这些都是足够充分的理由,但另一个理由是,尽可

---

① 请考虑"恕"的美德,这个词有时候被翻译成同情的理解,长期以来被视为儒家的黄金法则。请参阅: *Analects*, trans. D. C. Lau (London: Penguin, 1979), 6.28。

能减少对更广泛关系的损害,从而使得对立各方更有可能相互将对方视为可以维持相互尊重和非操纵的积极道德关系的人,而不仅仅是你死我活的对手在竭力争夺谁的立场应该得到共同机构的强制执行。

对于维持道德对手之间存在的无论什么样的更广泛关系来说,维持这种道德关系的可能性不仅是必要条件,而且还扩大了他们在导致分裂的问题上达成妥协的可能性。我曾经听到让我惊讶的事,在堕胎问题上支持选择权的活跃分子在罗伊诉韦德案判决下来时表示遗憾。在此人看来,这项判决产生了令人遗憾的结果,即让那些反对堕胎支持生命者觉得他们失掉了一场政治斗争,这成了赢得战争的那些人的议题。进一步对话和最终达成妥协的机会已经失去①。他的考虑是基于对当时心理和政治气候的个人解读可能引起争议,但是,在询问诸如堕胎之类争议中调适意味着什么时,我们就必须考虑这种事。即使从支持选择权主张堕胎合法化的视角来看,回顾当时的情况,仍然有令人感到不安之处,即最高法院的判决将带来不良影响,将公众对这一问题的讨论转变成为纯粹的政治意志之间的较量。

另一个调适原则源自一种认识,即任何实质性的道德体系都

---

① In *Ideals*, *Beliefs*, *Attitudes*, *and the Law* (Syracuse, N.Y.: Syracuse University Press, 1985), 96 - 97.在罗伊诉韦德案之前,圭多·卡拉布雷西(Guido Calabresi)观察到有些州议会转向允许堕胎,有些甚至接近最高法院判决的那种程度。在作出判决之后出现了一种"拼死战斗"的新意识,即"几乎狂热的压力坚决要求禁止堕胎"。卡拉布雷西批评罗伊诉韦德案的判决明确无误地排除了支持生命权一方的形而上学价值,将其视为与胎儿是否应该被当作人的宪法问题毫无关系的立场。他认为这种排斥深深地冒犯了很多人。

会创造一系列的选择,让人决定在何时或以何种方式实现其价值观。当事情应该怎么做与事情实际怎么做之间存在许多巨大差距时,人们就必须选择要将自己的能量引向哪里。认真对待调适价值观就要求在其他条件相同的情况下,人们应该选择这样一个关注焦点,它能够最大限度缩小严重分歧的机会,选择的任务通常涉及人的道德立场的一般程度问题,因为人们将这些立场带入公共辩论和讨论的论坛中。即使在得到普遍接受的情况下,伦理道德体系的最一般原则也可能引发严重的冲突,因为人们对其适用范围以及在和其他原则发生冲突的情况下何者具有优先权有不同看法。人们有时候更容易在这些原则涵盖的更具体实例上达成一致意见,在更抽象和一般的层面达成共识反而更困难一些。

例如,考虑一下早先的建议,即美国很少有人拥有一套连贯而稳定的信念,它与一般的抽象的正义理论相应。也许这是我们道德知识上的缺陷,但与大多数人都属于界限分明的某个阵营的普遍意识形态战争的某些其他可能情况相比,这个局面仍然有自己的优势。尽管我们无法就财富和收入应该如何平等分配的问题上达成一致,但绝大多数人都认为最低限度国家(the minimal state,哲学家诺齐克的概念,这才是正当的唯一正当的国家,反映了他保守的自由主义倾向。——译注)是不够的,且应该为解决需求多进行一些再分配。当然,应该如何应用这一原则是引起无休止争议的问题,这是因为许多不同的正义理论既与之相容,却在其应用范围和性质等具体问题上相互格格不入。但是,在某些情况下,可以达成某种程度的广泛共识,虽然不是完全一致的意见。从认真对待调适的视角来看，我们有理由专注于分配正义中的不那么一般的问题。

在最一般和最全面的原则层面上，与其他人的分歧可能十分激烈，但是在现在能够做什么等具体层面上，鉴于目前的情况，考虑到已经发生的事，分歧或许并不那么严重，因为每个人的选择范围都被大大压缩了。例如，那些在分配正义问题上强烈支持平等主义目标的人，必须考虑到现有处境和实现任何有点儿类似其理想目标的可预见的未来前景。自由意志论者应该逐渐获得类似的认知，虽然目前的许多政治言论都模糊地朝着他们的方向倾斜。在这两种情况下，在分配正义的最一般和最全面的原则上，强调自己与他人的分歧可能不是最明智的策略，在分配正义的更有限的和具体的问题上，强调与他人的共识，至少对于现在来说，这可能是更好的。

另一个调适原则来自我们对前一节描述的某些严重分歧的认识。这种认识是，这种（严重的）分歧来自人们不同的选择，即人们对普遍被认为对人类有价值的东西给出不同的相对重点和优先顺序。虽然其他人持有的相对重点和优先顺序并不是自己道德中所采用的内容，但是，人们理解这些他人是如何作出这种选择的，并且理解这些生活方式某种程度上带来的满足。在认真对待调适道德规范指导下，这种认识将导致人们保持开放的心态，欢迎他人带来的影响，愿意考虑他们对善和权利等概念的浓厚理解。

这里的调适冲动采取一种愿意弥合分歧的形式。有时候这会产生交易妥协的意愿。如前所述，那些在堕胎道德问题上坚定采取自由派和保守派强硬立场的人可能不得不承认,他们不仅存在严重分歧,而且许多人对其观念表现出相当大的不确定性。在这种情况下,那些倾向于采取确定立场的人,可能表现出愿意接受他人影响的开放态度,如愿意在法律问题上妥协,承认堕胎的合法权利,但要以某些方式修改或限制这项权利,至于这些限制的内容和范围,则是可以协商和讨论之处[①]。

如同我在本章开头所论述的那样,愿意接受他人影响和弥合差异的开放态度也可以采取另外一种形式,即在进一步理解和欣赏他人生活方式的同时,做好准备扩展自己和欣赏他人的生活方式。这种意愿超出了公平和民主的讨论这个理想所要求的东西——超出了在确凿证据面前愿意改变个人观点的消极美德。相反,向他人学习往往需要积极的意愿,以便更加生动和详细地认识他人的生活方式到底是什么样子,而这个目标只有依靠与他人的深度互动才能实现。

请让我强调一下,即使一个人坚定致力于调适这一道德价值,这一价值也不可能永远凌驾于此人拥有的其他道德价值之上。人们最终可能作出简单的判断,至少在特定场合,这些价值观太重要了,根本不能有任何妥协。反对堕胎的保守派可能接受怀孕初期堕胎的合法权利作为调适姿态,但他们绝对不愿接受如某些国家实行的那种杀婴行为。即使他承认,他与那些实施杀婴者的分歧

---

① 至关重要的是,修改或限制权利的想法必须是本着妥协精神而真诚地提出来,决不能简单地作为赢得道德支持的隐蔽方式以便彻底废除堕胎权利。在堕胎问题上达成妥协的可能性的有趣讨论,请参阅:Benjamin, chapter 6 of *Splitting the Difference*。

是无法使用共同理性来解决的,他也不愿意接受任何妥协①。

我们如何区分这两种分歧呢?在前者中,调适更为重要,在后者中,坚守自己的立场更为重要。我相信这最终是关于具体情况的判断问题,根本不可能提出有用的公式作为一般指导原则。但是,如果这是个大难题,那倒不是因为涉及调适的价值观。在并不涉及调适价值观的冲突时,比如禁止为了更大更值得向往的目标把人当成工具这种冲突,我们也能得出相同结论,即有必要将判断置于具体的语境之下。一个目标是否有充分说服力足以凌驾于这一禁令(即禁止将人作为手段)之上,这最终是判断问题。对那些相信道德价值观和义务的来源具有不可简约的多样性的人来说,我们永远有必要将判断置于特定背景之中。尽管如此,有可能确定应该影响我们对调适是否值得向往的判断的某些因素,虽然这些因素不能依靠一般原则来决定判断。例如,一个人愿意与他人协商的调适意愿取决于他对该意愿能否得到回馈的评估。若看到他人只是坚定其立场以求得对方的让步妥协,这构成拒绝调适的理由②。

更具建设性的是,这可能是提醒这些其他人的理由,使其认识到尝试调适的过程只能发生在友好关系持续维持的背景下,如果拒绝调适,这种关系将严重受损。如果另一方用他们在其他情况下并不遵守的价值观来为其立场辩护,我们也没有足够理由进行调适。一方面,这种不一致可能反映了人们对自己宣称的价值

---

① 在决定是否达成调适的时候,我们有必要考虑涉及的其他重要价值观。对此,伦纳德·哈里斯(Leonard Harris)的论述给我留下深刻的印象。
② 劳伦斯·贝克尔和小托马斯·希尔向我指出了这类问题。

观缺乏承诺，甚至是言不由衷的欺骗。另一方面，我们必须警惕这样一种可能性，即把指控对方不真诚作为一种方便的手段用以回避代表一种真正的道德立场的相反观点。有时候，在本来应该有意愿承认对手的道德立场不是前后不一而是极其复杂的意愿（事实上，自己的立场也一样复杂）时，我们却喜欢指责他人虚伪。

此外，我们是否应该与他人调适的问题往往与我们与他们的权力关系密切相关。一个群体的观点如果得不到其他人的认真对待，他们可能会感到低人一等和被边缘化。因此，试图与他人调适的任何建议都可能被认为是不可接受的。堕胎冲突如此棘手的原因之一是，双方的很多支持者都觉得自己的权力被剥夺了，他们没有得到掌权者充分和认真的关注。承认调适的道德价值并不总是解决僵局的方法。然而，认识到调适未必是反对他人和强化自身立场的简单替代品，这确实是有帮助作用的。有时候调适只有在各方针锋相对，各自强化自己立场的冲突过程之后才是合适的。当足够多拥有相反立场的人成功地得到认真对待并对有权力的人产生影响时，堕胎冲突的妥协就适时出现了①。

――――――――

① 帕特里夏·曼（Patricia Mann）、简·马丁（Jane Martin）和南茜·戴维斯[Nancy (Ann) Davis]的评论帮助我进一步思考了堕胎问题的复杂性，虽然我无法提供解决他们的担忧的办法。我认为，研究对比不同国家如何处理堕胎争议可以得到一些启示。美国许多人对法国政府竟然批准女用"事后避孕药"感到惊讶，其中有一种避孕药甚至包含在学校护士的便携式药箱中。在政治协商过程中存在一种礼让传统，这在法国比在美国更甚。在这种过程中，意见相左的群体——在此案例中就是护士工会、学生会、教会人士、家长、医生、妇女团体、执政的社会党和教育部在达成可行的妥协方面都有发言权。减少堕胎数量是所有各方的共同目标，事实上，法国的堕胎率远低于美国。请参阅：Diane Johnson, "Abortion: The French Solution," *New York Times*, February 22, 2000, available at www.nytimes.com/books/00/04/16/specials/johnson-franceed.html。2005 年 8 月 24 日查阅。

思考如何实现调适的价值不仅需要考虑调适策略以及促成调适变得可以被接受的条件,还需要考虑能够使人设计策略并有效实施策略的美德。足智多谋和创造性等美德是非常必要的,它们让我们有能力基于道德立场采取行动,同时将与我们立场相左者的关系的破坏降到最低。这些美德也有助于提高我们找到自己和他人都可接受的妥协的能力,以及将与自己的道德体系发生冲突的因素纳入考虑的能力。

　　当然,我们需要能够应对模糊性的美德,这种应对之道涉及处理信念的相当大不确定性的意愿,而且涉及避免对存在严重分歧的一般和抽象原则作出承诺的冲动,转而将注意力的焦点集中在道德对手们可达成一致的具体问题上。正如我们为诸如勇敢这样得到更普遍对待的美德那样,我们需要研究那些促使协商调适成为可能的美德的推理方式、意图结构和心理先决条件。事实上,非常引人注目的是,道德哲学很少关注创造性、足智多谋、应对模糊性的能力、巧妙斟酌和行事的能力等的相关性,这或许表明了判决模式所占据的支配地位,与此同时还有道德推理从抽象和一般原则到比较具体处境的自上而下模式。

　　这些观点对我们这些教育工作者有重要的启发意义。现在,人们常常推崇批判性思维、敢于表达不同意见和思想独立等价值观。但是,除了这些美德之外,还必须培养学生成为多元社会中的公民,有能力表达和象征性地描述与自己有严重分歧的人组成生活社群的方式。例如,我们必须思考让学生不仅真正倾听他们的老师而且要在讨论中真正倾听彼此的看法到底意味着什么。

我们需要考察自己根深蒂固的一些习惯,如我们赞美什么人以及出于什么原因赞美他们等。(我们)的这些习惯会在我们的学生中产生(他们的)习惯,我们是否倾向于把最高的赞誉留给这样的精彩表现:学生能捍卫自己的立场,反对所有批评,并有效地批评他人的立场? 还是我们应该高度赞扬学生对其他人的信念也有其显著基础的这种可能性的开放态度,以及他们依据对他人思考的深刻理解修改自己立场的意愿? 聆听和回应他人的这些习惯变化可能比课程内容的变化更为深刻,它们处于能够就差异达成调适的持续存在的社群的核心。

判断、独立性和批判性思维当然很重要,但是,像我们一样仅仅专注于这些内容可能导致忽视了相对论者和普遍论者都面临的真正现实问题,这些问题与处理和我们目前有严重分歧的他人的关系有关。幸运的是,我们既是思辨者又是实践者,我们在实际生活中不得不应对这些分歧。我们可以从众多生活经验中吸取教训来阐明需要的哲学思辨。

十二、生活在多元文化社会中

我在这里描绘的道德多样性图景以及我们应对这种多样性的需要和能力,与最近多元文化主义趋势以及人们越来越多认识到需要欣赏文化多样性有关。请让我谈谈对这种趋势的两种担忧:它诱导人们破坏性地怀疑民主社会必须共享的价值观,同时诱发不同种族和文化群体之间关系的动荡和冲突。

第一个担忧是,在讲授其他文化的价值时,我们破坏了对自己的民主价值观的客观正确性的信念①。我担心，这种担忧是许多人反对多元文化教育的基础，特别是反对在西方主流文化之外引进其他文化，比如在西方文化普遍接受的"伟大著作"经典之外讲授女性作品和其他文化的作品。对这种担忧的一种回答是我们有理由欣赏文化多样性，并了解其他文化，这与价值客观正确性的信念完全一致，即使与一种很强意义上的说法即只有一种正确道德也是一致的。毕竟，人们可以认为，只要人们对自己所知保持一种合理的谦逊，他们就可以向其他文化学习。尝试向其他文化学习的主张得到我在本书中一直描述的文化多样性画面的支持：其他文化并不是陌生价值观的怪异组合体而是熟悉的价值之间冲突的某些普遍模式的可识别的尝试。其他文化可能采取不同的路径来应对这些冲突，与我们相比，他们可能更多强调某些熟悉的价值。这个事实意味着，即使我们不愿意复制他们采取的路径，同样也可以从中学到一些东西。

尊重其他文化可以建立在这样一种认识之上，即这些文化推崇我们自己所推崇的东西，即便其方式或程度（与我们）不同。我们承认，在应该最充分地强调何种价值观时，其他文化作出了不同的选择，但我们认识到，我们生活在一个无法平等强调所有重要价值观的世界。这不是堕入对价值观的盲目怀疑，事实上，正如我在提出文化多样性的某种画面时所论证的那样，我们可以预

---

① 与此类似的担忧，请参阅：William Galston, *Liberal Purposes: Goods*, *Virtues*, *and Diversity in the Liberal State*（Cambridge：Cambridge University Press, 1991），251‐255。也可参阅：Michael Sandel, "Morality and the Liberal Ideal," *New Republic*, May 7, 1984, 15‐17。

　　　　　　　　　自然道德：对多元相对论的辩护

先假定一定范围的价值观对人类来说是合适的。如果我们承认，任何一种文化都不可能最大限度地满足人类所珍视的所有善，如果我们承认，我们可以学习其他文化特别重视的某些价值观，那么有其他文化的存在，我们本应该感到高兴才是。文化的多样性应该被视为好处而不是问题。

在某种程度上，多元文化运动通过将其他文化的画面视为陌生价值的怪异组合配置而鼓励了人们的第一种担忧，即对自己文化的客观价值的怀疑。这不仅不符合我在本书中提到的跨文化对比的许多论述，而且完全没有为欣赏其他文化提供积极的理由。这个画面可能阻碍我们判定自己的文化优越于其他文化，但它同样可能导致我们拒绝作出任何判断，包括其他人有自己价值观的判断。毕竟，如果其他文化在我们看来如此陌生，我们凭什么认为自己有资格对它们作出任何评判呢？当然，那些呈现第一种画面的人的意图可能就是让我们中止判断。他们说话的样子有时候好像认为，尊重文化就意味着拒绝对他们的价值观作出判断。但是，这种支持多元文化的方式最终会令人感到沮丧，它并没有提供我们可以从其他文化中学什么的支持基础，而最具吸引力的多元文化形式的确意味着这种欣赏。毕竟，如果我们不了解其他文化的价值，那么，教师有什么理由要求学生去学习其他文化的作品呢？

当然，我在本书中一直在论证说，我们的许多价值可能不具有最强烈意义上的客观性，它们并不是人们应该采用的唯一真正的价值观。那么，我自己的立场可能被认为暗示着某种"腐蚀性的怀疑论",即使一般来说多元文化主义未必需要这样。如果怀疑主义意味着我们不能将自己的行为方式当作自然肌理的组成部分,并且其他人采用其他的行为方式即便不是更加有道理,至少是同样有道理的,那么我确实是一个怀疑主义者。但是,我看不出回避这种怀疑的好方法,而且我认为,我们的道德承诺未必遭到破坏。我们必须重新审视自己的道德承诺的基础。同样真实的是,重新认识我们对自己价值观的承诺的基础肯定会影响我们对待他人的行为方式,尤其是那些与我们存在严重道德分歧的人,但是,正如我在本章中所论述的那样,我们的确有办法应对这样的分歧。

让我转向对多元文化主义的第二个担忧。人们担忧的是,在教授不同文化的价值时,我们正在推崇多元文化社会的"巴尔干化"(balkanization)。换句话说,人们担忧尊重文化差异将鼓励文化不同的族群将始终把自己的善凌驾于多元文化社会的共同善之上。拥有冲突的伦理道德传统的族群之间依靠什么来促成相互合作呢? 尊重差异就是尊重冲突之根源,难道不是吗?[①] 为了解决这个担忧,我们需要承认我在本章中强调的事实:有关价值观及其适当应用的严重分歧在文化内部和不同文化之间都可以找到。即使建立在单一文化传统基础上的社群也必须应对族群内部的严重分歧。如果道德信念的严格统一性是拥有真正社

---

① 类似的担忧请参阅史蒂夫·洛克菲尔(Stephen Rockefeller)对查尔斯·泰勒的论文的评论:Charles Taylor, *Multiculturalism and the Politics of Recognition: An Essay*, ed. Amy Gutmann (Princeton: Princeton University Press, 1993), 87–98。

自然道德:对多元相对论的辩护

群的必要条件,那么我们就不可能拥有多少社群,即使有也不会有几个。但是,我已经论证说,面对族群内部的严重分歧,我们的确有办法将社群成员团结起来,而这些方式也适用于多元文化社会,这些社会并不试图压制差异或将所有人同化在单一的主流文化内。

认识到调适的价值对于社会和道德传统的稳定和完整至关重要,因此,这在某种程度上应对了巴尔干化的担忧。当然,相对多样化的社区可能承受更大压力。我们必须承认,依据调适的价值观行动并不总能成功化解冲突。例如,我们不妨考虑一下加拿大宪法修正案的失败,这些提案试图解决魁北克人长期以来的怨愤和不满,正是这种情绪导致有些人要求独立。即使冲突的双方都将调适作为价值观,但这种价值观并不总是能凌驾于引发冲突的其他价值观之上。人们可能简单地觉得这些其他价值观可能比调适更重要。

有时候,在评估调适是否比讨论的其他价值更重要或更不重要时可能产生分歧。请考虑涉及多元文化主义、性别平等和权利议题的争议案例。当一家位于华盛顿州西雅图的医院向索马里移民母亲询问,她们是否希望男孩子接受割礼时,这些母亲要求她们的男孩和女孩都接受割礼①。她们要求女孩子接受的"割礼"类型也被许多反对者称为"女性生殖器外阴摧残",那些希望用更加中性的名字指代这种实践的人则称之为"女性生殖器切

---

① 请参阅:Doriane Lambelet Coleman,"The Seattle Compromise:Multicultural Sensitivity and Americanization," *Duke Law Journal* 47 (1998):717-780。

割"。使用术语"切割"而不是"割礼"或"摧残"的另一个理由是，这种做法在亚洲和非洲的部分地区差别很大，从刺痛生殖器到抽取一滴血、切去阴蒂帽、切除整个阴蒂、切除整个外阴，然后将伤口缝合起来。实施割礼的范围从女婴到愿意这样做的成年妇女。

正如该做法的形式各种各样一样，其合理性论述也各种各样。使得割礼变得臭名昭著的理由是割礼有助于防止滥交，从而确保女性为未来的丈夫守住贞操。有时候也会给出宗教理由。实施割礼的穆斯林经常相信，割礼得到先知穆罕默德的认可，虽然这在宗教内部遭到严重质疑。然而，在有些社区，这种做法被认为能够使身体变得健壮，或被当作通过仪式，以及对把实践割礼的妇女团结起来的对勇气和承受痛苦能力的考验[①]。出生在塞拉利昂，但在美国长大的年轻非洲学者阿赫玛度（Fuami Ahmadu）回到她的母国接受科诺部落的传统割礼[②]。她反驳了经常批评割礼的主张——即割礼减弱女性的性快感，她认为这种批评预设了一种过于机械化的性画面，忽略了最重要的性器官——心灵的作用。给出的另一个反驳意见是，割礼的批评者假设了一个有争议的概念，即人的身体在出生时是完整和定型了的。也有人指出，说到整形手术或其他形式的美容美体技术，西方批评家们很方便

[①] 有关割礼的合理性论证和意义的详细调查，请参阅：Ellen Gruenbaum, *The Female Circumcision Controversy: An Anthropological Perspective*（Philadelphia：University of Pennsylvania Press，2001）。

[②] Fuambi Ahmadu, "Rites and Wrongs: An Insider/Outsider Reflects on Power and Excision," in *Female "Circumcision" in Africa: Culture，Controversy，and Change*，ed. Bettina Shell-Duncan and Yiva Herlund（Boulder，Colo.：Lynne Rienner，2001），283－312.

地忘记这一点。鉴于其形式和合理性论证的多样性,有些人警告说,我们不应该对割礼作出单一维度的或肤浅的评价①。他们还提醒人们不要自动假设割礼实践的背后功能必然存在着父权控制因素。我们应该注意到割礼的背景和意义的多样性以及为割礼辩护的人中还有妇女这一事实。

所有这些都构成了西雅图医院所面临问题的背景。一方面,它服务于一个大型移民社区,对其所服务的人的独特文化习俗保持敏感就成为其优先选择。另一方面,医护人员无法想象像传统做法一样对女孩实施割礼。有些移民父母自己提出了一种妥协方案,即对阴蒂进行象征性地刺痛以流出一滴血而已。医院同意了,这部分是因为这些家长表示,如果无法在这家医院实施割礼,他们就会把女儿送到别处去实施割礼。而医院工作人员认为,如果在其他地方,实施手段很坑人,更极端也更加危险。然而,在对传统做法的任何让步都被视为妥协而遭到激烈反对的情况下,医院不得不撤销了它的调适政策。这最后一次事件错失了在重要价值观之间协商调适的机会。一方面,我们要尊重文化和宗教信仰及实践的价值,它们的意义和合理性论证可能是多种多样的和/或极其难以捉摸的。就美国的主流文化和宗教活动而言,情况也大致差不多。另一方面,有一种绝对命令,即确认某些极端形式的割礼是不可接受的,这些极端形式可以合理地被认作服务

---

① L. Amede Obiora,"Bridges and Barricades:Rethinking Polemics and Intransigence in the Campaign against Female Circumcision,"*Case Western Reserve Law Review* 47 (1997):275 - 378.

于父权控制，或无论如何构成严重的医疗伤害威胁。西雅图医院的提议似乎是在这些价值观之间达成调适的合理方式，但最终被那些毫不妥协地反对女性割礼者所击败，虽然我并不同意反对女性割礼者立场，但我当然尊重他们对性别平等的关注。

人类学家理查德·希尔德提出，如果满足两个条件，自由、多元化的社会应该设法容纳希望实施割礼的群体：首先，只能对无法表达同意权的女童进行如索马里家长和西雅图医院提出的那种象征性割礼（不能对身体作出重大的、不可逆的改变）；其次，那些已经达到规定年龄的女童应该有权以实质方式改变自己的身体状况①。我认为这是一种适当的妥协形式，既表达了对某个族群文化习俗的尊重也表达了对自主权的尊重，这种对自主权的尊重不仅应用于选择割礼的个人。当调适的价值被其他考虑因素所强化时，维持多元化社区就有了希望。早些时候，我曾提出，理解与自己不同的其他文化可能涉及理解其他人如何肯定我们熟悉的价值观。确认共性，并寻求促进共同价值观的共同目标，与确认差异同样重要。如果多元文化教育在承认差异的同时，肯定共同性以及实现共同目标的可能性，那么它就可以成为公民教育。请记住范伯格理解日本人的相互依赖性动机的尝试，他们的动机不否认西方的自由和独立性等价值观，而是确认人们需要无条件信任和关怀的人际关系。承认这种共性和基于共性形成共同目标的意愿有助于减弱差异的分裂性影响。此外，多样性的价

---

① Richard Shweder，*Why Do Men Barbecue? Recipes for Cultural Psychology* (Cambridge，Mass.：Harvard University Press，2003)，206.

自然道德：对多元相对论的辩护

值观本身有助于将多元化社会团结起来。如果我们认识到任何一种文化都不可能最大限度地实现人类所珍视的所有善，如果我们认识到，我们可以从其他文化中学习他们强调的价值观，我们将看到多元化社会不一定是坏事，反而是好事，而且我们有更多理由将其团结起来。

此外，我们必须小心，不要接受许多版本的巴尔干化担忧的隐含性假设：文化和道德差异将导致冲突，并令自己的族群陷入片面性。这种假设是对冲突原因过于简单化的分析。请考虑一下美国社会中族群之间最激烈的冲突之一：白人和非洲裔美国人之间的冲突。这场冲突的双方都有些人认为，这是文化冲突，但连他们也都承认不仅仅如此。我们不仅应该关注文化差异，而且要关注族群之间不平等的原因。一旦这样做了，我们就可以得出结论，把重点放在如何纠正不平等而不是消除文化差异才是恰当的。我们缺乏非常明确的措施来确定哪些文化差异"很大"，但是，作为族群的美国白人与在美国生活了两代以上的非洲裔美国人之间的文化差距并非最大差距。如果这两个族群之间存在特别激烈的冲突，就不能将其归咎于文化。

一方面，非洲裔美国人群体正在变得越来越多样化（在教育和社会经济地位方面），这是更大社会人口状况的折射。甚至美国的所谓城市"下层阶级"文化也可以说是更大文化趋势的延伸。这个阶级的社会解体的许多迹象都反映在整个社会中，无论什么种族和阶级。正如珍妮弗·霍赫希尔德（Jennifer Hochschild）观察到的那样，"所有种族和阶级的美国人都出现了这样的状况：

就业岗位更少,(正常)婚内生子的情况更少,戒除非法毒品更少"①。我早些时候曾指出,两个族群之间的权力关系不平衡可能成为他们达成调适的障碍。我在此刻的观点是,冲突的主要原因可能是权力不平衡以及察觉到的不公平,而非文化差异。

在解决中学、学院和大学中种族和民族群体间紧张关系时,我们必须考虑到不平等发挥的作用。就这种紧张关系的例子而言,我们不妨考虑一下加州大学伯克利分校白人学生和非洲裔美国学生对多样性态度的研究②。许多白人学生受访者表达了与其他种族和民族的学生互动交流的愿望。他们对种族意识高涨的气氛以及依据种族和民族划线的组织的泛滥感到沮丧。另一方面,非洲裔美国学生则表示更偏好同一族群内的友谊、社交活动和协会组织。他们很高兴有机会与其他非洲裔美国人一起发现和探索其种族身份认同③。

发生在伯克利的这种经历可能被解释为多样性理想与跨种族社群理想之间的紧张关系。但是,我们必须考虑沿着种族和民族界线进行社交互动为什么如此被情绪负累的原因。一方面,许多非洲裔美国学生认为,朝向种族平等的进步停滞不前,白人社会已经允许他们实现了人家愿意容忍的那些平等。另一方面,非

---

① Jennifer Hochschild, "The Politics of the Estranged Poor," *Ethics* 101 (1991): 568.

② 1991 年,伯克利的班级里有 32% 的人是亚裔美国人、30% 的人是白人、20% 的人是奇卡诺/拉丁裔美国人和 7.5% 的人是非洲裔美国人。请参阅:Institute for the Study of Social Change, *Diversity Project: Final Report* (Berkeley, Calif.: Institute for the Study of Social Change, 1991), iii。

③ Institute for the Study of Social Change, *Diversity Project*, 14, 28, 37.

洲裔美国人基于种族和民族界限进行社会交往是因为其身份认同包括了受到压迫的共同经历①。

如果不考虑持续存在的不平等和不公正的背景,就无法理解多样性和跨种族社群之间明显的紧张关系。此外,非洲裔美国人和白人学生的偏好可以通过其他方式来描述,这使得冲突比多样性和跨种族社群之间的冲突更为复杂。虽然非洲裔美国学生在个人日常互动的层次上喜欢同一族群内部的成员,但他们赞成旨在促进种族之间相互理解的计划。因此,白人学生和黑人学生的偏好冲突可以被描述为两种不同社群概念的冲突,其中经验和观点的多样性和共同性都得到尊重,只不过尊重的方式不同,强调的重点不同。为了缓解冲突,有必要为渴望跨种族互动的个人提供机会。但是,在这一点上,我们很难指责那些由于受到长期压迫和羞辱主要依靠族群内部互动的人。可能要等到实现了更多公平和正义之后,个人的和个体之间跨种族社群的理想才有望实现。

就新移民群体而言,具有讽刺意味的是,在他们的文化是否应该得到认可并被作为美国多元文化的组成部分而称赞这一问题上,激起了愤怒。有讽刺意味是因为最显著的文化差异与新移民赋予家庭以及家庭和族群社区内的相互支持的价值观有关。正如有人在有关亚裔美国人关注的议题的网络新闻组中的发言所说,亚裔美国人被置于为这些价值观辩护的位置:他不无讽刺地说"我们为尊重父母的决定而道歉! 我们相信家庭比我们自己

---

① 劳伦斯·托马斯在给我的信函中提出了这一点。

更重要,对此我们感到很抱歉"①。这些价值观让我们想起了美国的过去而不是一些陌生的和极具威胁性的外国文化。如果这些价值观在我们看来似乎很陌生,那就表明我们已经偏离过去的传统有多远了。

十三、民主礼仪及其在弥合差异中可能发挥的作用

在对 20 世纪 70 年代中国农村的道德、政治和权力的研究中,理查德·马德逊(Richard Madsen)利用了礼仪概念——

其中,参与者将丰富多样的情感投入到一系列程式化行为的表演中,这些行为被认为代表了他们共同生活的根本意义的某些阶段。构成礼仪的主要象征是行动而不是语言。在某些情况下,这些引发情感共鸣的符号所表达的意义要比任何话语都更丰富多彩。情感共鸣和丰饶的智力模糊性使得不论在哪里的礼仪都被赋予强大的整合力。礼仪的参与者构成情感社群,分享充满意义的共同经验,这种意义不能被任何一套话语观念表达出来。他们经常将这种礼仪体验视为在表达一种共同的原始认识,这些认识是随后的话语认识的基础。这并不意味着人们可以用所希望的任何方式解释礼仪的含义。礼仪通常有一系列正统解释和判定什么解释违背正统观念的明确观点。但是,正统解释的范围往往相

---

① 有关这个网络新闻组的信息,请参阅:soc.culture.asian.american. Rev. March 24, 1998。

当广泛,因此礼仪能够将一大群生活方式不同的人团结起来。因此,定期参加某些礼仪可以在一定范围内表明其对所在社群的共同道德责任,并认识到他们是依靠超越话语的共同道德理解而团结起来的集体成员[①]。

马德逊的这类礼仪的特殊道德价值在于意义的开放性和模糊性,这与超越词语的共同理解遥相呼应。这种和谐不是基于对这样一套教义的共识——它们在某种具体程度上被表述,从而排除了许多可能的参与者。

在此应该注意很明显的一点:并非所有礼仪都是以这种方式运作的。礼仪塑造的统计可以是培养和实施意识形态一致性。马德逊使用"斗争礼仪"(rituals of struggle)这一短语来指代那些背诵神圣教义的程式化实践,例如围绕毛主席语录的领袖崇拜活动。我们不应该将斗争礼仪与对某一套具体教义的信念,旨在培养社群情感的礼仪混为一谈。然而,有人可能提出反对意见,认为根本不存在可以在差异性和共同性之间保持平衡的礼仪概念空间。人们可能声称,如果没有就价值观和教义达成一致意见,礼仪就无法传达建立在共识基础上的实质性内容,而不过是参与者之间模糊的情感纽带罢了。即使礼仪成功地构建了情感纽带,它又如何在差异性和共同性之间提供稳定的平衡呢?

---

① Richard Madsen, *Morality and Power in a Chinese Village* (Berkeley: University of California Press, 1984), 21 - 22. 理查德·马德逊承认他对这种礼仪的概念化得益于维克多·特纳,请参阅: Victor Turner, *The Forest of Symbols: Aspects of Ndembu Ritual* (Ithaca: Cornell University Press, 1967), 19 - 20。

但是，正如马德逊指出的那样，即使对于某种礼仪的正统解释的范围相当宽泛，但毕竟仍然存在正统解释的边界。婚礼、埋葬和哀悼已故父母的丧葬礼仪以及乡村宴席礼仪等，都是体现和培养得体的人际关系概念的礼仪。为了达到确认共同性的目标，参加礼仪活动的人必须就这些礼仪所体现和培养的内容达成一定程度的共识。然而，所需要的共识程度仍然具有开放性和模糊性，正如马德逊所说，这部分是因为礼仪的许多意义都是靠行动传递出来的。即便意义是通过话语传递的，我们仍然可以通过调控意义的具体度来实现调适。礼仪在促成共同性和差异性之间的调适效果赋予一种说教方面的新含义，即没有说出来的话与说出来的话一样重要。刘殿爵教授评论说，儒家为研究"诗经"辩护时给出的理由是，它提供了一个阐述诸如在外交活动中如何巧妙地应对微妙处境的语录典故宝库，从而使得人们可以用一种足够委婉的和模糊的方式传递个人的意思①。（请参阅：子曰："小子何莫学夫《诗》？诗，可以兴，可以观，可以群，可以怨。迩之事父，远之事君，多识于鸟兽草木之名。"《论语·阳货》第十七章第九节。——译注）

　　礼仪通过强调参与者真正分享的价值，同时保留分歧区域的模糊性和不确定性，把即便有严重价值分歧的参与者聚集起来。从对于道德真理截然相反的形而上学和认识论视角，人们都能把握礼仪的价值。就如何解决相关分歧，如果存在终极性的单一真理，对于所有通情达理、抱有善意且知情的人而言，这个真理到底

---

① D. C. Lau, introduction to Confucius, *The Analects*, 42.

是什么根本不是显而易见的。从假设这种可能性真实存在的视角来看，一个传统必须继续保持开放性，允许人们不断尝试深入理解这个真理，无论它是什么。这是很有说服力的论述。如果有关至少某些冲突如何解决这一问题并不存在终极单一真理，无论这些（不能解决的）冲突的背景是一般的还是特殊的（即某些冲突的解决方案是集体的选择和发明的问题，而非发现一个现成的真理），那么从这个视角来看，应该承认这种状况的存在，对如何解决这些冲突持开放态度。

中国儒家一直高度欣赏礼仪的价值。我相信，西方民主传统可以从这种欣赏中学到很多东西。拥有广泛共享价值是可行民主的必要条件，但不太是充分条件。一方面，弗洛伊德使用令人难忘的短语"微小差异的自恋"来表明相互竞争的族群很容易将微不足道的分歧无限放大至善恶之间殊死搏斗的倾向[①]。另一方面，可靠的民主与就如何解释广泛共享的价值观并排定其优先顺序产生强大分歧并不矛盾，只要共识领域看来比分歧领域更加重要。礼仪可以帮助使这些共识领域变得更重要。作为必要条件的那种共同的民主文化部分取决于价值观的充分共识，但它不能完全依赖这样的共识。这既是共识的发现过程也是一种成就。这之所以是成就是因为共同文化的成员积极地寻求相互理解以便他们的确发现共同点。他们必须培养依据共同点和相互尊重的态度采取行动的习性倾向，即便他们同时就不同意见产生争

---

① Sigmund Freud, *Civilization and Its Discontents*, trans. James Strachey（New York：Norton, 1961），essay 5, 61.

论，从这个意义上说，这也是一项成就。

最后，请让我提出一些建议，即什么样的道德和政治礼仪可能符合既尊重差异又尊重作为尊重差异基础的共同性目标。选举投票是典型的民主制度，我认为将选举投票视为礼仪可以就它在民主社会中的重要性和角色学到很多东西。我们为什么要投票？多数人都可能听到敦促我们去投票的说辞，比如"你永远不知道你的投票什么时候会产生巨大影响"。从个人考虑他是否有充分理由去投票箱投票这一角度，在大多数情况下给出的合理性论证并没有多大说服力。人们知道，个人的投票很可能不会对选举结果产生任何影响。另一种对投票的非结果性论辩护是，不去投票从道德上说是一种令人反感的搭便车形式。只有当足够多的人去投票，民主才能发挥作用，因此，那些贪图方便或者对政治缺乏兴趣而不去投票的人则占了规规矩矩去投票者的便宜。这个论证当然比第一个论证的说服力更强些，但可以通过以下论点来规避：如果对投票者有所亏欠，那么补偿不需要通过参与投票的方式。为什么不直接给投票者付款凭证呢？鉴于美国选举的投票率极低，很难拒绝接受这一建议，但其背后的推理无法解释为什么每个公民去投票很重要。这并不只是因为不投票者搭投票者的便车是不公平的。即使那些投票者的确获得了选择不投票者的经济补偿，选择不投票者仍然做了坏事。但是，为什么是坏事呢？

我的建议是，投票作为核心政治礼仪需要被延续。这并不是因为个人的投票可能决定选举结果，虽然在很特别的情况下的确

　　　　　　　　　　自然道德：对多元相对论的辩护

可能做到这一点,也不是因为人们应该避免成为搭便车者(即使搭便车的行为应该避免),有些方法可以避免搭便车却并不能说明投票有多大重要性。而是因为投票是一种礼仪,可以促成和促进差异性与共同性之间的调适,参与这种活动是公民的义务。当然,(我们)应该熟悉投票是如何代表差异性的。然而,请考虑一下作为投票仪式组成部分的熟悉行为:去一个公共场所与其他人一起投票;以及从助选员面前走过的行为,助选人在其行为中假设人们对他们的候选人或目标仍抱有开放态度。此外还有一种礼仪行为,即使一个人绝对没有意图根据助选员的意愿投票,也会对其行为作出有礼貌的回应,拿走宣传材料,停下来短暂地听一阵子,或者只是点头和微笑。请考虑候选人在选举之夜的相关礼仪行为:胜利者伸出调适之手的胜选演讲;失败者向胜利者表示祝贺,是的,呼吁国民团结一致。当然,这些礼仪行为有机械性的和不真诚的虚伪表演成分,但是,更大的教育意义是希望我们坚持要求候选人在整个过程中拥有良好的品德和见解,充满真诚地遵循这些礼仪。

约翰·斯图尔特·密尔曾经主张公开投票的观点。其理由是推广这样一种投票概念,即表明自己对最能促进公众普遍福利的深思熟虑的判断[①]。将自己的判断公开,也就意味着

---

① 我对这个事实的认识得益于在布兰迪斯大学(Brandeis)工作的前同事安德烈亚斯·特乌伯(Andreas Teuber)。请参阅: John Stuart Mill, "Thoughts on Parliamentary Reform," in *J. S. Mill: Collected Works*, ed. J. M. Robson (Toronto: University of Toronto Press, 1977), 19: 331 - 338; and "Considerations on Representative Government," 19: 488 - 495。

必须准备好为其判断辩护，这促使人们践行某种公民概念。宣告个人立场并为其辩护的礼仪之所以重要，不仅因为它们可能有助于对这些问题开展有益的辩论，而且因为其行为似乎在表明自己的投票是根据审慎的判断作出的，这种判断在其他公民看来是合理的。这种行为方式能强化这样做的一般倾向。我赞同密尔建议的目标，但我不愿意牺牲无记名投票所提供的保护措施，以防各种形式的强制性企图，逼迫个体公民去假装并不存在的和谐一致。当然，在某些情况下强制性不是影响因素：终身教授在就大学政策投票时，可能被要求公开宣示自己的立场并为其选择辩护。在此情况下，公开投票就是符合情理的选择。

然而，在强制性是一种可能的危险时，强制投票可以作为一种替代选择，它也表达了对作为核心民主礼仪的投票的继续承诺。像澳大利亚这样的国家，投票率已经非常高了，而对于不投票者的罚款相对温和。要求人们必须投票是在驳斥这样的观点，即投票与否是个人的事，与他人无关。人们可以秘密投票，可以不公开宣示自己的观点，但他必须为集体决策过程作出贡献。投票的仪式以及它将公民聚集起来作决定的方式实在太重要了，因而不能当作纯粹选择性的活动。如果投票是强制性的，那么改革必须迈出的第二步是允许选民表达他们当前通过拒绝投票表达的情绪——即给予他们选择"以上皆非"的方框的机会。在民主政治礼仪最核心的选举中，应该有一个渠道来表达人们对主流政治代理人、政治势力和政治机构的幻灭感和疏离感等①。

　　为避免对这里提出的建议产生误解,请各位注意,我无意将投票减缩到纯粹仪式的地步。在表达值得向往的共同性与差异性之间的调适这个愿望之外,投票当然具有完全实用性的功能。我的建议主要是提请人们注意到选举活动的礼仪维度,但这并不否认它的其他维度。婚礼和葬礼,这两种礼仪典范也具有非常实用性的功能。儒家对礼仪的看法实际上注意到礼仪的表达和实践维度之间的这些差异。《荀子·礼论》认为,必须保持礼仪的种种不同维度的平衡。当强调形式和意义的维度到了忽略其情感和实际用途的地步时,礼仪就变成绚丽的花架子了。当强调情感和实用功能的维度到了忽略形式和意义的地步时,礼仪就变得十分贫瘠。这些极端之间的均值是我们追求的目标。(凡礼,始乎梲,成乎文,终乎悦校。故至备,情文俱尽;其次,情文代胜;其下复情以归大一也……文理繁,情用省,是礼之隆也。文理省,情用繁,是礼之杀也。文理情用相

---

① 有些人反对说,我的建议太过乌托邦了,根本没有机会被当局采纳。有些人更具体地论证说,它违背了改造电子技术使其促成使选举投票等行动变得更加方便因此也更加广泛的发展趋势。我的部分答复是,技术进步本身并不是历史前进的引擎。非技术的利益考虑塑造了我们就使用哪种技术以及何时使用它们作出的决定。考虑到我们早就有能力使选举投票注册在公民中更加方便和广泛(例如,这种注册可以与机动车注册登记一并进行),我们还没有抓住这个机会,部分解释可能是我们的有些政治领袖认为,如果更大比例的公民登记投票,他们将处于选举的劣势地位。另一个基于"太过乌托邦"的精神而反对该建议的意见的基础是这样的观察,即像我这样的建议在过去曾经被提出过但从未被采纳过。我觉得这种源于归纳法的论证并没有很强的说服力,尤其是在谈及像美国这样的年轻国家时。无论如何,在诉讼过程中没有太多的担保,对可能行为的道德和政治价值的论证无论多么强大,似乎都不会影响建议得到采纳的可能性。

为内外表墨，并行而杂，是礼之中流也。《荀子·礼论》。——译注）

同时兼具仪式、情感表达和实用功能的实践，例如投票，在道德和公民教育中特别有效。没有实用功能也无法有效表达情感的纯粹礼仪形式可能变成乏味呆滞的、毫无意义的或者令人无法忍受的迂腐做派。一方面，表达公民情感却缺乏实用功能的礼仪可能变成纯粹的娱乐表演。另一方面，纯粹的实用活动，由于缺乏礼仪那样的仪式重复出现的戏剧结构，就难以召唤和表达价值以及情感。因此，这些活动在召唤、训练、塑造和强化习性品格和情感态度方面的作用就要小得多了。当一种活动像投票一样，兼具礼仪的、情感表达的和实用性的功能，并且彼此之间存在内在联系时，它就能成为道德教育和公民教育最有效的工具。

还有其他一些兼具礼仪的、情感表达的和实用性的功能的活动的例子，如孟子提出的井田制建议。井田是指一块庄稼地分为九个部分[①]。共用井田的各家，平日出入，互相友爱；防御盗贼，互相帮助；谁有疾病，互相照顾，那么百姓便亲爱和睦了。井田的具体办法是，每一方里（300 步为一里）的土地划为一个井田区。每一井有田 900 亩。当中一百亩是公田，八百亩分给八家作私田，八家共同耕种公田，先把公田耕种完毕，再来料理私

---

① 井田制大致可分为八家为井而有公田与九夫为井而无公田两个系统。记其八家为井而有公田者，如《孟子·滕文公上》载："方里而井，井九百亩。其中为公田，八家皆私百亩，同养公田。公事毕，然后敢治私事。"记其九夫为井而无公田者，如《周礼·地官·小司徒》载："乃经土地而井牧其田野，九夫为井，四井为邑，四邑为丘，四丘为甸，四甸为县，四县为都，以任地事而令贡赋，凡税敛之事。"见全仁经《井田制"名义上为国家公有"吗？》，《历史学习》2008 年第 4 期。

人的农活①。(乡田同井,出入相友,守望相助,疾病相扶持,则百姓亲睦。方里而井,井九百亩,其中为公田,八家皆私百亩,同养公田。公事毕,然后敢治私事,所以别野人也。《孟子·滕文公章句上》第三节。——译注)

当然,拟议的做法非常实用,但它也表现出和谐与分裂之间的调适。公田上的共同劳动代表了和谐,归各家所有的私田代表了一种分裂。井田制可以被用来表示两者的调适。先把公田耕种完毕,再来料理私人农活的做法可以成为参与者的一种礼仪。它用言语和行动讲述了一个故事,这个故事用象征和极具表现力的方式表达了调适的意义。这个意义不仅仅是公平分配纳税负担的具体实用功能;请注意,具体实用功能的确也承载了更广泛的含义。

在现代民主国家,类似于孟子提议的内容可能是某种形式的社区服务或国家服务:不仅仅是最近实施的纯粹选择性的和缺乏资金支持的措施,而至少是要为范围广泛的公民提供服务的严肃的呼吁,就像美国的陪审团制度一样,个人只有在理由充分的情况下才能暂时搁置这种服务。事实上,服务的可能想法之一就是呼吁公民担任陪审团成员或小组讨论会成员,这些小组被委托就倡议、公民投票或政策问题建言献策。沿着这些思路进行的实验表明,被邀请参加陪审团和小组讨论会的公民都能认真对待自己的责任,竭尽全力提出超越党派利

---

① Mencius 3A3. Translation adapted from D. C. Lau, *Mencius* (London: Penguin, 1970), 99 – 100.一里大约 500 米。

益的建议①。与投票的案例一样,这种服务的重要功能之一可能在于其礼仪和情感表达的维度,而不仅仅是在此过程产生的实际建议。参与此类小组讨论会对个人来说可能是一次性活动,但是,公众对抽调公民参与协商的普遍做法的了解可以产生更广泛的教育效果。沿着这些思路的另一想法是在学校设置服务学习的部分,它的额外好处是抓住处在尚发展阶段中的未来公民或年轻公民。

我当然没有提出将民主礼仪的概念当作一种全面的解决方案。我相信,这些建议有足够光明的前景,推荐我们所有对民主抱有希望的人去发现我们共享的内容有多少。其实,我相信,希望正是民主的核心美德之一,是我们必须通过礼仪来培养的美德。

---

① 我第一次遭遇这个观点的地方,请参阅:Robert Kane, *Through the Moral Maze: Searching for Absolute Values in a Pluralistic World*(New York:Paragon House, 1994)。

参考文献

Ahmadu, Fuambi. "Rites and Wrongs: An Insider/Outsider Reflects on Power and Excision." In Female "Circumcision" in *Africa: Culture*, *Controversy*, *and Change*, ed. Bettina Shell-Duncan and Yiva Herlund, 283‑312. Boulder, Colo.: Rienner, 2001.

Ainsworth, Mary D. *Infancy in Uganda: Infant Care and the Growth of Love*. Baltimore: Johns Hopkins Press, 1967.

Axelrod, Robert, and William D. Hamilton. "The Evolution of Cooperation." *Science* 211 (1981): 1390‑1396.

Bachnik, Jane M. "The Two 'Faces' of Self and Society in Japan." *Ethos* 20 (1992): 3‑32.

Baier, Annette. "What Do Women Want in a Moral Theory?" *Nous* 19 (1985): 53‑63.

Batson, C. *Daniel*. *The Altruism Question: Toward a Social-Psychological Answer*. Hillsdale, N.J.: Erlbaum, 1991.

Beattie, J. M. *Other Cultures*. New York: Free Press of Glencoe, 1964.

Becker, Lawrence. *Reciprocity*. London: Routledge and Kegan Paul, 1986.

Bellah, Robert N., Richard Madsen, William M. Sullivan, Ann Swidler, and Steven M. Tipton. *Habits of the Heart*. Berkeley: University of California

Press, 1985.

Benedict, Ruth. *Patterns of Culture*. New York: Penguin, 1934.

Benjamin, Martin. *Splitting the Difference: Compromise and Integrity in Ethics and Politics*. Lawrence: University of Kansas Press, 1990.

Berger, John. *A Fortunate Man*. New York: Pantheon Books, 1967.

Berlin, Isaiah. *The Crooked Timber of Humanity*, ed. Henry Hardy. Princeton: Princeton University Press, 1990.

—. "Two Concepts of Liberty." In *Liberty: Incorporating Four Essays on Liberty*, ed. Henry Hardy, 1662 – 1717. Oxford: Oxford University Press, 2002.

Billig, M., and H. Tajfel. "Social Categorization and Similarity in Intergroup Behavior." *European Journal of Social Psychology* 3 (1973): 27 – 52.

Blackburn, Simon. *Essays in Quasi-Realism*. New York: Oxford University Press, 1993.

—. "Meet the Flintstones." *New Republic*, November 25, 2002, 28 – 33.

Blackmun, Harry. Majority Opinion of the Supreme Court on Roe v. Wade. 410 U.S. 113 (1973). Available at http://caselaw. lp. findlaw. com/scripts/getcase.pl?navby¼CASE&court¼US &vol¼410&page¼113. Rev. August 24, 2005.

Blum, Lawrence. "Gilligan and Kohlberg: Implications for Moral Theory." *Ethics* 98 (1988): 472 – 491.

—. "Opportunity and Equality of Opportunity." *Public Affairs Quarterly* 2 (1988): 1 – 18.

Boehm, Christopher. "The Evolutionary Development of Morality as an Effect of Dominance Behavior and Conflict Interference." *Journal of Social and Biological Sciences* 5 (1982): 413 – 422.

Bond, E. J. *Reason and Value*. Cambridge: Cambridge University Press, 1983.

Bouchard, Thomas J., Jr., David T. Lykken, Matthew McGue, Nancy L. Segal, and Auke Tellegen. "Sources of Human Psychological Differences: The Minnesota Study of Twins Reared Apart." *Science* 250 (1990): 22 – 39.

Bowen, Murray. *Family Therapy in Clinical Practice*. New York: Jason Aronson, 1978.

Bowlby, John. "The Nature of the Child's Tie to His Mother." *International*

Journal of Psycho-Analysis 39 (1958): 350–373.

Bowles Samuel, and Herbert Gintis. *Schooling in Capitalist America*. Boulder, Colo.: Perseus Books, 1977.

Boyd, Richard. "How to Be a Moral Realist." In *Essays on Moral Realism*, ed. Geoffrey Sayre-McCord, 181–182. Ithaca: Cornell University Press, 1988.

Boyd, Robert, and Peter J. Richerson. *Culture and the Evolutionary Process*. Chicago: University of Chicago Press, 1985.

—. "The Evolution of Reciprocity in Sizable Groups." *Journal of Theoretical Biology* 132 (1988): 337–356.

—. *Not by Genes Alone: How Culture Transformed Human Evolution*. Chicago: University of Chicago Press, 2005.

Brandt, E. M., and G. Mitchell. "Pairing Pre-Adolescents with Infants (Macaca Mulatta)." *Developmental Psychology* 8 (1973): 222–228.

Brandt, Richard. *Ethical Theory*. Englewood Cliffs, N.J.: Prentice-Hall, 1959.

Bruch, Hilda. *Conversations with Anorexics*, ed. D. Czyzewski and M. A. Suhr. New York: Basic Books, 1988.

Buchanan, Allen E. "Assessing the Communitarian Critique of Liberalism." *Ethics* 99 (1989): 852–882.

Buller, David J. *Adapting Minds: Evolutionary Psychology and the Persistent Quest for Human Nature*. Cambridge, Mass.: MIT Press, 2005.

Buss, David. "Sex Differences in Human Mate Selection: Evolutionary Hypotheses Tested in Thirty-seven Cultures." *Behavioral and Brain Sciences* 12 (1989): 1–49.

—. *The Evolution of Desire: Strategies of Human Mating*. New York: Basic Books, 1995.

Calabresi, Guido. *Ideals, Beliefs, Attitudes, and the Law*. Syracuse, N.Y.: Syracuse University Press, 1985.

Card, Claudia. "Gender and Moral Luck." In *Identity, Character, and Morality: Essays in Moral Psychology*, ed. Owen Flanagan and Amélie Rorty, 199–218. Cambridge, Mass.: MIT Press, 1990.

Caspi, A., McClay, J., Moffitt, T. E., Mill, J., Martin, J., Craig, I. W., Taylor, A., and Poulton, R. "Role of Genotype in the Cycle of Violence in Maltreated Children." *Science* 297 (2002): 851–854.

Chan, Sin Yee. "Gender and Relationship Roles in the Analects and the Mencius." *Asian Philosophy* 10 (2000): 115 – 131.

Chan, Wing-Tsit. *A Sourcebook in Chinese Philosophy*. Princeton: Princeton University Press, 1963.

Chodorow, Nancy. *The Reproduction of Mothering: Psychoanalysis and the Sociology of Gender*. Berkeley: University of California Press, 1978.

Chuang, Tzu. *Chuang Tzu: Basic Writings*. Translated by Burton Watson. New York: Columbia University Press, 1963.

Clark, Andy. "Connectionism, Moral Cognition, and Collaborative Problem Solving." In *Mind and Morals: Essays on Ethics and Cognitive Science*, ed. Larry May, Marilyn Friedman, and Andy Clark, 109 – 128. Cambridge, Mass.: Bradford Books, 1998.

Coleman, Doriane Lambelet. "The Seattle Compromise: Multicultural Sensitivity and Americanization." *Duke Law Journal* 47 (1998): 717 – 780.

Coles, Robert. *The Moral Life of Children*. Boston: Atlantic Monthly, 1986.

Confucius. *Confucius: The Analects*. Translated by D. C. Lau. London: Penguin, 1979.

Cooley, Charles, Robert C. Angell, and Lowell J. Carr. *Introductory Sociology*. New York: Scribner's, 1933.

Cooper, David E. "Moral Relativism." *Midwest Studies in Philosophy* 3 (1978): 97 – 108. Cua, Antonio S. "The Status of Principles in Confucian Ethics." *Journal of Chinese Philosophy* 16 (1989): 273 – 296.

—. "The Ethical and Religious Dimensions of Li." *Review of Metaphysics* 55 (2002): 471 – 519.

Cullen, Kevin. "Haunted by Death in Somalia." *Boston Globe*, July 15, 1993, 19.

Daniels, Norman. "Reflective Equilibrium." In *The Stanford Encyclopedia of Philosophy*. Rev. April 28, 2003. Available at http://plato.stanford.edu/archives/sum2003/entries/ reflective-equilibrium/.

Damasio, Antonio. *Descartes' Error*. New York: Avon Books, 1994.

Darwall, Stephen. *Impartial Reason*. Ithaca: Cornell University Press, 1983.

Davidson, Donald. *Introduction to Inquiries into Truth and Interpretation*. 2nd ed. Oxford: Clarendon Press, 2001.

—. "On the Very Idea of a Conceptual Scheme." In *Inquiries into Truth and*

Interpretation, 2nd ed., 183 - 198. Oxford: Clarendon Press, 2001. Originally published in *Proceedings and Addresses of the American Philosophical Association* 47 (1974).

——. "Radical Interpretation." In *Inquiries into Truth and Interpretation*, 2nd ed., 125 - 140. Oxford: Clarendon Press, 2001. Originally published in *Dialectica* 27 (1973): 313 - 328.

——. "Thought and Talk." In *Inquiries into Truth and Interpretation*, 2nd ed., 155 - 170. Oxford: Clarendon Press, 2001. Originally published in *Mind and Language*, ed. Samuel Guttenplan. Oxford: Oxford University Press, 1975.

De Tocqueville, Alexis. *Democracy in America*. Translated by George Lawrence. Edited by J. Mayer. New York: Doubleday, 1969.

De Waal, Frans B. M. *Peacemaking among the Primates*. Cambridge, Mass.: Harvard University Press, 1989.

DeCew, Judith Wagner. "Moral Conflicts and Ethical Relativism." *Ethics* 101 (1990): 27 - 41.

DeSousa, Ronald. *The Rationality of Emotion*. Cambridge, Mass.: MIT Press, 1987.

DeVos, George. *Socialization for Achievement*. Berkeley: University of California Press, 1973.

——. "Dimensions of the Self in Japanese Culture." In *Culture and Self: Asian and Western Perspective*, ed. A. J. Marsella, G. DeVos, and F.L.K. Hsu, 141 - 184. London: Tavistock, 1985.

Doniger, Wendy. "What Did They Name the Dog?" Review of Twins: Genes, Environment and the Mystery of Identity, by Lawrence Wright. *London Review of Books*, March 19, 1998.

Donnelly, Jack. *Universal Human Rights in Theory and Practice*. Ithaca: Cornell University Press, 1989.

Doris, John. *Lack of Character: Personality and Moral Behavior*. Cambridge: Cambridge University Press, 2002.

Dretske, Fred. *Knowledge and the Flow of Information*. Cambridge, Mass.: Bradford Books, 1981. Dubisch, Jill. "The Domestic Power of Women in a Greek Island Village." *Studies in European Society* 1 (1974): 23 - 33.

Emmerson, Donald K. "Singapore and the 'Asian Values' Debate.'" *Journal of*

Democracy 6 (1995): 101 – 102.

Fagot, B. "Attachment, Parenting, and Peer Interactions of Toddler Children." *Developmental Psychology* 33 (1997): 489 – 500.

Falk, David. "'Ought' and Motivation." *Proceedings of the Aristotelian Society* 48 (1947 – 1948): 111 – 138.

Fehr, Ernst, and Urs Fischbacher. "The Nature of Human Altruism." *Nature* 425 (2003): 785 – 791.

Feinberg, Walter. "A Role for Philosophy of Education in Intercultural Research: A Reexamination of the Relativism-Absolutism Debate." *Teachers College Record* 91 (1989): 161 – 176.

Fendrich, M., M. Huss, T. Jacobsen, M. Kruesi, and U. Ziegenhain. "Children's Ability to Delay Gratification: Longitudinal Relations to Mother-Child Attachment." *Journal of Genetic Psychology* 158 (1997): 411 – 427.

Festinger, Leon. *Theory of Cognitive Dissonance*. Stanford: Stanford University Press, 1965.

Flanagan, Owen. *Varieties of Moral Personality: Ethics and Psychological Realism*. Cambridge, Mass.: Harvard University Press, 1991.

—. "Ethical Expressions: Why Moralists Scowl, Frown, and Smile." In *The Cambridge Companion to Darwin*, ed. Jonathan Hodge and Gregory Radick, 377 – 398. Cambridge: Cambridge University Press, 2003.

Fleischacker, Samuel. *Integrity and Moral Relativism*. Leiden: Brill, 1992.

Foot, Philippa. "Moral Beliefs." In *Theories of Ethics*, ed. Philippa Foot, 83 – 100. London: Oxford University Press, 1967.

—. "Morality and Art." *Proceedings of the British Academy* 56 (1970): 131 – 144.

—. "Morality as a System of Hypothetical Imperatives." *Philosophical Review* 81 (1972): 305 – 316.

—. "Reasons for Action and Desires." *Proceedings of the Aristotelian Society*, supp. vol. 46 (1972): 202 – 210.

—. "Does Moral Subjectivism Rest on a Mistake?" *Oxford Journal of Legal Studies* 15 (1995): 1 – 14.

Foucault, Michel. *The Foucault Reader*. Edited by Paul Rabinow. New York: Pantheon, 1984.

—. *The History of Sexuality: The Use of Pleasure*. New York: Vintage, 1990.

Frazer, Sir James. *The Golden Bough*. 3rd ed. London: MacMillan, 1936.

Freud, Sigmund. *Civilization and Its Discontents*. Translated by James Strachey. New York: Norton, 1961.

Friedman, Marilyn. "Beyond Caring: The De-Moralization of Gender." *Canadian Journal of Philosophy*, supp. vol. 13 (1987): 87 – 110.

Friedman, Michael. "Philosophical Naturalism." *Proceedings and Addresses of the American Philosophical Association* 71 (1997): 7 – 21.

Frye, Marilyn. *The Politics of Reality*. Trumansburg, N.Y.: Crossing Press, 1983.

Fung, Yu-Lan. *A History of Chinese Philosophy*. Translated by Derk Bodde. Princeton: Princeton University Press, 1952.

Galston, William. *Liberal Purposes: Goods, Virtues, and Diversity in the Liberal State*. Cambridge: Cambridge University Press, 1991.

Gauthier, David. *Morals by Agreement*. Oxford: Clarendon Press, 1986.

Geertz, Clifford. *The Interpretation of Cultures*. New York: Basic Books, 1973.

—. "From the Native's Point of View: On the Nature of Anthropological Understanding." In *Culture Theory: Essays in Mind, Self, and Emotion*, ed. Richard Shweder and Robert Levine, 123 – 136. Cambridge: Cambridge University Press, 1984.

Gewirth, Alan. *Reason and Morality*. Chicago: University of Chicago Press, 1978.

Gibbard, Allan. *Wise Choices, Apt Feelings: A Theory of Normative Judgment*. Cambridge, Mass.: Harvard University Press, 1992.

—. *Thinking How to Live*. Cambridge, Mass.: Harvard University Press, 2003.

Gilligan, Carol. *In a Different Voice: Psychological Theory and Women's Development*. Cambridge, Mass.: Harvard University Press, 1982.

Gilligan, Carol, Nona Lyons, and Trudy Hanmer, eds. *Making Connections: The Relational World of Adolescent Girls at Emma Willard School*. Cambridge, Mass.: Harvard University Press, 1990.

Gilligan, Carol, Janie Victoria Ward, and Jill McLean Taylor, eds. *Mapping the Moral Domain: A Contribution of Women's Thinking to Psychological Theory and Education*. Cambridge, Mass.: Center for the Study of Gender, Education, and Human Development, Harvard University Graduate School of Education. Distributed by Harvard University Press, 1988.

Gintis, Herbert. *Game Theory Evolving*. Princeton: Princeton University Press, 2000.

Goldman, Alvin. *Epistemology and Cognition*. Cambridge, Mass.: Harvard University Press, 1986.

—. "Empathy, Mind, and Morals." *Proceedings and Addresses of the American Philosophical Association* 66 (1992): 17 – 42.

Graham, A. C. *Disputers of the Tao: Philosophical Argumentation in Ancient China*. La Salle, Ill.: Open Court, 1989.

Gray, John. *Berlin*. London: Fontana, 1995.

Gruenbaum, Ellen. *The Female Circumcision Controversy: An Anthropological Perspective*. Philadelphia: University of Pennsylvania Press, 2001.

Gutman, Amy, and Dennis Thompson. "Moral Conflict and Political Consensus." *Ethics* 101 (1990): 64 – 88.

Haakonssen, Knud. *The Science of a Legislator: The Natural Jurisprudence of David Hume and Adam Smith*. Cambridge: Cambridge University Press, 1981.

Haley, John Owen. "Confession, Repentance, and Absolution." In *Mediation and Criminal Justice: Victims, Offenders, and Community*, ed. Martin Wright and Burt Galaway. London: Sage, 1989.

Hall, David L., and Roger T. Ames. *Thinking through Confucius*. Albany: State University of New York Press, 1987.

—. "Chinese Philosophy." In *Routledge Encyclopedia of Philosophy*, ed. E. Craig. Rev. 2003. Available at www.rep.routledge.com/article/G001SECT4.

Hamilton, W. D. "The Genetical Evolution of Social Behavior." *Journal of Theoretical Biology* 7 (1964): 1 – 52.

Hammond, Kenneth R., Robert M. Hamm, Janet Grassia, and Tamra Pearson. "Direct Comparison of the Efficacy of Intuitive and Analytical Cognition in Expert Judgment." In *Research on Judgment and Decision Making*, ed. William M. Goldstein and Robin M. Hogarth, 144 – 180. Cambridge: Cambridge University Press, 1997.

Hampshire, Stuart. *Innocence and Experience*. Cambridge, Mass.: Harvard University Press, 1989.

Hampton, Jean. *The Authority of Reason*. Ed. Richard Healey. Cambridge: Cambridge University Press, 1998.

Hare, Richard M. *The Language of Morals*. Oxford: Clarendon Press, 1952.

Harlow, H. F., and R. R. Zimmermann. "Affectional Responses in the Infant Monkey." In *Foundations of Animal Behavior: Classic Papers with Commentaries*, ed. L. D. Houck, and L. C. Drickamer, 376 – 387. Chicago: University of Chicago Press, 1996.

Harman, Gilbert. "Moral Relativism Defended." *Philosophical Review* 84 (1975): 3 – 22.

—. "Is There a Single True Morality?" In *Morality, Reason and Truth*, ed. David Copp and David Zimmerman, 27 – 48. Totowa, N.J.: Rowman and Littlefield, 1985. Reprinted in Harman, *Explaining Value and Other Essays in Moral Philosophy*, 771 – 772. Oxford: Clarendon Press, 2000.

—. "Moral Philosophy Meets Social Psychology: Virtue Ethics and the Fundamental Attribution Error." *Proceedings of the Aristotelian Society* 99 (1998 – 1999): 315 – 331.

—. "The Nonexistence of Character Traits." *Proceedings of the Aristotelian Society* 100 (1999 – 2000): 22 – 36.

Harman, Gilbert, and Judith Jarvis Thomson. *Moral Relativism and Moral Objectivity*. Malden, Mass.: Blackwell, 1996.

Higley, J. D. "Use of Nonhuman Primates in Alcohol Research." *Alcohol, Health and Research World* 19 (1996): 213 – 216.

Higley, J. D., P. T. Mehlman, R. E. Poland, I. Faucher, D. T. Taub, J. Vickers, S. J. Suomi, and M. Linnoila. "A Nonhuman PrimateModel of Violence and Assertiveness: CSF 5 – HIAA and CSF Testosterone Correlate with Different Types of Aggressive Behaviors." *Biological Psychiatry* 40 (1996): 1067 – 1082.

Higley, J. D., P. T. Mehlman, R. E. Poland, D. T. Taub, S. J. Suomi, and M. Linnoila. "Aggression, Social Dominance, Serotonin, and Causal Relationships." *Biological Psychiatry* 42 (1997): 306 – 307.

Higley, J. D., P. T. Mehlman, D. T. Taub, S. . Higley, B. Fernald, J. Vickers, S. J. Suomi, and M. Linnoila. "Excessive Mortality in Young Male Nonhuman Primates with Low CSF 5 – HIAA Concentrations." *Archives of*

General Psychiatry 53 (1996): 537 – 543.

Higley, J. D., and S. J. Suomi. "Effect of Reactivity and Social Competence on Individual Responses to Severe Stress in Children: Investigations Using Nonhuman Primates." In *Intense Stress and Mental Disturbance in Children*, ed. C. R. Pfeffer, 35 – 37. New York: American Psychiatric Press, 1996.

Higley, J. D., S. J. Suomi, and M. Linnoila. "A Nonhuman Primate Model of Type II Alcoholism? Part 2: Diminished Social Competence and Excessive Aggression Correlates with Low Cerebrospinal Fluid 5 – hydroxyindoleacetic Acid Concentrations." *Alcoholism: Clinical and Experimental Research* 20 (1996): 643 – 650.

—. "Excessive Alcohol Consumption, Inappropriate Aggression, and Serotonin: A Nonhuman Primate Model of Alcohol Abuse." *Recent Developments in Alcoholism* 13 (1997): 1912 – 1919.

Hitchcock, David. *Asian Values and the United States: How Much Conflict?* *Washington*, D.C.: Center for Strategic and International Studies, 1994.

Hobbes, Thomas. *Leviathan*. Ed. C. B. MacPherson. New York: Penguin, 1982.

Hochschild, Jennifer. "The Politics of the Estranged Poor." *Ethics* 101 (1991): 560 – 578.

Honneth, Axel. "McDowell and the Challenge of Moral Realism." In *Reading McDowell: On Mind and World*, ed. Nicholas H. Smith, 246 – 266. London: Routledge, 2002.

Hooker, C. A. *Reason, Regulation, and Realism: Toward a Regulatory Systems Theory of Reason and Evolutionary Epistemology*. Albany: State University of New York Press, 1995.

Horgan, Terence E., and John Tienson. *Connectionism and the Philosophy of Psychology*. Cambridge, Mass.: MIT Press, 1996.

Horkheimer, Max. *Critical Theory*. Trans. M. J. O'Connell. New York: Herder and Herder, 1972.

Horkheimer, Max, and Theodor W. Adorno. *Dialectic of Enlightenment*. Translated by John Cumming. New York: Seabury Press, 1944.

Hume, David. *A Treatise of Human Nature*. Ed. L. A. Selby-Bigge. Oxford: Oxford University Press, 1888; 2nd rev. ed. edited by P. H. Nidditch, 1978.

Institute for the Study of Social Change. *Diversity Project: Final Report*. Berkeley, Calif.; Institute for the Study of Social Change, 1991.

Isaac, R. Mark, Kenneth McCue, and Charles Plott. "Public Goods Provision in an Experimental Environment." *Journal of Public Economics* 26 (1985); 51-74.

Isaac, R. Mark, and J. M. Walker. "Group-Size Effects in Public-Goods Provision: The Voluntary Contributions Mechanism." *Quarterly Journal of Economics* 103 (1988); 179-199.

Isen, A. M., and P. F. Levin. "Effect of Feeling Good on Helping: Cookies and Kindness." *Journal of Personality and Social Psychology* 21 (1972); 384-388.

Johnson, Diane. "Abortion: The French Solution." *New York Times*, February 22, 2000. Available at www.nytimes.com/books/00/04/16/specials/johnson-franceed.html.

Kahn, Joel. "Malaysian Modern or Anti-anti Asian values." *Thesis Eleven* 50 (1997); 29-30.

Kant, Immanuel. *Preface to the Groundwork of the Metaphysics of Morals*. Edited by Thomas E. Hill Jr. Translated by Arnulf Zweig. New York; Oxford University Press, 2003.

Kane, Robert. *Through the Moral Maze: Searching for Absolute Values in a Pluralistic World*. New York; Paragon House, 1994.

Katz, Leonard, ed. *Evolutionary Origins of Morality*. Bowling Green, Ohio; Imprint Academic, 2000.

Kingston, Maxine Hong. *The Woman Warrior: Memoirs of a Girlhood Among Ghosts*. New York; Knopf, 1976.

Kitcher, Philip. "The Naturalists Return." *Philosophical Review* 101 (1992); 53-114.

Kohut, Heinz, and Ernest Wolf. "Disorders of the Self and Their Treatment: An Outline." *International Journal of Psycho-Analysis* 59 (1978); 403-425.

Kozol, Jonathan. *Savage Inequalities*. New York; Crown, 1991.

Kumagai, Hisa A., and Arno K. Kumagai. "The Hidden 'I' in Amae: 'Passive Love' and Japanese Social Perception." *Ethos* 14 (1986); 305-320.

Kunda, Ziva. *Social Cognition: Making Sense of People*. Cambridge, Mass.; MIT

Press, 1999. LaFollette, Hugh. "Personal Relationships." In *A Companion to Ethics*, ed. Peter Singer, 327–332. Oxford: Blackwell, 1991.

Lear, Jonathan. "Moral Objectivity." In *Objectivity and Cultural Divergence*, ed. S. C. Brown, 135–170. Cambridge: Cambridge University Press, 1984.

Leinberger, Paul, and Bruce Tucker. *The New Individualists: The Generation after the Organization Man*. New York: Harper Collins, 1991.

MacIntyre, Alasdair. *After Virtue*. Notre Dame, Ind.: University of Notre Dame Press, 1982.

—. "Is Patriotism a Virtue?" *Lindley Lecture*. Lawrence: University of Kansas, 1984.

—. *Whose Justice? Which Rationality?* Notre Dame, Ind.: University of Notre Dame Press, 1988.

—. *Dependent Rational Animals: Why Human Beings Need the Virtues*. Peru, Ill.: Open Court, 1999.

Mackie, J. L. *Ethics: Inventing Right and Wrong*. London: Penguin, 1977.

Maccoby, E. E. *Social Development: Psychological Growth and the Parent-Child Relationship*. New York: Harcourt Brace Jovanovich, 1980.

Madsen, Richard. *Morality and Power in a Chinese Village*. Berkeley: University of California Press, 1984.

Mansbridge, Jane. *Beyond Self-Interest*. Chicago: University of Chicago Press, 1990.

McCarthy, Thomas. *Ideals and Illusions: On Reconstruction and Deconstruction in Contemporary Critical Theory*. Cambridge, Mass.: MIT Press, 1991.

McDowell, John. "Virtue and Reason." *Monist* 62 (1979): 331–350.

—. "Values and Secondary Qualities." In *Essays on Moral Realism*, ed. Geoffrey Sayre-McCord, 166–180. Ithaca: Cornell University Press, 1988.

—. *Mind and World*. Cambridge, Mass.: Harvard University Press, 1996.

—. "Are Moral Requirements Hypothetical Imperatives?" In *Mind, Value, and Reality*, 77–94. Cambridge, Mass.: Harvard University Press, 1998.

—. "Might There Be External Reasons?" In *Mind, Value, and Reality*, 95–111. Cambridge, Mass.: Harvard University Press, 1998.

—. "Responses." In *Reading McDowell: On Mind and World*, ed. Nicholas H. Smith, 269–305. London: Routledge, 2002.

McNaughton, David. *Moral Vision: An Introduction to Ethics*. Oxford: Blackwell, 1988.

Mencius. *Mencius*. Ed. D. C. Lau. London: Penguin Books, 1970.

Meyers, Robert G. "Naturalizing Epistemic Terms." In *Naturalism and Rationality*, ed. Newton Garver and Peter H. Hare, 141 – 154. Buffalo: Prometheus Books, 1986.

Mill, John Stuart. *Utilitarianism*. 4th (University of Toronto) ed. London: Longmans, Green, Reader, and Dyer, 1871.

—. *Utilitarianism*, *On Liberty*, *Essay on Bentham*. New York: World, 1962.

—. *J. S. Mill: Collected Works*. Edited by J. M. Robson. Toronto: University of Toronto Press, 1977.

Miller, Geoffrey. *The Mating Mind*. New York: Anchor Books, 2000.

Minoura, Yasuko. "A Sensitive Period for the Incorporation of Cultural Meaning System: A Study of Japanese Children Growing Up in the United States." *Ethos* 20 (1992): 304 – 339.

Moody-Adams, Michele M. *Fieldwork in Familiar Places: Morality*, *Culture*, *and Philosophy*. Cambridge, Mass.: Harvard University Press, 1997.

—. "The Idea of Moral Progress." *Metaphilosophy* 30 (1999): 168 – 185.

Moore, Barrington, Jr. *Injustice: The Social Bases of Obedience and Revolt*. White Plains, N.Y.: Sharpe, 1978.

Mumme, Donna L., and Anne Fernald. "The Infant as Onlooker: Learning from Emotional Reactions Observed in a Television Scenario." *Child Development* 74 (2003): 221 – 237.

Nagel, Thomas. *The Possibility of Altruism*. Oxford: Clarendon Press, 1970.

—. "The Fragmentation of Value." In *Mortal Questions*, 128 – 141. Cambridge: Cambridge University Press, 1979.

—. "What Is It Like to Be a Bat?" In *Mortal Questions*, 165 – 180. Cambridge: Cambridge University Press, 1979.

—. "Moral Conflict and Political Legitimacy." *Philosophy and Public Affairs* 16 (1987): 215 – 240.

—. *The View from Nowhere*. New York: Oxford University Press, 1987.

—. *Equality and Partiality*. New York: Oxford University Press, 1991.

—. "Pluralism and Coherence." In *The Legacy of Isaiah Berlin*, ed. Ronald

Dworkin, Mark Lilla, and Robert B. Silvers, 105 - 112. New York: New York Review of Books, 2001.

Nathan, Andrew J. *Chinese Democracy*. Berkeley: University of California Press, 1985.

Nivison, David. "Review of The World of Thought in Ancient China." by Benjamin Schwartz. *Philosophy East and West* 38 (1988): 411 - 420.

—. "Hsün Tzu and Chuang Tzu." In *Chinese Texts and Philosophical Contexts: Essays Dedicated to Angus C. Graham*, ed. Henry Rosemont Jr., 129 - 142. Lasalle, Ill.: Open Court, 1991.

—. " 'Virtue' in Bone and Bronze." In *The Ways of Confucianism*, ed. Bryan W. Van Norden, 17 - 30. Chicago: Open Court, 1996.

—. "Xunzi on Human Nature." In *The Ways of Confucianism: Investigations in Chinese Philosophy*, ed. Bryan Van Norden, 203 - 213. Chicago: Open Court, 1996.

Nowak, M. A., and K. Sigmund. "Tit-for-Tat in Heterogeneous Populations." *Nature* 355 (1992): 250 - 252.

—. "Strategy of Win-Stay, Loose-Shift that Outperforms Tit-for-Tat in the Prisoner's Dilemma Game." *Nature* 364 (1993): 56 - 58.

Nussbaum, Martha. *The Fragility of Goodness: Luck and Ethics in Greek Tragedy and Philosophy*. Cambridge: Cambridge University Press, 1986.

—. "Human Capabilities, Female Human Beings." In *Women, Culture, and Development: A Study of Human Capabilities*, ed. Martha Nussbaum and Jonathan Glover, 61 - 104. Oxford: Oxford University Press, 1995.

Obiora, L. Amede. "Bridges and Barricades: Rethinking Polemics and Intransigence in the Campaign against Female Circumcision." *Case Western Reserve Law Review* 47 (1997): 2753 - 2778.

O'Flaherty, Wendy Doniger. "The Clash between Relative and Absolute Duty: The Dharma of Demons." In *The Concept of Duty in South Asia*, ed. Wendy D. O'Flaherty and J. Duncan M. Derrett, 96 - 106. New Delhi: Vikas, 1978.

Okin, Susan. *Justice, Gender, and the Family*. New York: Basic Books, 1989.

Orbell, John M., Alphons van de Kragt, and Robyn M. Dawes. "Explaining Discussion-Induced Cooperation." *Journal of Personality and Social Psychology*

54 (1988): 811 – 819.

Ostrom, Elinor, and James Walker. "Neither Markets nor States: Linking Transformation Processes in Collective Action Arenas." In *Perspectives on Public Choice: A Handbook*, ed. Dennis C. Mueller, 35 – 72. Cambridge: Cambridge University Press, 1997.

Pincoffs, Edmund. *Quandaries and Virtues: Against Reductivism in Ethics.* Lawrence: University Press of Kansas, 1986.

Platts, Mark. *Ways of Meaning.* London: Routledge and Kegan Paul, 1979.

——. "Moral Reality and the End of Desire." In *Reference, Truth and Reality*, ed. Mark Platts, 69 – 82. London: Routledge and Kegan Paul, 1980.

Pole, J. R. *The Pursuit of Equality in American History.* Berkeley: University of California Press, 1978.

Poster, Mark. *Critical Theory and Poststructuralism: In Search of a Context.* Ithaca: Cornell University Press, 1990.

Prinz, Jesse. *Furnishing the Mind.* Cambridge, Mass.: Bradford Books, 2003.

Putnam, Robert. *Bowling Alone: The Collapse and Revival of American Community.* New York: Simon and Schuster, 2000.

Qutb, Seyyid. *Milestones.* Damascus, Syria: Kazi, 1993.

Railton, Peter. "Alienation, Consequentialism and Morality." *Philosophy and Public Affairs* 13 (1984): 134 – 171.

——. "Moral Realism." *Philosophical Review* 95 (1986): 163 – 207.

——. "Naturalism and Prescriptivity." *Social Philosophy and Policy* 7 (1989): 153 – 174.

Rawls, John. *A Theory of Justice.* Cambridge, Mass.: Harvard University Press, 1971.

——. *Justice as Fairness: A Restatement.* Cambridge, Mass.: Belknap Press, 2001.

Raz, Joseph. "Multiculturalism: A Liberal Perspective." *Dissent* 41 (1994): 67 – 79.

Read, K. E. "Morality and the Concept of the Person among the Gahuku-Gama." *Oceana* 25 (1955): 233 – 282.

Richardson, Henry S. *Practical Reasoning about Final Ends.* Cambridge: Cambridge University Press, 1997.

Rilling, James K., David A. Gutman, Thorsten R. Zeh, Guiseppe Pagnoni,

Gregory S. Berns, and Clinton D. Kilts. "A Neural Basis for Social Cooperation." *Neuron* 35 (2002): 395 - 405.

Rocco, Elena, and Massimo Warglien. "Computer Mediated Communication and the Emergence of "Electronic Opportunism." Rev. October 24, 1997. Available at www-ceel.economia.unitniit/publications/.

Roetz, Heiner. *Confucian Ethics of the Axial Age: A Reconstruction under the Aspect of the Breakthrough toward Postconventional Thinking*. Albany: State University of New York, 1993.

Roland, Alan. *In Search of Self in India and Japan: Toward a Cross-Cultural Psychology*. Princeton: Princeton University Press, 1988.

Rorty, Amélie. "Virtue and Its Vicissitudes." *Midwest Studies in Philosophy* 13 (1988), special issue, *Ethical Theory: Character and Virtue*, ed. Peter. French, Theodore E. Uehling Jr., and Howard K. Wettstein: 314 - 324.

Rorty, Amélie, and David B. Wong. "Aspects of Identity and Agency." In *Identity, Character and Morality: Essays in Moral Psychology*, ed. Amélie Rorty and Owen Flanagan, 19 - 36. Cambridge: MIT Press, 1990.

Rosemont, Henry, Jr. *A Chinese Mirror: Moral Reflections on Political Economy and Society*. LaSalle, Ill.: Open Court, 1991.

Rosenberger, Nancy R. "Dialectic Balance in the Polar Model of the Self: The Japan Case." *Ethos* 17 (1989): 88 - 113.

Ruddick, Sara. *Maternal Thinking*. Boston: Beacon Press, 1989.

—. "Justice within Families." In *In the Company of Others: Perspectives on Family, Community, and Culture*, ed. Nancy Snow, 65 - 90. New York: Rowman and Littlefield, 1996.

Ryle, Gilbert. *The Concept of Mind*. Chicago: University of Chicago Press, 1984.

Salamone, Stephen D. "Tradition and Gender: The Nikokyrio: The Economics of Sex Role Complementarity in Rural Greece." *Ethos* 15 (1987): 203 - 225.

Sally, David. "Conversation and Cooperation in Social Dilemmas: A Meta-Analysis of Experiments from 1958 to 1992." *Rationality and Society* 7 (1995): 58 - 92.

Sandel, Michael. *Liberalism and the Limits of Justice*. Cambridge: Cambridge

University Press, 1982.

—. "Morality and the Liberal Ideal." *New Republic*, May 7, 1984, 15 – 17.

—. ed. *Liberalism and Its Critics*. Oxford: Blackwell, 1984.

Sayre-McCord, Geoffrey. "Hume and the Bauhaus Theory of Ethics." *Midwest Studies in Philosophy* 20 (1995): 280 – 298.

Scanlon, Thomas M. "Contractualism and Utilitarianism." In *Utilitarianism and Beyond*, ed. Amartya Sen and Bernard Williams, 103 – 128. Cambridge: Cambridge University Press, 1982.

—. *What We Owe to Each Other*. Cambridge, Mass.: Harvard University Press, 1998.

Scheffler, Samuel. *Human Morality*. New York: Oxford University Press, 1992.

—. *Boundaries and Allegiances: Problems of Justice and Responsibility in Liberal Thought*. Oxford: Oxford University Press, 2001.

Schiffer, Stephen. "Meaning and Value." *Journal of Philosophy* 87 (1990), 602 – 614.

Schotter, A. "Decision Making with Naïve Advice." *American Economic Review* 93 (2003): 196 – 201.

Sellars, Wilfred. "Empiricism and the Philosophy of Mind." In *The Foundations of Science and the Concepts of Psychoanalysis, Minnesota Studies in the Philosophy of Science*, vol. 1, ed. H. Feigl and M. Scriven, 127 – 196. Minneapolis: University of Minnesota Press: 1956.

Selznick, Philip. "The Idea of a Communitarian Morality." *California Law Review* 75 (1987): 445 – 463.

Shils, Edward. "The Study of the Primary Group." In *The Policy Sciences: Recent Devel-opments in Scope and Method*, ed. Daniel Lerner and Harold D. Lasswell, 44 – 69. Stanford: Stanford University Press, 1951.

Shore, Brad. "Human Ambivalence and the Structuring of Moral Values." *Ethos* 18 (1990): 165 – 179.

Shun, Kwong-loi. "Moral Reasons in Confucian Ethics." *The Journal of Chinese Philosophy* 16 (1989): 317 – 344.

Shweder, Richard. *Why Do Men Barbecue? Recipes for Cultural Psychology*. Cambridge, Mass.: Harvard University Press, 2003.

Shweder, Richard, and Edward Bourne. "Does the Concept of the Person

Vary?" In *Culture Theory: Essays in Mind, Self, and Emotion*, ed. Richard Shweder and Robert Levine, 158 – 199. Cambridge: Cambridge University Press, 1984.

Silberbauer, George. "Ethics in Small-Scale Societies." In *A Companion to Ethics*, ed. Peter Singer, 14 – 28. Oxford: Blackwell, 1991.

Simner, M. L. "Newborn's Response to the Cry of Another Infant." *Developmental Psychology* 5 (1971): 136 – 150.

Singer, Peter. "Famine, Affluence, and Morality." *Philosophy and Public Affairs* 1 (1972): 229 – 243.

Skuse, David. "Extreme Deprivation in Childhood: Theoretical Issues and a Comparative Review." *Journal of Child Psychology and Psychiatry* 25 (1984): 543 – 572.

Skyrms, Bryan. *Evolution of the Social Contract*. Cambridge: Cambridge University Press, 1996.

Smith, Michael. "The Humean Theory of Motivation." *Mind* 96 (1987): 36 – 61.

—. *The Moral Problem*. Oxford: Blackwell, 1994.

Sober, Elliott, and David Sloan Wilson. *Unto Others: The Evolution and Psychology of Unselfish Behavior*. Cambridge, Mass.: Harvard University Press, 1998.

Stevenson, Charles L. *Ethics and Language*. New Haven: Yale University Press, 1944.

Stairs, Arlene. "Self-Image, World Image: Speculations on Identity from Experience with Inuit." *Ethos* 20 (1992): 116 – 126.

Strom, Stephanie. "A Shift in Japanese Culture Aids Some Workers Who Want to Go It Alone." *New York Times*, November 16, 2000.

Stroud, Barry. "The Charm of Naturalism." *Proceedings and Addresses of the American Philosophical Association* 70 (1995 – 1996): 43 – 55.

Sturgeon, Nicholas. "Moral Disagreement and Moral Relativism." In *Cultural Pluralism and Moral Knowledge*, ed. Ellen Frankel Paul, Fred D. Miller Jr., and Jeffrey Paul, 801 – 815. Cambridge: Cambridge University Press, 1994.

Sugden, R. *The Economics of Rights, Co-operation and Welfare*. Oxford: Blackwell, 1986.

Suomi, Stephen J. "Gene-Environment Interactions and the Neurobiology of

Social Conflict." *Annals of the New York Academy of Science* 1008 (2003):
132 – 139.

Tajfel, H. "Experiments in Intergroup Discrimination." *Scientific American* 223
(1970): 96 – 102.

Taylor, Charles. *Hegel*. Cambridge: Cambridge University Press, 1975.

—. "Rationality." In *Rationality and Relativism*, ed. Martin Hollis and Steven
Lukes, 87 – 105. Cambridge: MIT Press, 1982.

—. "Foucault on Freedom and Truth." In *Philosophy and the Human Sciences:
Philosophical Papers*, 2: 152 – 184. Cambridge: Cambridge University
Press, 1985.

—. "The Nature and Scope of Distributive Justice." In *Justice and Equality Here
and Now*, ed. Frank S. Lucash, 34 – 67. Ithaca: Cornell University Press,
1986.

—. *The Ethics of Authenticity*. Cambridge, Mass.: Harvard University Press,
1992.

—. *Multiculturalism and the Politics of Recognition: An Essay*. Edited by Amy
Gutmann. Princeton: Princeton University Press, 1993.

Thomas, Laurence. *Living Morally: A Psychology of Moral Character*. Philadelphia:
Temple University Press, 1989.

Tobin, Joseph J., David Y. H. Wu, and Dana H. Davidson. *Preschool in Three
Cultures: Japan, China, and the United States*. New Haven: Yale University
Press, 1989.

Tocqueville, Alexis de. *Democracy in America*. Translated by George Lawrence.
Edited by J. Mayer. New York: Doubleday, 1969.

Tooby, John, and Leda Cosmides. "The Psychological Foundations of Culture."
In *The Adapted Mind: Evolutionary Psychology and the Generation of
Culture*, ed. Jerome H. Barkow, Leda Cosmides, and John Tooby, 19 –
136. New York: Oxford University Press, 1992.

Trivers, Robert. "The Evolution of Reciprocal Altruism." *Quarterly Review of
Biology* 46 (1971): 35 – 56.

Turnbull, Colin. *The Human Cycle*. New York: Simon and Schuster, 1983.

Turner, Victor. *The Forest of Symbols: Aspects of Ndembu Ritual*. Ithaca:
Cornell University Press, 1967.

—. *Dramas, Fields, and Metaphors: Symbolic Action in Human Society*. Ithaca: Cornell University Press, 1974.

Van Norden, Bryan. "Mengzi and Xunzi: Two Views of Human Agency." *International Philosophical Quarterly* 32 (1992): 161-184.

Verba, Sidney, Steven Kelman, Gary R. Orren, Ichiro Miyake, Ikuo Kabashima, Joji Watanuki, and G. Donald Ferree Jr. *Elites and the Idea of Equality: A Comparison of Japan, Sweden, and the United States*. Cambridge, Mass.: Harvard University Press, 1987.

Walzer, Michael. *Interpretation and Social Criticism*. Cambridge: Mass.: Harvard University Press, 1987.

Wang, Xiangian. "Xunzi jijie." In *Zhuzi jicheng*, 2. Hong Kong: Zhonghua, 1978.

Warnock, G. J. *The Object of Morality*. London: Methuen, 1971.

Wartenberg, Thomas. *The Forms of Power: From Domination to Transformation*. Philadelphia: Temple University Press, 1990.

Whiting, Beatrice Blythe, and Carolyn Hope Edwards. *Children of Different Worlds: The Formation of Social Behavior*. Cambridge, Mass.: Harvard University Press, 1988.

Whyte, William H., Jr. *The Organization Man*. New York: Simon and Schuster, 1956.

Wildman, Jonathan C., Jr. "Elements of Infant-Mother Attachment." *New Perspectives: A Social Sciences Journal* (1999-2000). Available at www. ycp.edu/besc/journal2000/article1.html. April 10, 2004.

Wiggins, David. "Claims of Need." In *Needs, Values, Truth: Essays in the Philosophy of Value*, 3rd ed., 1-58. Oxford: Oxford University Press, 1998.

Williams, Bernard. "Internal and External Reasons." In *Moral Luck*, 101-113. Cambridge: Cambridge University Press, 1981.

—. "Persons, Character, and Morality." In *Moral Luck*, 1-19. Cambridge: Cambridge University Press, 1981.

—. *Ethics and the Limits of Philosophy*. Cambridge, Mass.: Harvard University Press, 1985.

Winch, Peter. "Understanding a Primitive Society." In *Rationality*, ed. Bryan

Wilson, 78 - 111. New York: Harper, 1970.

Winnicot, D. W. *The Family and Individual Development*. London: Routledge, 1989.

Winston, Kenneth. "On the Ethics of Exporting Ethics: The Right to Silence in Japan and the U.S." *Criminal Justice Ethics* 22 (2003): 3 - 20.

Wolf, Susan. "Moral Saints." *Journal of Philosophy* 79 (1979): 419 - 439.

Wollheim, Richard. *The Thread of Life*. Cambridge, Mass.: Harvard University Press, 1984.

—. "The Good Self and the Bad Self." In *Rationalism, Empiricism, and Idealism*, ed. Anthony Kenny, 151 - 176. Oxford: Clarendon Press, 1986.

Wong, David B. *Moral Relativity*. Berkeley: University of California Press, 1984.

—. "On Moral Realism without Foundations." *Southern Journal of Philosophy*, supp. vol. 24 (1986): 95 - 114.

—. "On Flourishing and Finding One's Identity in Community." *Midwest Studies in Philosophy* 13 (1988), special issue, *Ethical Theory: Character and Virtue*, ed. Peter A. French, Theodore E. Uehling Jr., and Howard K. Wettstein: 324 - 341.

—. "Three Kinds of Incommensurability." In *Relativism: Interpretation and Confrontation*, ed. Michael Krausz, 140 - 158. Notre Dame, Ind.: University of Notre Dame Press, 1989.

—. "Universalism versus Love with Distinctions: An Ancient Debate Revived." *Journal of Chinese Philosophy* 16 (1989): 252 - 272.

—. "Is There a Distinction between Reason and Emotion in Mencius?" *Philosophy East and West* 41 (1991): 31 - 44.

—. "Coping with Moral Conflict and Ambiguity." *Ethics* 102 (1992): 763 - 784.

—. "Coping with Moral Conflict and Ambiguity." Rev. In *Defending Diversity: Contemporary Philosophical Perspectives on Pluralism and Multiculturalism*, ed. Lawrence Foster and Patricia Herzog, 13 - 37. Amherst: University of Massachusetts Press, 1994.

—. "Psychological Realism and Moral Theory." *Nomos* 37 (1995), special issue *Theory and Practice*, ed. Ian Shapiro and Judith Wagner DeCew, 108 - 137. New York: New York University Press, 1995.

—. "On Care and Justice in the Family." In *In the Company of Others: Perspectives on Community, Family, and Culture*, ed. Nancy Snow, 91 - 101. New York: Rowman and Littlefield, 1996.

—. "Pluralistic Relativism." *Midwest Studies in Philosophy* 20 (1996): 378 - 400.

—. "Xunzi on Moral Motivation." In *Chinese Language, Thought, and Culture: Nivison and His Critics*, ed. Philip J. Ivanhoe, 202 - 223. Chicago: Open Court, 1996; reprinted in *Virtue, Nature and Moral Agency in the Xunzi*, ed. Jack Kline and Philip. J. Ivanhoe, 135 - 154. Indianapolis: Hackett, 2000.

—. "Fragmentation in Civil Society and the Good." In *Civility*, ed. Leroy Rouner, 200 - 221. South Bend, Ind.: University of Notre Dame Press, 2000.

—. "Crossing Cultures in Moral Psychology." *Philosophy Today* 3 (2002): 7 - 10.

—. "Reasons and Analogical Reasoning in Mengzi." *Essays on the Moral Philosophy of Mengzi*, ed. Xiusheng Liu and Philip J. Ivanhoe, 187 - 220. Indianapolis: Hackett, 2002.

—. "Dwelling in Humanity or Free and Easy Wandering?" In *Technology and Cultural Values: On the Edge of the Third Millenium*, ed. Peter D. Hershock, Marietta Stepaniants, and Roger T. Ames, 400 - 415. Honolulu: University of Hawaii Press, 2003.

—. "Relational and Autonomous Selves." *Journal of Chinese Philosophy* 31 (2004): 419 - 432.

—. "Comparative Philosophy: Chinese and Western." In *Stanford Encyclopedia of Philosophy*. Rev. Aug. 25, 2005. Available at http://plato.stanford.edu/entries/comparphil-chiwes/.

—. "Where Charity Begins." In *Davidson's Philosophy and Chinese Philosophy: Constructive Engagement*, ed. Bo Mou. Leiden: Brill Academic.

—. "Moral Reasons: Internal and External." *Philosophy and Phenomenological Research*.

Woods, Michael. "Reasons for Action and Desires." *Proceedings of the Aristotelian Society*, supp. vol. 46 (1972): 189 - 201.

Xunzi. *Xunzi*. Edited and translated by John Knoblock. vol. 2. Changsha, Hunan: Hunan's People's, 1999.

Zhuangzi (see "*Chuang Tzu*"). New York: Columbia University Press, 1963.

翻译对照表

English	汉　语
accommodation，value of as universal constraint	调适，作为普遍约束的价值观
basis in ubiquity of moral disagreement	道德分歧无处不在
meaning and implementation of	的意义及实施
role of democratic ritual	民主礼仪的作用
Ahmadu，Fuami	阿赫玛度
Ainsworth，Mary	玛丽·爱斯沃思
altruism	利他主义
commonsense view of	常识性看法
cultural selection of	文化选择
natural selection of	自然选择
not necessarily a monomorphic trait	不一定是单一特性

English	汉 语
Aquinas，Thomas	托马斯·阿奎那
Aristotelian ethics	亚里士多德的伦理学
Aristotle	亚里士多德
attunement，value of	和谐价值
autonomy，value of	自主性的价值
Axelrod，Robert，and William D. Hamilton	罗伯特·阿克塞尔罗德和威廉·汉密尔顿
Bachnik，Jane	简·贝驰尼克
Baier，Annette	安妮特·贝尔
Batson，C. Daniel	C. 丹尼尔·巴特森
Beattie，J. M.	J. M. 比蒂
Becker，Lawrence	劳伦斯·贝克尔
Bellah，Robert N.，Richard Madsen，William M. Sullivan，Ann Swidler，and Steven M. Tipton	罗伯特·贝拉,理查德·麦迪森,威廉·M. 沙利文,安·斯威德勒,史提芬·M. 蒂普顿
Benedict，Ruth	鲁思·本尼迪克特
Berlin，Isaiah	以赛亚·伯林
Blackburn，Simon	西蒙·布莱克伯恩
Blackmun，Harry	哈里·布莱克曼
Blum，Lawrence	劳伦斯·布鲁姆
Boehm，Christopher	克里斯托弗·博姆
Bond，E. J.	邦德

English	汉　语
Bouchard Jr., Thomas J.	小托马斯·布查德
Bowen，Murray	莫里·鲍文
Bowlby，John	约翰·鲍比
Bowles，Samuel，and Herbert Gintis	塞缪尔·鲍尔斯，赫伯特·金蒂斯
Boyd，Richard	理查德·波伊德
Boyd，Robert，and Peter J. Richerson	罗伯特·波伊德和彼得·理查森
Brandt，E. M.，and G. Mitchel	勃兰特和米切尔
Brandt Richard	布兰德·理查德
Bruch，Hilda	希尔德·布鲁克
Buchanan，Allen E.	艾伦·爱德华·布坎南
Buller，David J.	大卫·布勒
Buss，David	戴维·巴斯
Calabresi，Guido	圭多·卡拉布雷西
Card，Claudia	克劳迪娅·卡德
care ethic，relation to justice	关怀伦理学，与正义的关系
Caspi，Avshalom，and Terrie Moffitt	阿夫沙洛姆·卡斯皮和特里·莫菲特
Chan，Sin Yee	陈倩仪
Chan，Wing-Tsit	陈荣捷
charity，principle of	宽容原则

English	汉　语
Clark，Andy	安迪·克拉克
Coleman Doriane /Lambelet	多利安·科尔曼/兰伯利特
Coles，Robert	罗伯特·科尔斯
communitarianism	社群主义
community and relationship，value of	社会社群和社会关系的价值观
community-centered moralities	以社群为中心的道德
gender equality in	男女平等
nonhierarchical forms	非等级差异形式
role in promoting equality	在促进平等中发挥的作用
concepts	概念
exemplar and prototype theories of	实例原型理论
moral	道德的
nature of	本质
confidence in morality	道德自信
Foucauldian challenge that morality is bound up with power	对道德与权力息息相关观念的福柯式挑战
lack of individuality in Western liberal societies	西方自由主义社会缺乏个性
Confucian morality	儒家道德观
filial piety	孝道
Confucius	孔子

English	汉 语
connectionism	联结主义
Cooley Charles Horton	库利·查尔斯·霍顿
Cooper，David	大卫·库伯
Cua，Antonio	柯雄文
culture	文化
common values across culture	跨文化的共同价值观
as containing "counterpoint" values	包含"对位"价值观
differences in values and	价值观不同
learning from other cultures	学习其他文化
as providing templates for action	为行动提供模板
Dahl Roald	达尔·罗尔德
Damasio，Antonio	安东尼奥·达马西奥
Daniels，Norman	诺曼·丹尼尔斯
Darwall，Stephen	斯蒂芬·达尔沃尔
Darwin，Charles	查尔斯·达尔文
Davidson，Donald	唐纳德·戴维森
Davis，Nancy	南茜·戴维斯
De Waal，Frans B. M.	弗兰斯·德·瓦尔
DeCew，Judith	朱迪丝·迪丘
DeSousa，Ronald	罗纳德·德苏萨

English	汉 语
DeVos，George	乔治·狄维士
Doi Takeo	土居健郎
Doniger，Wendy	温迪·多尼格
Donnelly，Jack	杰克·唐纳利
Doris，John	约翰·多里斯
emotions and their place in practical reasoning	情感及其在实践推理中的地位
equality，value of see human nature and psychological realism	平等、人性价值观和心理现实主义
impersonal values and equality	客观价值观和平等
moral disagreement over distributive justice	分配正义的道德分歧
Falk，Richard	理查德·福尔克
Falwell，Jerry	杰里·福尔韦尔
Fehr，Ernst	恩斯特·费尔
Urs Fischbacher	乌尔斯·费舍巴赫
Walter Feinberg	沃尔特·范伯格
Fendrich，M.	芬德里奇
M. Huss	胡斯
T. Jacobsen	杰克布森
M. Kruesi	克鲁斯

English	汉　语
U. Ziegenhain	齐根海因
Festinger，L.	菲斯汀格尔
Flanagan，Owen	欧文·弗拉纳根
Fleischacker，Samuel	萨缪尔·弗莱施哈克尔
Foot，Philippa	菲利帕·福特
Foucault，Michel	米歇尔·福柯
Frazer Sir James	弗雷泽·詹姆斯爵士
Freud，Sigmund	西格蒙德·弗洛伊德
Friedman，Marilyn	玛丽莲·弗里德曼
Friedman，Michael	米歇尔·弗里德曼
Frye，Marilyn	玛丽莲·弗赖伊
impersonal values and equality	非个人价值观和平等
Fung，Yu-lan	冯友兰
Galston，William	威廉·盖尔斯敦
Garrett，Aaron	艾伦·加勒特
Gauthier，David	戴维·高西尔
Geertz，Clifford	克利福德·格尔茨
Gewirth，Alan	艾伦·格维斯
Gilligan，Carol	卡罗尔·吉利根
Graham，A. C.	葛瑞汉

English	汉　语
Gray，John	约翰·格雷
Griswold，Jr.，Charles	小查尔斯·格里斯沃尔德
Gruenbaum，Ellen	艾伦·格林鲍姆
Gutman，Amy，and Dennis Thompson	艾米·古特曼与丹尼斯·汤普森
Haakonssen，Knud	努德·哈孔森
Haley，John	约翰·黑利
Hall，David，and Roger Ames	郝大维与安乐哲
Hamilton，William	威廉·汉密尔顿
Hammond，Robert	罗伯特·哈蒙德
Hampshire，Stuart	斯图尔特·汉普希尔
Hampton，Jean	简·汉普顿
Hare，Richard M.	理查德·黑尔
Harlow，Harry，and R. R. Zimmermann	哈利·哈洛与罗伯特·齐默尔曼
Harman，Gilbert，XV	吉尔伯特·哈曼十五世
harmony，value of，	和谐价值
Harris，Leonard	莱纳德·哈里斯
Hatfield，Elaine，and Richard Rapson	伊莱恩·哈特菲尔德与理查德·拉普森
Hegel，Georg Wilhelm Friedrich	格奥尔格·威廉·弗里德里希·黑格尔
Higley，J. D.	约翰·迪伊·希格利

English	汉 语
Hill，Jr.，Thomas	小托马斯・希尔
Hitchcock，David	戴维・希契柯克
Hobbes，Thomas	托马斯・霍布斯
Hochschild，Jennifer	珍妮弗・霍赫希尔德
Honneth，Axel	阿克塞尔・霍耐特
Hooker，C. A.	胡克
Horgan，Terence E., and John Tienson	特伦斯・霍根与约翰・蒂尔森
Horkheimer，Max	马克斯・霍克海默
Theodor Adorno	西奥多・阿多诺
human nature	人性
dangerous uses of conceptions of human nature	人性概念的危险使用
and flourishing	幸福
and motivation	动机
objections to the idea of a fixed nature	反对固有人性
place in a naturalistic conception of morality	置身自然主义道德概念
and psychological realism	心理现实主义
role in generating reciprocity norm	在产生互惠规范过程的作用
as social	社会性
Hume，David	大卫・休谟

English	汉　语
Humean theories	休谟理论
impersonal values	非个人价值观
and compatibility with personal motives	个人动机相容
and equality	平等
interests	利益
concept of	概念
and needs	需求
Isaac，R. M. and J. M. Walker	罗伯特・迈克・艾萨克和乔安・沃克
K. McCue and Charles Plott	凯文・麦丘和查尔斯・普洛特
Johnson，Diane	戴安・约翰逊
justice communitarian and liberal conceptions as applied to the family	应用于家庭的社群主义和自由主义正义概念
core concept	核心概念
Kahn，Joel	乔尔・卡恩
Kane，Robert	罗伯特・凯恩
Kant，Immanuel	伊曼努尔・康德
Kantian moral philosophy	康德的道德哲学
Kekes，John	约翰・凯克斯
Kingston，Maxine Hong	汤亭亭
Kitcher，Philip	菲利普・基切尔

English	汉　语
Klein，Melanie	梅兰妮·克莱因
Kohut，Heinz	海因茨·科胡特
Kozol，Jonathan	乔纳森·科左尔
Kunda，Ziva	齐瓦·孔达
LaFollette，Hugh	休·拉福莱特
Lear，Jonathan	乔纳森·里尔
Leinberger，Paul，and Bruce Tucker	保罗·莱茵贝格尔和布鲁斯·塔克
Liang，Qichao	梁启超
liberal ethical theory	自由伦理理论
approach to moral disagreements	道德分歧的处理方法
failure to address role of intermediate associations in nurturing effective moral agency	未能触及中间性社团在培育有效道德能动性上的作用
and the family	家庭
and the need to account for inequalities of dependence	需要考虑到依赖的不平等性
neutrality toward conceptions of the good	对"善"的概念保持中立
Machiavelli，Niccolo	尼科洛·马基雅维里
MacIntyre，Alasdair	阿拉斯戴尔·麦金太尔
Mackie，J. L.	约翰·L. 麦凯
Madsen，Richard	理查德·马德逊

English	汉　语
Mann，Patricia	帕特里夏·曼
Mansbridge，Jane	简·曼斯布里奇
Martin，Jane	简·马丁
Marx，Karl	卡尔·马克思
McCarthy，Thomas	托马斯·麦卡锡
McDowell，John	约翰·麦克道威尔
McNaughton，David	戴维·麦克诺顿
Mencius	孟子
Meyers Robert G.	迈耶斯·罗伯特·G.
Mill，John Stuart	约翰·斯图尔特·密尔
Miller，Geoffrey	杰弗里·米勒
Minoura，Yasuko	箕浦康子
Moody-Adams，Michele	米歇尔·穆迪-亚当斯
Moore Jr.，Barrington	小巴林顿·摩尔
Moore，G. E.	G. E. 摩尔
moral ambivalence	道德矛盾
moral disagreement	道德分歧
brute versus reasonable	野蛮与理性
explanation of given by pluralistic relativism	多元相对论给出的解释

English	汉 语
explanatory problem posed for universalism	为普遍论提出的解释性问题
less radical on more concrete levels	在更具体的层面上不那么激进
not radical but involving overlapping values	不激进但涉及重叠的价值观
over abortion	堕胎
over death penalty	死刑
over distributive justice	分配正义
over female genital cutting	女性割礼
ways to react to	应对方法
see also moral ambivalence	参见道德矛盾
moral norms	道德规范
concrete guidance not deducible from abstract norms	无法从抽象规范中推导出的具体指导
as constructed to promote social cooperation and intra-personal ordering of motivations	构建以促进社会合作和个人内在动机
not irreducibly moral but still normative	并非不可化约的道德,但仍具有规范性
as performing functions through their voluntary acceptance	通过自愿接受履行职能
their construction not requiring explicit agreement	他们的建立不需要显性的契约

English	汉　语
their relation to moral reasons	他们与道德理由的关系
use of one's own norms to judge others who do not accept them	用自己的准则来评判不接受这些准则的人
see also reciprocity，norm of	参见互惠，规范
moral properties	道德属性
ontology of	本体论
perception of	认知
moral reasons	道德理由
external to the individual's motivation but internal to human nature	就行为个体的动机而言是外在的，但是就人类本性而言却是内在的
externalism of	外在论
as features of situations	情境特征
how situational features get established as internalism	情境特征如何作为内在论确立起来
internalism	内在论
justifying versus motivating	证明与激励
not irreducibly moral but still normative	并非不可化约的道德，但仍然是规范的
role in focusing and directing pre-existing propensities	在专注和指示先存倾向方面的作用
as stemming from reasonableness rather than rationality	源于理智而不是推理能力

English	汉　语
see also moral norms，relation to moral reasons；truth conditions of moral statements，as concerning the balance of reasons，morality concept of	也参见道德规范，与道德理性的关系；道德陈述的真值条件，关于理性的平衡，道德理念
see also moral norms；moral reasons；naturalistic approach to morality，multiculturalism	也参见道德规范；道德理由；道德自然主义途径，多元文化主义
Nagel，Thomas	托马斯·内格尔
Nathan，Andrew	黎安友
naturalism methodological	自然主义方法论
naturalistic approach to morality	道德自然主义途径
biological and cultural evolution of morality	道德的生物与文化进化
constraints on true moralities derived from its functions	对因其功能而产生的正确道德的约束
constraint requiring accommodation	要求调适的约束
accommodation，value of，constraint requiring balance of self- and other-concern	调适，价值，在关心自我和关心他人之间保持平衡的约束
constraint requiring justifiability to the governed	要求被治理者有合理性的约束
constraint requiring norm of reciprocity	要求遵循互惠规范的约束
functional conception	功能性概念

English	汉　语
functional conception and deontic moralities	功能性概念与道义道德
functional conception and why it allows for a plurality of true moralities	功能性概念及其顾及多种正确道德的原因
local constraints on moralities	对道德的地方性限制
locally contingent criteria for true moralities	正确道德的地方偶然性标准
not deriving an "ought" from an "is"	不是从"是"得到"应当"
Nietzsche Friedrich	弗里德里希·尼采
Nivison，David	倪德卫
noncognitivism	非认知主义
nonnaturalism	非自然主义
Nussbaum，Martha	玛莎·努斯鲍姆
Obiora，Amede	阿梅德·奥比奥拉
Orbell，John M.	约翰·奥比尔
Alphons van de Kragt	阿尔文斯·范德克拉特
Ostrom，Elinor	埃莉诺·奥斯特罗姆
James Walker	詹姆斯·沃克
Particularism	特殊主义
Pincoffs，Edmund	埃德蒙·平克夫斯
Pinker，Steven	史蒂芬·平克

English	汉　语
Platts，Mark	马克·普拉茨
Pluralism	多元论
impossibility of maximally realizing all moral values	不可能最大限度地实现所有道德价值
meanings compatible with universalism	与普遍论相容的意义
internally inconsistent meanings	内部不一致的含义
meanings not addressed to ultimate questions about moral truth	并非针对道德真理的最终问题的意义
pluralistic relativism	多元相对论
see also accommodation，value of；attunement，value of；autonomy，value of；community and relationship，value of；dependency，value of；equality，value of；impersonal values；rights；special duties；tolerance，value of；utility，value of pluralistic	请参阅调适的价值观；和谐；自主性；社群与关系；依赖性；平等；非个人价值观；权利；特殊义务；宽容；功利性；多元价值观
pluralistic relativism	多元相对论
argument for a plurality of true moralities within universal constraints	在普遍约束下的正确道德多元主义论证
and attitude toward other true moralities	对其他正确道德的态度
effect on confidence	对信心的影响
as reflected in truth conditions of moral statements	反映在道德命题的真值条件上

English	汉　语
strategy of argument for	辩论策略
why it is not simply pluralism	为什么不只是多元主义
Pole，J. R.	J. R. 波尔
Poster，Mark	马克·波斯特
power，its exercise in social constitution of selves	权力在自我的社会构成中的运用
practical identity	实际认同
aspects of	方面
context-dependence	语境依赖性
effective	有效的
need for nurturance from others	需要他人的培养
role of adequate morality in fostering	在培养过程中扮演适当的道德角色
practical reasonand emotion	实践理性和情感
motivational propensities	动机倾向
Prinz，Jesse	杰西·普林兹
Protagoras	普罗塔哥拉
Putnam，Robert	罗伯特·帕特南
Putnam，Ruth Anna	罗丝·安娜·帕特南
Quine，W. V. O.	W. V. O. 奎因
Quinn，Warren	沃伦·奎因

English	汉　语
Qutb，Seyyid（Sayyid）	赛义德·库特布,（赛义德）
Railton，Peter	彼得·莱顿
Rawls，John	约翰·罗尔斯
conception of moral development	道德发展概念
reflective equilibrium	反思性均衡
Raz，Joseph	约瑟夫·拉兹
Read，K. E.	K. E. 里德
reciprocity，norm of between parents and children	互惠,父母和孩子之间的相处规范
as universal constraint on moralities	对道德的普遍约束
relativism	相对论
rhetorical one-sided characterizations of the view	修辞上片面的观点特征概括
pluralistic relativism Henry，Richardson	多元相对论,亨利·理查森
rights	权利
autonomy ground for rights	权利的自主性基础
in the Chinese tradition	在中国传统中
communal ground for rights	权利的社群基础
compatibility with care ethic and communitarian justice interdependence with community	关怀伦理与社群主义正义的相容性,与社群的相互依赖

English	汉 语
rights-centered moralitiessee also liberal ethical theory and the family	以权利为中心的道德观,参见自由伦理理论和家庭
need to account for inequalities of dependence	需要解释依赖性的不均衡情况
see also liberal ethical theory and the family; need to account for inequalities of dependence	参见自由伦理理论和家庭,需要解释依赖性的不均衡情况
Rilling, James K.	詹姆斯·瑞林
David A. Gutman	大卫·古特曼
Thorsten. Zeh	托尔斯滕·伊泽
Guiseppe Pagnoni	吉普赛·帕格诺尼
Gregory S. Berns	格雷戈瑞·伯恩斯
Clinton D. Kilts	克林顿·基尔特
Rocco	洛克
Elena	埃琳娜
Massimo, Warglien	沃格林·马西莫
Rockefeller, Stephen	史蒂夫·洛克菲尔
Roetz, Heiner	罗哲海
Roland, Alan	艾伦·罗兰德
Rorty, Amélie	艾米莉·罗蒂
Rorty, Richard	理查德·罗蒂

English	汉　语
Rosemont Jr., Henry	罗思文
Rosenberg, Alex	阿列克斯·罗森堡
Rosenberger, Nancy	南希·罗森伯格
Ruddick, Sara	萨拉·鲁迪克
Ryan, George	乔治·瑞安
Salamone, Stephen	史蒂夫·萨拉莫内
Sandel, Michael	迈克尔·桑德尔
Sayre-McCord, Geoffrey	杰弗里·赛亚·迈克尔德
Scanlon, Thomas	托马斯·斯坎伦
Scheffler, Samuel	塞缪尔·舍弗勒
Schiffer, Stephen	史蒂夫·希弗
Schotter	斯考特
self-interest and morality	利己主义与道德
balancing self and other concern	关心自我与关心他者的平衡
self-interest and the necessity of justifying subordination	利己主义和从属他人的重要性
Sellars, Wilfred	威尔弗雷德·塞拉斯
Selznick, Philip	菲利普·塞尔兹尼克
Seung, Thomas	托马斯·承炫
Sheehan, Norman	诺曼·希恩

English	汉　语
Shils，Edward	爱德华·希尔斯
Shore，Brad	布莱德·希尔
Shun，Kwong-loi	信广来
Shweder，Richard	理查德·希尔德
Bourne Edmund	博恩·埃德蒙
Silberbauer，George	乔治·希尔鲍尔
Silver，Mitchell	米歇尔·西尔维娅
Simmer，M. L.	西蒙
Singer，Peter	彼得·辛格
Skuse，David	大卫·斯库塞
Skyrms，Bryan	布莱恩·斯基尔姆斯
Smith，Adam	亚当·斯密
Smith，Michael	迈克尔·史密斯
Sober，Elliott	艾利奥·索伯
David Sloan Wilson	大卫·斯隆·威尔森
special duties as necessary for moralities	道德必要的特殊义务
versus impersonal duties	与非个人义务的对比
Stairs，Arlene	艾琳·斯泰尔斯
Stevenson，Charles L.	查尔斯·史蒂芬森
Stroud，Barry	巴里·斯特劳德

English	汉　语
Sturgeon, Nicholas	尼古拉斯·斯特金
Sugden, R.	萨格登
Tajfel, H.	亨利·塔费勒
Taylor, Charles	查理斯·泰勒
Teuber, Andreas	安德烈亚斯·特乌伯
Thomas, Laurence	托马斯·劳伦斯
Thomson, Garrett	加勒特·汤姆森
Tobin, Joseph J.	约瑟夫·托宾
David Y. H. Wu	大卫·吴
Dana H. Davidson	丹娜·戴维森
Tocqueville, Alexis de	亚历克西斯·德·托克维尔
tolerance, value of	宽容的价值观
Tooby, John	约翰·托比
Leda Cosmides	莱达·科斯米德斯
truth conditions of moral statements	道德命题的真值条件
as concerning the balance of reasons	关于理由的平衡
Turnbull, Colin	科林·特恩布尔
Turner, Victor	维克多·特纳
universalism	普遍论
where it overlaps with pluralism	与多元论重叠

English	汉　语
utilitarianism	功利主义
utility，value of	功利性价值
Van Norden，Bryan	万百安
Verba，Sidney	西德尼·维尔巴
Walzer，Michael	迈克尔·沃尔泽
Warnock，G. J.	杰弗里·沃诺克
Wartenberg，Thomas	托马斯·沃特伯格
Weisberg，Laura J.	劳拉·威斯伯格
Whiting，Beatice	比阿特丽斯·惠廷
Carolyn Edwards	卡洛琳·爱德华兹
Whyte，William H.	威廉·怀特
Wiggins，David	大卫·威金斯
Williams，Bernard	伯纳德·威廉姆斯
Winch，Peter	彼得·温奇
Winston，Kenneth	肯尼斯·温斯顿
Wittgenstein，Ludwig	路德维希·维特根斯坦
Wolf，Susan	苏珊·沃尔夫
Wollheim，Richard	理查德·沃尔海姆
Wong，David B.	黄百锐
Woods，Michael	迈克尔·伍兹

English	汉　语
Xunzi（Hsün Tzu）	荀子
on human nature	论人性
on morality as a social construction	道德作为一种社会建构
Yao，Chia-wen	姚嘉文
Trivers，Robert	罗伯特·特里弗斯
Zhuangzi（Chuang Tzu）	庄子

译后记

2018 年 11 月，译者翻译的美国知名汉学家、泛瑟学院哲学教授万百安的《哲学的价值——一种多元文化的对话》在武汉大学李勇教授等的努力下被纳入东方出版中心的"比较哲学翻译与研究丛书"，获得在该社出版的机会。该书的特约编辑刘旭博士当时正在武汉大学哲学学院吴根友教授的指导下攻读博士。2019 年 2 月 15 日，刘博士来信告知，希望译者翻译杜克大学黄百锐教授的《自然道德》和欧文·弗拉纳根教授的名作《道德地理》。本套丛书的三本重要著作都打算委托给译者是希望保证翻译质量和整套书整体风格的一致性。因为手头任务多，感觉时间紧迫，幸好译者的同事郑开胜老师答应帮忙，所以《道德地理》一书由他负责翻译。译者深感责任重大，诚惶诚恐。唯恐辜负了作者、各位师友、出版社及广大读者的信任，译者付出了很大努力，但愿能够不辱使命。

一、关于作者

黄百锐是杜克大学哲学教授,之前曾在布兰迪斯大学和波士顿大学任教,与欧文·弗拉纳根一起担任杜克大学比较哲学中心主任、美国哲学学会官员委员会学术委员。黄百锐被认为是极具独创性、影响力巨大但常常引起争议的当代伦理学家。其主要研究方向是:① 社会内部及社会之间的道德差异性和相似性的本质和范围,以及这些差异性和相似性对于道德的客观性和普遍性带来的问题;② 尝试从自然角度理解道德,即人类将合作置于框架之中,并向他人传递他们发现值得过的生活方式是什么;③ 基本道德价值观的冲突以及这些冲突如何产生社会内部和社会之间的差异;④ 我们如何在道德协商中尝试处理这些冲突;⑤ 比较哲学,尤其是中西比较哲学(儒释道)对这些话题的相关意义;⑥ 我们的情感和行为理由是否仅仅基于我们的渴望,理由是否能够战胜欲望,能否被用来批判性地评价和塑造欲望;⑦ 人们承认他或她有理由以某种方式感受或行动在多大程度上成为情感的组成部分并促成其改变。

道德相对论是元伦理学中的重要话题,也广泛出现在哲学之外(如政治和宗教领袖口中),在哲学家和非哲学家中都常常是引起争议的话题。道德相对论可以有多种理解,有时候"道德相对论"与我们应该如何与有道德分歧的他人相处以及思考和行动的规范性立场联系起来,最常见的是我们应该宽容他们[①]。

二、《自然道德》出版前的主张

黄百锐是少数公开主张道德相对论的哲学家之一，早在1984年，他就出版了对此概念的研究《道德相对论》。他在书中指出，世界上至少有两种不同的道德研究途径：一种是以美德为中心的道德，强调社群利益；一种是以权利为中心的道德，强调个人自由。

1996年，黄百锐在《中西部哲学研究：道德概念》收录的论文"多元相对论"中为类似立场辩护，为正确的道德规范留下更大空间的多元主义。他认为正确和恰当的道德不止一种，但这种道德应该有一些约束。第一点是元伦理学相对论：一个道德对一个社会或许是正确的，与之冲突的道德对另一个社会是正确的。因此，没有对所有社会都客观正确的单一道德。第二点是对道德客观主义的妥协，承认人性和人类处境中有些客观因素在一定程度上能决定某个特定道德是否正确。一个道德被社会接受并不能保证它有规范性的权威[②]。

武汉大学李勇教授觉得黄百锐详细讨论的话题——道德矛盾现象是其不存在单一正确道德的道德相对论观点的重要组成

① Gowans Chris，"Moral Relativism，" *The Stanford Encyclopedia of Philosophy* (Summer 2019 Edition)，Edward N. Zalta（ed.），URL ＝ ＜https://plato.stanford.edu/archives/sum2019/entries/moral-relativism/＞.

② Wong D. B.，"Pluralistic Relativism，" *Midwest Studies in Philosophy: Moral Concepts*，20：378 - 399.

部分。李勇这样解释黄百锐的道德矛盾：在辩论开始时，当我们产生意见分歧了，我们都信心十足地相信自己对、对方错。等到辩论结束，我们可能被说服自己错了，对方是对的。这经常出现在我们就实证性或事实性命题产生分歧的时候，但是，当我们在道德议题上产生分歧时，任何一方能够被说服的情况都非常罕见。对方的顽固不化可能令我们感到非常沮丧和失望，但是有时候我们也会逐渐看出对方的观点可能有些道理。我们甚至会觉得应该接受他们的道德视角或者价值观①。

2004 年，黄百锐与在多伦多大学担任哲学教授的信广来合编的《儒家伦理学：自我、自主性和社群对比研究》的第二章《儒家中的权利和社群》中以儒家思想中包含了基于社群利益发言的权利的可靠论证萌芽，儒家应该承认基于社群的言论自由权利来阐明调适的价值观以及差别和多样性视角的重要性。黄百锐认为权利和社群相互依赖，谁也离不开谁。以社群为核心的传统应该考虑确认和保护某些权利来确保公共利益，而以权利为核心的传统应该承认我们需要可靠的社群来培养有效的道德能动性来保证民主机器的有效运行（Shun and Wong，2004，3 - 4）。如果以社群为中心的道德应该更接近以权利为中心的道德，至少要承认某些最基本的民主权利，那么，以权利为中心的道德也应该承认社群对于自治和社会正义等民主价值观的实现是不可或缺的（52）。考虑到有一定程度复杂性的不同道德传统内的严重分歧

---

① Li Y., "Moral Ambivalence: Relativism or Pluralism?" *Acta Anal* 34, 473 - 491 (2019), https://doi.org/10.1007/s12136-019-00393-1.

不可避免,任何特定伦理价值观对于这些传统和社会的稳定和完整都特别重要(54)。以权利为中心的和以社群为中心的传统需要的社群概念并不是建立在共同认可的共同善这个难以企及的理想基础之上,而是必须接受显著的多样性和分歧,必须在分歧的情况下维持社群的存在,不是承认权利而是承认调适的价值观。即便需要民主美德,特别值得欣赏的应该是协商、妥协、创造性地解决问题的能力,既不完全满足任何一方的要求又能维护各方的面子(55)。难怪他强调的重点不是特别希望制度化的儒家更加严肃地对待权利,反而呼吁儒家和道家的更大融合,特别推崇庄子欣赏的差别和视角多样性(52 - 56)[①]。

安靖如(Stephen C. Angle)在为《儒家伦理学》写的书评中特别提到黄百锐的论证儒家应该承认基于社群的言论自由权利很容易被称为纯粹基于传统术语的"内部批评",但黄百锐并没有特别强调自由派的个人主义。若将黄百锐的论证贴上内部评论的标签,将掩盖其思想和论证中西方社群主义观点发挥的作用。实际上,黄百锐再次展现出全球哲学的风度,在儒家框架下的论证能够借用外部的概念和理由而得到提升。"我们生活和成长的传统变得越来越相互依赖,部分因为我们每个人都是多样的相互重叠的多个社群和拥有多样组织机构的成员。这并不是说所有这样的社群或者话语都能轻易地相互化约,但是它们也不是完全

---

① Kwong-loi Shun and David B. Wong, eds., *Confucian Ethics: A Comparative Study of Self, Autonomy, and Community* (Cambridge: Cambridge University Press, 2004).

　　　　　　　　　　　　自然道德:对多元相对论的辩护

与相互交往和影响完全隔绝的。当代儒家哲学也应该是全球性的哲学。"①这可以说是对黄百锐的道德多元相对论的一种间接的支持。

三、《自然道德》的主要内容

2006 年出版的《自然道德》是对道德相对论概念更新更复杂的论述。有人说这本书是对 1984 年出版的《道德相对论》中提出的道德相对论主张的发展和早期辩护的一些修正。不过，这种描述具有误导性，不仅因为黄百锐所辩护的相对论形式是独特的，与相对论这个标签通常所指的内容有很大不同，而且因为书中除了相对论还讨论了很多别的东西，尤其是道德在人性中的基础地位，科学对这些基础作出的种种贡献，自由主义者和社群主义者的辩论，以及儒家传统和中国哲学的很多话题。就五花八门的广泛议题，黄百锐写出了严谨认真且极具深刻见解的文字。福特汉姆大学（Fordham University）的克利斯托弗·高恩斯教授在《圣母哲学书评》上发表的书评中对这本书评价甚高，称它是有史以来对道德相对论的最系统和最具说服力的辩护，具有非常重要的意义，未来有关道德相对论的任何探讨或反对意见都需要考虑他的论证。高恩斯在《斯坦福哲学百科全书》有关道德相对论的词条中说，黄百锐继续强调正确的道德受到的普遍性约束。这些约

---

① Stephen C. Angle, "Review about Confucian Ethics: A Comparative Study of Self, Autonomy, and Community," *Notre Dame Philosophy Review*, December 08, 2005, https://ndpr.nd.edu/news/confucian-ethics-a-comparative-study-of-self-autonomy-and-community/.

束基于我们对人性以及人类生活环境的自然主义理解。考虑到人类需要的多样性和利己主义的根深蒂固,道德的功能就是推动社会合作和个人幸福。而且,道德要求个人有有效能动性和有效身份认同,这些只能在诸如家庭等个人背景下塑造而成。因此,非个人视角必须受到个人视角的限制。任何正确的道德必须都尊重这些要求,但在黄百锐看来,普遍性约束的开放性足以保证存在不止一种尊重方式。因此,正确的道德不止一种。这就是多元相对论。不同的正确道德之间未必格格不入,实际上,它们往往有一些共同的价值观(如个人权利和社会利益),只不过各自的优先选择顺序有些差异而已。黄百锐认为多元相对论是对道德矛盾现象的最佳解释,即与人在道德上有分歧,却同时承认此人作出的不同判断也有道理,以至于对自己独一无二的准确性的信心都产生动摇了。黄百锐认为,因为严重的道德分歧不可避免,任何恰当的道德都必须包括他所说的调适价值观。这涉及保证对和自己有意见分歧的人建立和平共处和不强制性威胁的关系。调适似乎与宽容有关,但黄百锐认为不仅仅如此:我们还应该向他人学习,与他们和解,并维持与他们的友好关系等。有人可能提出相对论不能成为普遍价值观的基础,因为为它辩护就意味着承认任何道德都是恰当的道德,对此反对意见,黄百锐对调适的辩护有免疫力。不过,虽然他预设了支持其立场的相对论维度(没有单一正确的道德),却从非相对论维度论证道德的功能之一是推动社会合作(存在一些任何道德都应该接受的普遍性约束)。因此,严格来说,这种论证不是从相对论到调适。在很多方面,黄

　　　　　　　　自然道德:对多元相对论的辩护

百锐的立场是至今有关相对论的最复杂形式,有充分的资源应对批评者提出的众多问题①。

《自然道德》的英文版出版于 2006 年,坦率地说,翻译成中文的确有些滞后,如果读者希望了解作者思想的新进展以及该书的影响力,不妨阅读肖扬和黄勇编著的《道德相对论与中国哲学:黄百锐及其批评家》(2014)一书。该书收集了研究中国思想的道德哲学家和学者围绕《自然道德》展开的辩论以及作者对批评的回应。黄百锐的观点是多元道德相对论,他并没有为所有现存的道德相对论辩护,但评估了什么是正确的道德,其独特哲学反映了他对儒家和道家思想的深刻了解。书中讨论的范围很广泛,包括探讨黄百锐有关自然主义、道德评价标准、慈善原则、道德权威和社群概念等观点,并考察了他对荀子和庄子的解读。黄百锐与批评者之间唇枪舌剑的交流以及黄百锐严谨细腻和雄辩有力的回应不仅澄清和进一步阐明了黄百锐的思想,也展现了当今伦理学理论和中国哲学的众多方面②。

说到《自然道德》的基本论证过程和思路,译者觉得克利斯托弗·高恩斯教授的书评是很详细的总结,这里与各位读者分享一下,希望有助于我们快速抓住本书的基本要点。

---

① Gowans Chris, "Moral Relativism," *The Stanford Encyclopedia of Philosophy* (Summer 2019 Edition), Edward N. Zalta (ed.), URL = <https://plato.stanford.edu/archives/sum2019/entries/moral-relativism/>.

② Yang Xiao and Yong Huang, *Moral Relativism and Chinese Philosophy: David Wong and His Critics* (New York: State University of New York Press 2014).

（一）道德多元相对论论证的三个步骤

黄百锐辩护的"道德多元相对论"观点包括：① "正确的道德存在多元主义"；② 就什么可成为正确的道德存在着根源于人性和环境的显著普遍性约束（xii）。黄百锐接受①意味着他反对只有一种正确道德的观点（道德普遍论——这是他的主要攻击靶子）以及不存在正确的道德的观点（道德虚无主义）。他确认②的后果则是，他并不认为每个现存道德就是事实上的正确道德，因而回避了反对道德相对论的通常意见，即相对论意味着任何社会的道德多么骇人听闻在某种意义上都是正确的。他在第一编的道德相对论论证非常复杂，这里做个简单的总结。

黄百锐从"道德矛盾"这个现象说起。这出现在"我"与他人产生显著道德分歧时，"我"意识到他人持有的道德判断虽然与我的冲突，但也是有道理的，从而造成我对自己判断的"独特正确性"或"优越性"的信心遭遇"颠覆"或"动摇"（5）。黄百锐相信这种现象很普遍，他认为适当的解释和说明它很重要。他的解释是，产生矛盾的道德分歧往往涉及价值观多样性，产生分歧的各方接受了同样的价值观，但赋予这些价值观不同的优先选择。这个共同基础是"我"能看出与"我"分歧者也有道理的部分原因。因此，黄百锐将道德矛盾当作道德价值多元主义的前提，是认定存在不可化约的"基本道德价值观多样性"的观点（6）。而且，他在第一章中认为，我们应该在此意义上接受多元主义。（因此，黄百锐为两种多元主义辩护：道德价值观多元主义和道德多元相对论中存在正确道德的多元主义。）

黄百锐论证的第二步是，我们应该从"方法论自然主义"的角度来解释据说隐含着道德价值观多元主义的道德矛盾。这强调了实证性调查的重要性，即使在评价被认定的先验性命题时，它承认认识论和实证性科学之间没有显著区别。黄百锐将这种形式与实质性自然主义形式区别开来，但他认为方法论自然主义从心理学、人类学和进化论生物学中吸收了相关资源，认为这些资源为与道德哲学直接相关的实质性命题提供了证据。

　　这些命题中最根本的是他的"道德功能概念"，按照这种概念，道德功能是要促进和维持个人幸福与社会合作。而且，黄百锐认为如果想要充分实现道德功能，就必须处理人类天生就有的一些基本习性或兴趣，如身体需要、社会需要和知识需要等。黄百锐认为，我们天生拥有众多动机，涵盖从利己主义到利他主义的广泛范围。人类心理中利己主义的深度和坚持是本书的核心主题。为此，黄百锐认为，任何恰当的道德都必须包括一种互惠性规范，即某种形式的以善报善：我们不能指望纯粹的利他主义。从其自然主义立场看，人性和人类处境的细节约束了道德能够满足道德功能的方式。

　　黄百锐支持多元相对论的论证的最后一步是，若从自然主义视角看，那是对道德矛盾的最好解释。一方面，他认为道德普遍论不能充分解释模糊性。比如，普遍论者对于矛盾的典型反应是否认道德价值观多元主义，这样做并没有多大说服力。另一方面，多元相对论提供了合理的解释。刚刚注意到的那种自然主义约束使得不同道德很可能拥有或者应该拥有很多共同特征，但是这些约束非常宽泛,还不足以确立单一正确的道德。因此,在基本价值观方面存在共识,在哪些价值观更重要(以及更笼统地说,如何解读这些价值观)方面却存在很多道德分歧,也就没有多少惊人之处了。结果自然出现了道德矛盾。

(二)道德遭遇的自然主义约束

在第二编,黄百锐更详细地描述了恰当的道德所遭遇的自然主义约束。他论证说,道德(包括个人幸福)要求"有效能动性",也就是"让我们在目标中确立清晰的优先顺序,并计划和实施那些有合理机会实现目标的行动的一整套能力"(119)。反过来,有效能动性取决于拥有"有效身份认同",即包括自尊、平衡各方要求的能力、确认社会规范的隐含意义的能力等在内的实际身份认同。黄百锐认为,其他人,尤其是在幼儿时期关照小孩者在有效身份认同和有效能动性的发展和维持方面"对我们的性格形成会产生深远影响"(134)。结果,培养诸如家庭那样的人际关系是恰当的道德所必不可少的。因而,非个人立场在某些方式上必须受到个人视角的约束,伴随着的是对特定他人的部分义务和责任。

在此基础上,黄百锐赞同强调社群和家庭重要性的儒家和社群主义者的观点,批评自由派约翰·罗尔斯没有能说明这种重要性:"自由道德必须纳入社群价值观才能推动在传播自身价值观时所需要的改善有效能动性。"(150)不过,他也认为,家庭的道德议题既要求焦点集中在个人权利上的自由主义正义概念,也要求焦点集中在公共利益上的社群主义正义概念,双方各自都应该向

自然道德:对多元相对论的辩护

对方学习。而且,卡罗尔·吉利根(Carol Gilligan)提出的关怀视角应该为两者提供指导也受其指导。这三个视角的任何一个至少"在美国占支配地位的道德传统中"都提供了阐明家庭重要性的道德远见(154)。

此后的讨论也强调了社群主义主题。在写到分配正义时,黄百锐挑战了托马斯·内格尔赋予积累财富动机的重要性,他暗示,内格尔的观点是美国文化偏见,扭曲了人性的可能性。黄百锐认为"对强大平等的社群主义承诺"是未来的希望。在这方面,他似乎认为社群主义价值观能够成为联系个人议题和非个人议题的桥梁。

(三)多元相对论造成的道德承诺困扰

在该书的第三编,黄百锐探讨了接受多元相对论可能产生的道德承诺的若干议题。首先,关于恰当的道德动机。他承认从理性上说,一个人做事未必要求有道德理由提供的动机。但他认为,鉴于他的道德功能概念,人类通常肯定能够因为道德理由而产生做事动机,否则就不能实现道德功能。因此,就个人动机而言,他的立场是外在论者,就人类动机而言,他的立场是内在论者。而且,黄百锐认为,即便不是全部个人幸福,至少有些幸福涉及对道德的承诺。黄百锐写道,"恰当的道德回答和满足某些核心的人类天性"提供了"我们对道德承诺所拥有的信心的部分支持"(219)。总之,黄百锐认为,恰当的道德将在总体上为人类提供动机和幸福的基础,但未必给每个个体提供这些东西。

黄百锐在最后一章承认,对其立场的相对论维度最重要的是,一个人能够充分承诺于和投入到某个特定道德观中,同时承认其他道德观在某些不可化约的方面也有价值。但这种承认"能够和应该对人的最初道德承诺产生更深刻和广泛的影响"(236)。主要效果之一是每个恰当的道德都应该包括某种形式的调适价值观:我们应该努力追求"竞争性道德概念的支持者之间和平共处"(246)。不过,黄百锐提议的内容可不止这些。比如,可能的时候(并不总是可能的),我们应该试图学习其他道德视角或者与它们达成妥协,或者以维持人际关系的方式处理分歧等。事实上,虽然他没有这么说,这些推荐意见是黄百锐企图从常常遭受攻击的主张那里恢复真理,多元相对论提供宽容的基础。在黄百锐看来,我们应该承认多元相对论提供了道德调适的基础和对道德多元主义的其他建设性回应。

四、黄百锐论证面临的挑战

　　黄百锐的论证很丰富和复杂。它们经常吸取当今道德哲学、儒家道德传统和人的实证性科学的营养。在很多方面,黄百锐展现出他推崇的调适价值观[1]。

　　不过,高恩斯的书评也提出了道德相对论以及黄百锐的支持论证面临的若干挑战。首先,道德矛盾并非不是流传广泛的现

---

[1] Christopher W. Gowans, *Natural Moralities: A Defense of Pluralistic Relativism* by David B. Wong Published: April 14, 2007, https://ndpr.nd.edu/news/natural-moralities-a-defense-of-pluralistic-relativism/.

象。虽然或许很多人愿意说,那些在道德上与他们有分歧者的观点至少在某些方面可能有道理,但很少人会将这种承认视为对其自身立场的独特正确性的挑战(除非在很罕见的情况下)。黄百锐给出了例子旨在鼓励支持道德矛盾的本能,但支持这种规范性主张的论证可能吸收了类似于显示多元相对论是对矛盾性的最佳解释而提出的一些考虑因素。这就暗示了矛盾性被视为接受多元相对论的后果要比将其视为接受多元相对论的理由可能更好些。如果赞同多元相对论,我们更有可能感受到道德矛盾。但是,已经感受到矛盾性的人并不很多,因而需要对此事实作出解释。而且,即使在这些人中也存在道德体验的其他现象,若用多元相对论之外的其他立场来解释可能更好些。对道德矛盾的解释肯定不是道德理论的唯一需要。

但是,即便道德矛盾不是很广泛的,这也没有破坏黄百锐论证多元相对论的核心内容。这是有关人性和环境的实证性事实显著约束和实质性地破坏能充分满足道德功能的东西。如果我们接受这些观点,黄百锐在这样做时论证很有说服力,我们在接受多元相对论的两个部分方面已经走了很远,但还没有到直接接受这一步:存在不止一种正确的道德,在什么可以被称为正确的道德方面存在普遍性约束。求助于道德矛盾不必然认为这些事实将使得多元相对论变成有关道德真理的正确元伦理学立场的至少貌似合理的候选对象(虽然多元相对论仍然能向有这种感受的人解释矛盾性)。

当然,即使我们同意黄百锐的实证性事实的普遍重要性(它们都限制和不确定性），仍然能够得出不同于多元相对论的结论。一方面，更多强调不确定性的人或许认为，我们应该放弃黄百锐意图让我们接受的道德真理的所有伪装（道德命题有一些真值条件，它们取决于某个群体接受的道德规范，并受到普遍性约束）。非认知论者可能允许在被称为恰当的道德的问题上存在某些约束，但黄百锐对于非认知论者对其立场的挑战三缄其口。他想继续保留道德真理在这个画面的核心，虽然是相对论者的道德真理而不是现实主义者的道德真理。

另一方面，那些赋予普遍约束更多重要性的人或许满足于我们不应该在相对论上作出妥协，但应该简单承认普遍原则在实践中可能产生多样性的结果。很多普遍论者允许在不同环境中可以用不同方式解释和应用普遍原则。这个途径可能阐明黄百锐渴望的多元主义的大部分内容，同时无需假设存在正确道德的多元主义。毕竟，单一道德能够宣称普遍原则 A 要求在某个环境下 X，在另一个环境下不 X，或者在某些环境下，A 允许 X 或者不 X。黄百锐谈论了在两个背景下的反对路线（3.2 节和 3.9 节）。其回应的最重要部分是，除了普遍性约束之外，坚持"地方标准"的重要性。这些标准是"将一个道德与另一道德区别开来的偶然性价值优先选择的表现"（80）。

实际上，我们有一种感觉，黄百锐想保存的不是个体的而是群体的道德自主性（在其强调群体的重要性时，相对论者和社群主义者在最低程度上是天然盟友）。我们都受制于根源于人性和环境的普遍性约束，但是，因为这些约束不足以确定具体的道德观,要确立这种道德观就必须作出选择。谁应该作出这些选择？黄百锐认为选择需要首先在群体层次上作出,因为道德的重要功能之一是促进社会合作：选择,至少是其中很多选择不能留给个人去作出,那样将产生混乱(81)。结果,与普遍论相反,道德真理取决于两个因素：普遍性约束和群体规范。在黄百锐看来,"群体内部出现和接受的道德规范为其成员提出的道德命题确立了真值条件,但是,这些真值条件受制于对恰当的道德的那些源于人性和道德功能的普遍性约束"(71；cf. xiii)。

这里存在一些需要考虑到的复杂情况。黄百锐一再谈及群体价值观(有时候是文化或者传统或者社会价值观),但是,正如他明确承认的那样,尤其是在群体内部常常存在不同意见,特别是存在与群体的流行规范不一致的人,如在美国这样个人主义占支配地位的社会中存在的少量儒家家庭,他们认为这个社会——他们显然是其中一部分——在某些重要议题上应该作出不同选择(假设这两种选择都与普遍性约束吻合),从上面引用的段落来看,儒家家庭的不同价值观似乎是错误的。这可能是有问题的,因为它给予社会的异议者成员遵从其价值观的理由并不充分。从最好情况看,他们或许有理由继续维持原样,在最坏的情况下,他们甚至连这个也做不到。而且,他们的某些价值观与占支配地位的群体规范不一致,为什么这个事实会让这些价值观受到质疑呢？社会合作本身的需要并不说明这些价值观是错误的。

作为一种修改,我们或许可以说,群体选择只有在与普遍性约束一致,并且满足众多程序性要求的情况下——允许人人都参与讨论,存在少数服从多数的原则等才是正确的。这或许给异议者成员更多理由来赞同群体价值观:虽然他们的观点不占上风,至少他们被允许参与决策制定过程。这看起来很重要,仍然远远不够。这种程序性途径似乎切断了为其价值观所拥有的理由和评判这些价值观可靠与否的标准之间的联系。人们通常不会仅仅因为一种价值观是这种程序的产物就接受它。

但是,实际上,黄百锐不会说例子中的儒家家庭是错误的,因为他们毕竟也是另一群体——儒家传统的成员,按照这个传统,其价值观是正确的。这就提出了更麻烦的问题。这些家庭属于不止一个群体,这些群体的价值观在某些重要方面是相互冲突的。黄百锐承认很多人在某些显著的方面属于不同的群体,这些群体是由众多变量确定的,以众多复杂的方式相互联系在一起,通常拥有不同的有时候冲突的价值观。很多人的道德身份根源于认同若干不同群体(传统和文化等)的事实。这里需要在人们从属的群体拥有相互矛盾的道德价值观时,人们对道德命题真值条件的描述。对黄百锐这样的相对论者的挑战是,既要严肃对待上文注意到的复杂性,又不滑入接近主观主义的漩涡,即每个人的道德命题都是拥有某种不同群体身份时的组合,都有不同的真值条件。黄百锐显然要避免这种状况。这种描述也需要就群体价值观确立、颁布和管理的真值条件说些什么。当然,不能说道德真理出现于显然涉及强制和压迫的任何条件下。黄百锐显示出对这些议题的清醒意识,但需要对这些问题作出更多说明。

　　　　　　　　自然道德:对多元相对论的辩护

最后一个问题涉及黄百锐的自然主义和普遍性约束的权威性。他认为自我利益是人性的根本特征，除了利他主义倾向之外，这是恰当的道德必须尊重的东西，因此有以善报善原则的重要性。在大乘佛教中，据说人人都能够和应该渴望成为菩萨，有些人寻求启蒙不是为自己而是为所有人。这个假设就是人人都能彻底克服自我利益，并获得纯粹利他主义的立场。虽然我们当然承认这非常困难，但我们仍然认为人人都有内在的潜能可以通过布施、持戒、忍辱、精进、禅定、智慧等六度（the Six Perfections）总结的修身实践而变成菩萨。对这种潜能的信念建立在这样一种基础上，即冥想训练揭示出我们相互之间的紧密联系，我们并不是真正独特的自我——因而破坏自我利益的想法。在此意义上，承认自我利益的自然主义解释，但将其重新解释为代表对人性的一种有限理解。的确，存在涉及某种互惠性的佛教道德。佛教理想在大乘佛教中是根本性的，表达了对人类潜能的揭示，这与黄百锐的自然主义途径格格不入。他曾经说或许存在不同于自然主义的合理途径（36 - 37），但我们不清楚这种承认意味着什么。如果坚持实证性科学是有关人性的唯一合理知识来源，就是在拥抱"科学主义"观念，而这是他想竭力避免的。但如果允许其他解释方式存在，那么，黄百锐的普遍性约束在某些方面或许就受到挑战①。

① Christopher W. Gowans，*Natural Moralities: A Defense of Pluralistic Relativism* by David B. Wong Published：April 14，2007，https://ndpr.nd.edu/news/natural-moralities-a-defense-of-pluralistic-relativism/.

五、国内外学者的道德相对论改良版

就译者非常有限的视野所及，香港中文大学哲学系教授、华东师范大学紫江讲座教授黄勇针对黄百锐的多元相对论提出的深刻评论和修改意见令人印象深刻。译者在此简述黄勇提出的从以行为主体或评判者为中心到以行为对象为中心的道德相对论改良版要点来与读者分享。

（一）黄勇的以行为对象为中心的道德相对论

在黄勇看来，以行为对象为中心的道德相对论能够解决黄百锐的道德相对论没有解决的问题。其独特之处在于，虽然是个体而非群体的相对论，但它仍然可以发挥调节和促进个体之间社会合作的功能，因为虽然是个体主义的，却不是主观主义的。行为对象相对论既是一种道德实在论，又是一种道德普遍论，其核心是尊重他人不同的生活方式。

黄勇的论文首先批判性地分析通常的道德相对论，表明为什么这种道德相对论经常被谴责、蔑视和嘲笑为一种荒谬的理论；随后考察黄百锐提出的多元相对论或有约束的相对论，表明在何种意义上以及多大程度上它成功避免了通常的道德相对论所面临的问题。最后考察黄百锐的道德相对论所没有解决的问题，并且试图通过发展一种新的道德相对论来加以解决。

文章开头，黄勇阐述了与黄百锐的有约束相对论不同的，最杰出、最持久且最坚定的道德相对论倡导者吉尔伯特·哈曼的无约束的相对论所面临的问题。哈曼分为评判者相对论和道德判断相对论。当两位评判者就行为在道德上正确与否作出道德判断时，他们不仅仅是客观描述而是表达一种行为的规范性主张，即这样的行为是否应当做。因此，如果两个评判者就某一行为作出相互冲突的道德判断就出现了实践冲突而非理论冲突，潜在的行为主体不可能同时符合应该做和不应该做的两种相反要求。因此，哈曼给相对论下了另一种定义。他提出了行为主体相对论或规范性的道德相对论，即一个行为的正确与否和行为主体的框架有关，即行为主体的标准与道德判断相关。然而，如果接受这种基于道德理由内在论和文化决定论的行为主体相对论，将会碰到一个严重的后果。行为主体相对论避免了参照不同的道德框架导致道德判断在实践上的不一致，但必须以牺牲道德的特有目的为代价，因为它证明任何行为无论多么可怕都是道德的。在黄勇看来，哈曼提出的道德谈判解决道德冲突的方法并没有处理道德谈判极可能导致的结果不公平问题，颇具讽刺意味的是，道德谈判作为解决道德冲突的方法如果成功，最终将会导致道德普遍论，而这与哈曼并非只有一种真正的道德的相对论相左。

接着黄勇论述黄百锐的多元相对论或有约束的相对论如何避免这些问题，以及它在何种程度上可以成功避免上面讨论的无约束相对论所遇到的问题。在黄百锐看来，人们通过诉诸不同的道德规范对同样的行为作出互不相容的道德判断并非各说各话，因为这些道德判断具有以言行事和语用的维度。根据黄百锐对道德功能的自然主义理解，任何一种正确且恰当的道德都必须满足一些普遍的约束,诸如互惠、自我和他人利益、能让社会底层的人所接受的他们之所以会处于社会底层的理由,等等。任何道德如果不能满足这样的约束从而无法发挥必要的职能,就必须被作为错误的和不恰当的东西被拒绝。黄百锐发展了一种介乎道德理由内在论与外在论之间的复杂混合理论。他认为,来自人类本性的约束包括两部分,分别对应于黄百锐所区分的人类动机和个体动机:道德理由就人类本性而言必须是内在的,但就行为个体的动机而言未必是内在的。显然,黄百锐的观点与传统儒学相当一致,他从传统儒学借鉴了很多东西。对于恰当的道德来说,有些道德准则是与特定社会相应的地方性准则,它们不能由普遍有效的准则推导出来,而普遍有效的准则也不会排除它们。即使排除了那些错误和不恰当的道德,仍会有很多正确且恰当的道德,这就是黄百锐理解的道德矛盾。

那么,如何处理同样正确且恰当的道德之间的冲突?这就涉及黄百锐推崇的调适价值观。在他看来,调适之所以可能就是因为人们对同样的价值作出了不同的优先等级排序。按照《庄子》的理解,我们所信奉的道德并不能提供唯一的最佳方式来满足这些需求。每一种方式只有以牺牲某些基本价值为代价才能成功地尊重另一些基本价值。每一种融贯的道德规范都删除了一些真正的价值。在黄百锐看来,《庄子》教导我们,对于从我们自己视角出发的道德信奉采取执着的态度,而对于从其他视角出发的道德信奉则采取超然的态度。可以说,黄百锐的多元相对论在很大程度上成功避免了无约束相对论的一些严重问题。针对以行为主体为中心的相对论事实上允许行为主体主张认可的任何道德,黄百锐提出独特的道德理由观,即道德理由内在于人类本性却未必内在于每一个人。针对评判者相对论在实践上的不一致问题,黄百锐提出了调适的价值观。

在该论文的第三部分,黄勇探讨黄百锐的多元相对论的一个潜在问题以及避免这一问题的可能方式,提出了走向一种以行为对象为中心的道德相对论,并认为对象相对论即便不是更接近庄子精神至少同样带有庄子的色彩。

黄勇认为黄百锐的道德相对论存在的问题在于:一方面,黄百锐似乎假定,人们在很大程度上都是生活在界线相对分明的群体之中,并且在很大程度上都是和同一群体的成员进行互动,因此,践行某种正确且恰当的道德的群体成员,应当适应另一群体成员所践行的另一种同样正确且恰当的道德。但是,如果把目光投向两个不同群体之间的行为,就会看到调适至少在某些时候并非可取的态度。假设群体 A 中的某人对群体 B 中的某人做或打算做某事。根据行为主体所在的群体 A 采用的道德来看,这一行为是道德的,但是按照行为对象所在群体 B 采用的道德来看,它却是不道德的。我们作为道德评判者属于采用了另一种道德的群体 C,那么,我们应当适应群体 A 的道德从而鼓励行为主体做这件事,还是应当适应群体 B 的道德从而劝告行为主体不要做这件事?黄百锐的多元相对论以及调适价值没有、恐怕也无法告诉我们该怎么做。

另一方面,即使就群体内部的行动而言,黄百锐的多元相对论似乎也并不总是能够清楚地告诉我们道德评判者如何作出道德判断。黄勇意识到，无论是讨论道德相对论，还是讨论一般的道德问题，人们往往把重点放在行为、行为主体、评判者、行为主体和（或）评判者所具有的关于行动的道德理由之上，而对于一切道德关系来说一个至关重要的因素要么完全不在场，要么被贬入背景之中。这个因素就是行为对象。判断一个行为是否道德，真正要紧的不是评判者或行为主体从自己的道德出发的想法，而是行为对象从自己的标准出发的想法。当然，我们有可能不同意行为对象的看法，也有可能试图说服行为对象接受我们的标准。然而，除非我们已经说服了行为对象，否则行为对象的标准就应当是我们用来评判我们对这些行为对象的行为的标准，虽然它未必是我们对其他人（包括我们自己）的行为标准。

黄勇主张用行为对象相对论替代行为主体相对论和评判者相对论，这一立场将行为对象置于我们的道德行为和道德思考的中心，可以避免黄百锐多元相对论中的潜在问题。此外，它还可以更好地处理在认识到不同的道德信念同样合理时，如何坚持自己的道德信念的问题。而如何在信奉自己的道德和尊重他人的道德之间实现平衡的问题在行为对象相对论中就根本不会出现，因为行为对象所接受的价值在行为主体看来可能是负面的价值，反之亦然。

行为对象相对论还可以避免黄百锐的多元相对论试图解决的无约束的道德相对论。一方面，行为对象相对论只有一个道德判断标准，即行为对象的标准，因此，不存在让评判者相对论苦恼不堪的理论或实践不一致问题。另一方面,与行为主体相对论不同,行为对象相对论不允许把纳粹、强盗和小偷等人所做的可怕行为视为道德。

此外,行为对象相对论还可以避免不同类型的道德相对论试图避免的道德普遍论问题。根据行为对象相对论,对一个行为对象来说是道德的行为,对于另外的道德对象来说未必是道德的。因此,在思考或评价一个行为时,无论是别人还是自己的,都必须考虑行为对象的利益和价值。

行为对象相对论的独特之处在于,虽然它是一种个体而非群体的相对论,但它仍然可以发挥调节和促进个体之间社会合作的功能。如果采用个体相对论,我们就会陷入"什么都行"的主观主义,也难以解释群体的规范是如何确定的。行为对象相对论就没有这样的问题,虽然它可以是彻底的个体主义,但仍能很好地发挥促进群体内部社会合作的道德功能:某个体有一个非常特别的需求或欲望,只要这一需求或欲望本身不违反行为对象相对论,就应当听任他满足这一需要,并且如果他自己做不到,其他人也应当帮他做到。当然,其他人可能认为满足这样的欲望和需求不符合这一个体的利益,并试图说服他放弃这样的欲望和需求。但满足这种欲望和需求到底是否符合这一个体的利益,最终还是由他本人说了算。以个人而非群体为基础的行为对象相对论之所以能够发挥规范和促进个体间合作的原因在于,尽管它是个体主义的,但它不是主观主义的。事实上,行为对象相对论是实在论的,而评判者或行为主体相对论则不是。黄百锐的多元相对论试图把不同的道德框架看作对道德价值之优先秩序的不同安排，将相对论试图处理的不同道德框架理解为用来调节人类合作的约定。行为对象相对论是道德实在论，其出发点不是规范人类生活方式的不同道德规范，而是人类生活的不同方式本身。

黄勇还谈到他的行为对象相对论与黄百锐的多元相对论对庄子的解读的差别。按照黄百锐的理解，庄子认为有一些共同的人类需求和欲望，它们不可能全部得到满足。正确且恰当的道德不过是满足这些需求和欲望的多元方式。然而，黄勇觉得庄子强调的是，不同的人有不同的需求和欲望，而对于每个需求和欲望的满足，虽然没有最好的方式但总有较好和较糟的方式。一个行为在道德上正确与否必须关联到行为对象而非行为主体或评判者的欲望和需求①。

(二) 安乐哲、万百安对黄百锐的儒家哲学阐释的争议

此外，译者也注意到有些学者对黄百锐有关儒家哲学的若干论述，提出一些不同意见。比如安乐哲在《儒家伦理学视域下的"人"论：由此开始甚善》一文中非常赞赏黄百锐对活生生的关系性的儒家角色伦理和对这种伦理的更具整体性和事件性的叙事式理解。他引用黄百锐的话：《论语》描绘了以孔子为中心的一群人，他们致力于道德修养，每个人都各有优缺点。他们没有为道德修养建立理论或提供哲学证明；相反，他们的互动为后世儒

---

① 黄勇著：《走向一种良性的道德相对论》，《社会科学》2014 年第 1 期。

家随后的理论化和论证提供了基础与灵感。"①但是，对黄百锐的质疑"如果我是自身关系的总和，那么，站在这些特定关系中的实体是谁或是什么？"不以为然，认为黄百锐对儒家伦理的理解似乎仍回到了以离散个体而非关系为重的窠臼②。安乐哲要避免回溯谬误，避免将经验中本没有的区分引入经验中，不断强调我们是关系的总和、我们在关系中构成自身。我们就是我们的叙事。同时也没有必要通过安置一个先在的"实体"作为关系的所系，来重复这个强烈而习惯性的关系性焦点。安乐哲认为"心灵"是一个由我们分享的社会现象，伴随着自身的有机体在相互交流中使单纯的联合转变为生机勃勃的家庭、社会而出现。婴儿教会我们，我们应当因我们自己的生存、归根结底因自身统一性的不断构成之故，感激我们对关系性的依赖③。

复旦大学哲学学院东方朔和徐凯曾撰文谈及万百安和黄百锐有关荀子的道德动机的争论。万百安认为，孟、荀之间的差别在于，孟子会认为行善是因为他向往行善（desire to do good），我们的行为由最强的欲望所决定；而荀子则认为行善是因为他认可行善（"approves of" doing good），欲望乃是人的情性的直接反

① David B. Wong, "Cultivating the Self in Concert with Others," *Dao Companion to the Analects*, Amy Olberding, Editor. Dordrecht: Springer, 2014, 175.

② 同上书, 192; "Relational and Autonomous Selves," *Journal of Chinese Philosophy* 34: 4(December 2004), "If We Are Not by Ourselves, If We Are Not Strangers," *Polishing the Chinese Mirror: Essays in Honor of Henry Rosemont, Jr*. Edited by Marthe Chandler and Ronnie Littlejohn. New York: Global Scholarly Publications: 2008.

③ 安乐哲:《儒家伦理学视域下的"人"论: 由此开始甚善》,《华东师范大学学报》2016 年第 3 期。

应,行为最终乃由"心之所可"的能力所决定。万百安赞同荀子的看法,亦即人能选择地做事,而非做其最想做的事,无论欲望有多么强烈,皆会被"心之所可"的力量所克服。但问题显然在于,看到"欲"与"可"之间的差别是一回事,弄清"心之所可"的力量来自何处又如何克服欲望乃是另一回事。黄百锐对万百安的质疑就在于:如何澄清和说明荀子克服天生的情欲的"心之所可"的力量。黄百锐认为,在荀子那里,心之可与不可的能力可以有"强解释"与"弱解释"两种方式。在"强解释"的模式下,"心之所可"的力量与欲望无关,是一种独立地产生行为动机的机能。不过,在这种情况下,这种"心之所可"只有两种解释,要么是柏拉图式的处理方式——"心之所可"基于对不可化约的道德属性的知觉;要么是康德式的处理方式——"心之所可"基于纯粹的理性活动。由于荀子不认为存在不可化约的道德属性也不相信纯粹实践理性的功能,因此"强解释"的模式并不适合荀子的"心之所可"。

在"弱解释"下,"心之所可"与欲望之间有着本质的相关性,作为行为动机,"可"与"欲"之间的差别,其实只是欲望所表现出的范围之别,亦即口腹之欲与考虑长远利益之后的欲望之间的选择。因此,在荀子的主体概念中,心之判断的最终动机力量乃是从欲望中衍生出来的。黄百锐的结论是"除了弱解释外,荀子不可能允许任何意义的'心之所可'能够克服欲望。但如果荀子心中只有弱解释,那就不可能有万百安所主张的存在于孟、荀之间的主体观的戏剧性对比"。黄百锐认为荀子的文本中提及的人性中许多自然情感，如对故去亲人思念的悲情，对仁慈心怀感戴的温情，受音乐的激发而调整行为的倾向，对和睦关系的向往及"以德报德"的强烈冲动等并不直接就是道德情感而是与人性的自利相关。尽管这些自然情感与道德"意气相投"，却能与荀子的性恶论保持一致。礼、乐通过疏导、规范人性中本有的自然情感，使之转化为道德情感。黄百锐认为，正是由于这些内在于人性的自然情感为人们最初的道德义务感的养成提供了动机和条件。

与万百安强调"心之所可"此一侧面不同，黄百锐则紧扣着荀子人之性恶的论断，将注意力集中于作为第一个圣人如何从自利的情性中生发出对道德的喜好此一核心问题，并敏锐地注意到人类的自然情感与最初的道德之间所具有的意气相投的亲和关系，从而为性恶之人的道德的初始转化给出了合乎情理的解释。难怪东方朔和徐凯认为黄百锐所揭示的《荀子》一书中记载有关人类的诸多自然情感与道德具有"意气相投"的关系，以及礼、乐充分而恰当地表达了人类的自然情感的看法，显然比万百安一味强化"心之所可"的功能与作用、以明荀子最初的道德动机转化要更具解释力，同时也更切合荀子的本意。

当然，他们也承认，在人类的礼仪文明产生之后，性恶之人的道德动机的形成和转化似乎变得更为复杂，万百安强调"心之所可"、强调认知与评价的参与对人们新动机的形成所具有的作用显然比单纯强调欲望对动机的根本性更有启发意义[1]。

----

[1] 东方朔、徐凯：《荀子的道德动机论——由万百安与黄百锐的论争说起》，《学术月刊》2018 年第 1 期。

2016 年，奥古斯丁·文森特（Agustín Vicente）和奥古斯丁·阿列塔（Agustín Arrieta）驳斥了黄百锐的观点①，认定道德矛盾是道德多元现象，即认定存在不同的可以接受的行为，而不是道德相对论。2019 年，李勇在文中认为道德矛盾并不支持文森特和阿列塔论证的那种道德多元主义。他还进一步指出道德矛盾也不支持黄百锐的自然主义，即道德拥有人性限制的立场，但是的确支持黄百锐认同的那种相对论②。由此可见，有关多元道德相对论的争论不仅没有停止，而且很可能会长期持续下去，如果读者能从这本书中有一些收获，译者就深感欣慰了。

译本出版之际，译者要感谢作者黄百锐教授的厚爱和信任，感谢他在百忙之中特别为中文版读者写了序言，感谢其博士生任颂瑶对译稿提出的修改意见，并将作者写的中文版序言译成中文。感谢武汉大学李勇教授在联系出版社过程中提供的支持，感谢外语学院 2018 级硕士生许志钰、刘华伟、魏小梦、甘梦琴、王珺君、刘维洋、陈穆雯、鲁家敏、甘露、李海瑞、谭宝莲、胡彬钰、赵婷等同学在翻译过程中提供的诸多帮助。译者在翻译过程中参考了若干译作，如陈蒲清译注《四书》（广州：花城出版社，1998 年），霍布斯著、黎思复和黎廷弼译《利维坦》（北京：商务印书馆，1986 年），亚里士多德著、廖申白译《尼各马可伦理学》（北京：商务印

---

① Vicente and Arrieta，*Acta Analytica: International Periodical for Philosophy in the Analytical Tradition* 31，207-223.
② Li，Y.，"Moral Ambivalence：Relativism or Pluralism?" *Acta Anal* 34，473-491，https://doi.org/10.1007/s12136-019-00393-1.

书馆,2003 年),柏拉图著、郭斌和张竹明译《理想国》(北京:商务印书馆,1986 年)等,笔者对这些译者表示感谢。最后译者要感谢刘旭老师的信任和支持,感谢为本书付出辛勤劳动的东方出版中心的编辑周心怡老师、冯媛老师。

译者

2023 年 7 月于武汉青山